NUTRIX

STUDIES
IN LATE ANTIQUE
MEDIEVAL AND
RENAISSANCE
THOUGHT

STUDI
SUL PENSIERO
TARDOANTICO
MEDIEVALE
E UMANISTICO

Directed by
Giulio d'Onofrio

9

Ubi in eam deduxi oculos
intuitumque defixi
respicio nutricem meam
cuius ab adulescentia
laribus obversatus fueram
Philosophiam

Boethius
Consolatio Philosophiae, I, 3

Nutrix is a peer-reviewed Series.
The content of each volume
is assessed by specialists chosen by the Direction of the Series.

The logo of the series Nutrix
– a miniature from Ms. New York,
Pierpont Morgan Library, M. 302
(*Ramsey Psalter*), f. 2[v] – portrays the Christ Child
among the Doctors in the Temple.

Photographic credit:
The Pierpont Morgan Library, New York.

D/2015/0095/178

ISBN 978-2-503-52860-1

Printed in the E.U. on acid-free paper

Alain Galonnier

Le *De scientiis Alfarabii* de Gérard de Crémone

Contribution aux problèmes de l'acculturation au XIIe siècle

(édition et traduction du texte)

Préface de Jean Jolivet
Postface de Max Lejbowicz

BREPOLS

Aristote, *Physique*, III, trois traductions latines en synopse
(Jacques de Venise, Gérard de Crémone, Michel Scot)

Ms. Paris, Bibliothèque Nationale de France, Lat. 16141, f. 47r (s. XIIIe)

pour Jean Jolivet et Roshdi Rashed

TABLE DES MATIÈRES

PRÉAMBULE 13

PRÉFACE 15
par Jean Jolivet

PARTIE I
ÉTUDE

CHAPITRE I
GÉRARD DE CRÉMONE ET LE *DE SCIENTIIS* 25

1. *Du* Kitāb Iḥṣā' al-ʿulūm *au* De scientiis 25
2. *Objet et contenu du traité* 29

CHAPITRE II
ESQUISSE D'UNE RÉCEPTION LATINE DE L'IḤṢĀ': I. GUNDISSALINUS ET GÉRARD 43

1. *Dominicus Gundissalinus* 44
2. *Gérard de Crémone* 51
3. *Deux expériences, deux transmissions* 54
4. *Un idéal constant sur le fond, instable sur la forme* 66

CHAPITRE III
ESQUISSE D'UNE RECEPTION LATINE DE L'IḤṢĀ': II. L'INFLUENCE DE L'IḤṢĀ' SUR LA TRADITION LATINE 77

CHAPITRE IV
LES MATÉRIAUX TEXTUELS 147

PARTIE II
TEXTE

Gerardus Cremonensis, *De scientiis Alfarabii*
Édition critique et traduction française 151

POSTFACE

DU TRADUCTEUR À LA TRADUCTION. DU TACTICIEN DE LA DIVERSITÉ À LA STRATÉGIE DE L'UNIVERSEL
par Max Lejbowicz 317
1. *En guise de Postface* 317
2. *Au tamis de la lexicographie* 320
3. *Un détour* 324
4. *Le retour sous le signe du Même et du Divers* 330

BIBLIOGRAPHIE 337

INDEX DES NOMS 361

INDEX BIBLIQUE 371

INDEX DES MANUSCRITS 373

PRÉAMBULE

Le présent ouvrage est issu des travaux du séminaire intitulé «Recherches sur al-Fārābī» de l'ex-U.M.R. 7062 du C.N.R.S. (Centre d'Histoire des Sciences et des Philosophies Arabes et Médiévales – É.P.H.É. Section des Sciences Historiques et Philologiques et Section des Sciences Religieuses – Université de Paris VII), qui s'est tenu mensuellement à Paris puis à Villejuif sur près d'une décennie. Souhaitée et lancée par Messieurs les Professeurs Jean Jolivet et Roshdi Rashed, cette entreprise proprement collective, qui devait aboutir avant tout à la réédition, traduite et annotée, du texte arabe, a vu converger les efforts réguliers de Messieurs Maroun Aouad, Abdelali Elamrani-Jamal, Ahmed Hasnawi, Henri Hugonnard-Roche, Jean Jolivet, Tony Lévy, Régis Morelon o.p. et Roshdi Rashed, et a bénéficié de la collaboration épisodique de Messieurs Gad Freudenthal et Maurice-Ruben Hayoun[1]. Par sa conception même d'une lecture du texte arabe constamment appuyée sur une comparaison avec les versions latines et hébraïques, elle a permis à tous les chercheurs concernés d'accomplir, sur l'ensemble des domaines de connaissance abordés par le catalogue de Fārābī, un travail exemplaire d'exigence, de rigueur et d'approfondissement, nourri et enrichi par la confrontation permanente des démarches et des résultats.

[1] Les responsabilités dans la procédure de traduction depuis l'arabe furent plus précisément réparties comme suit (pour l'identification des divisions voir ci-après pp. 32-34): du début à II, E (M. Aouad, A. Elamrani-Jamal et H. Hugonnard-Roche); III, A, B, C, G (R. Rashed); III, D, E, F (R. Morelon); IV, A (A. Hasnawi); IV, B + V, B, C (J. Jolivet); V, A (M. Aouad, A. Elamrani-Jamal).

Ainsi, quoique unique responsable de l'édition du texte de Gérard, de sa traduction et de sa tradition latine, que ce soit au regard de la méthode utilisée, de l'analyse retenue ou des conclusions qui en ont été tirées, nous n'avons pas moins bénéficié, à tous les stades du savoir, de ce croisement constant et fécond des compétences, auquel nous avons, bien sûr, essayé de contribuer pleinement. Nous devons en particulier à l'attention de chacun de nos collègues arabisants, et singulièrement à celle, exemplaire en tous points, de Maroun Aouad, que nous n'avons que trop souvent sollicité, d'avoir pu rédiger notamment la majorité des notes de bas de page de la traduction française faisant intervenir une précision sur la langue arabe. En outre, Merhnaz Katouzian-Safadi et Henri Hugonnard-Roche nous ont fait l'amitié de revoir et de corriger toute l'annotation. De son côté, Monsieur le Professeur Jean Jolivet a procédé à une relecture très attentive de la totalité de l'ouvrage, nous y évitant ainsi maints faux-pas, et nous a une nouvelle fois honoré en accédant généreusement à notre demande de rédiger une Préface. L'étude préparatoire a également bénéficié de la révision de Max Lejbowicz, qui nous fit part à cette occasion de nombreuses remarques et suggestions, lesquelles ont permis d'en corriger l'orientation et d'en affiner les contenus. Il nous témoigna également sa bienveillance en acceptant de composer une Postface. L'ensemble a de surcroît tiré profit de l'examen appliqué de Messieurs Ruedi Imbach et Olivier Boulnois. De plus, Hamidé Fadlallah et Jean-Louis Le Gludic n'ont ni compté leur temps ni ménagé leur peine pour toiletter l'ensemble des épreuves. Enfin, nous n'oublierons pas de saluer l'attitude très amicale de Giulio d'Onofrio, directeur de la collection Nutrix, dans laquelle il a fort obligeamment accueilli notre travail, et la patience dont il a fait preuve pour l'adapter aux normes de celle-ci. Que toutes et tous veuillent bien trouver ici l'expression de notre vive gratitude pour leur générosité et leur disponibilité.

JEAN JOLIVET

PRÉFACE

Énumérer les sciences, cela remonterait à un premier ensemble de pratiques et de savoirs, aux origines mêmes de la connaissance. Ouvrons un livre fondateur. Nous y voyons «l'homme» aussitôt créé cultiver le jardin d'Éden puis donner un nom à «chaque oiseau du ciel et chaque bête des champs»[1]. Tout cela dès avant la chute. Après elle «l'homme et la femme» acquièrent «la connaissance du bien et du mal» («du bonheur et du malheur» selon une autre traduction), réservée jusqu'alors à Dieu et son entourage[2]; ils se découvrent, réciproquement, nus[3]. Voici donc déjà énumérés de fait: les débuts de l'agriculture, de la zoologie, de la philosophie – qui empiète sur la science divine –, de l'anthropologie. Telle serait la première de ces énumérations. Tout fondamentalisme mis à part on concevra que l'existence de l'humanité en son premier état implique dès ce temps une pluralité de savoirs, fussent-ils pratiques, désignables et énumérables. Pour considérer les divisions effectives des sciences nous sauterons autant de millénaires qu'il sera requis.

Quelques ères culturelles plus tard, les sophistes se sont répandus dans les cités grecques; «magiciens, imitateurs des réalités», qui sous le «faux semblant d'une science universelle» contredisent chaque praticien dans sa spécialité propre – ainsi en parle Platon[4].

[1] *Gn* 2, 15 et 19-20.
[2] *Gn* 3, 5 et 3, 22.
[3] *Gn* 3, 7.
[4] Cfr. PLATO, *Sophista*, 232d-235a.

Plus précisément le *Philèbe* propose des considérations sinueuses sur l'enseignement des arts manuels; on peut en tirer un tableau systématique des sciences: sciences du nombre, de la mesure, de la pesée, impliquées dans la pratique de chacun de ces arts et spécialement dans «l'art de la construction» (des navires, des maisons, et autres); par l'usage qu'il fait des instruments de mesure (règle, compas, équerre), il se distingue pour son exactitude et sa rigueur. Au contraire, l'«imprécision» et la «conjecture empirique» règnent dans une certaine musique, dans l'art du pilote, dans celui du stratège. Il ressort de cette page[5] une distinction primordiale entre les sciences mathématiques et les arts qui en font usage, d'une part, et de l'autre des pratiques plus ou moins empiriques. Cela ne constitue pas une énumération des sciences au sens rigoureux de l'expression, mais du moins une division des savoirs fondée sur un critère: la différence essentielle entre une réussite pratique plus ou moins aléatoire, et le caractère proprement épistémologique d'une certitude qui ne dépend pas de la pratique mais en garantit la précision, et donc le succès. L'initiateur de cette avancée aurait été Pythagore qui, dira Proclus, «transposa la doctrine de celle-ci [la géométrie] dans la forme d'une éducation libre: il examina de haut les principes de la géométrie et en rechercha les théorèmes d'une manière immatérielle et intellectuelle»[6]. Mais c'est chez Platon que le pythagorisme est accompli et dépassé; plus précisément, comme le dit L. Couloubaritsis, c'est avec le *Parménide* que «s'instaure une métaphysique qui (...) révèle l'émergence de l'ontologie à partir du champ étendu de l'hénologie comme l'une de ses possibilités»[7].

Or ni l'ontologie ni l'hénologie ne rendent compte totalement de la réalité, selon Aristote: la plus difficile de toutes les questions, énoncera-t-il, est de déterminer si «l'Être et l'Un sont substances des choses, autrement dit si chacun d'eux n'est pas autre chose que respectivement l'Être et l'Un, ou s'il y a une

[5] Cfr. PLATO, *Philebus*, 55d-57a.

[6] PROCLUS DIADOCUS, *In primum Euclidis librum commentarii*, prol., 2, ed. P. Friedlein, Leipzig 1873, p. 65,15-19 (tr. fr. par P. Ver Eecke, PROCLUS DE LYCIE, *Les commentaires sur le premier libre des Éléments d'Euclide*, Bruges 1948, pp. 58-59). Voir J.-F. MATTÉI, s. v. *Phythagorisme*, in *Dictionnaire d'histoire et de philosophie des sciences*, éd. par D. Lecourt, Paris 1999, col. 781b.

[7] L. COULOUBARITSIS, *Histoire de la philosophie ancienne et médiévale. Figures illustres*, Paris 1998, p. 322.

autre réalité qui sert de substrat à l'Être et à l'Un et dont il faut rechercher la nature»[8]. Si la nature n'est pas, en son essence, géométrique, le corps du savoir devra dépasser la portée des sciences mathématiques. D'autre part, les savoirs qui portent sur le langage et la façon d'en user – dialectique, topique – sont d'une autre sorte que ceux qui portent sur les choses; les propositions logiques se distinguent des propositions éthiques et des propositions physiques[9]; et Aristote dresse un vaste tableau du savoir en son ensemble: la philosophie est de trois sortes – théorétique, pratique, poïétique; de même, la première division: «il y aura trois philosophies théorétiques, la mathématique, la physique et la théologie»[10]. Les titres des ouvrages par lesquels le Philosophe a contribué à remplir ces cadres ont été consignés, notamment à l'époque alexandrine, dans des listes qui ont donné beaucoup de travail aux historiens[11]. Le corpus tel que nous le pratiquons a été établi par Andronicos de Rhodes au premier siècle avant notre ère. Son énumération répartit les ouvrages en trois grands ensembles: logique, physique, éthique.

Dans quelle mesure ce classement est-il conforme ou non à ce qu'en aurait pensé Aristote importe peu. À la suite des maîtres alexandrins on a considéré qu'il reflétait la structure du savoir dans son entièreté, et il a régi pendant des siècles l'enseignement des sciences au sens large du mot. Il a notamment passé dans le monde arabe quand les califes abbassides ont suscité et encouragé les traductions d'ouvrages scientifiques et philosophiques grecs, aux troisième et quatrième siècles de l'hégire, neuvième et dixième de l'ère chrétienne. Parmi les immenses conséquences de cette politique culturelle on relèvera ici en particulier la rédaction par al-Fārābī de cette *Énumération des sciences*, dont la traduction latine au douzième siècle de notre ère et les problèmes engendrés par sa réception font l'objet du présent volume.

Mais dès avant al-Fārābī, au cours du troisième siècle hégirien, Abū Ya'qūb Yūsuf ibn Isḥāq al-Kindī fut «le philosophe des

[8] ARISTOTELES, *Metaphysica*, III (B), 4, 1001a$^{4-8}$ (tr. fr. par J. Tricot, Paris 1986, I, p. 155).

[9] Cfr. ID., *Topica*, I, 105b$^{20-29}$.

[10] ID., *Metaphysica*, VI (E), 1, 106a$^{18-19}$ (tr. fr. cit., pp. 332-333).

[11] Cfr. P. MORAUX, *Les listes anciennes des ouvrages d'Aristote*, Louvain – Paris 1951.

Arabes» comme on le surnomma, et le premier. Le corpus de ses œuvres est en grande partie perdu, mais de ce qu'il en reste on retiendra une «épître» intitulée: *Sur la quantité des livres d'Aristote*. Le plan en est compliqué. Elle contient deux énumérations des œuvres du Philosophe, rangées d'abord selon leurs catégories respectives: livres de logique, de physique, livres sur l'âme (ceux-ci traitant de «ce qui est indépendant de la nature, n'ayant par essence pas besoin des corps, existant avec les corps, joint à eux d'une certaine jonction»), livres de métaphysique (sur «ce qui n'a pas besoin des corps et ne leur est aucunement lié»); puis elles sont rangées selon leurs «intentions» respectives. Voici ce qui concerne plus précisément notre propos. Après notamment une sorte d'introduction sur le thème de «l'illumination du vrai» et du «cheminement de la recherche», vient une première énumération des œuvres d'Aristote selon les grandes divisions du savoir: logique, physique, doctrine de l'âme, métaphysique. Puis ce sont deux développements d'ordre didactique sur la nécessité de commencer l'étude des sciences par les mathématiques, ils encadrent une comparaison entre la «connaissance humaine» et la «connaissance divine», celle qui s'exprime dans les paroles que Dieu inspire aux prophètes; c'est ici le centre de l'épître, avec une citation du Coran sur «l'ordre» que Dieu intime «à la chose, quand il la veut»: «Sois! et elle est»[12]. Al-Kindī redit alors la nécessité de connaître les sciences mathématiques: arithmétique, harmonie, géométrie, astronomie, avant de revenir pour conclure sur la liste des œuvres d'Aristote classées, on l'a dit, selon leurs «intentions» respectives. Tant pour le thème signalé par son intitulé que pour son détail, cette «épître» contient des indications précieuses sur la connaissance d'Aristote au tout premier début de la philosophie arabe, et sur l'importance que son auteur attache aux sciences mathématiques, dans la ligne de Pythagore et de Platon plutôt que dans celle d'Aristote – dont le nom figure néanmoins au titre. Quant à l'énumération des sciences, nous y voyons l'énumération alexandrine reparaître. Telle est, pour la philosophie arabe, une part du moins de l'héritage grec, dans sa complexité.

[12] Sourate 36, *Yāsīn*, verset 82.

Al-Kindī était «le philosophe des Arabes», al-Fārābī sera «le second maître» (sous-entendu: après Aristote). Il est l'auteur d'un écrit sur l'énumération des sciences; celui-ci étant, quoique indirectement, le sujet de ce livre, il serait oiseux d'en traiter ici. On relèvera un seul point: avant même la logique y est citée la «science de la langue», absente des classifications grecques. On peut penser que ce fait résulte de la situation personnelle d'al-Fārābī: il était turc. Mais cette situation a un sens historique, puisque ce Turc travaillait dans un Empire et une culture multilingues, où se préparait tacitement l'extension déjà commencée de la culture scientifique grecque, enrichie de l'arabe, à l'ensemble des civilisations qui entourent la Méditerranée. Les sciences et la philosophie déborderont alors les limites politiques, linguistiques, religieuses, s'ajoutant et se mêlant à ces traditions particulières. À la suite et au sein de rapports historiques complexes une culture scientifique et philosophique va se former de plusieurs traditions stratifiées – grecque, arabe, latine. Nous devons maintenant considérer cela en particulier à propos, précisément, des façons d'énumérer les sciences.

Jusqu'à ce moment l'Occident médiéval connaissait diverses énumérations des savoirs, héritées de l'Antiquité grecque et transmises aux Latins par deux grands instituteurs: Augustin et Boèce. Le premier est prodige en cette matière comme en beaucoup d'autres. Dans le *De ordine*, il répartit les arts libéraux en grammaire, dialectique, rhétorique d'une part, de l'autre en musique, géométrie, astronomie, arithmétique: le *trivium* donc puis les arts mathématiques selon les pythagoriciens et les platoniciens[13]. Dans la *Cité de Dieu*, il distingue la philosophie morale dont l'objet est l'action, la naturelle assignée à la contemplation, la rationnelle, qui apprend à reconnaître le vrai du faux[14]. Quant à Boèce, il distingue la philosophie théorique, ou spéculative, et la philosophie pratique; il range les arts du *quadrivium* dans l'ordre des pythagoriciens: arithmétique, physique, géométrie, astronomie. Parallèlement, après Apulée (saec. II), en une suite quasi continue constituée par Macrobe (saec. IV *ex.*), Martianus Capella et Calci-

[13] Cfr. AUGUSTINUS HIPPONENSIS, *De ordine*, II, 12, 35 – 14, 43, PL 32, 1011-1015, ed. W. M. Green, Turnhout 1970 (CCSL, 29), pp. 127 et 130-131.

[14] Cfr. ID., *De civitate Dei*, VIII, 4, PL 41, 227-229, edd. B. Dombart – A. Kalb, 2 voll., Turnhout 1955 (CCSL, 47-48), I, pp. 219-221.

dius (saec. V *in.*), se transmet un platonisme dont participent aussi Augustin et Boèce. Mais c'est avec l'école de Chartres, au douzième siècle, que cette philosophie brille le plus intensément. Toutefois, comme l'on ne disposait que d'un petit nombre de documents grecs, ce n'est pas sur elle que va travailler la philosophie médiévale latine en son état préscolastique, mais bien sur l'afflux des traductions de l'arabe au latin, où Aristote était beaucoup mieux représenté. C'est d'elle que l'Occident chrétien recevra un double apport philosophique: arabe, certes, mais aussi, médiatement, grec. De cet apport le travail de Gérard de Crémone sur l'*Énumération des sciences* d'al-Fārābī est un élément caractéristique.

Cependant, il faut aussi prendre les choses sous un autre angle. À y bien regarder toute énumération des sciences qui n'est pas rétrospective, historique, est en réalité tournée vers l'avenir; même si elle est ouvertement pédagogique, elle peut être de fait programmatique, baliser les chemins que l'on doit suivre pour faire progresser le savoir. Chacune de celles que nous avons évoquées est plus ou moins clairement dans ce cas. On peut le vérifier très sommairement sur quelques autres, situées dans des contextes culturels fort différents de ceux d'al-Fārābī et de Gérard de Crémone. Ainsi: «toute philosophie est comme un arbre dont les racines sont la métaphysique, le tronc est la physique, et les branches qui sortent du tronc sont toutes les autres sciences, qui se réduisent à trois principales, à savoir la médecine, la mécanique et la morale; j'entends la plus haute et la plus parfaite morale, qui, présupposant une entière connaissance des autres sciences, est le dernier degré de la sagesse»[15]. Auparavant Descartes avait «expliqué l'ordre qu'on doit tenir pour s'instruire», à savoir : «étudier la logique, non pas celle de l'école»; «pratiquer les règles des mathématiques»; il avait ajouté à son programme «d'examiner la nature des plantes, celle des animaux, et surtout celle de l'homme, afin qu'on soit capable par après de trouver les autres sciences qui lui sont utiles»[16]. Dans le même sens on citerait aussi, antérieurement à l'ouvrage de Descartes, ceux de Francis

[15] R. Descartes, *Les Principes de la Philosophie*, «Lettre de l'auteur à celui qui a traduit le livre, laquelle peut ici servir de préface», 1644 (pour le texte latin) – 1647 (pour sa traduction), edd. Ch. Adam – P. Tannery, *Œuvres de Descartes*, 11 voll., Paris 1964-1974, IX, p. 14.

[16] *Ibidem*.

Bacon sur «l'avancement des sciences»[17]; après lui, des exemples modernes ou quasi tels: le *Discours préliminaires de l'Encyclopédie* par d'Alembert (1751), la deuxième leçon du *Cours de philosophie positive* d'Auguste Comte (1830), etc. De l'ordre passé et présent, vers un savoir élargi et renouvelé, une énumération des sciences n'est jamais le simple inventaire d'un héritage. Avec chacun de ces grands esprits c'est toujours un Janus *up-to-date* qui parle.

Rueil, mai 2008

[17] Il s'agit du *De dignitate et augmentis scientiarum*, rédigé en 1605, qui sera traduit en anglais (*The Advancement of Learning*) en 1623.

PARTIE I

ÉTUDE

CHAPITRE I

GÉRARD DE CRÉMONE ET LE *DE SCIENTIIS*

Du Kitāb Iḥṣā' al-'ulūm *au* De scientiis

Le *Kitāb Iḥṣā' al-'ulūm*[1] d'Al-Fārābī (870 ca.-950) (Alfarabius/Alpharabius ou Abunazar chez les latins)[2], *Livre sur la classification (le recensement, l'inventaire* ou *la statistique*[3]) *des sciences*[4], dut attendre

[1] Il est également connu sous le titre: *Maqāla* («traité») *fī Iḥṣā' al-'ulūm*, en fonction de l'incipit. Pour l'édition du texte arabe, voir O. AMINE, *Al-Farabi, La statistique des sciences*, Le Caire 1931, 1949 et 1968 (à quoi doit s'ajouter l'apport de M. ZONTA, *L'*Ihsā' al-'ulūm *in ambiente ebraico.* 1. *Il* Tabb al-nufūs *di Ibn 'Aquîn*, in «Henoch», 12 [1990], pp. 53-75), et plus récemment, dans l'attente de celle mentionnée dans notre préambule (*supra*, p. 13), avec une traduction en français, I. MANSOUR, *Ihsha' el-'Ulum. Énumération des sciences ou classification des sciences*, Beyrouth 1991. Les principaux mss. arabes accessibles sont: Princeton, Garrett Collection, Yahuda 308 (aa. 1278-1279), ff. 72v-89v (= Y); Istanbul, Köprülü, Mehmed Pasha 1604 (saec. XIII), ff. 1v-40v (= K); Madrid, Escorial, Derembourg 646 (a. 1310), ff. 27r-45r (= M). Quant à la traduction française de l'*Iḥṣā'*, elle aurait un précédent, dont nous ne connaissons pour le moment que l'existence, grâce à la bibliographie farabienne de N. RESCHER, *Al-Fārābī. An Annotated Bibliography*, Pittsburg 1962 (repr. 1977), p. 29, qui signale sur le sujet une thèse doctorale, soutenue en Sorbonne par M. A. MARHABA (*Al-Fārābī:* Ihsā' al-'Ulūm – *Inventaire des Sciences*, Paris 1954 [thèse soutenue en Sorbonne]).

[2] De son vrai nom Abū Naṣr Muḥammad b. Muḥammad b. Ṭarḫān b. Awzalaġ, il fut surnommé al-Fārābī parce qu'il était né dans le district de Fārāb au Turkestan. Sur l'homme et l'œuvre l'étude de base reste celle de M. STEINSCHNEIDER, *Al-Farabi (Alpharabius), des arabischen Philosophen Leben und Schriften*, Saint-Petersburg 1869 (puis Amsterdam 1966); voir *ibid.*, pp. 83-85 pour l'*Iḥṣā*. Cfr. I. R. NETTON, *Al-Farabi and his School*, London – New York 1992.

[3] L'emploi de ce dernier terme, qui résulte d'une faute de français d'Osman Amine, est ici d'un emploi incorrect.

[4] Ou encore: «Livre relatif aux rangs des sciences».

plus de deux siècles après sa composition (saec. X *in.*)[5] pour intéresser le monde latin, et précisément les deux principaux traducteurs tolédans[6], à savoir Dominicus Gundissalinus (1110 ca.-1190 ca.), vers 1150, et Gérard de Crémone (1114-1187)[7], vers 1175-1180[8]. En fait, sous le titre commun le plus répandu: *De scientiis*, seul le second a donné une véritable traduction, c'est-à-dire une transposition de l'arabe en latin dans le respect de l'ordre, de la division et du détail voulus par Fārābī, la réalisation de Gundissalinus n'étant qu'une traduction hybridée avec une adaptation, à la fois

[5] D'après Z. VESEL, *Les encyclopédies persanes. Essai de typologie et de classification des sciences*, Paris 1986, p. 11, qui nous a confié s'être alignée ici sur quelque publication antérieure. Cfr. W. HEINRICHS, *Die antike Verknünpfung von* phantasia *und Dichtung bei den Araben*, in «Zeitschrift der Deutschen Morgenländischen Gesellschaft», 128 (1978), pp. 252-298, qui situe, en chronologie relative, l'*Iḥṣā'* entre le *Kitāb al-ši'r* et la *Falsafat Arisṭūṭālīs*.

[6] Nous éviterons d'évoquer la trop fameuse et toujours controversée «école de traduction» dite de Tolède, censément fondée sous l'impulsion de l'archevêque français de la ville (1125-1152) Raimundus (Raymond de Sauvetât). Ainsi Marie-Thérèse D'Alverny en a rejeté l'hypothèse, mais les recherches de Clara Foz, qui envisage deux mouvements de traduction, dont le premier, celui qui nous intéresse ici, aurait été commandité par l'Église, et de Charles Burnett ont permis de tempérer une position sans doute trop radicale; cfr. M.-TH. D'ALVERNY, *Translation and Translators*, in *Renaissance and Renewal in the Twelfth Century*, eds. R. L. Benson – G. Constable, Oxford1982, [pp. 421-462], pp. 444-445; C. FOZ, *Le Traducteur, l'Église et le Roi (Espagne, XIIe et XIIIe siècles)*, Arras – Ottawa 1998; CH. BURNETT, *The Institutional Context of Arabic-Latin Translations of the Middle Ages: A reassessment of the 'School of Toledo'*, in *Vocabulary of Teaching and Research between the Middle Ages and Renaissance*, ed. O. Weijers, Turnhout 1995 (CIVICIMA, Études sur le vocabulaire intellectuel au Moyen Âge, 8), pp. 214-235; ID., *The Coherence of the Arabic-Latin Translation Programm in Toledo in the Twelfth Century*, in «Science in Context», 14 (2001), pp. 249-288. – Cfr. entre autres P. WERRIE, *L'École des traducteurs de Tolède*, in «Babel», 4 (1969), pp. 202-212, et J. S. GIL, *The Translators of the Period of D. Raymundo: Their Personalities and Translations (1125-1187)*, in *Traductions et traducteurs de l'antiquité tardive au XIVe siècle*, éd. J. Hamesse – M. Fattori, Louvain – Cassino 1990, pp. 109-119.

[7] La *Vita* précise que Gérard est mort en 1187, à l'âge de soixante treize ans; voir éd. du texte dans BURNETT, *The Coherence* cit. (à la note préc.), p. 276. Sur son *Accessus ad auctorem*, qui se compose de cette *Vita*, d'une *Commemoratio librorum* et d'un *Eulogium*, voir *infra*, pp. 51-52.

[8] Concernant la datation des traductions voir M. ZONTA, *La* Classificazione delle scienze *di Al-Fārābī nella tradizione ebraica*, Torino 1992, pp. XIX et XX, donnée sans justification – pour Gérard cependant voir *infra*, p. 51, à la note 52. Les deux auteurs se connaissaient peut-être. On avance habituellement, pour l'étayer, l'existence de deux actes du chapitre cathédral de Tolède (voir F. J. HERNANDEZ, *Los Cartularios de Toledo. Catálogo documental*, Madrid 1985, pp. 167-168) qui sont co-signés par un *Dominicus* et un *Gerardus*, le premier (*ibidem*, n. 165) daté de 1174, le second (*ibidem*, n. 174) de 1176. Rien cependant ne nous assure de leur identité.

condensée, simplifiée et tronquée sur la fin. Cette compilation a néanmoins bénéficié de l'édition authentiquement critique du R. P. Alonso Alonso, il y a peu reprise par Jakob H. J. Schneider[9], effectuée sur la base de huit manuscrits non datés, et constituant elle-même une édition très améliorée relativement à celle que donna William Chalmers (Guilielmus Camerarius)[10] à partir d'un unique manuscrit, non retenu d'ailleurs par Alonso Alonso, alors que la translation de Gérard ne fit l'objet de la part d'Ángel Gonzalez Palencia, une première fois en 1932 et une seconde, posthume, en 1953, que d'une *editio minor*, n'ayant rien de critique[11]. Fondée sur le seul manuscrit, certes excellent, de Paris (noté *P* dans la suite), elle ne comporte, par la force des choses, quasiment aucun apparat, et se contente de signaler en de rares notes quelques gloses marginales repérées sur l'original, mais non attribuées et non datées. La contribution de Franz Schupp[12] a quelque peu amélioré la situation du *De scientiis* gérardien. Mais son responsable ignore l'existence d'un quatrième ms. (*A*), pose le parti pris de suivre, à quelques exceptions près, le codex *P*[13], et fait, selon nous, trop de cas des gloses marginales et interlinéaires. De surcroît, en consacrant très majoritairement son introduction et ses imposantes notes sur la traduction[14] à Fārābī – ce qui aurait bien mieux convenu à une version du texte arabe –, et en effleurant seulement le devenir latin de l'*Iḥṣā*[15], il n'a pas contribué assez, à notre sentiment, à faire de sa publication un ouvrage axé sur Gérard de Crémone, comme on aurait pu l'espérer.

[9] Voir J. H. J. SCHNEIDER, *Al-Fārābī*, De scientiis secundum versionem Dominici Gundisalvi, *Lateinisch-deutsch, übersetzt und eingeleitet*, Freiburg – Basel – Wien 2006.

[10] Voir W. CHALMERS, *Alpharabii, vetustissimi Aristotelis interpretis, Opera omnia, quae, latina lingua conscripta, reperiri potuerunt, ex antiquissimis manuscriptis eruta*, Paris 1638; cfr. M. ALONSO ALONSO, *Domingo Gundisalvo*, De Scientiis, *Compilacion a base principalmente de la* Kitāb Ihsā' al-'ulum *de al-Fārābī*, Madrid 1954. Le texte de Chalmers est édité sans attribution d'auteur. On le trouvera réimprimé dans À. G. PALENCIA, *Al-Fārābī*, Catálogo de las ciencias, *Edición y traducción castellana*, Madrid 1953, pp. 83-115.

[11] Voir PALENCIA, *ibid.*

[12] Voir F. SCHUPP, *Al-Fārābī*, *Über die Wissenschaften.* De Scientiis, *Lateinisch-Deutsch*, Hamburg 2005.

[13] Cfr. *ibid.*, p. LXXX.

[14] *Ibid.*, pp. 137-300.

[15] Cfr. *ibid.*, pp. LXIX-LXXII.

Nous avons vu dans cette situation l'occasion d'un équilibre à trouver sur un plan certes éditorial mais aussi et surtout spéculatif. Car si le présent travail de Gérard n'a eu, pour des raisons qui apparaîtront plus loin, que peu d'incidence nettement repérable sur les savants scolastiques, son importance, reprise dans la globalité du phénomène épistémologique duquel elle participe, ne s'en trouve pas amoindrie. Il y a en effet beaucoup à attendre, et ce à tous les niveaux, de la constitution d'un corpus gérardien fiable quant à l'histoire des savoirs scientifiques et philosophiques, pour mettre toujours plus en relief la façon dont l'ensemble des traditions intellectuelles grecque, arabe et latine ont joué l'une sur l'autre dans la diffusion, l'assimilation et la transformation des instruments, des méthodes et des systèmes de pensée. Le maître de Crémone n'y tint il est vrai qu'un rôle de transmetteur scrupuleux, sans doute second en ce traité relativement à Gundissalinus, concurrencé qu'il fut, nous le verrons, par les productions antérieures (*De scientiis* et *De divisione philosophiae*) de son confrère devenu compatriote, davantage synthétiques et donc maniables, qui durent aussi leur succès à une arabisation très discrète. Mais la surenchère dans l'exigence dont il témoigne nous renvoie à ses ambitions constantes de traducteur et à son désir permanent de faire école pour communiquer la technique et la culture qu'elles présupposent. Or ces paramètres, qu'il vaut toujours de préciser, aident à montrer de quelle façon notre auteur a contribué, en d'autres productions, à doter de références précises, d'instruments nouveaux et de perspectives élargies la latinité savante des siècles postérieurs. Par conséquent, bien que l'histoire nous enseigne, redisons-le, que l'écho de cette taxinomie farabienne des savoirs transposée en latin par Gérard a été fort assourdi, il revient à l'historien des textes et des idées d'utiliser le peu qu'elle répercute pour servir un enjeu de plus grande portée, et ce doublement: d'un côté en donnant à voir comment s'est matérialisée en l'occurrence la visée de Gérard et quelles furent les phases de réalisation qui l'ont accompagnée ou prolongée, de l'autre en tentant de comprendre son relatif échec – dans l'hypothèse, sur laquelle nous reviendrons, où l'ouvrage en question a bénéficié des mêmes conditions de diffusion que celui de Gundissalinus –, afin d'expliquer ce décalage entre la volonté de fidélité au texte manifestée par Gérard et le besoin, constaté chez les scolastiques, dans l'organisation de leurs connaissances, non pas de remaniement mais d'appoints sédimentés.

La nécessité d'éviter toute dispersion nous oblige à supposer connues les circonstances historiques dont dépend l'écart temporel entre la rédaction de l'ouvrage et ses premières versions latines[16], dès lors qu'elles n'intéressent point de prime abord la nature, la réception et le devenir du traité farabien, sur l'examen desquels il convient d'axer notre étude.

2. *Objet et contenu du traité*

Intention

L'*Iḥṣā'* est certainement la contribution qui illustre et matérialise le mieux l'idéal pédagogique que défendait son auteur. On ne saurait, plus complètement que ne le fit ʿAmmar al-Talbī, en tracer les grandes lignes:

> Pour al-Fārābī l'éducation consiste en l'acquisition par l'individu de valeurs, de connaissances et d'aptitudes pratiques (...) [et] a pour objet de [le] conduire à la perfection puisque l'être humain a été créé dans ce but et que la finalité de son existence ici-bas est d'atteindre la félicité qui est la perfection suprême, le bien absolu[17]. Selon [lui], l'homme parfait (*al-Insān al-kāmil*) est celui qui atteint la vertu théorique – parachevant par là sa connaissance intellectuelle – et qui acquiert les vertus morales pratiques – devenant ainsi parfait dans son comportement moral – puis, couronnant d'une puissance active ces vertus théoriques et morales, les ancre dans l'âme des membres de sa communauté[18], lorsqu'il accède au pouvoir politique, devenant dès lors un modèle pour les autres (...). Parmi les (...) buts assignés à l'éducation, al-Fārābī évoque la «maîtrise des arts», puisque, selon lui, la perfection dans les arts théoriques et pratiques est l'un des sens de la sagesse, les sages étant «ceux qui excellent dans les arts et y atteignent la

[16] Voir, entre autres, J. JOLIVET, *The Arabic Inheritance*, in *A History of Twelfth-Century Western Philosophy*, ed. P. Dronke, Cambridge 1988, pp. 113-148; repr. sous le titre *Philosophie au XIIe siècle latin: l'héritage arabe*, in ID., *Philosophie médiévale arabe et latine*, Paris 1995 [Études de philosophie médiévale, 75], pp. 47-77); GIL, *The Translators* cit. (à la note 6); et H. KISCHLAT, *Studien zur Verbreitung von Übersetzungen arabischer philosophischer Werke in Westeuropa 1150-1400*, Münster 2000.

[17] Cfr. AL-FĀRĀBĪ, *Taḥṣīl al-saʿāda*, éd. J. Al-Yāsīn, Beyrouth 1983, p. 61.

[18] Cfr. *ibid.*, p. 89.

> perfection»[19]. Ainsi, (...) une des finalités de l'éducation est de combiner savoir et pratique, car les connaissances ont pour vocation de s'appliquer et la perfection dans ce domaine consiste à les traduire en actes[20]. Les sciences ne méritent leur nom que si elles se matérialisent en réalité tangible, sinon elles sont vaines et inutiles. Les vraies sciences pratiques «sont celles qui sont associées à l'aptitude à l'action»[21] et la perfection ultime est «celle que l'être humain atteint à la fois par le savoir et par l'action»[22]. De plus[23], lorsqu'on acquiert des connaissances spéculatives sans être à même de les mettre en pratique, on ne possède qu'une sagesse imparfaite[24].

C'est à notre sens tout à fait dans cette perspective d'ensemble que l'*Iḥṣā'* fut conçu comme un instrument à but heuristique[25]. Elle n'en laisse toutefois point ressortir la dimension contre-opératoire, bien mise en relief par une partie des cinq utilisations possibles qui s'y trouvent recensées[26]: les deux premières visent en effet à une édification personnelle, tandis que les deux suivantes ont pour but de démasquer les faux érudits. Quant à la dernière, la plus surprenante, elle servirait à feindre l'érudition[27]. Il s'agit effectivement 1. d'apprendre l'une des sciences énumérées; 2. de les comparer entre elles; 3. de tester les revendications d'un ignorant à connaître une science; 4. de tester la connaissance d'une science chez celui qui prétend la connaître; 5. d'apprendre les rudiments de chaque science pour laisser croire qu'on appartient aux hommes de science. Or, ce dernier volet, sur lequel

[19] Id., *Fuṣūl Mabādi' ārā' ahl al-madīna al-fāḍila*, éd. dir. par M. Mahdi, in *Kitāb al-milla*, Beyrouth 1968, p. 54.

[20] Cfr. Id., *Al-Tanbīh 'alā sabīl al-sa'āda*, éd. dir. par J. Al-Yāsīn, Beyrouth 1987, p. 73.

[21] Id., ***Kitāb al-burhān***, ms. Maktabat Michkāt, Université de Téhéran, n. 140/10, f. 174.

[22] Id., *Al-Da'āwa al-qalbiya*, Haidarabad (Inde) (*The Ottoman Encyclopaedia*, 1346 H), p. 11.

[23] Cfr. Id., *Taḥṣīl al-sa'āda*, ed. Al-Yāsīn cit. (à la note 17), p. 89.

[24] A. Al-Talbī, *Al-Farabi (259-339 AH / 872-950 AD)*, in «Perspectives. Revue trimestrielle d'éducation comparée», 23.1-2 (1993), [pp. 357-377], pp. 359-360. Pour l'*Iḥṣā'*, cfr. *ibid.*, pp. 366-367 et 371.

[25] Sur les contextes téléologique, politique et religieux voir J. Lomba Fuentes, *Sentido y alcance del catalogo de las ciencias del Al-Fārābī*, in *Arts libéraux et philosophie au Moyen Âge*, Actes du IVe Congrès International de Philosophie Médiévale (Montréal, 27 août – 2 septembre 1967), Montréal – Paris 1969, pp. 509-516.

[26] Cfr. *infra*, pp. 156,14-158,34.

[27] Cfr. *ibid.*, p. 158,31-34.

nous reviendrons[28], considéré à la lumière de ce qui vient d'être indiqué, pose problème, au point que son authenticité paraît douteuse. Dans l'immédiat, c'est au survol des sources qu'il vaut de se consacrer.

Il ne sera pas nécessaire, présentement, de procéder à l'historique, même partiel, des systèmes éducatifs, de l'encyclopédisme et des classifications des sciences[29]. En ce domaine, le penseur de Fārāb hérite au départ, comme ses prédécesseurs latins et arabes, des matériaux que les écrivains des époques hellénique et hellénistique ont façonnés lorsqu'ils s'appliquèrent à définir toujours plus précisément les modalités d'une ἐγκύκλιος παιδεὶα[30]. La matrice commune à tous les programmes médiévaux reste donc les arts libéraux, qui inspirèrent le *trivium* et le *quadrivium*, tels qu'ils émergeront progressivement de l'affinement de données primitives que l'on recueille chez Isocrate puis surtout chez Platon[31] pour la première partition (arithmétique, musique, géométrie, astronomie), chez les stoïciens pour la seconde (grammaire, rhé-

[28] Voir *infra*, pp. 73-74.

[29] Voir sur ces questions: J. MARIÉTAN, *Problème de la classification des sciences d'Aristote à saint Thomas*, Saint-Maurice – Paris 1901; J. A. WEISHEIPL, *Classification of the Sciences*, in «Mediaeval Studies», 27 (1965), pp. 54-90; *Science in the Middle Ages*, ed. D. C. Linberg, Chicago – London 1978; CH. BURNETT, *Innovations in the Classification of the Sciences in the Twelfth Century*, in *Knowledge and the Sciences in Medieval Philosophy*, Proceedings of the Eighth International Congress of Medieval Philosophy (Helsinki, 24-29 august 1987), edd. S. Knuuttila et Al., 3 voll., Helsinki 1990, II, pp. 25-42. Concernant plus particulièrement la tradition arabe, voir J. JOLIVET, *Classifications des sciences*, in *Histoire des sciences arabes*, dir. R. Rashed avec la collaboratione de R. Morelon, 3 voll., Paris 1997, III, pp. 255-270. Nous ne tenterons pas ici de déterminer s'il existe une différence entre le genre de l'encyclopédie et celui de la classification des sciences, ni de savoir si l'*Iḥṣā'*, relève de l'un ou de l'autre, voire des deux à la fois. Le premier genre (encyclopédique) lui est refusé, sans doute avec raison, par Solomon Munk, qui préfère implicitement le second, mais il est utilisé par Moritz Steinschneider: cfr. S. MUNK, *Mélanges de philosophie juive et arabe*, Paris 1859, p. 343; et STEINSCHNEIDER, *Al-Farabi* cit. (à la note 2), p. 83. Certes, le modèle isidorien de l'encyclopédie, qui impose trois critères à un texte pour pouvoir être dit tel (présenter un système du monde; intégrer les arts libéraux et une classification des sciences; se préoccuper de la nature), fait du second genre une composante du premier. Mais Bernard Ribémont a montré comment ce modèle a entamé sa transformation au XIIe siècle avec l'apport arabe, qui modifie notamment la conception latine des notions antithétiques de *ratio* et d'*auctoritas*, et enrichit celle de *natura*: cfr. B. RIBÉMONT, *La «Renaissance» du XIIe siècle et l'Encyclopédisme*, Paris 2002, pp. 34-53.

[30] Sur celle-ci, voir I. HADOT, *Arts libéraux et philosophie dans la pensée antique*, Paris 1984, surtout pp. 11-44.

[31] Pour Platon, cfr. PLATO, *Respublica*, VII, 521c-531c.

torique, dialectique). Il faudra cependant attendre Porphyre pour voir les deux groupes organisés en cycle[32]. À cela s'ajoute l'influence, beaucoup plus prégnante et quasi-généralisée, du corpus aristotélicien et des principes qui en sont à l'origine, ainsi que l'incidence de certains critères instaurés par ses derniers commentateurs alexandrins. Mais l'on doit se garder de confondre héritage plus ou moins lointain et capital propre. Le découpage implicite du traité farabien nous aidera à mieux percevoir la dette de son rédacteur, aussi bien que ce qu'il apporte comme ajustements, modifications et refontes[33]:

Composition et utilité

I. De la science de la langue

- A. La science des mots isolés
- B. La science des mots agencés
- C. La science des règles des mots isolés
- D. La science des règles des mots agencés
- E. La science des règles de l'écriture
- F. La science de la correction de la lecture
- G. La science de la poésie

II. De la science de la dialectique

- A. Son intention
  1. Les règles de direction, de préservation et de mise à l'épreuve
  2. Analogie avec la grammaire, la prosodie, les poids et les mesures, la règle et le compas
- B. Son utilité
  1. Établir quelque chose pour soi-même
  2. Établir quelque chose pour autrui
  3. Mettre à l'épreuve les arguments d'autrui
  4. Effets pervers de l'ignorance de la dialectique
  5. Elle permet de ne pas s'en tenir aux opinions
  6. L'exercice et le génie ne dispensent pas de la science des règles de la dialectique

[32] Cfr. HADOT, *ibid.*, pp. 132-135.

[33] La répartition qui va suivre est inspirée par celle mise au point à l'occasion du séminaire mentionné dans notre préambule. On pourra la comparer avec le plan donné par M. MAHDI, *Science, Philosophy and Religion in Alfarabi's Enumeration of the Sciences*, in *The Cultural Context of Medieval Learning*, edd. J.-E. Murdoch – E. D. Sylla, Dordrecht – Boston 1975, [pp. 113-147], p. 115.

C. Ses thèmes
1. Les intelligibles et les mots qui les désignent
2. Différence entre la dialectique et la grammaire

D. Sa désignation

E. Ses huit parties (trois espèces de syllogismes [non signalées] et cinq espèces d'arts syllogistiques)
1. Les énoncés démonstratifs
2. Les énoncés topiques
3. Les énoncés sophistiques
4. Les énoncés rhétoriques
5. Les énoncés poétiques
6. Déduction des huit parties
a. Les *Catégories*
b. L'*Interprétation*
c. Le *Syllogisme* (*Premiers Analytiques*)
d. La *Démonstration* (*Seconds Analytiques*)
e. Les *Lieux topiques*
f. La *Sophistique*
g. La *Rhétorique*
h. La *Poétique*
7. Antériorité de la démonstration

III. De la science des mathématiques

A. La science des nombres

B. La science de la géométrie

C. La science de la vision

D. La science des étoiles

E. La science de la musique

F. La science des corps pesants

G. La science des procédés ingénieux

IV. De la science de la nature et de la science divine

A. La science de la nature
1. Son objet
a. Les principes et les accidents, plus manifestes dans les artefacts que dans les corps naturels
b. Analogie entre corps naturels et artefacts
2. Ses divisions
(*Physique*; *Du ciel* I (I, 1; I, 2-I, 9) + II *init.* + II *exit.* + III; IV; *Génération et corruption*; *Météores* I-III; *Météores* IV; *Des minéraux*; *Des plantes*; *Des animaux* + *De l'âme*)

B. La science divine (*Métaphysique*)

V. La science du citoyen, la science du droit et la science de la parole (divine)

A. La science du citoyen
1. Ses tâches
2. Ses divisions

B. La science du droit (*Fiqh*)

C. La science de la parole (divine) (*Kalām*)

Si nous allons un peu moins dans le détail, sur un plan globalement structurel les reprises peuvent être visualisées par un schéma qui devrait mieux faire ressortir le système à la fois synchronique et hiérarchique choisi par l'auteur, ainsi que la structure par emboîtement qui le spécifie:

Legenda:	petites majuscules	les sciences théorétiques d'Aristote
	italique	les arts libéraux:
		(*tr.*) du *trivium*
		(*quadr.*) du *quadrivium*
	romain	les disciplines propres à Fārābī

I Langage
sémantique
grammaire (*tr.*)
rhétorique (*tr.*) – métrique

II *Logique* (*tr.*)

III MATHÉMATIQUE
arithmétique (*quadr.*)
géométrie (*quadr.*)
optique
astronomie (*quadr.*)
musique (*quadr.*)
statique
mécanique

IV PHYSIQUE
MÉTAPHYSIQUE

V Politique

Fiqh

Kalām

Il est assez évident que Fārābī doit aux commentateurs néoplatoniciens, et notamment aux derniers représentants de l'école d'Alexandrie, quatre aménagements[34]. Le programme de son ouvrage est en premier lieu directement inspiré par les κεφάλαια, ces points fondamentaux qui servaient aux exégètes d'Aristote pour introduire les débutants à l'ensemble de sa philosophie[35]. Il se concrétise, dans la préface, par le souci d'exposer à la fois son but (σκόπος) ou *qaṣd*, sa composition (διαίρεσις) ou *ǧa'l* («exposer [en différentes parties]») et son utilité (χρήσιμον) ou *intifā'* («être utile»). Cette division deviendra quintuple à l'occasion du chapitre-phare sur la logique (II, A-E de notre découpage de l'*Iḥṣā'*), pour lequel seront envisagés le but (σκόπος), l'utilité (χρήσιμον), le thème (πρόθεσις) ou *mawḍū'*, le titre (ἐπιγραφή) ou *'unwān* et la composition (διαίρεσις)[36], bien que la distinction entre le σκόπος et la πρόθεσις ne semble pas traditionnelle[37]. Notre auteur emprunte en second lieu à l'exégèse néoplatonicienne premièrement, et quant à la science de la logique, son organisation globale[38], son rôle comme pourvoyeuse de règles ou d'énoncés universels, et, au cœur de celle-ci, la place sommitale et stratégique de l'art de la démonstration, c'est-à-dire des *Analytiques seconds* d'Aristote (II, E, 6, d); deuxièmement, l'extension de l'*Organon* du même à la *Rhétorique* et à la *Poétique* (II, E, 6, g-h)[39]; troisièmement, le recensement des cinq types de syllogisme (démonstratif,

[34] Cfr. R. WALZER, *Greek into Arabic, essays on Islamic philosophy*, Oxford 1962; M. FAKHRY, *Al-Fārābī Founder of Islamic Neoplatonism. His Life, Works and Influence*, Oxford 2002.

[35] Cfr. I. HADOT, *La division néoplatonicienne des écrits d'Aristote*, in *Aristoteles Werk und Wirkung, Paul Moraux gewidmet*, hrsg. von J. Wiesner, 2 voll., Berlin – New York 1985-1987, II, pp. 249-285.

[36] Fārābī n'y utilise qu'une périphrase pour la désigner: «le recensement des parties».

[37] Cfr. HADOT, *La division* cit., notamment p. 101.

[38] Elle est due à l'*Introduction à la philosophie d'Aristote* du néoplatonicien Paul le Perse (saec. VI). Cfr. D. GUTAS, *Paul the Persian on the Classification of the parts of Aristotle's philosophy: a milestone between Alexandria and Bagdad*, in «Der Islam», 60 (1983), pp. 231-267; et M. ZONTA, *La* Divisio Scientiarum *presso Al-Farabi: dalla introduzione alla filosofia tardoantica all'enciclopedismo medievale*, in *La divisione della filosofia e le sue ragioni. Lettura di testi medievali (VI-XIII secolo)*, Atti del VII Convegno della Società Italiana per lo studio del pensiero medievale (Assisi, 14-15 novembre 1997), a c. di G. d'Onofrio, Cava de' Tirreni 2001, pp. 12-65.

[39] Cfr. M. S. GALSTON, *Al-Fārābī et la logique aristotélicienne dans la philosophie islamique*, in *Aristote aujourd'hui*, éd. M. A. Sinaceur, Paris 1988, pp. 192-217.

dialectique, sophistique, rhétorique, poétique) (II, E, 1-5)[40]. Ajoutons à cela, hors incidence néoplatonicienne, que les chapitres III et IV reprennent les trois sciences théorétiques (physique, mathématique, métaphysique) d'Aristote[41] selon un ordre un peu différent (mathématique, physique, métaphysique)[42] correspondant à la valorisation de la première, alors que deux des trois sciences pratiques (éthique, politique, économie) y sont comparativement sous-représentées, hormis la deuxième, qui bénéficie d'une section un peu plus étendue (V, A), dont nous reparlerons.

Ces reprises et adaptations n'ont cependant point sclérosé l'originalité de Fārābī, qui ne manque pas de s'exercer tant sur la forme que sur le fond. Elle se manifeste dès la science du langage, qu'il est le premier à inclure dans une classification des sciences, découpée en sémantique, syntaxe, morphologie, grammaire, orthographe, phonétique et poésie (I), qui fait éclater le *trivium*, dont est exclue la dialectique, à laquelle sera réservé un chapitre autonome et très étendu (II)[43]. Qui plus est, le statut de la rhétorique et de la poétique y est sans précédent. Parties intégrantes de la *logica* (II, E, 4-5), bien qu'étrangement, nous venons de le voir, la seconde ait été déterminée en dehors de celle-ci[44], elles peuvent prétendre à la production d'une forme de persuasion, qui imite tous les stades de la spéculation logique, puisqu'on y constate l'existence d'un syllogisme rhétorique suscitant la satisfaction et celle d'un syllogisme poétique suscitant la représentation imaginative[45]. Elles lui restent cependant infé-

[40] Cette quintuple répartition est plus particulièrement tributaire d'Elias; voir ZONTA, *La* Divisio Scientiarum cit.

[41] Cfr. ARISTOTELES, *Physica*, II, 1, 193b$^{22-36}$ et 194b^{14}, et *Metaphysica*, VI (E), 1026a^{19}, et XI (K), 1064b$^{1-3}$.

[42] Cfr. PH. MERLAN, *From Platonism to Neoplatonism*, The Hague 1960^2, pp. 59-87.

[43] Cfr. GALSTON, *Al-Fārābī* cit., surtout pp. 204-206.

[44] Cfr. *ibid.*, p. 203: «Nous trouvons dans (les) écrits [de Fārābī] plusieurs exposés sur l'art de la logique dont aucun n'expose le même point de vue. Ils peuvent être divisés en trois groupes: ceux qui affirment qu'il y a cinq arts syllogistiques, qui comprennent la rhétorique et la poésie; ceux qui donnent à entendre qu'il y a cinq arts logiques dont trois seulement sont syllogistiques; ceux qui soutiennent qu'il y a quatre arts syllogistiques, y compris la rhétorique, mais à l'exclusion de la poésie».

[45] Voir D. BLACK, *Traditions and Transformations in the Medieval Approach of Rhetoric and Related Linguistic Arts*, in *L'enseignement de la philosophie au* XIIIe *s. Autour du 'Guide de l'étudiant' du ms. Ripoll 109*, éd. C. Lafleur – J. Carrier, Turnhout 1997

rieures, en raison d'une forte implication de la croyance pour l'une, de l'imagination pour l'autre, mais peuvent devenir des instruments au service de la religion[46]. Au chapitre III, cette singularité apparaît d'abord dans la présentation des savoirs mathématiques[47], et plus précisément dans l'élargissement du *quadrivium* (*scientia doctrinalis*) à sept composantes, avec, outre l'apparition de la mécanique (III, 4), l'introduction inédite de deux disciplines: l'optique ou perspective (III, C), entre géométrie et science des étoiles, et la science des poids ou statique (III, F), sans oublier deux sections passablement renouvelées touchant l'une la musique (III, E), l'autre les arts mécaniques (III, F-G), dont fait partie l'algèbre; ensuite, dans la distinction nette observée entre l'astrologie et l'astronomie (III, D), en reléguant la première dans les savoir-faire, non sans avoir commencé par la dénommer «science pratique»[48]; enfin, dans la reprise et l'élargissement de la distinction de souche platonico-aristotélicienne[49], amenée au chapitre I à propos des arts[50], entre volet «théor(ét)ique» (*naẓarī*) et volet «pratique» (*'amalī*), et qui opérera par la suite, explicitement ou non, à l'occasion de chacune des sept branches de ladite *scientia*

(Studia Artistarum, 5), [pp. 233-254], pp. 234-240. Cfr. M. AOUAD, *Les fondements de la* Rhétorique *d'Aristote reconsidérés par Fārābī, ou le concept de point de vue immédiat et commun*, in «Arabic Sciences and Philosophy», 2.1 (1992), pp. 133-180.

46 Al-Fārābī ne l'exprime pas aussi ouvertement dans l'*Iḥṣā'*. Mais le *Kitāb al-ḥurūf* notamment dira de la religion que c'est une pédagogie par mode d'imagination et de persuasion. Cfr. M. MAHDI, *Alfarabi's Book of Letters* (Kitāb al-ḥurūf). *Commentary on Aristotle's Metaphysics. Arabic Text edited with Introduction and Notes*, Beirut 1969, pp. 131-134 et 151-157. Nous remercions Jean Jolivet de nous avoir fourni cette précision.

47 Cfr. E. WIEDEMANN, *Über al Fārābī's Aufzählung des Wissenschaften* (De scientiis), in «Sitzungsberichte der physicalisch-medizinischen Sozietät in Erlangen», 39 (1907), pp. 74-101.

48 Cfr. M.-TH. DRUART, *Astronomie et astrologie selon Fārābī*, in «Bulletin de Philosophie Médiévale», 20 (1976), pp. 43-47; G. SALIBA, *Astronomy and Astrology in Medieval Arabic Thought*, in *Les doctrines de la science de l'Antiquité à l'Âge classique*, éd. R. Rashed – J. Biard, Leuven – Paris 1999, [pp. 131-164], pp. 138-139.

49 Voir, pour Platon: PLATO, *Politicus*, 258e. Et, pour Aristote: ARISTOTELES, *Metaphysica*, I (A), 1, 993b$^{19-21}$ (division de la philosophie en théorétique et pratique); *ibid.*, VI (E), 1, 1025b^{25} (division de la science en pratique, poïétique et théorétique), et son complément XI (K), 7, 1063b^{36}-1064b^{14}. Cfr. ANICIUS MANLIUS SEVERINUS BOETHIUS (par la suite: BOETHIUS), *In Isagogen Porphyrii, ed. prima*, I, 3, PL 64, 11AB, edd. S. Brandt – G. Schepss, Wien – Leipzig 1906 (CSEL, 48), p. 8,1-2: «Est (...) philosophia genus, species vero duae, una quae theoretica dicitur, altera quae practica, id est speculativa et activa».

50 Cfr. *infra*, p. 163, n. 37.

doctrinalis[51]. Au chapitre IV, la spécificité farabienne se concrétise dans le couplage physique-métaphysique (IV, A-B), celle-ci étant conçue comme une théologie philosophique combinant Aristote et le néoplatonisme, et au chapitre V dans le fait de donner à la politique, dont ce serait l'exposé médiéval le plus ancien et le plus connu jusqu'à la redécouverte de la *Politique* d'Aristote au cours de la seconde moitié du XIIIe siècle[52], deux appendices, le *fiqh* (approximativement: la jurisprudence ou le droit canon) et le *kalām* (au moins loin: la théologie dialectique) (V, A-C)[53], lesquels se trouvent ainsi appartenir aux sciences philosophiques.

D'autre part, il n'est pas inintéressant de noter que plusieurs aspects trahissent une spécificité culturelle ethnocentrée, qui a toutefois pour inconvénient de rester difficilement traduisible, adaptable ou assimilable. Elle repose sur une autre distinction, opérée entre savoirs scientifiques et savoirs non scientifiques, lesquels se caractérisent par le fait de devoir leurs principes à ce que Muhsin Mahdi appelle «la raison humaine non assistée»[54]. Il s'agit d'abord de la science de la langue (I), évoquée ci-devant, toujours à considérer, dans la particularité de l'univers culturel musulman, comme langue de la révélation[55]. Elle affiche certes une vocation universaliste quand elle s'attache à être science des règles des mots et fonder ainsi une grammaire universelle[56], mais devient

[51] Cfr. G. BEAUJOUAN, *L'enseignement du* quadrivium, in *La scuola nell'occidente latino dell'Alto Medioevo*, Atti della XIX Settimana di studio del Centro italiano di studi sull'Alto Medioevo, 2 voll., Spoleto 1972 (Settimane di studio CISAM, 19), II, pp. 639-667; ID., *The Transformation of the* quadrivium, in *Renaissance and Renewal in the Twelfth Century*, eds. R. L. Benson – G. Constable, Oxford 1982, pp. 463-487; M. SCHRAMM, *Theoretische und praktische Disziplin bei Al-Fārābī*, in «Zeitschrift für Geschichte der arabisch-islamischen Wissenschaften», 3 (1986), pp. 1-55. L'historien des sciences français pense que c'est le *De scientiis* qui apporta la distinction à l'Occident, et selon André Allard elle constitue la transformation la plus profonde introduite par le recensement farabien; cfr. A. ALLARD, *L'enseignement du calcul arithmétique*, in *Manuels, programmes de cours et techniques d'enseignement dans les universités médiévales*, Actes du Colloque international de Louvain-la-Neuve (9-11 septembre 1993), éd. J. Hamesse, Louvain-la-Neuve 1994, [pp. 117-135], p. 120.

[52] Cfr. MAHDI, *Science, Philosophy* cit. (à la note 33), p. 113.

[53] Cfr. R. M. FRANK, *The Science of Kalām*, in «Arabic Sciences and Philosophy», 2.1 (1992), pp. 7-37.

[54] MAHDI, *ibid.*, p. 116.

[55] Cfr. A. ELAMRANI-JAMAL, *Logique aristotélicienne et grammaire arabe*, Paris 1983.

[56] Cfr. J. PINBORG, *Die Entwicklung der Sprachtheorie im Mittelalter*, Mün-

inévitablement arabo-centrée quand elle se développe comme science des mots. On s'en aperçoit face à l'embarras de Gérard pour la rendre accessible aux Latins, ce à quoi remédie Gundissalinus, fortement préoccupé par la mise au point d'un instrument exploitable par des lecteurs de langue et de culture gréco-latines, en la supprimant tout simplement, comme du reste, nous aurons à y revenir, l'ensemble de ce qui ne les concerne pas. Il s'agit ensuite, et de nouveau, des deux sciences dites traditionnelles, quoique se rattachant aux conceptions de Platon et d'Aristote[57]. D'une part le *fiqh* (V, B), mot que l'on devrait se dispenser de traduire, reste aussi un savoir typiquement musulman, malgré la prétention à l'universalité que lui confère al-Fārābī et une présentation fort restreinte, qui permet d'en atténuer la singularité. De l'autre le *kalām* (V, C) qui, plus encore que le *fiqh*, se soustrait à une traduction satisfaisante et de nouveau s'impose très vite dans la large description dont il bénéficie, comme une discipline spécifiquement musulmane, car fondée sur la révélation coranique, en dépit des efforts consentis par Fārābī pour adopter une même visée universaliste[58]; c'est sans doute l'une des raisons pour lesquelles Gundissalinus l'a totalement ignorée.

À côté de ces aménagements qui, dans la visée d'origine, précisent et enrichissent le procédé classificatoire des sciences, et facilitent d'autant sa concrétisation en programme d'études, il convient de relever, sinon une lacune, du moins une faiblesse. La primauté du processus propédeutique et didactique privilégié par Fārābī le conduit effectivement à présenter d'une manière condensée les connaissances disponibles sans vraiment proposer, malgré plusieurs digressions (sept au total), de réflexion d'ordre épistémologique sur l'organisation des savoirs qu'il choisit, ou la situation, le rang et la fonction de chacun à l'intérieur d'une division, ni même indiquer les critères de sa synthèse. De ce prin-

ster 1967, pp. 24-25, pour ce que retiendra Gundissalinus de cette grammaire universelle dans son *De divisione philosophiae*, que Pinborg appelle *De divisione scientiarum*.

[57] Cfr. J. Jolivet, *Classifications des sciences, arabes et médiévales*, in *Les doctrines de la science de l'Antiquité à l'Âge classique*, édd. R. Rashed – J. Biard, Leuven – Paris 1999, [pp. 211-235], p. 220.

[58] Voir M. Mahdi, *Remarks on Alfarabi's* Book of Religion, in *Perspectives arabes et médiévales sur la tradition scientifique et philosophique grecque*, édd. A. Hasnawi – A. Elamrani-Jamal – M. Aouad, Leuven – Paris 1997, pp. 583-608.

cipe d'économie participe aussi l'absence répétée de transition à la fois entre les différentes parties et au sein de chacune[59], ainsi que des présentations trop avares d'explicitation, la plus gênante étant la non identification, dans la partition de la dialectique, des trois espèces de syllogisme et d'énoncé qui servent à vérifier les points de vue et objets de la recherche[60]. On ne saurait par ailleurs omettre de signaler la complexité excessive de la distinction, pourtant fondamentale, entre 'art' (*ṣinā'a*) et 'science' (*'ilm*), qui laisse une impression de confusion[61], accentuée par l'application qui leur est faite des notions de 'théorique' et de 'pratique'. En dernier lieu, on se doit de signaler le statut ambivalent de la poésie (relevant à la fois de la science de la langue, en figurant comme sa septième composante, et de celle de la logique, en figurant comme sa huitième composante), l'absence de l'alchimie, celle de la médecine comme savoir à part entière, car réduite à jouer un rôle d'illustration[62], et l'étrange situation de l'algèbre, figurant au nombre des procédés ingénieux[63].

[59] Certaines absences de transition pourraient toutefois avoir été voulues, et serviraient à accompagner l'exposé de fond; cfr. MAHDI, *Science, Philosophy* cit. (à la note 33), plus particulièrement pp. 130-131 et 140-141.

[60] Cfr. *infra*, p. 201, n. 129.

[61] Voir la tentative d'explicitation de MAHDI, *ibid.*, notamment pp. 124-126. Cfr. C. LAFLEUR, Scientia *et* ars *dans les introductions à la philosophie des maîtres ès arts de l'Université de Paris au XIIIe siècle*, in Scientia *und* ars *im Hoch-und Spätmittelalter*, hrsg. von I. Craemer-Ruegenberg – A. Speer, Berlin – New York 1994, pp. 45-65.

[62] Cfr. S. STROUMSA, *Al-Fārābī and Maimonides on Medicine as a Science*, in «Arabic Sciences and Philosophie», 3.2 (1993), pp. 235-249, sur la question de savoir si l'*Iḥṣā'* comportait ou non, dans une version plus complète que l'on aurait perdue, une section sur la médecine. Mais, si l'on en croit Gotthard Strohmaier, Fārābī aurait été cohérent avec lui-même en excluant la médecine de son recensement, attendu qu'il déniait à celle-ci toute prétention théorique, ne lui reconnaissant que le statut d'art pratique; cfr. G. STROHMAIER, *La ricezione e la tradizione. La medicina nel mondo bizantino e arabo*, in *Storia del pensiero medico occidentale*, a c. di M. D. Grmek, 3 voll., Roma – Bari 1993, I, pp. 167-215; tr. fr. *Réception et tradition: la médecine dans le monde byzantin et arabe*, in *Histoire de la pensée médicale en Occident*, éd. M. D. Grmek, 3 voll., Paris 1995, I, [pp. 123-149], pp. 146-147. Et cfr. *infra*, p. 160,18.

[63] Roshdi Rashed la justifie, tandis que Jean Jolivet la juge «doublement incongrue». Il ne nous appartient pas ici de les départager. Cfr. R. RASHED, *Mathématiques et philosophie chez Avicenne*, in *Études sur Avicenne*, édd. J. Jolivet et R. Rashed, Paris 1984, [pp. 29-39], pp. 33-34 (et cfr. aussi ID., *Entre arithmétique et algèbre. Recherches sur l'histoire des mathématiques arabes*, Paris 1984); et JOLIVET, *Classification des sciences* cit. (à la note 29), p. 263.

Nous venons de passer en revue quelques rares exemples des problèmes soulevés par la manière dont cette systématisation conceptuelle, avec ses excroissances, ses ramifications et ses prolongements, ses excès et ses insuffisances, fut reçue par ceux qui se sont un moment consacrés à sa transposition linguistique. Il est temps de faire fonds sur cette réception.

CHAPITRE II

ESQUISSE D'UNE RÉCEPTION LATINE DE L'IḤṢĀ'
I. GUNDISSALINUS ET GÉRARD

Dans l'état actuel de notre information, nous n'en recueillons, toutes traditions confondues, aucune résonance, textuelle ou autre, avant le onzième siècle, sans rien présumer quant à la connaissance même du *Catalogus* de Fārābī au sein du cercle de ses élèves et disciples immédiats, dont on ne saurait douter. Dans ces conditions, l'un des premiers à l'évoquer aurait été Ṣā'id al-Andalusī († 1070), qui s'en inspire et apprécie sa nature et ses qualités. Dans son écrit intitulé *Ṭabaqāt al-Umam* (*Les catégories des nations*, 1067-1068)[1], il compare la classification farabienne avec deux autres: l'une de type aristotélicien, l'autre de type islamique, pour conclure qu'elle est sans précédent et suit une méthode qui n'avait jamais été suivie[2]. Au cours du même siècle, al-Anṭākī s'y référera dans son *Kitāb al-Manfā'a al-kabīr* (*Grand livre de l'utilité*), sous la forme d'un résumé paraphrastique de l'ensemble[3].

[1] Éd. L. Cheikho, Beyrouth 1912; puis éd. Ḥayāt Bū 'Alwān, Beyrouth 1985. Une traduction française, introduite et annotée a été donnée en 1935 par R. Blachère.

[2] Cfr. MAHDI, *Science, Philosophy* cit. (chap. 1, à la note 33), pp. 116-117. Cfr. aussi M.-G. BALTY-GUESDON, *Al-andalus et l'héritage grec d'après les Ṭabaqāt al-Umam de Ṣā'id al-Andalusī*, in *Perspectives arabes et médiévales* cit. (chap. 1, à la note 58), pp. 331-342, qui précise que «toutes les sciences considérées par Ṣā'id semblent envisagées du point de vue de cette classification [celle de Fārābī], avec quelques modifications» (p. 339).

[3] Il s'agit d'Abū al-Fatḥ 'Abdallāh ibn al-Faḍl ibn 'Abdallāh al-Muṭrān al-Anṭākī. La découverte que l'un des chapitres de cette encyclopédie est constitué par des correspondants littéraux de l'*Iḥṣā'* revient à notre collègue M. Aouad, qui en prépare l'édition critique et la traduction française.

Viendraient ensuite Ibn Bāǧǧa († 1139)[4] et, dans le même temps, Moïse ibn Ezra († 1140), lequel rapporte un passage sur l'art de la poésie (I, G) en son célèbre ouvrage de poétique arabe intitulé *Kitāb al-muḥāḍara wal-muḏākara* (*Livre de la spéculation et de la remémoration*)[5]. C'est peu après que devrait se situer le témoignage de Gundissalinus, puis, quelques décennies plus tard, celui de Gérard, un certain temps avant qu'Ibn Ṭumlūs († 1223) n'en reprenne *in extenso* le chapitre II dans la quatrième partie du prologue de son *Madḫal li-ṣinā'at al-manṭiq* (*Introduction à l'art de la logique*)[6].

1. *Dominicus Gundissalinus*

L'hypothèse, émise il y a peu[7], de l'existence de deux auteurs contemporains homonymes, l'un traducteur (Dominicus Gundisalvi, archidiacre de Cuéllar en l'église de Ségovie), l'autre philosophe (Gundisalvus, archidiacre de Talavena en l'église de Tolède)[8], devrait permettre, si elle se trouve confirmée[9], de réorienter les recherches en ce domaine. Mais celle-ci étant, pour l'heure, insuf-

[4] Cfr. M. Forcada, *Ibn Bājja and the Classification of the Sciences in al-Andalus*, in «Arabic Sciences and Philosophie», 16 (2006), [pp. 287-307], pp. 298-306.

[5] Édition et traduction par M. Abumalham Mas, 2 voll., Madrid 1985-1986.

[6] Voir l'édition partielle dans M. Asín Palacios, *Introducción al arte de la Logica por Abentomlūs de Alcira*, I (*Categorias-Interpretación*), Madrid 1916, pp. 15-30 pour le texte du prologue. Voir aussi A. Elamrani-Jamal, *Éléments nouveaux pour l'étude de l'*Introduction à l'art de la logique *d'Ibn Ṭumlūs (m. 620 H. / 1223)*, in *Perspectives arabes et médiévales* cit., pp. 465-483, qui met au point l'édition de la totalité du texte du *Madḫal*. On possède par ailleurs deux «versions» hébraïques, mais elles sont plus tardives. L'une est due à Shemtov ibn Falaqera († 1295), et se présente sous la forme de longues citations, parfois amplifiées, du texte farabien, que l'auteur incorpore à son propre traité appelé *Reshit Hokmah* (*Commencement de la sagesse*). L'autre, datée de 1314, est une traduction à part entière (*Mispar ha-Hokmot* [*Le nombre des sciences*]), due à Qalonymos ben Qalonymos († 1328), qui comporte aussi des passages additionnels, c'est-à-dire ne se trouvant pas dans le texte arabe dont on dispose. Cfr. Zonta, *La «Classificazione delle scienze»* cit. (chap. 1, à la note 8), et Id., *Al-Fārābī's and Ibn Sīnā's Classification of Mathematical and Natural Sciences in the Hebrew Translation: a Reappraisal*, Conférence inédite, prononcée à Paris le 25 mars 1994 au siège de l'ex-U.R.A. 1085 du C.N.R.S., 15 pp. + 2 tableaux.

[7] Cfr. A. Rucquoi, *Gundisalvus ou Dominicus Gundisalvi?*, in «Bulletin de Philosophie Médiévale», 41 (1999), pp. 85-106.

[8] Gundissalinus serait alors une forme fautive pour Gundisalvus.

[9] Voir l'opposition de A. Fidora – J. Soto Bruna, *«Gundisalvus ou Dominicus Gundisalvi?» – Algunas observaciones sobre un recente artículo de Adeline Rucquoi*, in «Estudios Eclesiásticos», 76 (2001), pp. 467-473.

fisamment étayée à notre sentiment, nous sommes contraint d'en suspendre les conséquences et de continuer à argumenter comme s'il s'agissait toujours du même individu. Quoi qu'il en soit, on possède très peu d'informations sur l'homme. Né vraisemblablement en une contrée d'Espagne redevenue chrétienne, et plus exactement dans l'ancienne Castille[10], au tout début de la deuxième décennie du douzième siècle, le plus houleux de l'ère dite al-Andalus (711-1492)[11], il aurait, selon Burnett et Fidora, séjourné en France pour y étudier, entre autres à Chartres et à Paris[12]. Bien ultérieurement, vers l'âge de cinquante ans, on le retrouve archidiacre de Cuéllar (1162 ca.-1181), ville intégrée au diocèse de Ségovie, mais résidant à Tolède, cité redevenue chrétienne dès 1085, date à laquelle elle fut reprise aux Arabes par Alphonse VI de Castille et de León[13]. Il mourut, croit-on, une dizaine d'années après la fin de son archidiaconat. L'œuvre, en revanche, offre de meilleure prises pour l'historien. À la différence de Gérard – et la précision, bien que pouvant être privée de fondement si la thèse de Rucquoi se vérifie, conserve toute son importance pour comprendre le traitement réservé par Gundissalinus au recensement farabien –, ce fut un philosophe à part entière[14], même s'il pratiqua surtout la compilation et le plagiat. On lui doit, entre autres ouvrages, un *De processione*

[10] Cfr. BURNETT, *The Coherence of the Arabic-Latin Translation Programm* cit. (chap. 1, à la note 6), p. 252.

[11] Cfr. *The Legacy of Muslim Spain Handbook of Oriental Studies*, Sect. 1: *The Near and Middle East, 12*, ed. S. K. Jayyusi, Leiden 1994; et P. GUICHARD, *Al-Andalus, 711-1492*, Paris 2000.

[12] Cfr. CH. BURNETT, *A New Source for Dominicus Gundissalinus's Account of the Science of the Stars?*, in «Annals of Science», 47.4 (1990), 4, pp. 361-374; et A. FIDORA, *Le débat sur la création: Guillaume de Conches maître de Dominique Gundisalvi?*, in *Guillaume de Conches: philosophie et science au XIIe siècle*, éd. par B. Obrist – I. Caiazzo, Colloque international C.N.R.S. – E.P.H.E. – Université de Paris VII (Paris 1-2 juin 2007) edd. B. Obrist – I. Caiazzo, Firenze 2011, pp. 271-288, selon qui Gundissalinus et Guillaume de Conches auraient subi une influence réciproque, dont la première (celle de Guillaume sur Gundissalinus) ne peut s'expliquer que par l'hypothèse d'un séjour du second en Île-de-France avant 1160.

[13] Cfr. C. KREN, *Gundissalinus Dominicus*, in *Dictionary of Scientific Biography*, ed. Ch. G. Gillipsie, V, New York 1972, pp. 591-593; A. FIDORA, *Dominicus Gundissalinus*, in *Biographisch-Bibliographisches Kirchenlexikon*, XVII, Herzberg 2000, pp. 281-286.

[14] Cfr. C. BAEUMKER, *Les écrits philosophiques de Dominicus Gundissalinus*, in «Revue Thomiste», 1897, pp. 723-745, et ID., *Dominicus Gundissalinus als philosophischen Schriftsteller*, in *Studien und Charakteristiken zur Geschichte der Philosophie insbesondere des Mittelalters*, hrsg. von M. Grabmann, Münster 1927, pp. 255-275.

mundi[15], un *De anima*[16], un *De immortalitate animae*[17], un *De unitate et uno*[18], longtemps attribué à Boèce, et un *De divisione philosophiae*[19], peut-être rédigé en collaboration avec Jean d'Espagne (*Iohannes Hispanus*, † 1215)[20]. Il y tente, en défricheur, dans les trois premiers du moins, de réaliser un syncrétisme doctrinal, s'efforçant d'harmoniser, non sans une certaine liberté et quelques audaces ou provocations dont il n'eut sans doute pas toujours conscience, les matériaux de la philosophie profane ou païenne et les contenus de la pensée chrétienne[21]. L'autre versant de l'activité de Gundissalinus,

[15] Édd. M. J. Soto Bruna – C. Alonso del Real, De processione mundi. *Estudio y edición crítica del tratado de Domenico Gundisalvo*, Pamplona 1999. L'ouvrage est très inspiré par la section métaphysique du début du *De essentiis* de Hermann de Carinthie (saec. XII¹). Il circula sous de nombreux intitulés (*De prima forma et materia, De invisibilibus dei, De creatione mundi, De materia et forma* et *De caelo et mundo*), provoquant ainsi méprises et confusions.

[16] Éd. in J. T. MUCKLE, *The Treatise* De anima *of Dominicus Gundissalinus*, in «Mediaeval Studies», 2 (1940), pp. 23-103. Selon Étienne Gilson l'attribution se fait «sans raison décisive»: cfr. É. GILSON *Histoire de la philosophie médiévale*, Paris 1976, p. 381.

[17] Hrsg. von G. Bülow, *Des Dominicus Gundissalinus Schrift von dem Unterblichkheit der Seele*, Münster 1897 (= BGPMA, 2, 3).

[18] Hrsg. von P. Correns, *Die dem Boethius fälschlich zugeschriebene Abhandlung des* Dominici Gundisalvi De unitate, Münster 1891 (= BGPMA, 1, 1). Le traité doit beaucoup au *Fons vitae* d'Ibn Gabirol (voir *infra*, à la note 35).

[19] Hrsg. von L. Baur, *Dominicus Gundissalinus*, De divisione Philosophiae, Münster 1903 (= BGPMA, 4, 2-3), pp. 1-142. On veillera à ne point confondre cette autre répartition des sciences avec le *De scientiis*, encore qu'elle lui emprunte tous les passages de l'*Iḥṣā* qui s'y trouvent cités. Sur l'un et l'autre, cfr. M. BOUYGES, *Notes sur les philosophes arabes connus des latins au Moyen Âge*, VII, *Sur le* De scientiis *d'Alfarabi récemment édité en arabe à Saida, et sur le* De divisione philosophiae *de Gundissalinus*, in «Mélanges de l'Université Saint Joseph (Beirut)», 9 (1923-1924), pp. 49-70 (l'édition de l'*Iḥṣā'* évoquée par le titre est celle de Muḥammad Riḍā al-Shabībī, publiée en 1921 dans la revue *Al-'Irfān*, à partir d'un ms. du XIIIe siècle découvert par l'auteur à Najaf, la ville sainte irakienne); sur la seconde, cfr. H. HUGONNARD-ROCHE, *La classification des sciences de Gundissalinus et l'influence d'Avicenne*, in *Études sur Avicenne*, éd. J. Jolivet – R. Rashed, Paris 1984, pp. 41-75.

[20] On connaît encore ce dernier sous les noms de Jean l'Espagnol ou de Tolède. Il paraît établi qu'il doive être distingué d'un autre traducteur nommé Jean de Séville et Limia (ou Luna), antérieur de quelques décennies. En revanche, le débat n'est point clos quant à savoir s'il ne faisait qu'un avec le philosophe juif Abraham ibn Dāwūd (1110-1180 ca.), appelé aussi Jean Avendauth (ou Avendeuth), parfois supposé être l'auteur du *Liber de causis*. Voir CH. BURNETT, Magister Iohannes Hispanus*: towards the Identity of a Toledan Translator*, in *Comprendre et maîtriser la nature au Moyen Âge. Mélanges d'histoire des sciences offerts à Guy Beaujouan*, Genève 1994, pp. 425-436, et *The Coherence* cit. (chap. 1, à la note 6).

[21] Pour une présentation des principaux traités, cfr. BAEUMKER, *Les écrits philosophiques* cit. (à la note 14); JOLIVET, *The Arabic Inheritance* cit. (chap. 1, à la

ou celle de son homonyme, consista à transposer plus ou moins librement en latin, parfois à quatre mains, avec éventuellement un intermédiaire oral – la question se posant de savoir quelles furent exactement la nature et l'évolution de ses compétences linguistiques[22] –, divers écrits arabes[23]. Les versions les moins sujettes à discussion, aucune ne faisant l'unanimité, concernent, outre l'*Iḥṣā'* (avec [?] un Iohannes)[24]: les *Maqāṣid al-falāsifa* d'al-Ġazālī[25], sous le nom de *Logica et philosophia Algazelis Arabi*[26]; plusieurs sections du *Kitāb al-Shifā'* d'Avicenne[27]: l'*Âme* (*al-Nafs*) (avec Avendauth)[28], la *Métaphysique* ou *Philosophie première* (*al-Ilāhiyyāt*)[29], et un chapitre – sur l'interclassement des sciences – de la seconde partie du livre V, à savoir celle sur la démonstration (*al-Burhān*), qui équivaut

note 16), pp. 65-74 de la tr. fr.; et surtout A. FIDORA, *Der Wissenschaftenstheorie des Dominicus Gundissalinus: Voraussetzungen und Konsequenzen des zweiten Aufgangs der aristotelischen Philosophie im 12. Jahrhundert*, Berlin 2003.

[22] Sur ce point, voir RUCQUOI, *Gundisalvus* cit. (à la note 7), pp. 100-104, qui défend l'idée qu'existait un authentique bilinguisme latin-arabe chez la plupart des traducteurs du XIIe siècle.

[23] Cfr. JOLIVET, *ibid.*, pp. 71 et 94 (de la réimpression): on possède un témoignage d'Avendauth qui permet de se faire une idée sur le partage des responsabilités; lui-même, dit-il, traduisait de l'arabe en langue vernaculaire (l'espagnol ou, plus exactement, le romance castillan: cfr. R. MENÉNDEZ PIDAL, *Orígenes del español*, Madrid 1926 [1976²] et Gundissalinus de l'espagnol en latin. Cfr. le texte dans AVICENNE, *Al-Šifā', al-Nafs*, éd. S. Van Riet (et G. Verbeke), in *Avicenna Latinus. Liber* De anima *seu textus* De naturalibus, I (I-III), Louvain – Leiden 1972, pp. 3-4.

[24] Sur l'attribution du *De scientiis* à Gundissalinus, Harriet Pratt Lattin est formelle, y voyant indubitablement la main de Dominicus Gundissalinus et peut-être celle de Jean d'Espagne: cfr. H. PRATT LATTIN, rec. À. G. PALENCIA, *Al-Fārābī. Catálogo de las ciencias. Edición y traducción castellana*, Madrid 1932, in «Speculum», 9 (1934), [pp. 339-340], p. 340. Cfr. aussi M. ALONSO ALONSO, *Traducciones del Arcediano Domingo Gundisalvo*, in «Al-Andalus», 12 (1947), pp. 295-338. Rappelons que Chalmers, en 1638, dans son *editio princeps* cit. (chap. 1, à la note 10) publia le texte sans nom d'auteur.

[25] Éd. S. Dunya, Le Caire 1961.

[26] Éd. in J. T. Muckle, *Algazel's Metaphysics. A Mediaeval Translation*, Toronto 1933 (qui ne retient ni nom d'auteur ni intitulé latin); puis in P. C. H. LOHR, *Logica Algazelis*. Introduction and Critical Text, in «Traditio», 21 (1965), pp. 221-290, qui l'attribue à Gundissalinus (cfr. p. 229,38).

[27] Selon Charles Burnett seule la partie sur l'âme serait à mettre à l'actif de Gundissalinus et d'Avendauth, les autres devant l'être uniquement à celui d'Avendauth; cfr. BURNETT, *Magister Iohannes Hispanus* cit. (chap. 1, à la note 101), p. 427.

[28] Édd. S. Van Riet – G. Verbeke, in *Avicenna Latinus. Liber* De anima *seu textus* De naturalibus, I (I-III), Louvain – Leiden 1972; II (V-VI), Louvain – Leiden 1968.

[29] Édd. S. Van Riet – G. Verbeke, in *Avicenna Latinus. Liber* De philosophia prima *sive* Scientia divina, I-IV, Louvain – Leiden 1977; V-X, Louvain – Leiden 1980; Lexiques, Louvain – Leiden 1983.

aux *Seconds Analytiques* d'Aristote, relevant de la section sur la *Logique* (*al-Manṭiq*) (V, II, 7); le ***Kitāb fī al-farq bayna al-nafs wa al-rūḥ*** de **Qusṭā ibn Lūqā**[30], sous l'intitulé *De differentia spiritus et animae* (avec Avendauth)[31]; le ***Kitāb al-ḥisāb al-Hindī*** (*Livre de calcul indien*) d'al-Ḫawārizmī (825 ca.), aujourd'hui perdu, dans une version augmentée, sous la forme d'un *Liber Ysagogarum Alchorismi* (avec Avendauth et un «Maître Jean»)[32]; le ***Ǧawāmiʿ kitāb al-samāʾ wa-al-ʿālam*** de **Ḥunayn ibn Isḥāq**[33], également perdu en arabe, intitulé *Liber caeli et mundi*[34]; et le *Fons vitae* d'Ibn Gabirol (Avicébron) (avec Iohannes Hispanus)[35], l'original (*Mekor Hayyim*) étant là encore perdu. En dernier lieu, il arrive assez souvent qu'on lui prête la traduction du *De ortu scientiarum* attribué à **Fārābī**, dont il ne subsiste une fois de plus qu'une version latine[36]. Mais la paternité farabienne de cet opuscule, admise dès le XIIIe siècle, est elle-même douteuse[37].

30 Éd. in G. Gabrieli, *La* Risalah *di Qusṭā ibn Lūqā sulla differenza tra lo spirito e l'anima*, in «Atti della Accademia nazionale dei Lincei», ser. V, 19 (1910), pp. 622-655; puis éd. L. Cheikho, in «Al-Mašriq», 14 (1911), pp. 94-109; puis éd. in J. Wilcox, *The Transmission and Influence of Qusṭā ibn Lūqā's* On the Difference between Spirit and the Soul, New York 1985.

31 Éd., sous le nom de Jean d'Espagne, C. S. Barach, *Excerpta e libro Alfredi Anglici* De motu cordis *item Costa-ben-Lucae* De differentia animae et spiritus, Innsbruck 1878; cfr. Ch. Burnett, *Magister Iohannes Hispalensis et Limiensis' and Qusta ibn Luqa's* De differentia spiritus et animae. *A Portuguese Contribution to the Arts Curriculum?*, in «Mediævalia. Textos e estudos», 7-8 (1995), pp. 221-267.

32 Voir A. Allard, *Introdution à* Moḥammed ibn Mūsā al-Khwārizmī, Le Calcul indien: *édition critique, traduction et commentaire des plus anciennes versions latines remaniées du XIIe siècle*, Paris – Namur 1992, pp. XIV-XX. Un ms. attribue le texte au «magister Iohannes Yspalensis». Allard, *ibid.*, p. XIX, distingue ce «Maître Jean» de Jean de Séville, alors que Burnett, *ibid.*, pp. 428-430, les identifie.

33 Cfr. H. Hugonnard-Roche, De caelo. *Tradition syriaque et arabe*, in *Dictionnaire des Philosophes antiques, Supplément*, dir. R. Goulet, Paris 2003, [pp. 282-294], pp. 289-290. On l'a parfois attribué à Avicenne.

34 Pseudo-Avicenna, *Liber celi et mundi*, ed. O. Gutman, Leiden 2003.

35 Avencebrolis (Ibn Gabirol), *Fons Vitae*, ed. C. Baeumker, Münster (Westf.) 1895 (BGPMA, 1.3-4).

36 Pseudo-Alfarabius, *De ortu scientiarum*, ed. C. Baeumker, Münster (Westf.) 1916 (BGPMA, 19, 3).

37 Sur son auteur, cfr. M. Alonso Alonso, *El autor de* De ortu scientiarum, in «Pensamiento», 2 (1946), pp. 139-260, et sur la version latine, cfr. H. G. Farmer, *Al-Fārābī's Arabic-Latin Writings on Music in the* Iḥṣā' al'ulūm... *and* De ortu scientiarum, Glasgow 1934, pp. 13-16. D'aucuns, tels Louis Gardet et Georges Chehata Anawati et Jose S. Gil, donnent le *De ortu* pour identique à l'*Iḥṣā'* – ce que démentent les contenus –, tandis qu'André Allard en fait un traité de Gundissalinus, très dépendant de **Fārābī** et de Hugues de Saint-Victor; cfr. L. Gardet – M.-M. [= G. Ch.] Anawati, *Introduction à la théologie musulmane. Essai de théologie comparée*, Paris 1970², p. 103; J. S. Gil, *The Translators of the Period*

D'après Burnett[38] – et nous nous rangerons à son opinion –, l'ouvrage arabe correspondant au *De ortu* et sa traduction latine sont deux écrits anonymes.

Gundissalinus, dont le *De divisione philosophiae* en duplique de multiples fragments[39] – ce constat nous paraissant aller contre l'éventualité de deux personnages[40] –, reste le premier témoin de l'influence de l'*Iḥṣā'* sur la pensée occidentale, et plus largement de la pénétration de la réflexion arabe dans les ouvrages de taxinomie scientifique[41]. Mais il fait figure d'exception à cette époque. Dans l'Europe de la seconde moitié du XIIe siècle en effet, les traités sur le classement des sciences étaient devenus des productions répétitives, plus ou moins figées sur le fond aussi bien que sur la forme, puisant sensiblement aux mêmes sources – ici latines – depuis des siècles: Apulée, Augustin, Macrobe, Martianus Capella, Boèce, Cassiodore, Isidore de Séville et Bède le Vénérable[42]. Une telle ignorance n'est cependant pas toujours imputable au manque d'intérêt ou au dédain des érudits latins non arabophones de cette période pour la littérature sarrasine et quelques-unes de ses nouveautés, pas davantage qu'à leur refus de les prendre en considération[43]. Des témoignages montrent en effet que plusieurs étaient informés de l'existence de certains

of D. Raymundo: Their Personalities and Translations (1125-1187), in *Traductions et traducteurs de l'antiquité tardive au XIVe siècle* cit. (chap. 1, à la note 6), [pp. 109-119], p. 113; ALLARD, Moḥammed ibn Mūsā al-Khwārizmī cit. (à la note 32), p. XX.

[38] Cfr. BURNETT, *The Coherence of the Arabic-Latin Translation Programm* cit. (chap. 1, à la note 6), pp. 266-267. Déjà en 1962, RESCHER, *Al-Fārābī* cit. (chap. 1, à la note 1), p. 44, refusait l'attribution.

[39] Bien que la chronologie des écrits de Gundissalinus reste à établir, si, comme on peut être amené à le penser (voir plus haut, p. 47 et note 23), ce dernier ne pouvait traduire directement une langue sémitique, la composition du *De divisione* n'a pu qu'être postérieure à la version du *De scientiis*. Il serait par ailleurs intéressant de confronter ligne à ligne les deux textes, qui ne nous paraissent pas coïncider en permanence.

[40] On estime en outre que la traduction de la seule partie sur l'âme du *Šifā'* d'Avicenne entre dans la composition du *De anima*, quand par ailleurs le *De unitate et uno* profite amplement de la mise en latin du *Fons vitae* d'Ibn Gabirol.

[41] Voir BOUYGES, *Notes sur les philosophes arabes* cit. (à la note 19).

[42] Cfr. U. PIZZANI, *Il filone enciclopedico nella patristica da S. Agostino a S. Isidoro di Siviglia*, in «Augustinianum», 14 (1974), pp. 667-696.

[43] Parmi les réactions de rejet, la plus connue reste probablement celle de Hugues de Saint-Victor: cfr. V. LICCARO, *Ugo di San Vittore di fronte alla novità delle traduzioni delle opere scientifiche greche e arabe*, in *Actas del V Congreso internacional de filosofia medieval* (S.I.E.P.M.), 2 voll., Madrid 1979, II, pp. 919-926.

écrits arabes, qu'ils n'hésitaient d'ailleurs pas à citer le cas échéant, lorsque ces derniers avaient été mis en latin[44]. Le cas de Thierry de Chartres, auquel nous nous arrêterons plus loin, en reste une excellente illustration. Néanmoins, en matière de classifications des sciences, force est de reconnaître que l'évolution, certes mesurée, nous le verrons, chez Gundissalinus et par son entremise, semble s'être cantonnée en-deçà des Pyrénées, comme l'atteste en particulier le traité d'origine chartro-victorine, que son éditeur situe dans les années 1150-1200, baptisé *Tractatus quidam de philosophia et partibus eius*[45], qui paraît tout ignorer du fonds arabe.

Le travail que Gundissalinus accomplit sur l'*Iḥṣā'*[46] (sous les intitulés: *De divisione [omnium] scientiarum*, *De partibus et proprietatibus scientiarum* ou *De scientiis*), et que d'aucuns n'hésitent pas à attribuer à Jean de Séville[47], demeure un bon exemple de cette incidence, en raison de la refonte partielle qu'y subit l'écrit initial. Son rédacteur compile effectivement en alternance, on l'a évoqué, des fragments traduits, d'autres plus ou moins résumés et d'autres encore paraphrasés, avec des passages qui sont apparemment étrangers à l'état connu du traité farabien[48]. En outre, la première partie se trouve fortement abrégée, et toute celle sur la *scientia eloquendi* (*kalām*) est absente. Nous en reprendrons le détail ultérieurement.

L'esquisse de cette attitude amène de façon assez naturelle à vouloir connaître celle adoptée par son contemporain, chez qui il n'en va point de même.

[44] Cfr. D'ALVERNY, *Translation and Translators* cit. (chap. 1, à la note 6), pp. 457-458; et JOLIVET, *The Arabic Inheritance* cit. (chap. 1, à la note 16).

[45] Cfr. G. DAHAN, *Une introduction à la philosophie au XIIe siècle. Le* Tractatus quidam de philosophia et partibus eius, in «Archives d'Histoire Doctrinale et Littéraire du Moyen Âge», 49 (1983), pp. 155-193.

[46] Cfr. ALONSO ALONSO, *Domingo Gundisalvo* cit. (chap. 1, à la note 10).

[47] Voir par exemple FARMER, *Al-Fārābī's Arabic-Latin* cit. (à la note 37), pp. 6 et 117. O. WEIJERS, *Le maniement du savoir. Pratiques intellectuelles à l'époque des premières universités (XIIIe-XIVe siècles)*, Turnhout 1996 (Studia Artistarum, Subsidia), p. 190, va jusqu'à énoncer que le *De scientiis* est la version remaniée, due à Jean et à Gundissalinus, d'une traduction latine perdue de l'*Iḥṣā*.

[48] Nous fournissons dans les notes de notre traduction les passages qui diffèrent le plus notablement.

2. *Gérard de Crémone*

Un peu mieux dotés en données biographiques, nous disposons sur l'homme et sur l'œuvre de l'*accessus ad auctorem* mis au point par les *socii* et déjà signalé, le seul connu à ce jour. Il regroupe une *Vita*, une *Commemoratio librorum* et un *Eulogium*, dont le style hagiographique est loin de toujours conférer à l'ensemble une valeur documentaire. Rédigé par ses «compagnons» (*socii*)[49], il nous apprend entre autres que Gérard fut attiré à Tolède[50] dans l'espoir d'y trouver une copie arabe de l'*Almageste* de Ptolémée, ouvrage qu'il souhaitait faire connaître aux Latins[51]. C'est là que, certainement après avoir étudié la *lingua arabica*[52] puis fondé une sorte d'atelier[53], et durant une quarantaine d'années, lui-même, peut-être devenu entre-temps chanoine de la cathédrale tolé-

[49] Sur ce substantif cfr. M. LEJBOWICZ, *L'historien, son siècle et sa recherche. Recherches sur l'acculturation des enseignants médiévaux (xe-xiiie siècles)*, Lille 2002, thèse non publiée, consultable à l'U.E.R. de Philosophie de l'Université de Lille III-Charles-De-Gaulle, [147 pp.], pp. 49-52.

[50] En déterminer l'année est pure conjecture. Un acte du chapitre cathédral de Tolède (n. 119) daté de mai 1157 atteste d'un chanoine nommé *Gerardus*: cfr. F. J. HERNANDEZ, *Los Cartularios de Toledo. Catálogo documental*, Madrid 1985. Mais rien ne prouve qu'il s'agissait de notre auteur. Les hypothèses sur la date de l'arrivée de Gérard dans la ville espagnole sont donc des plus diverses. L. THORNDIKE, *A History of Magic and Experimental Science*, 8 voll. (1924-1950), II, New York 1929, pp. 87-90, avance que ce fut en 1167; RUCQUOI, *Gundisalvus* cit. (à la note 7), p. 101, hasarde vers 1139-1144; BURNETT, *The Coherence of the Arabic-Latin Translation Programm* cit. (chap. 1, à la note 6), p. 250, propose, si nous l'avons bien lu, les années 1130 et suivantes.

[51] La *Commemoratio librorum* recense effectivement, parmi les traductions de Gérard, un *Liber almagesti tractatus XIII*: cfr. BURNETT, *ibid.*, p. 277; voir aussi P. KUNITZSCH, *Der Almagest. Die* Syntaxis Mathematica *des Claudius Ptolemäus in arabisch-lateinischen Überlieferung*, Wiesbaden 1974.

[52] Ses capacités en ce domaine nous sont inconnues. La *Vita* signale simplement que Gérard fut animé par un *amor transferendi* qui le poussa à «apprendre l'arabe» (*edidicit Arabicum*): cfr. BURNETT, *ibid.*, p. 275-276; voir aussi LEJBOWICZ, *L'historien* cit., pp. 23-27. M. ALONSO ALONSO, *Traducciones del Arcediano Domingo Gundisalvo*, in «Al-Andalus», 12 (1947), [pp. 295-338], p. 297, affirme par ailleurs qu'il ne maîtrisa la langue qu'après 1175.

[53] Les deux actes du chapitre cathédral de Tolède auxquels nous avons fait allusion plus haut (chap. 1, à la note 8), le nomme *dictus magister Gerardus*, et la *Vita* l'évoque comme *magister Gerardus*: cfr. BURNETT, *ibid.*, p. 275. Le même BURNETT, *ibid.*, p. 253, pense que ce substantif (*magister*) ne correspond à aucune fonction officielle d'enseignant d'école ou de collège. Cfr. cependant ID., *Dialectic and Mathematics According to Aḥmad ibn Yūsuf: A Model for Gerard of Cremone's Programme of Translation and Teaching?*, in *Langage, sciences, philosophie au xiie siècle*, éd. J. Biard, Paris 1999, [pp. 83-92], pp. 84-85.

dane[54], ou ce qu'il conviendrait d'appeler le «groupe gérardien»[55], aurait traduit sans relâche, de l'arabe au latin, soixante et onze traités, attribués à ce jour, pour l'essentiel scientifiques ou philosophiques. Trente-deux proviennent de penseurs grecs et trente neuf de penseurs arabes, dont trois de Fārābī: le *Liber Alfarabii de sillogismo*, perdu, dont on ignore à quel *Kitāb al-qiyās*, au petit (*al ṣaġīr* – concernant les *Premiers Analytiques*) ou au grand (*al-kabīr* – concernant les *Seconds Analytiques*), il pourrait correspondre[56], la *Distinctio Alfarabii super librum Aristotelis de naturali auditu*[57], autrement dit la contribution farabienne sur la *Physique* d'Aristote, et notre *Liber Alfarabii de scientiis*, transmis sous les intitulés: *De divisione scientiarum*, *De scientiis* ou *De sententiis*.

Cette dernière réalisation se révèle très représentative de l'idéal de traduction appliqué par Gérard. Il est tout à fait dans l'axe de celui que les responsables de la *Vita* lui ont prêté, en le disant emprunté à la préface de l'*Epistola de proportione et proportionalitate* (*Risāla fī al-nasb wa al-tanāsub*) d'Aḥmad ibn Yūsuf (saec. IX-X), dont leur maître aurait eu connaissance[58]:

> Un bon traducteur, outre l'excellence avec laquelle il doit acquérir la connaissance de la langue (à traduire) et de celle dans laquelle il traduit, doit (aussi) posséder la science du domaine qu'il traduit[59].

Pareil souci d'équilibre a probablement beaucoup fait pour que l'image, véhiculée aujourd'hui comme traditionnelle, d'un traducteur scrupuleux, reprenant à son compte les règles de Boèce

[54] Les mêmes relevés capitulaires désignent ainsi le *Gerardus* avec lequel on l'identifie couramment, et l'*Eulogium* le dénomme *gloria cleri*; cfr. BURNETT, *ibid.*, p. 281.

[55] Il pourrait être comparé à l'équipe qui s'était constituée, quelques décennies auparavant, autour de Pierre le Vénérable pour traduire le Coran et une sorte de *corpus arabicum*; cfr. LEJBOWICZ, *L'historien* cit. (à la note 49), pp. 40 et seqq.

[56] Cfr. *Al-manṭiq 'inda al-Fārābī*, édd. R. al-'Ajam – M. Fakhry, 4 voll., Beyrouth 1986-1987, II, respectivement pp. 11-45 et 65-93.

[57] Cfr. *Distinctio alfarabii super librum aristotelis de naturali auditu*, hrsg. von A. BIRKENMAJER, *Eine wiedergefundene Übersetzung Gerhards von Cremona*, in *Aus der Geisteswelt des Mittelalters. Studien und Texte Martin Grabmann [...] gewidmet*, 2 voll., Münster (Westf.) 1935 (BGPMA, 3, 1), I, pp. 475-481 (pp. 472-475, pour le texte).

[58] Cfr. BURNETT, *Dialectic and Mathematics* cit.

[59] *Vita*, dans BURNETT, *The Coherence of the Arabic-Latin Translation Programm* cit. (chap. 1, à la note 6), p. 276.

qui recommandait une stricte littéralité (*verbum verbo*)[60], au prix d'une terminologie technique à l'effet pesant et à la compréhension laborieuse, s'impose sans débat à lire les exégètes qui ont étudié ses traductions[61]. La réputation n'est point usurpée. Mais la maîtrise, toujours plus accentuée, du fond (le champ des connaissances traduit) et de la forme (les deux langues de la traduction) n'y est jamais exercée, comme chez Gundissalinus, pour mettre à distance les contenus originaux. Elle sert au contraire à produire la réplique sans cesse affinée de ces derniers. Car transmettre un texte d'une langue dans une autre c'est, pour *magister Gerardus*, disparaître en tant que passeur, gommant toujours plus fermement, par des moyens variables, les inévitables distorsions morpho-sémantiques. Par suite, informer l'Occident du progrès qu'a connu le recensement des sciences sous la houlette d'al-Fārābī, ne saurait se concevoir autrement qu'en livrant, brut et *in extenso*, l'ouvrage qui le consigne. Peu importe que les lecteurs latins ne puissent ou ne souhaitent recevoir cette matière native sans filtrage, aménagement ou clé de déchiffrage[62]. Le traducteur,

[60] Cfr. BOETHIUS, *In Isagogen Porphyrii, ed. secunda*, I, 1, PL 64, 71A, edd. Brandt – G. Schepss cit. (chap. 1, à la note 49), p. 135,7. Voir, à propos de la traduction gérardienne du *De caelo* d'Aristote, ce que dit I. OPELT, *Zur Übersetzungstechnik des Gerhard von Cremona*, in «Glotta», 38 (1959), pp. 135-170, sur ce point, et plus globalement CH. BURNETT, *Some Comments on the Translating of Works from Arabic into Latin in the Mid-Twelfth Century*, in *Orientalische Kultur und europaïsches Mittelalter*, hrsg. von A. Zimmermann – I. Craemer-Ruegenberg, Berlin – New York 1985, pp. 161-171.

[61] Voir, par exemple: H. HUGONNARD-ROCHE, *Les œuvres de logique traduites par Gérard de Crémone*, in *Gerardo da Cremona*, a. c. di P. Pizzamiglio, Cremona 1992 (= «Annali della Biblioteca Statale e Libreria Civica», 41 [1990]), [pp. 45-56], p. 56: «Le style littéral des traductions (...) consiste à rester au plus près des originaux arabes»; D. JACQUART, *Les traductions médicales de Gérard de Crémone*, *ibid.*, [pp. 57-70], p. 62: «La traduction est extrêmement littérale, suivant le plus possible l'ordre des mots arabes jusqu'à rendre le latin toujours inélégant, parfois obscur»; P. KUNITZSCH, *Gerard's Translations of Astronomical Texts, Especially the* Almagest, *ibid.*, [pp. 71-84], p. 75: «It is some sort of Arabic in Latin words».

[62] Charles Burnett signale quand même l'existence de gloses, à l'occasion notamment de la traduction de certains traités de médecine, lesquelles auraient été supprimées par les éditions de la Renaissance; ce que confirme Danielle Jacquart, relevant prudemment «la présence de notes marginales (...) dont certaines semblent remonter au temps de la traduction», qui témoigne d'un «souci d'améliorer ou d'expliciter le texte»: cfr. BURNETT, *Dialectic and Mathematics* cit. (à la note 53), p. 85, note 3; D. JACQUART, *Les manuscrits des traductions de Gérard de Crémone: quelques caractéristiques formelles*, in *Les traducteurs au travail. Leurs manuscrits et leurs méthodes*, Actes du Colloque international d'Erice (30 septembre – 6 octobre 1999), éd. J. Hamesse, Turnhout 2001, [pp. 207-220], p. 205.

pénétré d'une pensée et d'une langue avec lesquelles il lui faut entrer en communion, n'est aucunement un interprète. Il doit se contenter de tisser des liens invisibles entre deux mondes linguistiques et conceptuels, devenus grâce à lui jumeaux.

Nous pourrions, au terme de cet aperçu, nous contenter d'avoir mis en évidence la disparité des deux états d'esprit qui commandèrent deux manières de relayer des savoirs intemporels à une étape importante de leur évolution. Mais nous tenterons davantage, en essayant de mettre mieux en place, quoique de façon encore trop succincte, les facteurs politiques et socioculturels qui auraient pu décider de la disparité des réflexes et des choix respectifs de nos deux auteurs, touchant le domaine arabo-latin du moins, et plus particulièrement le *De scientiis*, et en tentant de voir comment ils seraient en mesure d'aider à les comprendre par référence à un phénomène-clé à peine abordé jusqu'ici: celui de l'acculturation.

3. *Deux expériences, deux transmissions*

Que Gundissalinus, originaire d'Espagne, homme d'église et prélat demeurant à Tolède, centre d'un brassage à la fois confessionnel et culturel[63], ait été familier des soubresauts, permanents depuis plus de deux siècles, continûment provoqués par les rivalités entre l'occupation sarrasine et la réaction chrétienne[64], n'aurait point été sans retentissement sur sa production littéraire. Il doit très vite subir, de l'intérieur et probablement toujours dans le camp de la résistance[65], donc plutôt sur la défensive, les effets de ce bouleversement. Au cours du XIe siècle, celui-ci ayant pris la forme d'une *reconquista*, selon le terme consacré, inspiré en droite

[63] Cfr. G. THÉRY, *Tolède, grande ville de la renaissance médiévale*, Oran 1944; et R. GONZÁLVEZ RUIZ, *Hombres y libros de Toledo (1086-1300)*, Madrid 1997, pp. 43-71.

[64] Cfr. A. RUCQUOI, *Histoire médiévale de la Péninsule ibérique*, Paris 1993.

[65] Alphonse VI entre victorieux dans Tolède en 1085, déclarant alors avoir repris la capitale de ses ancêtres, les rois goths: cfr. *Historia de la Iglesia en España*, dir. R. Garcia-Villoslada, 5 voll., Madrid 1979-1982, II. *La Iglesia en la España de los siglos VIII al XIV*, dir. J. Fernández Conde, Madrid 1982, p. 239. Gundissalinus aurait-il pu, en tant que chrétien, vivre et produire en marge de cette «reprise» hautement symbolique?

ligne par ceux qu'utilisa primitivement le mozarabe[66] Sisnando Davidiz dès 1080[67], il n'est pas inconcevable que quelque chose ait rejailli sur le futur archidiacre et sa démarche scientifique. Car ces mutations s'imposaient en tout état de cause comme aboutissement d'un conflit de civilisations[68], auquel maints événements avaient donné et conservaient un tour religieux, dont le parchemin aussi garde la trace[69]. Songeons, entre autres, à la résistance opposée à la contre-offensive des Almoravides, quelquefois assimilée, et sans doute excessivement, à un *jihād* andalou[70],

[66] Rappelons que les mozarabes étaient des chrétiens «arabisés» (c'est la signification du terme), qui conservaient leur foi et leurs édifices religieux, mais étaient soumis à un impôt et ne pouvaient construire de nouvelles églises.

[67] Cfr. H. Bresc, *Chrétienté médiévale et Islam d'Occident*, in *Europe et Islam, Islams d'Europe*, dir. D. Borne – B. Levallois – J.-L. Nembrini – J.-P. Rioux, Actes de l'université d'été (Paris, 28-30 août 2002), Paris 2003 (Direction de l'Enseignement scolaire, *Les Actes de la Desco*), pp. 15-29. Pour le texte arabe et sa traduction française, cfr. E. Lévi-Provençal, *Les «mémoires» de 'Abd Allāh, dernier roi zīride de Grenade. Fragments publiés d'après le manuscrit de la bibliothèque d'al-Qarawīyīn à Fès, avec une introduction et une traduction française*, in «Al-Andalus», 3 (1935), pp. 233-344; 4 (1936), pp. 29-145; 5 (1941), pp. 1-63 et 231-293; ici 1936, p. 36 – 'Abd Allāh rapporte les propos de Sisnando: «C'est aux Chrétiens qu'au début appartint al-Andalus, jusqu'au moment où ils furent vaincus par les Arabes qui les refoulèrent en Galice, la région du pays la moins favorisée par la nature. Mais maintenant que c'est possible, ils désirent recouvrer ce qui leur a été ravi par la force; pour que le résultat soit définitif, il faut vous [*i. e.* les princes musulmans] affaiblir et vous user avec le temps: quand vous n'aurez plus ni argent ni soldats, nous nous emparerons du pays sans la moindre peine». Sur le personnage, qui aurait été le premier gouverneur chrétien de la Tolède reconquise, c'est-à-dire en 1085, voir Id., *Alphonse VI et la prise de Tolède (1085)*, in «Hespéris», 12 (1931), pp. 33-49.

[68] Cfr. M. Banniard, *Genèse culturelle de l'Europe – v^e-viiie siècle*, Paris 1989, p. 115: «Il ne faut point hésiter à qualifier de catastrophe l'invasion arabo-berbère de 711». Elle brisa le destin culturel d'une Espagne wisigothique où se perpétuaient la langue et les pratiques intellectuelles de l'Antiquité tardive, en introduisant «un hiatus dont aucune période antérieure depuis la conquête romaine n'offre l'équivalent» (*ibid.*, p. 109). Dès le IXe siècle, le mozarabe cordouan Alvare (Paulus Albarus) dénonçait, dans son *Indiculus luminosus*, les dangers encourus par la culture latine et la foi chrétienne consécutifs à une assimilation de la civilisation hispano-gothique par la civilisation arabo-islamique; cfr. Id., Viva voce. *Communication écrite et communication orale du IVe au IXe siècle en Occident latin*, Paris 1992, pp. 462-465.

[69] Voir les deux textes anti-mahométans, dont le second serait contemporain de Gundissalinus, dans lesquels Mahomet est qualifié tour à tour d'hérétique, d'hérésiarque, de faux prophète et d'anti-Christ, chez M. C. Diaz y Diaz, *Los textos antimahometanos más antiguos en codices españoles*, in «Archives d'Histoire Doctrinale et Littéraire du Moyen Âge», 37 (1970), pp. 149-168.

[70] Cfr. E. Sivan, *L'Islam et la Croisade. Idéologie et propagande dans les réactions*

jusqu'à l'effondrement de leur régime vers 1145, à la suite de la pénétration, dès 1144, d'Alphonse VII en Andalousie musulmane, puis de l'avancée non moins conquérante des Almohades, qui ne prit fin qu'au début du XIIIe siècle et provoqua notamment, vers 1150, l'afflux des populations mozarabes en terre tolédane[71]. Souvenons-nous encore de la transformation[72] de la grande mosquée de Tolède en cathédrale (1086), un an seulement après la reconquête de la ville, à l'émigration massive de la population musulmane des régions redevenues chrétiennes, la fraction restante s'étant convertie, peut-être par contrainte, ou bien fut maintenue en captivité et soumise au labeur[73]. Pensons également à l'exil concomitant de ses élites, au devenir des bibliothèques arabes qui avaient échappé aux flammes, abandonnées en toute hâte par leurs responsables lorsqu'elles étaient placées, au gré des capitulations et après d'éventuelles spoliations[74], sous l'administration de moines chrétiens, seule communauté, il est vrai, à compter des bibliothécaires[75].

musulmanes aux croisades, Paris 1968; V. LAGARDÈRE, *Les Almoravides: le djihad andalou, 1106-1143*, Paris – Montréal 1999.

[71] Voir J.-P. MOLÉNAT, *Les Mozarabes: un exemple d'intégration*, in *Tolède XIIe-XIIIe* cit. (à la note 71), pp. 95-101. Cela explique entre autres pourquoi certains historiens poussent légitimement loin le concept de reconquête, tel Henri Bresc, qui tire, comme il a bien voulu nous le confier, des *Mémoires* du roi mozarabe (1077-1090) 'Abd Allah (né en 1056), et plus particulièrement de la relation de Sisnando Davidiz (cfr. *supra*, à la note 67), la thèse selon laquelle cette *reconquista* ne fut que le résultat ultime du dynamisme démographique des états du Nord de l'Espagne et du sentiment largement partagé, y compris par les mozarabes eux-mêmes, de l'illégitimité de la domination islamique sur la péninsule ibérique: la terre conquise par la force au VIIIe siècle pouvait et devait revenir à ses premiers maîtres, les Goths.

[72] À dire vrai, il s'agissait d'une «retransformation», car c'est la cathédrale qui avait d'abord été transformée en mosquée.

[73] Cfr. J.-P. MOLÉNAT, *Campagnes et monts de Tolède du XIIe au XVe siècle*, Madrid 1997, pp. 25-69. D'aucuns ont vu dans ces conversions les signes avant-coureurs d'une politique de tolérance; c'est le cas de M. J. RUBIERA MATA, *Les premiers Mores convertis, ou les prémices de la tolérances*, in *Tolède XIIe-XIIIe. Musulmans, chrétiens et juifs: le savoir et la tolérance*, éd. L. Cardaillac, Paris 1991, pp. 102-111. Cfr. J.-P. MOLÉNAT, *Mudéjans, captifs et affranchis*, *ibid.*, pp. 112-124.

[74] Cfr. LEJBOWICZ, *L'historien* cit. (à la note 49), p. 31: «Les rapports complexes que les chrétiens médiévaux ont établis et entretenus avec les bibliothèques arabes doivent se concevoir dans un climat général d'affrontements arabo-latins». Cfr. aussi *ibid.* pp. 37-40.

[75] Il reste difficile de savoir dans quelle proportion les facteurs événementiels ont contribué à l'évolution des fonds livresques, car nous ne possédons plus

Il n'est certes point question ici de surinterpréter ces faits ou de tailler grossièrement dans un magma événementiel contrasté qui fut rarement aussi dense et complexe, mais d'essayer de comprendre comment l'arrière-plan historique aurait pu conditionner une attitude intellectuelle, en fonction du principe épistémologique selon lequel «les procédés dont la traduction est issue [peuvent refléter les] conceptions et la mentalité des traducteurs»[76]. Or, redisons-le, on ne saurait totalement évacuer les possibles répercussions qu'un environnement belliqueux put avoir sur un ibère de souche[77]. Ce pourrait donc être en raison de la distanciation conjecturée chez un autochtone lettré vivant une telle situation de suprématie ressentie comme légitime, que Gundissalinus donnerait l'impression d'avoir transposé quelque chose d'un antagonisme de terrain très sensible, ou, comme l'écrit M. Lejbowicz, d'avoir «intégr(é) un continuel état de belligérance»[78], et ce dans l'exacte mesure où il apparaît assujetti à ce que nous appellerons, en renvoyant à Barbara Folkart[79], une acculturation d'assimilation ou d'appropriation. Ainsi, relativement aux fonds documentaires musulmans dont nous avons évoqué le sort, notre auteur aurait-il puisé quelquefois dans la richesse des contenus initiaux avec l'intention de substituer le souci de l'émancipation à celui du décalque. Il se serait alors appliqué – pour autant que la collaboration dont il put bénéficier nous autorise à argumenter à partir de son seul nom –, dans le *De scientiis*, au regard du traducteur, mais également dans ses ouvrages de réflexion, au regard

aujourd'hui, pour nous en faire une idée, que le catalogue de la bibliothèque de la cathédrale de Tolède; cfr. GONZÁLVEZ RUIZ, *Hombres* cit. (à la note 63).

[76] G. VERBEKE, *Introduction*, in *Avicenna Latinus. Liber* De anima *seu textus* De naturalibus, 2 voll., ed. S. Van Riet, Louvain – Leiden 1972-1968, I, [pp. 1*-156*], p. 123*.

[77] Voir J. FLORI, *Guerre sainte, jihad, croisade. Violence et religion dans le christianisme et l'Islam*, Paris 2002, pp. 127-132, 209-228 et 288 pour l'appel à la reconquête de l'Espagne lancé par le pape Urbain II en 1089, qui en fait une sorte de croisade ibérique.

[78] LEJBOWICZ, *L'historien* cit., p. 46.

[79] B. FOLKART, *Le conflit des énonciations. Traduction et discours rapporté*, Longueuil 1991, distingue trois modalités de la traduction: la «traduction mimétique», ou degré zéro de la réappropriation, la «traduction-confiscation», qui donne lieu à un détournement d'ordre esthétique ou idéologique, et la «traduction traductionnelle», qui réénonce ou réécrit: cfr. C. FOZ, *La traduction-appropriation: le cas des traductions tolédanes des 12e et 13e siècles*, in «Traduction Terminologie Rédaction», 1.2 (1988), pp. 58-64 et pp. 145-146.

du philosophe, à constituer et à développer un savoir plus d'annexion que de fusion. Car le traité qui nous occupe et les écrits philosophiques imputés à Gundissalinus ont apparemment en commun, compte tenu de sa «propension certaine à s'inspirer de manière servile d'ouvrages de ses prédécesseurs»[80], cette structure en mosaïque propre aux écrits situés, non sans tendance compilatoire, au confluent de plusieurs univers conceptuels, qui – c'est le cas du *De scientiis* – se concrétise par un certain interventionnisme littéraire[81]. À notre connaissance, effectivement, ce traité apparaît comme la seule transposition gondissalinienne prenant autant de libertés vis-à-vis du livre dont il prétend être une mise en latin. La traduction des fragments du *Šifā'* d'Avicenne ne présente, sur ce plan, rien de vraiment comparable[82], pas davantage que celles du *Liber Algazelis*[83] ou du *Kitāb* de Qusṭā ibn Lūqā.

Pareille caractéristique fait que, d'entre les versions arabo-latines exécutées par Gundissalinus – sans que l'on puisse déterminer si une exécution à quatre mains eut quelque incidence –, celle de l'*Iḥṣā'* aurait vu l'exégète le disputer au traducteur, pour produire l'*opus* que l'on sait. Et lorsque le premier déborda le second, cela donna le *De divisione philosophiae*, largement ouvert au monde arabe (al-Kindī, al-Fārābī, Avicenne, al-Ġazālī, al-Nayrīzī), mais décalquant, ou presque, la plupart des fragments transposés par le *De scientiis*, sans leur ajouter, tout au contraire, une seule ligne, et les juxtaposant à des tronçons d'écrits grecs et latins. Dans cette perspective, le *De scientiis*, sur lequel il vaut à présent de se focaliser[84], devient pour nous symptomatique d'une pra-

[80] ALLARD, Moḥammed ibn Mūsā al-Khwārizmī cit. (à la note 32), p. XX.

[81] Un tel rapprochement ne va toutefois pas sans accentuer encore les difficultés liées à l'identification du ou des responsable(s) de ces compositions.

[82] La version du *Liber de anima* comporte bien des gloses, additions, lacunes, omissions et déplacements: cfr. VERBEKE, *Introduction*, in *Avicenna Latinus. Liber* De anima cit. (à la note 76), pp. 112*-132*; mais ils tiennent vraisemblablement à l'histoire du texte et non à l'initiative du traducteur. La version du livre X, ou *Liber de philosophia prima*, n'est qu'une paraphrase de l'arabe, et ne présente ni ajout ni accumulation des sources: cfr. G. VERBEKE, *Introduction*, dans *Avicenna Latinus. Liber* De philosophia prima *sive* Scientia divina cit. (à la note 29), [pp. 1*-166*], p. 83*. Quant à celle d'un chapitre (appelé *Summa Avicenne de convenientia et differentia scientiarum*) du *Kitāb al-burhān*, c'est une traduction à part entière du texte avicennien.

[83] Nous sommes redevable à Jean Jolivet de cette information.

[84] Nous considérerons l'état dans lequel nous est parvenu l'ouvrage comme correspondant à celui voulu par son rédacteur, l'étude d'ALONSO ALONSO, *Do-*

tique où auraient fusionné la 'traduction-confiscation' et la 'traduction traductionnelle', trait qui s'accentue avec la possibilité d'une comparaison suivie avec la version gérardienne. Voyons cela plus précisément.

Tel que l'a transmis Gundissalinus, il s'agit, on le sait, d'une compilation qui aboute des morceaux traduits avec d'autres résumés, et où l'on se réserve le droit de pratiquer des coupes, parfois sévères, c'est-à-dire exigeant des compressions de données assez importantes, ou à l'inverse de procéder à des ajouts. Cette volonté d'hybridation, peut-être unique dans le milieu des traducteurs tolédans, et plus largement arabo-latins, pourrait alors ouvrir, lors de sa mise en contexte historique, sur l'éventualité d'y voir opérer ce que l'on se hasardera à associer, en évitant de parler sans précaution de «reconquête» et de polémiser massivement les antagonismes islamo-chrétiens[85], à une sorte de reprise d'ascendant culturel. Un principe d'économie aurait en effet prévalu, consistant à supprimer ou à synthétiser à outrance ce qui concerne les orientations linguistiques et intellectuelles de la pensée arabe, et surtout à replacer certains secteurs du savoir global sous l'autorité gréco-latine, dans l'unique intention, semble-t-il, de mieux fixer et de diversifier la hiérarchisation scientifique héritée d'Aristote et des néoplatoniciens, annulant par là même la majeure partie de l'arabisation amenée par Fārābī. Ce type de finalité ne contrevient au reste pas du tout à l'objectif d'ensemble du *De scientiis* que définit son préambule, seul morceau entièrement original, dont l'importance pour l'historien a déjà été soulignée par Jean Jolivet[86]. Déplorant la disparition du sage, «celui qui a embrassé

mingo Gundisalvo cit. (chap. 1, à la note 10) (qui précède son édition critique) ne révélant rien d'une tradition manuscrite perturbée, qui puisse faire soupçonner notamment un texte initial plus étendu.

[85] C'est précisément le nerf de la première partie de la thèse de LEJBOWICZ, *ibid.*, que de montrer à quels risques s'exposent les tenants de l'«idéologie» de la *reconquista* (de la prise de Tolède en 1085 à celle de Grenade en 1492), lorsqu'elle est présentée comme la croisade de l'Espagne chrétienne et la revanche de la chrétienté sur l'Islam andalou. Il y a cependant un grand absent dans ce travail d'érudition à la fois ample et fine: Gundissalinus. N'est-ce point lui qui cite les *Psaumes*, dans la version du *Psalterium visigothicum-mozarabicum*, au début de son *De divisione* (*Ps* 13, 1) et dans son *De anima* (*Ps* 16, 15)? Cfr. FIDORA, *Der Wissenschaftenstheorie* cit. (à la note 21), p. 24.

[86] Cfr. JOLIVET, *The Arabic Inheritance* cit. (chap. 1, à la note 16), pp. 66-67 de la tr. fr.

la science de toutes les choses par une connaissance certaine», Gundissalinus y déclare ne plus écrire que pour sa pâle copie, le philosophe, à l'intention duquel il se contente d'«effleurer (...) certaines choses de chaque (science) ou quelque chose de quelques-unes»[87]. S'il s'ouvre à de nouveaux savoirs c'est donc ici en proportion de leur capacité à compléter un arbre de la connaissance qu'il convient de regarder à distance ou de survoler. Ces libertés, que l'on admet sans réticence, sur la forme du moins, dans le cas d'un écrit comme le *De divisione philosophiae*, s'apparentent à une trahison lorsqu'il y a prétention à faire œuvre de traducteur.

L'un et l'autre aspect aurait alors eu pour conséquence, outre que les mots translittérés y sont presque inexistants, que le deuxième chapitre (*De scientia logica*) subit de nombreuses et lourdes amputations ou refontes, que la section sur l'arithmétique est d'abord et majoritairement mise sous la tutelle scientifique de l'Ἀριθμητικὴ εἰσαγωγή deNicomaque de Gerasa[88], que celle sur la géométrie est complétée, en son volet pratique, par une triade de sciences appliquées: altimétrie (concerne les lignes), planimétrie (concerne les surfaces), profondimétrie (concerne les corps ou solides) s'inspirant sans doute de Hugues de Saint-Victor[89] – ce qui pourrait excéder le simple réflexe d'exégète[90] –, et que la mention des *Météorologiques* d'Aristote (*Metheorum*) est ajoutée[91],

[87] Voir ALONSO ALONSO, *ibid.*, pp. 55,2-56,4, et, pour le texte, *infra*, p. 155, n. 1.

[88] Cfr. ALONSO ALONSO, *ibid.*, pp. 86-87. La dépendance envers Nicomaque a un effet plus restreint dans le *De divisione*, le chapitre sur l'arithmétique y étant davantage développé et diversifié: cfr. BAUR, *Dominicus Gundissalinus* cit. (à la note 19), pp. 90-96.

[89] Cfr. ALONSO ALONSO, *ibid.*, pp. 88-89. Le *De divisione* la transforme en altimétrie, planimétrie, cosmimétrie (cfr. BAUR, *ibid.*, p. 108,6-7), qui correspond littéralement à celle de Hugues: cfr. HUGO DE SANCTO VICTORE *Didascalicon, de studio legendi*, II, 13, PL 176, 757AB, ed. C. H. Buttimer, Washington 1939 (Studies in Medieval and Renaissance latin, 10), p. 33,19-20. Il sera question, sous la forme de définitions illustrées, d'altimétrie dans la section farabienne sur l'optique: cfr. O. AMINE, *Al-Farabi, La statistique des sciences*, Le Caire 1968, p. 99.

[90] Cfr. V. LICCARO, *Ugo di San Vittore di fronte alla novità delle traduzioni delle opere scientifiche greche e arabe*, in *Actas del V Congreso internacional de filosofia medieval*, 2 voll., Madrid 1979, II, pp. 919-926, qui s'attache à décrire la façon dont Hugues a résisté à certaines théories de la philosophie arabe, entre autres à celle qui fait dériver l'intellect et la raison de l'esprit animal: cfr. JOLIVET, *ibid.*, p. 60. Cfr. cependant M. ALONSO ALONSO, *Hugo de San Victor, refutado por Domingo Gundisalvo hacia el 1170*, in «Estudios Eclesiasticos», 21 (1947), pp. 209-216.

[91] Cfr. ALONSO ALONSO, *Domingo Gundisalvo* cit. (chap. 1, à la note 10),

et anticipe celle ménagée par Fārābī-Gérard[92], enfin que la section sur la science du citoyen (V,A) se voit réduite et altérée. Qui plus est, relativement à ce qui fait en partie la spécificité de l'*Iḥṣā'*, on s'aperçoit que le premier chapitre, celui sur la langue, se voit d'abord considérablement amputé, puis carrément réduit à l'énumération de ses sept parties[93], et que toute la dernière section, celle sur le *kalām*, bien qu'annoncée dans le titre du cinquième et dernier chapitre (*scientia eloquendi*), manque[94]. Ajoutons à cela que le binôme 'théorique' – 'pratique' est converti à propos de l'arithmétique, en *theorica – practica*[95], bien plus inspiré lexicalement et sémantiquement par les θεωρητική – πρακτική hellénistiques[96] que par les *naẓarī – 'amalī* arabes (littéralement: 'visuel' – 'actif'), et qui seul assurera le devenir des deux notions, enfin que le couple *astrologia* (*al-'ilm aḥkām al nuğūm* = 'la science du jugement des étoiles') – *astronomia* (*al-'ilm al-ta'līmī al-nuğūm* = 'la science mathématique des étoiles') accuse, selon l'habitude de Gundissalinus, une inversion, les caractéristiques de l'une étant rangées sous l'appellation de l'autre, et réciproquement[97].

p. 117,5. Ce qui est sans équivalent dans le *De divisione*. La désignation *Metheorum* tranche avec celle voulue par Fārābī à l'occasion des 4e et 5e parties de la *Physique* d'Aristote, rendue sensiblement de même par Gundissalinus (*De impre[s] sionibus superioribus / superiorum*, cfr. ALONSO ALONSO, *ibid.*, pp. 124,1-2 et 125,4) et Gérard (cfr. *infra*, p. 276,160).

92 Cfr. AMINE, *Al-Farabi* cit. (à la note 89), p. 118 et *infra*, p. 276,158-171.

93 Dans le *De divisione* elle est encore réduite et encadrée par deux séquences dépendantes de sources grecques et latines; cfr. BAUR, *Dominicus Gundissalinus* cit. (à la note 19), pp. 43-53.

94 Cette dernière lacune se retrouve dans le *De divisione*. BOUYGES, *Notes sur les philosophes arabes* cit. (à la note 19), p. 67,1, estime qu'il en est ainsi dans ce dernier traité parce que Gundissalinus ne s'y occupe que de l'*honesta scientia humana*. Mais l'argument ne vaut plus pour le *De scientiis*.

95 Voir ALONSO ALONSO, *ibid.*, p. 85,9. Pour être exact, Dominicus Gundissalinus utilise aussi, touchant la géométrie et la musique, *passiva – activa*, ou, comme Gérard, *speculativa – activa*, traduction quasi-littérale de l'arabe: cfr. *infra*, pp. 160,18 et 162,19 et 250,228-229. Toutefois, l'usage de *theorica – practica* se généralisera dans le *De divisione philosophiae*.

96 Cfr. SCHRAMM, *Theoretische und praktische* cit. (à la note 51), pp. 9-14.

97 Voir M. ALONSO ALONSO, *Coincidencias verbales típicas en las obras y traducciones de Gundisalvo*, in «Al-Andalus», 20 (1955), [pp. 129-152 et 345-379], pp. 353-354; M. LEJBOWICZ, *Le choc des traductions arabo-latines du* XIIe *siècle et ses conséquences dans la spécialisation d'*astrologia *et d'*astronomia*: Dominicus Gundissalinus et la* Scientia Iudicandi, in *Transfert de vocabulaire dans les sciences*, éd. M. Groult, dir. P. Louis – J. Roger, Paris 1988, pp. 213-275; FIDORA, *Dominicus Gundissalinus* cit. (à la note 13). Le même renversement s'observe dans le *De divisione*, assorti de quelques aménagements; cfr. BAUR, *ibid.*, pp. 115-121.

Un domaine déroge cependant à cette tendance: l'algèbre[98], et, de prime abord, l'inverse même par l'élargissement qu'il suscite antérieurement sur les *mu'āmalāt* en terminant l'exposition de la discipline arithmétique[99]. Car d'une part la spécificité de la procédure algébrique interdisait toute transposition ou réappropriation, de l'autre son intérêt pratique était trop grand pour rester ignoré. *Al-Jabr* relève en effet, chez Fārābī, redisons-le, des procédés ingénieux des nombres[100], et le champ de ses applications fait qu'«elle comprend les manières de procéder pour déterminer les nombres que l'on cherche à utiliser»[101]. Or, il semble tout indiqué d'envisager deux points, en vue d'expliquer l'extension gondissalinienne sur les *mu'āmalāt* dans le chapitre antérieur touchant l'*arithmetica*[102], au début duquel Fārābī a effectivement situé ces dernières, mais en ne leur consacrant qu'une allusion[103]. Le premier est que Gundissalinus a anticipé par une glose l'évocation que nous venons de citer[104], choisissant de détailler, parmi les applications arithmétiques, celle qui

[98] Cfr. ALONSO ALONSO, *Domingo Gundisalvo* cit., p. 110,1-2.

[99] Cfr. *ibid.*, pp. 87-88. Pour le fragment voir *infra*, p. 63, n. 105.

[100] Cfr. AMINE, *Al-Farabi* cit. (à la note 89), p. 109.

[101] *Ibid.* Gérard comprend ainsi: «elle recense (...) les modalités de préparation pour découvrir les nombres dont la destination est d'être appliqués» (cfr. *infra*, p. 258,299-301).

[102] On ne sait trop si Gundissalinus envisage ici un manuel quelconque, à l'usage des commerçants et des financiers, en circulation à son époque, un authentique *Kitāb al-mu'āmalāt*, comme celui d'Ibn al-Haytham († 1041 ca.) (cfr. R. RASHED, *Mathématiques infinitésimales du* IX*e au* XI*e siècles*, 5 voll., II, London 1993, pp. 489-490, et V. REBSTOCK, *Der Mu'amalat-Traktat des ibn al-Haytham*, in «Zeitschrift für Geschichte der arabisch-islamischen Wissenschaften», 10 [1995-1996], pp. 61-121); ou un chapitre concernant cette discipline que l'on trouve assez fréquemment dans les ouvrages de mathématiques arabes, tel le *Kitāb al-Jabr* d'al-Ḫawārizmī. À moins qu'il ne dispose déjà du *Liber Mahamaleth*, rédigé en latin au XIIe siècle, peut-être par le mystérieux Jean d'Espagne: cfr. J. SESIANO, *Le* Liber mahameleth*, un traité mathématique latin composé au* XII*e siècle en Espagne*, in *Histoire des Mathématiques arabes*, Actes du Premier Colloque International sur l'Histoire des mathématiques arabes (Alger, 1-3 décembre 1986), Alger 1988, pp. 69-98.

[103] Cfr. AMINE, *ibid.*, p. 93. Cfr. aussi *infra*, p. 226,11-12: «Et est illa [scientia numeri actiua] qua uulgus utitur et commerciis negotiatoriis et commerciis ciuilibus (*al-mu'āmalāt al-sūqiyya wa al-mu'āmalāt al-madaniyya*)»; ALONSO ALONSO, *ibid.*, p. 86,1-3: «[Arithmetica] practica, que inquirit de numeris, in quantum aliquid numeratur eis, quomodo utuntur in commerciis et in negotiis ciuilibus».

[104] Cfr. AMINE, *ibid.*, p. 109, et ALONSO ALONSO, *ibid.*, p. 110,1-2. La même disposition caractérise le *De divisione*; cfr. BAUR, *ibid.*, pp. 93 et 122.

regarde l'un des nombres entrant, avec le carré et le simple, dans le calcul algébrique: la racine (*radix*)[105]. C'est donc vraisemblablement à cet effet qu'il a introduit, à la fin de la partie sur l'arithmétique[106], alors orientée vers son volet pratique, les transactions financières ou commerciales (*mu'āmalāt*). Qui plus est, et nous touchons au second point, leurs traités appartenant eux-mêmes à la tradition plus vaste du *ḥisāb*, c'est-à-dire du calcul appliqué, le même Gundissalinus a tenu à illustrer celui-ci par l'intercalation de deux exemples (*scientiae profunditatis et altitudinis*) concernant la géométrie pratique[107]. Seulement, d'une part la mention de la seule racine comme valeur algébrique de référence – qui n'intervient qu'accessoirement dans les opérations commerciales et ne figure pas dans l'*Iḥṣā'* –, de l'autre celle des sciences des solides et des figures – qui sont marginales au regard des *mu'āmalāt*, mais annoncent l'ajout, vraisemblablement importé, nous l'avons dit, de Hugues de Saint-Victor, qui sera fait dans la partie suivante sur la *geometria* et concernera ses trois divisions[108] –, peuvent être lues comme le signe que Gundissalinus entend façonner à sa manière la nature du contenu doctrinal farabien, et qu'il n'a cherché là encore qu'à alimenter un courant gréco-latin trop peu représentatif à son sens du domaine en question[109].

[105] Voici le fragment ajouté, in ALONSO ALONSO, *ibid.*, pp. 87-88: «Scientia uero radices inueniendi sub utraque continetur [*scil.* scientia coniugendi numeros et scientia disiungendi], et radix diuidendo et multiplicando inuenitur. Huius autem practice multe sunt species: alia est scientia uendendi et emendi; et alia mutuandi et accomodandi. Alia conducendi et locandi. Alia expendendi et conseruandi. Alia est scientia profunditatis et altitudinis siue spatia inueniendi. Et alie multe, de quibus plenissime habetur in libro qui apud Arabes *mahamalech* dicitur». Cfr. *infra*, p. 229.

[106] Cfr. ALONSO ALONSO, *ibidem*.

[107] Cfr. *ibid.*, p. 88,6-7.

[108] Cfr. *ibid.*, pp. 88,12-89,9.

[109] Sur l'économie antique voir entre autres: *Économie antique. Prix et formation des prix dans les économies antiques*, édd. J. Andreau – P. Briant – R. Descat, Saint-Bertrand-de-Comminges 1997 (Entretiens d'archéologie et d'histoire Saint-Bertrand-de-Comminge, 3); C. NICOLET, *Censeurs et publicains: économie et fiscalité dans la Rome antique*, Paris 2000; sur la science du commerce chez les encyclopédistes latins, voir par exemple les *Étymologies* d'Isidore de Séville, qui la présente ainsi: ISIDORUS HISPALENSIS, *Etymologiae*, V, 25, 35, PL 82, 209A, ed. W. M. Lindsay, Oxford 1911, *s. p.*: «Commercium dictum a mercibus, quo nomine res venales appellamus. Unde mercatus dicitur coetus multorum hominum, qui res vendere vel emere solent».

Quoi que l'on pense de l'état d'esprit dans lequel ces choix furent opérés, il demeure que pareil démembrement est susceptible d'alimenter un refus de céder à l'autorité intellectuelle et à son ethnocentrisme, qu'impose l'acte de traduire ou, à la rigueur, celui de paraphraser. Par voie de conséquence, il entre beaucoup moins dans une perspective où composent et s'équilibrent des traditions complémentaires, que dans celle où un courant qui devrait être prégnant se voit revisité et assimilé à un système que sous d'autres calames il eût éventuellement dépassé et renouvelé.

De telles initiatives se situent aux antipodes du respect avec lequel Gérard de Crémone semble avoir abordé tout traité, arabe en l'occurrence, qu'il se proposa de mettre en latin, totalement conditionné par une acculturation que l'on dira ici de soumission. C'est un italien d'origine lombarde, exilé volontaire dans cette même ville espagnole de Tolède, récupérée par la chrétienté depuis six décennies environ, mais, pour qui s'émerveille des trésors intellectuels d'une civilisation réduite à ses vestiges, certainement encore marquée par les trente années de la politique culturelle, attentive et intelligente, de l'émir Yaḥyā al-Ma'mūn Ibn Ḏī-l-Nūn (1043-1075) et du cadi Ṣā'id al-Andalusī[110]. De surcroît, il est en même temps bien trop impressionné par la situation socio-politique qu'il subit et l'univers spéculatif dont il tente de faire partager les ressources, et trop peu concerné, quoiqu'il eût appartenu lui aussi au clergé, par les questions dogmatiques, pour songer à planifier un système philosophico-religieux, et encore moins contribuer au maintien d'une helléno-latinité de premier-plan.

Sous ce rapport, la matérialisation de son idéal de traduction, dans ce que l'on peut en deviner sous des manifestations hétéroclites, le rend particulièrement susceptible de relever d'un phénomène annexe de celui d'acculturation, que nous désignerons par l'expression de «complexe du traducteur», syndrome présidant à la «traduction mimétique» de Folkart. Apanage du responsable de la transposition linguistique d'un texte, opérée avec

[110] Cfr. BURNETT, *The Coherence of the Arabic-Latin Translation Programm* cit. (chap. 1, à la note 6), pp. 249-253; LEJBOWICZ, *L'historien* cit. (à la note 49), pp. 29-30. 'Abd Allāh dit néanmoins d'al-Ma'mūn, in LÉVI-PROVENÇAL, *Les «mémoires»* cit. (à la note 67), 1936, p. 40: «Tout al-Andalus avait tremblé devant lui, et il avait rempli de crainte les autres princes du pays».

l'intention d'incorporer à la culture d'accueil tout ou partie des trésors de la culture rayonnante, il peut se manifester, chez celui-ci, par un sentiment d'infériorité vis-à-vis de sa propre culture, mise en situation de dominée eu égard à la culture dominante qu'il cherche justement à transmettre. Cependant, cette réaction complective, accentuée en l'occurrence par la pression d'un bouleversement historique, celui lié aux conquêtes arabo-musulmanes, pour intrinsèque qu'elle soit à l'acte traducteur, n'eut à l'évidence point le même impact sur Gundissalinus, qui trouva peut-être, il importe de le redire, à la surmonter dans la pratique d'une «traduction-confiscation» et à nourrir son cheminement intellectuel d'un tel dépassement, que sur Gérard, qui ressentit tout autrement les cahots de l'histoire.

C'est même, par certains aspects, à des comportements franchement opposés que l'on assiste. La distanciation à laquelle procède Gundissalinus peut effectivement passer pour une tentative de réappropriation, dans la mesure où le transfert linguistique y deviendrait le moyen détourné d'encourager et d'affermir un contre-pouvoir, qui ne fut point lui-même sans dimension culturelle. Tout au contraire, Gérard, principalement par le biais d'une traduction littérale et, au moins loin de ce que l'on puisse espérer percevoir de l'état primitif de son texte dans le codex *P*, par l'adoption d'une version décalquée et de certains arabismes – nous en aurons ci-après des exemples –, aurait cherché à rendre son intervention la moins attentatoire possible à l'intégrité de la langue qu'il transposait et de la culture dans laquelle il souhaitait se fondre.

Au total donc, sur la base du *De scientiis* et dans la mesure où les identités peuvent être déterminées et les personnalités cernées, le contraste entre nos deux intellectuels semble bien pouvoir ressortir pour l'essentiel à deux conditions d'acculturés, l'un ayant opté pour l'assimilation, l'autre pour la soumission. Nous le résumerons par l'hypothèse de lecture suivante. Issu de contrées où ont souvent muté les pouvoirs et les savoirs, l'indigène Gundissalinus a vécu dans le sillage direct de la rechristianisation d'une partie de l'Espagne, dont celle de sa province natale et de sa ville de résidence. Transposant en quelque manière cette prise de contrôle sur un plan gnoséologique, il accepte la culture rayonnante, pour autant que, placée sous dépendance, elle ne remette pas en cause la culture d'accueil, qu'il consolide en l'enrichissant et revendique implicitement comme sienne. L'allogénéité de Gérard a suscité un comportement tout différent. Dès le franchissement des Pyrénées, il se montre réceptif et acquis à tout ce qui témoigne de la pensée arabe. En mal de corpus, et venu dans la péninsule ibérique pour la science grecque, qui ne lui était pas étrangère, le lombard découvre aussitôt celle qui fut son vecteur, et en capte littéralement toutes les vibrations. À ce moment, le *magister artium* frais émoulu qu'il était renonce totalement au questionnement des textes, au recul critique qu'ils appellent et à leur analyse. Ayant d'emblée scellé son destin d'érudit, il transmet sans répit. Connaître et faire connaître devient son seul objectif scientifique, mais sans accompagner ni guider, encore moins adapter ou remanier, parce que soumis aux traités qu'il décalque linguistiquement, jusqu'à la servilité pour certains exégètes, au perfectionnisme pour d'autres.

Il nous reste dès lors à voir d'un peu plus près, afin d'illustrer notre conjecture de travail, comment et dans quelles proportions cette mentalité a pu jouer sur ce qui transparaît des options traductrices du crémonais, sans pour autant permettre de toujours débrouiller l'écheveau formé par les effets de la très probable dispersion des responsabilités au sein du «groupe gérardien».

4. *Un idéal constant sur le fond, instable sur la forme*

Le *De scientiis* s'inscrit à plein dans la problématique récurrente soulevée par toute version attribuée à Gérard: en entrant dans le cadre d'une tâche forcément collective, vu la démesure de l'entreprise[111], et perfectible, vu l'érudition qui la sous-tend, il brouille, à double titre et en permanence, la lisibilité de sa méthode de travail. Sans doute la probabilité reste-t-elle forte pour que la grande majorité des traducteurs arabo-latins de l'Espagne du XIIe siècle, à commencer par Gundissalinus, aient bénéficié de l'assistance d'acolytes mozarabes ou juifs, voire des deux à la fois[112]. Si l'on en croit Karpinski, en 1133 l'évêque Raimundus

[111] Voir sur ce thème BURNETT, *The Institutional Context* cit. (chap. 1, à la note 6); et ID., *The Coherence* cit.

[112] Cfr. M.-TH. D'ALVERNY, *Les traductions à deux interprètes, d'arabe en langue vernaculaire et de langue vernaculaire en latin*, in *Traduction et traducteurs au Moyen*

Toledanus envoya un certain Jean, dont on a tout lieu de croire qu'il s'agissait de Jean d'Espagne, travailler avec ledit Gundissalinus à la mise en latin d'ouvrages arabes, selon une méthode dont nous avons déjà parlé[113]. Dans son principe, ce type d'association connut, à n'en point douter, des formes diverses. En ce qui concerne Gérard précisément, l'un de ses auditeurs, Daniel de Morley (1140 ca.-1210 ca.), rapporte, à la fin de sa cosmogonique *Philosophia* (1180 ca.), que ce dernier reçut l'aide du mozarabe Galippus pour traduire cet *Almageste* qui le fit s'expatrier en Espagne[114]. Rapprocher nos deux auteurs sur ce plan-là n'aurait donc rien de très significatif, vu l'apparente banalité de ce genre de collaboration[115], du reste rendue indispensable eu égard à des circonstances propres aux contrées hispaniques de ce siècle, gagnées par une sorte d'ardeur traductrice. Répartie pour l'essentiel en deux grandes zones d'effervescence, à savoir celle du foyer tolédan et celle de la vallée de l'Èbre, où s'illustrèrent notamment Hermann de Carinthie et Robert de Chester, elle fut sans véritable précédent et restera presque sans équivalent dans l'histoire des traductions latines médiévales[116]. Néanmoins, la situation de

Âge, Colloques internationaux du C.N.R.S. (Paris, Institut de Recherche et d'Histoire des Textes, 26-28 mai 1986), éd. G. Contamine, Paris 1989, pp. 193-206; J.-P. MOLÉNAT, *Notes sur les traducteurs de Tolède*, in «Cahiers d'Études Arabes», 2 (1988), pp. 109-144; ID., *Le problème de la participation des notaires mozarabes de Tolède à l'œuvre des traducteurs*, in «En la España Medieval», 18 (1995), pp. 39-60; Á. SÁENZ-BADILLOS, *Participación de judíos en las traducciones de Toledo*, in *La Escuela de Traductores de Toledo*, Madrid 1996, pp. 65-70.

113 Voir *Addita quaedam pro declaratione algebrae*, in *Robert of Chester's Latin Translation of the Algebra of* AL-KHOWARIZMI, with an Introduction, Critical Notes and an English Version by L. Ch. Karpinski, New York – London 1915, pp. 23-24: Karpinski ne cite aucune source en appui. Cfr. aussi *supra*, pp. 57-59. Pour RUCQUOI, Gundisalvus cit. (à la note 7), pp. 102-103, cette «collaboration» n'aurait consisté qu'à faciliter la compréhension des textes à des étudiants insuffisamment arabophones.

114 Cfr. DANIEL MORLANENSIS, *Philosophia*, XIV, 192, hrsg. von G. Maurach, in «Mittellateinischen Jahrbuch», 14 (1979), [pp. 204-255], pp. 244-245.

115 Cfr., par exemple, le Juif Savasorda (ou Abraham ibn Ḥiyya) aidant Platon de Tivoli (saec. XII[1]) à traduire des ouvrages scientifiques, et son compatriote Abuteus Levita aidant de même Michel Scot († 1236) à propos d'un traité sur la cosmologie; cfr. D'ALVERNY, *Les traductions à deux interprètes* cit.

116 Sur cette tradition, cfr. H. BÉDORET, *Les premières traductions tolédanes de philosophie: Œuvres d'Alfarabi*, in «Revue Néoscolastique de Philosophie», 41 (1938), pp. 80-97; D. H. SALMON, *The Mediaeval Latin Translations of Fārābī's Works*, in «The New Scholasticism», 13 (1939), pp. 245-261; CH. BURNETT, *A Group of Arabic-Latin Translators Working in Northern Spain in the mid-twelfth Cen-*

Gérard conserve bien quelque chose de spécifique relativement à l'ampleur du projet mis sur pied – même s'il ne compte pas, à l'évidence, que des versions a *novo* –, lequel ne put voir le jour qu'en déléguant et répartissant des responsabilités convergentes, mises au service d'une œuvre qui se continuera sans doute après sa mort, grâce aux *socii*. L'hypothèse de la tâche assumée par un seul homme tiendrait par conséquent de la fiction, assurant par contrecoup celle d'atelier. De surcroît, il est difficilement contestable que la technique de conversion linguistique du maître crémonais n'a cessé d'évoluer, d'abord et surtout parce qu'il s'est forgé une culture scientifique au fur et à mesure qu'il apprenait la langue qui en était le véhicule. La fluctuation des choix de mise en latin dont rendent compte les manuscrits – nous y viendrons plus loin –, pourrait dès lors s'expliquer également par les divers états textuels que dut susciter pareille évolution. De sorte que si l'identification des procédés de latinisation de Gérard éveille un questionnement, c'est relativement, non pas à sa préoccupation de strict conformisme textuel, le seul paramètre que l'on puisse fixer, et à sa constante surenchère sur ce point, mais à un évident travail d'équipe, qui, par une application interprétative des consignes du maître, peut fausser leur perception, et à des critères de translation difficiles à stabiliser, parce qu'ils suivent la courbe ascendante de son perfectionnement. L'enjeu qui se profile alors pour nous est en l'occurrence d'essayer de faire sentir, à travers notre expérience ponctuelle d'éditeur du *De scientiis* et par diverses illustrations, combien déterminer la nature des options gérardiennes, hormis celle de fidélité totale, est une tâche ardue, attendu que même en cas de consensus des scribes, il demeure délicat d'appréhender sa technique de traduction, et impossible de l'isoler des interpolations en tous genres qui ont pu être introduites par ses collaborateurs, élèves, disciples, réviseurs ou continuateurs[117].

tury, in «Journal of the Royal Asiatic Society», 1977, pp. 62-108. Seul peut-être le courant des traducteurs et commentateurs du corpus médical gréco-arabe de l'Italie du sud aux XIe-XIIe siècles, que marquèrent surtout Constantin l'Africain et les maîtres salernitains, pourrait soutenir une comparaison. Cfr. G. BAADER, *Die Schule von Salerno*, in «Medizinhistorisches Journal», 3 (1978), pp. 124-145; M. PASCA, *La scuola medica salernitana. Storia, immagini, manoscritti dall'XI al XIII secolo*, Napoli 1987.

[117] Sur la méthode de traduction de Gérard, cfr. entre autres J. S. GIL, *La esculea*

Nous partirons à cette fin du codex *B*, pour noter la particularité qui est la sienne de n'user que très rarement de termes arabes translittérés, nombreux en *P*, le *codex latinus optimus*, dont on attendrait qu'il reflétât au mieux les pratiques de Gérard. Seulement, y céder obligerait à s'accommoder de la délicate coexistence de deux phénomènes peu compatibles, à savoir l'idéal boécien de transposition totale, qui n'omettait jamais de laisser un terme grec non traduit[118], et le recours gérardien à la translittération – ce néologisme phonétique –, latinisée ou non, mais toujours déformante, qui, lorsqu'elle ne s'impose point par cette fidélité philologique et ce respect des spécificités culturelles que nous évoquions il y a peu, dénote à coup sûr un embarras (fluctuation sémantique et polysémie non maîtrisées, équivalence introuvable, appréhension insuffisante du détail). Pour la neutraliser, il conviendrait de mettre tout mot translittéré sans motivation intrinsèque sur le compte d'une inexpérience du traducteur dans le domaine concerné et au moment où il intervient, sa substitution par un terme traduit étant par conséquent le signe de difficultés surmontées. Voilà qui irait dans le sens d'une mutation permanente des versions et d'une succession de phases plus ajustées les unes que les autres. L'idée, sans doute bien supportée par nos deux hypothèses, concernant l'une des travaux ayant connu un état textuel toujours évolutif, l'autre le fonctionnement d'un atelier de traduction, nécessiterait néanmoins de se donner les moyens – tâche beaucoup plus délicate – de distinguer à chaque fois la méprise de l'effacement voulu du traducteur.

Nous sommes alors inévitablement amené à nous interroger sur l'attitude à adopter en présence d'un témoin tel que *B*, dont le rédacteur refuse, chaque fois qu'il le peut, de conserver un terme arabe, c'est-à-dire s'impose de le translittérer et, le cas

de traductores de Toledo y sus colaboradores judios, Salamanca 1985; et, sur le problème des révisions, cfr. Ch. Burnett, *The Strategy of Revision in the Arabic-Latin Translations from Toledo: The Case of Abu Ma'shar's* On the Great Conjunctions, in *Les traducteurs au travail. Leurs manuscrits et leurs méthodes*, Actes du Colloque international organisé par le Ettore Majorana Centre for scientific culture (Erice, 30 septembre - 6 octobre 1999), éd. J. Hamesse, Turnhout 2001 (Textes et études du Moyen âge, 18), pp. 51-113 et 529-540.

[118] Voir A. Galonnier, *L'équivalence* hermeneia-interpretatio *dans le prologue du second commentaire de Boèce au* Περὶ ἑρμενεῖᾶ *d'Aristote*, in «Χώρα», 2 (2004), pp. 21-36.

échéant, de le latiniser sommairement. Ne véhicule-t-il que les initiatives d'une main ultérieure, celle d'un émule plus expérimenté et mieux informé que le maître de Crémone par exemple, ou bien manifeste-t-il l'étape ultime dans l'évolution même de ce dernier? L'hésitation apparaît d'autant plus fondée qu'en *B* le refus est, semble-t-il, maîtrisé et cohérent, puisque, lorsqu'il s'agit d'évoquer une règle propre à la langue arabe, c'est-à-dire ne faisant point sens en latin, les illustrations fournies demeurent non traduites. Il en est ainsi du *alif* et du *lām* de détermination[119], et des *adenuiet* ou trois flexions du *nūn*[120].

Lexicalement parlant, il nous faut évoquer une difficulté connexe, quoique de nature un peu différente. En dépit du fait que Gérard passe pour avoir privilégié une tendance littéraliste et étymologisante, que nous constaterons à notre tour et dont nous verrons plus loin le revers, n'hésitant pas à recourir quelquefois à des néologismes qui serrent au plus près la racine arabe, il sait également accueillir des termes normalisés du vocabulaire latin qui, dans ce cas, font de lui un pur héritier. Car loin d'innover nécessairement, il accepte bien souvent de faire sienne une traduction forgée dans une langue déjà formatée. On retrouve ainsi sous son calame, en contexte arithmétique[121], les termes boéciens de *diminutio*, *multiplicatio*, *par* et *impar*, *perfectus* et *imperfectus* (respectivement «soustraction», «multiplication», «pair» et «impair», «parfait» et «non-parfait»), préférant par ailleurs *agregatio* à *additio*, conformément peut-être au choix que lui laisse Boèce, lequel use des deux infinitifs (*agregare* et *addere*) dans son *Institutio arithmetica* avec une apparente équivalence de sens[122]. Mais on constate également des crispations d'ordre lexical, qui marquent une certaine renonciation aux significations consacrées par l'usage. À titre de première illustration, le *versificator*[123] désignant le poète *(šā'ir)*, on est fondé à se demander pourquoi le choix du substantif *poeta*, d'un emploi plus que classique, a été délaissé? L'exemple n'ayant pas été pris au hasard, la raison nous apparaît ici relativement

[119] *Infra*, p. 170,97-99.

[120] *Ibid.*, p. 125.

[121] Cfr. *ibid.*, pp. 145-146.

[122] Voir BOETHIUS, *De institutione arithmetica*, ed. J.-Y. Guillaumin, Paris 1995, *Index*, *ad loc.*

[123] *Infra*, p. 166,57.

évidente: parce qu'il n'est que le calque latin du terme grec. Pareil rejet de la translittération, gréco-latine cette fois-ci, qui nous ramène à la difficulté précédente, n'est du reste pas un phénomène isolé. Il s'agit bien aussi de cela lorsque le maître crémonais choisit de restituer «cylindre», «cône» et «prisme», non par *cylindrus*, *conus* et *prisma*, dont il pouvait difficilement ignorer l'existence et l'usage normalisé[124], mais par *columna* (*usṭuwān*), *pinealia* (*ṣanawbarī*) et *seratilia* (*manšūr*)[125], autrement dit un substantif qui manque de technicité car trop littéral (*columna*), et deux néologismes sans postérité sémantique connue. Notons à l'occasion que ce refus de l'hellénisme, qui ne passe point pour relever des habitudes de Gérard, oblige en l'occurrence à écarter le choix de *syncathegorema*, fait par le scripteur de *B* pour rendre *ādat*, en lui préférant *prepositio*[126], leçon commune à tous les autres manuscrits.

Ce qui fait question n'est cependant pas toujours lié à ce souci de latinité radicale vis-à-vis du grec. De fait, le couple *communicans-seiunctus*[127] rendant «commensurable-incommensurable» (*mutašārik-mutabāyin*), on est en droit de chercher à comprendre pourquoi Gérard s'est démarqué des *commensurabilis-incommensurabilis* que l'on rencontre chez Boèce[128]. Autre exemple significatif: étant donné que la *trinitas* – substantif pourtant encore chargé d'une connotation toute théologique en cette seconde moitié du XIIe siècle – équivaut à la «triangularité» (*taṯlīṯ*), au sens de «tracé triangulaire»[129], que gagne-t-il à ne pas employer *triangularitas*, ce à quoi l'invitait en quelque sorte le même Boèce[130]? Semblablement, attendu que les adjectifs *denudatus* (*mujarrad*) et *surdus* (*ṣamm*) recouvrent l'un le nombre «abstrait», l'autre la quantité «irrationnelle» en s'arc-boutant sur le sens littéral des adjectifs

[124] Cfr., par exemple, MARTIANUS CAPELLA, *De nuptiis Philologiae et Mercurii*, IV, 722, ed. J. Willis, Leipzig 1983, *Index*, *ad loc.*

[125] *Infra*, p. 234,74-75.

[126] *Ibid.*, p. 122.

[127] *Ibid.*, p. 146.

[128] Voir BOETHIUS, *ibid.*, I, 18, 5, PL 63, 1096CD, ed. Guillaumin, p. 38.

[129] *Infra*, p. 230,45. Il est vrai que le mot *ternitas* ne pouvait être utilisé, vu qu'il était affecté à la désignation de la «trilitéralité»: cfr. p. 168,82.

[130] Dans son *Institutio arithmetica* on rencontre en effet *figura triangularis*: cfr. BOETHIUS, *ibid.*, II, 6, 2, 1122A, p. 93. L'équivalence trinitas = *taṯlīṯ* pourrait être cependant plus répandue qu'il n'y paraîtrait: cfr. BURNETT, *The Strategy* cit. (à la note 117), p. 57.

arabes[131], quel avantage y avait-il à les préférer respectivement à *abstractus*[132] et à *irrationalis*, antonyme naturel du *numerus rationalis* – que Gérard utilise d'ailleurs lui-même –, avec lequel il forme couple[133]? Devant renoncer, dans le cadre de notre introduction, à tenter de répondre à ce genre d'interrogations, qui mettent en jeu autant de choix de traduction à l'un et l'autre stade de la conversion linguistique[134], nous nous interrogerons néanmoins sur la portée de l'espèce de dissidence lexicale qui vient d'être soulignée. Car elle ne s'apparente nullement à l'obligation dans laquelle se trouve le *Magister Cremonensis* lorsqu'il traduit des néologismes, à l'occasion notamment de la mise en latin d'un traité de médecine ou de chirurgie arabes, quand le rédacteur est lui-même obligé de créer le mot en même temps que l'affection qu'il découvre ou l'instrument qu'il met au point. Il semble s'agir ici ou bien du refus de reprendre un langage constitué, ou bien de la nécessité d'en suppléer l'ignorance. À moins qu'il ne faille songer à un effet de ce «complexe du traducteur» signalé plus haut. Trop respectueux des concepts qu'il convertit en latin, Gérard n'aurait pas osé se dégager du sens immédiat, tirant peut-être aussi satisfaction de pouvoir renouveler un vocabulaire qu'il n'estimait pas assez dépendant de celui d'une langue-source qui le fascinait. Mais dans cette hypothèse, pourquoi n'avoir point opté en permanence pour cette transposition à la fois naïve et rénovatrice?

Le cas des omissions et des ajouts, lesquels sont sans commune mesure avec ceux que l'on rencontre chez Gundissalinus, ainsi que celui des divergences de vocabulaire, n'ouvrent pas moins

[131] Cfr. *infra*, pp. 226,13 et 232,64.

[132] Voir notamment ISIDORUS HISPALENSIS, *Etymologiae*, II, 24, 14 et III, praef., ed. Lindsay cit., *s. p.*, qui évoque la *quantitas abstracta*, commune aux quatre sciences mathématiques.

[133] On notera toutefois que chez Gundissalinus, en contexte métaphysique, c'est-à-dire dans sa traduction du *Liber de anima* du *Šifā* d'Avicenne, *denudatus* sert à traduire *mubarra'*, pour qualifier la forme privée de la matière: cfr. AVICENNA, *De philosophia prima*, II, 2, ed. Van Riet cit. (à la note 29, p. 120,28); mais que dans sa version du *Liber de philosophia prima* du même *Šifā*, il restitue *mujarrad*, toujours appliqué à la *forma*, par *abstracta*: cfr. *ibid.*, V, 1, ed. Van Riet cit. (*ibid.*), p. 237,29.

[134] En l'occurrence, la question préalable se pose de savoir pourquoi Fārābī a rendu «abstrait», qui est, quant au nombre, sans équivalent en grec, par *mujarrad* (*denudatus*), et ἄλογος ou ἄρρητος («irrationnel») par *ṣamm* (*surdus*).

sur d'épineux problèmes. Maintes omissions, quand elles diffèrent des allégements de forme, s'apparentent, il est vrai, à des lacunes de fond qui abrégent le texte en le modifiant. Faut-il pour autant les assimiler toutes à des erreurs de transcription ou à des négligences de copistes? Vraisemblablement dans leur très grande majorité, quoiqu'il ne soit pas aisé de toujours trancher en faveur de la première hypothèse. On peut certes penser que, dans les paragraphes qui servent d'introduction, l'absence dans les manuscrits *Graecensis* et *Admontensis*[135] de la mention de la science divine du chapitre quatre[136], ne cache qu'une étourderie de scribe. Mais l'enjeu est tout autre concernant la divergence des leçons[137], où l'amputation pratiquée par le manuscrit *Graecensis* ramène à quatre cas, sur les cinq habituellement admis, l'utilisation que l'on peut faire du *Kitāb*. Il vaut de rappeller à cette occasion, vu sous l'angle des destinataires, qu'al-Fārābī voit normalement cinq utilisations possibles de son ouvrage[138]: 1. l'étudiant qui veut apprendre l'une des sciences énumérées; 2. celui qui veut comparer les différentes sciences; 3. celui qui désire tester toute revendication de la part d'un ignorant à connaître une science; 4. celui qui veut tester jusqu'à quel degré quelqu'un connaît la science qu'il prétend connaître; 5. celui qui, après une rapide formation, souhaite apprendre les rudiments de chaque science pour imiter les hommes de science et laisser croire qu'il est de leur nombre. Adopter la leçon syncopée du *Graecensis*, c'est fondre, comme chez Gundissalinus[139], les usages 4 et 5 en un seul, à savoir celui qui connaît bien une science mais a l'intention de passer pour quelqu'un qui les connaît toutes dans leurs grandes lignes. En sorte que les lignes 31-38 de notre édition se liraient ainsi: «grâce à lui (*i. e.* le traité) encore on verra clairement, chez celui qui connaît bien une science, s'il a l'intention de recenser la totalité de ce qui est en chaque science pour ressembler à certains maîtres et faire accroire qu'il est des leurs». Y-aurait-il de quoi tenir cette version pour autre chose qu'une banale contraction fautive? On répondra jusqu'à un certain point par l'affirmative

[135] Cfr. *infra*, p. 152.
[136] Cfr. *infra*, p. 156,11.
[137] Cfr. *ibid.*, pp. 119-120.
[138] Cfr. *ibidem*.
[139] Cfr. ALONSO ALONSO, *Domingo Gundisalvo* cit., p. 58,4-11.

si on ramène l'usage à une sorte d'anomalie, comme celle que croit déceler Muhsin Mahdi: «La dernière utilisation (...)», note-t-il, «fait quelque peu problème: apprendre seulement les données générales de chaque science et donner l'impression d'être instruit ne paraît pas constituer un objectif particulièrement digne»[140]. Car le texte transmis par le *Graecensis* permet justement de lever cette anomalie, en étant regardé comme l'évocation d'un second cas d'imposture. Nous aboutirions ainsi à quatre utilisations: deux pour servir un processus normal d'acquisition scientifique, deux pour savoir en dénoncer les vices. L'espèce de profit malhonnête que relève Mahdi disparaît, se trouvant converti en un moyen pour démasquer l'imposteur, et non plus pour l'aider. Ce genre de variante ne relève donc pas de la simple option dissidente et erronée.

Bien qu'inverse, le phénomène des ajouts – que nous avons fait figurer entre crochets droits dans notre traduction –, suscite les mêmes embarras pour l'établissement d'un texte fiable. On ne sait trop, en l'absence évidemment de leçon équivalente en arabe, s'il convient d'en ramener la majorité à des clarifications voulues par Gérard ou à des gloses non gérardiennes intégrées et, pour le cas où les deux possibilités devraient être maintenues, comment les répartir.

Touchant les divergences de vocabulaire, qui font qu'un même terme latin traduit deux termes arabes différents[141], ou inversement que deux termes latins différents traduisent un même terme arabe répété[142], si leur nombre important ne permet pas de toutes les renvoyer à la question de l'état du texte-source sur lequel travaillait Gérard, il oblige à envisager, quant aux premières, une négligence regrettable, et, quant aux secondes, un droit à la *variatio sermonis*, ni l'une ni l'autre ne cadrant avec ses pratiques admises de traducteur.

En dernier lieu, il n'est pas superflu de s'arrêter aussi quelques instants sur ce qui apparaît comme des erreurs plus ou moins flagrantes, dues soit à une méprise provoquée par le déplacement des points et signes diacritiques, soit à une mécompréhension

[140] MAHDI, *Science, Philosophy* cit. (chap. 1, à la note 33), p. 114.
[141] Par exemple *infra*, pp. 191, n. 111 et 213, n. 158.
[142] Par exemple *infra*, pp. 209, n. 145 et 257, n. *.

du mot arabe, soit au respect trop étroit de son étymologie, soit encore à un sens approché par défaut[143]. Nous citions il y a peu les qualificatifs *denudatus* et *surdus*; s'ils constituent deux exemples parmi les plus typiques du deuxième cas, un grand nombre illustrant les autres constelle le traité. Signalons au hasard: *causa* pour *sabab*[144], *opinio* pour *tuhma*[145], *expers* pour *ǧiha*[146], *instrumentum elevandi* pour *āla nuǧūmiyya*[147] et in*tentio* pour *'awāriḍ*[148]. À terme, ces choix montrent que leur responsable procède à l'aveuglette, ne s'aidant ni du contexte, ni de sa culture philosophique, et se cramponne à une littéralité servile, sans égard pour la tradition scientifique latine antérieure, que le «complexe du traducteur» dont nous faisions état tout à l'heure n'expliquerait d'ailleurs qu'en partie.

Il reste dès lors très délicat, comme nous l'annoncions, d'identifier ce qui doit ou non relever de la responsabilité de Gérard dans l'ensemble des points litigieux que nous avons à traiter. Extension ou contraction, calque direct ou latinisation excessive, adaptation ou confusion: autant de décalages qui, sans interférer avec l'exigence acquise de fidélité au texte dans sa formulation et sa teneur, nous dérobe en permanence le geste authentiquement gérardien. Cela eut-il un quelconque impact sur la fortune du recensement farabien dans les milieux intellectuels latins? Que l'éventualité soit invérifiable ne doit pas nous dispenser de nous arrêter à présent sur cette dernière.

[143] Cfr. G. Beaujouan, *Fautes et obscurités dans les traductions médicales du Moyen Âge*, in *Actes du* xii*e Congrès international d'histoire des sciences* (Paris, 24-31 août 1968), 12 voll., Paris 1970-1971, t. I/A. *Colloques: textes des rapports*, 1970, pp. 141-152; R. Lemay, *Fautes et contresens dans les traductions arabo-latines médiévales*, *ibid.*, pp. 101-123.

[144] *Infra*, p. 176,160.

[145] *Ibid.*, p. 202,266.

[146] *Ibid.*, p. 204,272.

[147] *Ibid.*, p. 260,315. Gundissalinus fait preuve en l'occurrence de la même naïveté.

[148] *Ibid.*, p. 297,70. On trouvera aux notes y afférentes de brèves tentatives d'explication.

CHAPITRE III

ESQUISSE D'UNE RÉCEPTION LATINE DE L'IḤṢĀ' II. L'INFLUENCE DE L'IḤṢĀ' SUR LA TRADITION LATINE

Commençons par revenir sur la conjecture suivant laquelle la traduction gérardienne et l'adaptation de Gundissalinus auraient profité au départ de conditions équivalentes d'accessibilité et de circulation, permettant au moins de ne point considérer leur établissement comme un préalable méthodologique. Nous la fonderons sur une observation simple, à savoir que si d'un côté les résonances qu'eut assez rapidement la seconde renseignent d'elles-mêmes sur sa diffusion, il existe de l'autre un rapport, vraisemblablement de la fin du XIIe siècle, nous informant que les ouvrages de Gérard furent envoyés à Crémone aussitôt après sa mort[1] – ce qui suffit selon nous à équilibrer, ne serait-ce qu'en théorie, les chances de leurs devenirs respectifs. En suite de quoi un constat, déjà dressé, s'impose d'emblée au rappel lorsqu'on évoque l'incidence du *Catalogus* de Fārābī sur une partie de la Scolastique – où il fut du reste lui-même concurrencé, contentons-nous ici de le noter, par le *De ortu scientiarum* du Pseudo-Fārābī[2]: ce n'est point l'*Iḥṣā'* à travers la traduction de Gérard qui eut quelque retentissement chez un certain nombre de penseurs latins du XIIIe siècle et du XIVe siècle commençant[3], mais ce qu'il en est resté après l'adaptation du *De scientiis* de Gundissalinus,

[1] Cfr. BURNETT, *The Coherence of the Arabic-Latin Translation Programm* cit. (chap. 1, à la note 6), p. 253, qui ne date pas le rapport.

[2] Cfr. *supra*, chap. 2, à la note 37.

[3] Le cas semble isolé dans la production gérardienne; cfr. R. TURKEL, *Gérard de Crémone, traducteur scientifique du XIIe siècle et principal initiateur de l'Occident à la culture scientifique gréco-arabe*, in «Babel», 8 (1962), pp. 53-56.

autant d'ailleurs – l'indécidabilité s'impose souvent –, par le truchement direct de ce dernier écrit que par celui de ce qu'en a répercuté son *De divisione philosophiae*. Or, la nuance est loin d'être négligeable, dans la mesure où l'archidiacre de Cuéllar, on n'y reviendra pas, élague l'ouvrage de presque tout ce qui relève de près ou de loin d'un contexte culturel arabe. Car c'est justement ce type de repères décontextualisés fournis par Gundissalinus, et non point les données massives de la restitution exhaustive de Gérard, dont semblent avoir eu besoin les scolastiques, comme le montre surtout la réception du traité de Fārābī dans le cadre de l'enseignement dispensé à la faculté parisienne des arts, au cours de la première moitié du XIIIe siècle, par lequel nous poursuivrons notre enquête.

Toutefois, avant d'en produire quelques exemples, il vaut d'essayer de fixer les signes à partir desquels apprécier quelle incidence eut l'*Iḥṣā'* par le canal de sa latinisation. Étant ici impossible, et de toute façon d'un profit limité, de passer en revue tous les textes susceptibles de renfermer le moindre indice, nous priviligierons deux critères: d'une part les citations plus ou moins littérales, attribuées, à tort ou à raison, à un *Alpharabius* ou *Alfarabius*, de l'autre les effets jugés repérables de sa classification, tels les définitions suffisamment caractérisées, les modifications structurelles, l'apparition de disciplines nouvelles ou le remaniement de certains contenus[4]. En outre, pour diversifier ce listage, nous ne nous interdirons pas de mentionner, le cas échéant, les sources arabes non farabiennes, ainsi que les auteurs qui, de manière significative, leur sont restés indifférents, tout en s'étant occupés eux-mêmes de recensement des sciences.

Nous l'annoncions, à ce que l'on sait, l'*Alfarabius* de l'*Iḥṣā'* n'aurait pas été connu hors d'Espagne avant le XIIIe siècle, et encore uniquement à partir de sa quatrième décennie, ce qui signifie qu'il serait demeuré étranger à la seconde moitié du siècle précédent, malgré l'essor des écoles dites urbaines, centres de la pensée philosophique. Suffit-il, pour tenter de trouver une explication à ce dernier constat, d'invoquer le simple facteur chronologique? Qu'il s'agisse, dira-t-on, du *De divisione philosophiae* et du *De scientiis* (1150 ca.) de Gundissalinus, ou du *De scientiis*

[4] Cfr. *supra*, pp. 35-40.

(1175-1180 ca.) de Gérard de Crémone, les écrivains qui sont intervenus entre 1150 et 1200 n'avaient tout bonnement pas à leur disposition l'un ou l'autre de ces ouvrages. En vérité, l'argument n'est pas aussi imparable qu'il paraît. Car le *Commentarius in Ciceronis «De inventione»* de Thierry de Chartres († 1156 ca.) renferme un élément consistant du *De divisione* de Gundissalinus[5] – ce qui ne surprend qu'à demi quand on se souvient que celui-ci aurait effectué un séjour en France, et qu'une partie de sa production aurait été connue très tôt en Europe non musulmane[6]. La constatation contraint donc, malgré une chronologie un peu tendue, à ne pas se satisfaire trop vite de vraisemblances. Elle va même jusqu'à faire soupçonner chez Thierry une attitude non servile à l'égard de l'apport arabo-latin, quand on s'aperçoit que dans son très imposant, mais inachevé, *Heptateuchon* (1140 ca. seqq.), que l'on a pu assimiler à une «Bible (laïque) des sept arts libéraux»[7], il se serait rendu disponible, dans une intention purement philosophique, aux savoirs arabes d'une manière que, vu certains aspects, on peut qualifier de sélective[8]. En effet, tandis qu'en matière d'organisation des sciences le chartrain paraît s'être étroitement limité au classique septénaire *trivium* et *quadrivium*, alors même qu'il faisait œuvre classificatoire et connaissait tout

[5] Ed. N. M. Häring, in Id., *Thierry of Chartres and Dominicus Gundissalinus*, in «Mediaeval Studies», 26 (1964), pp. 271-286; cfr. *ibid.*, p. 273: «Thierry copied the entire section on rhetoric in Gundissalinus». Toutefois, en 1988, Karin Margareta Fredborg, dans l'introduction de son édition de commentaires de Thierry, établissait que c'était tout au contraire ce dernier qui aurait eu une influence sur Gundissalinus: cfr. K. M. Fredborg, *The Latin Rhetorical Commentaries of Thierry of Chartres*, Toronto 1988, pp. 16-20.

[6] Bien que Nikolaus Häring n'en laisse rien apparaître dans son édition, on prétend également que le *Tractatus de sex dierum operibus* du même Thierry aurait puisé dans le *De processione mundi* de Gundissalinus des conceptions cosmologiques inspirées de Platon et d'Aristote: cfr. N. M. Häring, *The Creation and Creator of the World according to Thierry of Chartres and Clarenbaldus of Arras*, in «Archives d'Histoire Doctrinale et Littéraire du Moyen Âge», 22 (1955), pp. 137-216 (pp. 184-200 pour le texte du *De sex dierum operibus*).

[7] Lejbowicz, *L'historien* cit. (chap. 2, à la note 49), p. 111.

[8] L'ouvrage, qui s'étend sur 585 *folia* manuscrits et deux *codices* (mss. Chartres, Bibliothèque municipale, 497 + 498), est à ce jour inédit, à l'exception de son prologue; cfr. É. Jeauneau, *Note sur l'École de Chartres*, in «Studi Medievali», 5 (1964), pp. 821-865. Toutefois, pourra suffire à notre appréciation du moment le plan qu'en donne L. Toneatto, Codices artis mensoriae. *I manoscritti degli Antichi opuscoli latini d'agrimensura (v-xix sec.)*, 3 voll., Spoleto 1994-1995, I, 3, pp. 448-453.

ou partie – nous venons de le voir – du *De divisione* gondissalinien, l'illustration qu'il fournit à chaque savoir atteste sa réceptivité aux connaissances récentes ou nouvelles, dont il semble par ailleurs très bien informé. Car, dans les sections sur l'arithmétique (ff. 122^{r}-124^{v}) et la géométrie (141^{r}-141^{v}), Thierry exploite avec méthode, touchant les livres VII à IX puis XIV-XV, une compilation arabo-latine anonyme des *Éléments* d'Euclide, prudemment attribuée depuis à Robert de Chester (1140 ca.)[9], et dans la section sur l'astronomie (ff. 198^{r}-246^{r}) il reproduit des fragments de la traduction par Hermann de Carinthie (1100-1150 ca.) des *Tables astronomiques* d'al-Ḫawārizmī[10].

Le cas de Thierry de Chartres, pour spécifique qu'il soit de l'époque par son appétit de modernité, ne relèverait pas moins d'une attitude conservatrice. À l'affût de gestes novateurs gréco-arabes et arabes dans le domaine de l'avancement des connaissances, qu'il découvre par les traductions latines de ses contemporains, il sait aussi, à ce qui ressort, en refuser certains autres. Reste à savoir si ses motifs divergent ou non de ceux que l'on peut repérer derrière les productions diversement marquées par l'encyclopédisme sacré qui virent le jour durant ce second demi-siècle (1150-1200). Le fait est qu'aucune de celles envisagées ne met à contribution le recensement farabien, toutes étant de surcroît dénuées d'influence arabisante. Cela pourra étonner, non pas forcément au regard des objectifs respectifs, qui étaient à l'évidence autres, mais plutôt à celui des moyens pour les atteindre, comme en témoignent[11] l'*Ysagoge in theologiam* (1145 ca.) d'un disciple anonyme d'Abélard[12], qui enrôle les septs arts mécaniques de Hugues de Saint-Victor dans les arts libéraux tradition-

[9] Voir M. LEJBOWICZ, *Le premier témoin scolaire des* Éléments *arabo-latin d'Euclide: Thierry de Chartres et l'*Heptateuchon, in «Revue d'histoire des sciences», 56.2 (2003), pp. 347-368.

[10] Voir ID., *L'historien* cit., pp. 128-129.

[11] Voir aussi G. DAHAN, *La classification des savoirs aux XIIe et XIIIe siècles*, in «L'enseignement philosophique», 40.4 (1990), [pp. 5-27], pp. 9-10; B. BEYER DE RYKE, *Les encyclopédies médiévales, un état de la question*, in «Pecia, Ressources en médiévistique», 1 (2002), pp. 9-44.

[12] Éd. A. Landgraf, in ID., *Écrits théologiques de l'école d'Abélard. Textes inédits*, Louvain 1934, pp. 63-285. Pour la date, voir D. E. LUSCOMBE, *The authorship of the* Ysagoge in theologiam, in «Archives d'Histoire Doctrinale et Littéraire du Moyen Âge», 35 (1968), pp. 7-16.

nels, le *Liber exceptionum* (1150 ca.) de Richard de Saint-Victor[13], important guide d'introduction aux *artes liberales*, le *Fons philosophiae* de Geoffroy de Saint-Victor († 1194 ca.)[14], qui verse largement dans la classification des savoirs, l'*Anticlaudianus* (1182 ca.) d'Alain de Lille[15], poème scientifique sur les arts libéraux, dont le livre IV fait appel à Abū Ma'shar, ou le *De naturis rerum* (1190 ca.) d'Alexandre Neckham[16], qui intègre pourtant les savoirs innovants. Ces écrits ne sont pas à mettre exactement sur le même plan, encore que leurs auteurs auraient eu au minimum un point commun, que ne partageait d'ailleurs pas Thierry, celui de servir, sans autre ambition, les intérêts supérieurs de la théologie, en ne se rendant pas a *priori* hermétiques aux gains des sciences nouvelles ou des sciences traditionnelles revisitées. Cependant, leur lecture oblige à constater qu'il n'en fut rien, probablement parce qu'aucun d'eux n'aurait songé à bousculer des habitudes intellectuelles dont les mentalités dans lesquelles elles se trouvaient ancrées n'étaient sans doute pas encore prêtes à se départir. Cela semble du reste si vrai que du côté de la production artienne la situation nous est apparue identique, avec un *Tractatus quidam de philosophia et partibus eius* entièrement dépourvu de référence arabe[17].

Nonobstant cela, et à supposer qu'une telle hypothèse nous dispose tant bien que mal à mieux comprendre pourquoi les traces d'un impact du *De scientiis* ne se détectent pas tout au long de la seconde partie du XIIe siècle[18], son absence des trois premières décennies environ du siècle d'après, qui ne fait que déplacer l'énigme, et une localisation assez restreinte de son émergence, à savoir les milieux enseignants parisiens, ne s'en trouveraient pas expliquées pour autant. Touchant le premier point cependant, plusieurs exemples restent troublants. On peut songer

[13] RICHARDUS DE SANCTO VICTORE, *Liber exceptionum*, éd. J. Châtillon, Paris 1958.

[14] GODEFRIDUS DE SANCTO VICTORE, *Fons philosophiae*, éd. Michaud-Quantin, Namur – Louvain – Lille 1956.

[15] ALANUS DE INSULIS, *Anticlaudianus*, éd. R. Bossuat, Paris 1955.

[16] ALEXANDER NECKHAM (NEQUAM), *De naturis rerum*, ed. T. Wright, London 1863 (Rerum Britannicarum Medii Aevi Scriptores. Rolls Series, 34).

[17] Voir plus haut, p. 50.

[18] Si l'on excepte la reproduction, dont nous venons de parler, par Thierry de Chartres, d'un morceau du *De divisione* de Gundissalinus, qui n'a toutefois aucun impact sur le recensement des sciences.

aux *Summae Metenses*, une somme de logique anonyme rédigée autour de 1220[19]. Elle comporte une allusion à Fārābī qui pourrait bien être la première du genre:

> Quoniam (...) duo sunt rerum genera scilicet substantia et accidens, ut dicit Alpharabius in libro de ortu scientiarum, ideo duo sunt genera signorum, quia quedam significant substantiam, ut *homo*, quedam accidentia, ut *albus* et *currit*[20].

Quoique l'évocation soit très libre, il est possible d'y reconnaître effectivement le début du *De ortu* pseudo-farabien et son universelle bipartition ontologique entre substance et accident:

> Scias nihil esse nisi substantiam et accidens et creatorem substantiae et accidentis benedictum in saecula[21].

Pour le reste, les *Summe* sont exemptes de tout signe de la réception d'«Alfarabius» et plus spécialement du *De scientiis*. On peut aussi s'interroger sur le cas de divers pans du *De floribus rerum naturalium* en cinq livres d'Arnold de Saxe, première somme de philosophie naturelle et de morale du XIIIe siècle[22]. Sa rédaction complète, de l'avis d'Isabelle Draelants, s'est échelonnée sur un quart de siècle environ (1220-1245 ca.), puisque le premier état des livres I, II et IV, qui sont les plus anciens, remonterait aux années 1220-1225[23]. La culture arabe de ce saxon d'origine n'est point inexistante[24], mais elle transparaît à travers l'œuvre de traducteurs latins dont il n'a pas toujours une connaissance suffisante. Ainsi, il ignore le *De divisione philosophiae* de Gun-

[19] Éd. in L. M. DE RIJK, *Logica Modernorum. A Contribution to the History of Early Terminist Logic*, Assen 1967, II, 1, pp. 448-490 (*Summe Metenses*).

[20] *Summae Metenses*, ed. De Rijk cit., p. 482.

[21] PSEUDO-ALFARABIUS, *De ortu scientiarum* (‹1›), ed. Baeumker cit. (chap. 2, à la note 36), p. 17,5-6.

[22] ARNOLDUS SAXO, *De floribus rerum naturalium*, hrsg. von E. Stange, *Die Encyklopädie des Arnoldus Saxo, zum ersten Mal nach einem Erfurter codex*, Erfurt 1905-1907 (Beilage zum Jahresbericht des königliches Gymnasiums zu Erfurt 1905-1907), pp. 5-136.

[23] Notre consœur nous a confié que si aucune des sources qui forment la documentation d'Arnold n'a été collectée postérieurement à 1220 ca., en revanche la rédaction du *De floribus* a pu s'étendre jusque vers 1240 ou 1245, surtout pour la partie sur les pierres.

[24] Il se réfère longuement à Abū Ma'šar (*Liber de motibus astrorum*) en *De floribus rerum naturalium*, I, II, 2, et évoque Avicenne (*Liber medicinalis*) en I, III, 2 et Algazel (*Commentarium de anima*) en II, I, 1.

dissalinus, et rapporte trois citations du *De processione mundi* du même (appelé *De prima forma et materia*)[25] qu'il met sous le nom d'Aristote[26]. Qui plus est, et nous nous prononçons encore sous l'autorité de notre collègue, bien qu'Arnold ait probablement lu certaines traductions de Gérard de Crémone et les utilise, il est aisé de constater que n'est cité aucun extrait de la version latine, gondissalinienne ou gérardienne, de l'*Iḥṣā'*. D'ailleurs, «Arnoldus Saxo» ne mentionne jamais directement Fārābī, quoique son premier livre, le *De coelo et mundo* précisément, laisse à penser qu'il devait connaître tout ou partie de la classification farabienne des sciences. Car, toujours au sentiment d'Isabelle Draelants, sinon l'organisation, en tout cas l'aristotélisme massif dont il témoigne, rendrait envisageable le recours à un intermédiaire qui pourrait être le *De scientiis*. Le plus difficile reste cependant la vérification de cette impression, comme d'ailleurs celle, plus précise encore, touchant une autre somme, à peine postérieure, de philosophie naturelle. Ce serait une décennie plus tard, en effet, qu'une deuxième production de ce type, dont il aurait fallu à son auteur trente années environ pour venir à bout (1230-1260 ca.), aurait commencé de voir le jour: le *De proprietatibus rerum* de Barthélémy l'Anglais (1190-*post* 1250 ca.), en 19 livres. Or, quoique Michael C. Seymour – qui se base sur la traduction anglaise commentée (1398) de Jean de Trévise, qu'il a lui-même éditée –, ait recensé le nom de Fārābī parmi les sources arabes directes de Barthélémy (avec Alazen, Algazel, Albumazar, al-Fargani et Avicenne)[27], nous n'avons pas localisé, ni dans l'ouvrage lui-même ni dans son commentaire par Seymour, pour aucun texte farabien, et a *fortiori* pour le *De scientiis*, de référence chez Jean qui vienne valider cette influence[28]. Le constat se répète dans la troisième et dernière contribution du XIIIe siècle à ce genre littéraire, le

[25] Rappelons que l'écrit a circulé sous plusieurs titres: *De prima forma et materia*, *De invisibilibus dei*, *De creatione mundi*, *De materia et forma* et *De coelo et mundo*.

[26] Voir par ex. ARNOLDUS SAXO, *De floribus rerum naturalium*, I, I, 4, hrsg. von Stange cit. pp. 7-8, qui correspond à DOMINICUS GUNDISSALINUS, *De processione mundi*, 5, 6, 7, edd. Soto Bruna – Alonso del Real cit. (chap. 2, à la note 15), p. 126.

[27] Cfr. M. C. SEYMOUR et Al., *Bartholomaeus Anglicus and his Encyclopedia*, London 1992, p. 23.

[28] Voir ID., *On the Properties of Things: John Trevisa's translation of Bartholomaeus Anglicus* De proprietatibus rerum*: A Critical Text*, 3 voll., Oxford 1975-1988, pp. 43-232.

Liber de natura rerum en vingt livres de Thomas de Cantimpré (1201 ca.-1271 ca.), qui dut commencer d'être rédigé au cours des mêmes années (1230-1240). Là encore, deux livres, les derniers (XIX, *De quatuor elementis* et XX, *De ornatu coeli et eclipsibus*), seraient en mesure de laisser transparaître une influence, plus ou moins directe, du *De scientiis*[29]. Mais, même si l'éditeur Helmut Boese n'a jamais publié, à ce que nous savons, le volume sur les *fontes* de Thomas, la probabilité d'une telle incidence semble quasi nulle[30].

Quant au second point – l'apparition, vers 1230, d'«Alfarabius» et de sa répartition des savoirs dans certaines compilations artiennes de la tradition latine –, il relève peut-être d'une explication socio-culturelle. Depuis 1215, effectivement, le *studium generale*, c'est-à-dire l'institution universitaire, était sous le coup d'une condamnation, celle de l'enseignement de la *Métaphysique* et des *Libri naturales* d'Aristote[31], et de leurs commentateurs (les panthéistes David de Dinant et Amaury de Bène, ainsi que le mystérieux Maurice d'Espagne), prononcée par le cardinal Robert de Courçon, légat du pape Innocent III. Son décret, qui fixait pour la première fois les statuts de l'université de Paris, interdisait à cette occasion l'étude de ce volet du corpus aristotélicien, seul à être jugé dangereux, puisque l'*Organon*, lui, ne fut jamais concerné par l'interdit et se maintînt au programme[32]. Ce faisant, il reprenait précisément et confirmait, étendu à la *Métaphysique*, la condamnation émise en 1210, avec le même objectif, par le conseil provincial de Paris et son président, l'archevêque de Sens Pierre de Corbeil[33]. En 1231 cependant, le pape Grégoire IX rédigea, sans doute sous la pression du corps étudiant[34], une bulle intitu-

[29] Voir H. Boese, *Th. Cantimpratensis Liber de natura rerum*, I, Text (editio princeps secundum cod. manus.), Berlin – New York 1973.

[30] Pour le livre XIX, voir J. B. Friedman, *Thomas of Cantimpré* De natura rerum *Prologue, Book III* (de monstruosis hominibus) *and Book XIX* (de quatuor elementis), in *La science de la nature: théories et pratiques*, Montréal – Paris 1974 (Cahiers d'Études Médiévales, 2), [pp. 107-154], pp. 132-154.

[31] À savoir: *Physique, Du ciel, De la génération et de la corruption, Météorologiques, De l'âme, Des animaux* (5 traités).

[32] Voir *Chartularium Universitatis Parisiensis*, edd. H. Denifle – É. Châtelain, 4 voll., Paris 1889-1897, I, n. 20.

[33] Voir *ibid.*, n. 11.

[34] Il s'agirait du fameux épisode des graves troubles estudiantins qui éclatèrent au début de l'année 1229, à la suite desquels maîtres et étudiants quittèrent Paris,

lée *Parens scientiarum* («Mère des sciences»), par laquelle, tout en maintenant l'interdiction, il nommait une commission chargée d'expurger les livres condamnés, afin qu'ils puissent être à nouveau enseignés[35]. Qui plus est, il s'employa à absoudre ceux qui, inévitablement, avaient passé outre à l'interdiction, et à reconnaître le droit de grève et de sécession aux instances représentatives universitaires. On vit alors si bien s'exprimer, derrière cette attitude, une volonté d'apaisement et d'ouverture, que dès ce moment, précise Étienne Gilson, les écrits d'Aristote sur la physique, la métaphysique et les sciences naturelles s'infiltrèrent de toutes parts et ne cessèrent de gagner du terrain[36]. Les initiatives de Grégoire IX purent donc être interprétées, malgré la purge dont elles étaient porteuses, comme un encouragement donné aux artiens pour enseigner librement la quasi totalité de l'œuvre du Stagirite qu'ils avaient à leur disposition depuis 1180 environ[37], et la commenter à leur guise. S'étant crus en quelque manière épaulés par l'autorité ecclésiastique, détentrice de la censure, ils se mirent notamment à élaborer des schémas classificatoires accessibles aux savoirs nouveaux ou nouvellement organisés, pouvant prétendre souvent au statut de productions autonomes affranchies de la théologie.

Quel que soit le degré de pertinence de cette conjecture, une évidence demeure, qu'il faut bien se résoudre à accepter comme telle: ce fut au cours de la période 1230-1240, celle où s'amorça l'essor des *divisiones scientiarum et philosophiae*, que l'on vit apparaître assez brutalement le nom d'un «Alfarabius» 'encyclopédiste'. Souvent pratiqué pour lui-même par les artiens, dans des écrits didascaliques (introductions ou manuels) ou des traités plus étoffés, pareil exercice de classification des sciences et de la philosophie eut également pour champ d'application des encyclo-

qu'ils ne réintégrèrent qu'après la publication de ladite bulle papale, qui leur reconnaissait une légitimité et une liberté face aux pouvoirs non seulement royal mais aussi ecclésiastique; cfr. M. BLAIS, *Sacré Moyen Âge!*, Montréal 1997, pp. 72-73.

[35] Voir *Chartularium Universitatis Parisiensis* cit., I, n. 79.

[36] Voir GILSON, *Histoire de la philosophie médiévale* cit. (chap. 2, à la note 16), p. 388.

[37] À notre connaissance, seul le *De animalibus* (= *Historia*, *De progressu*, *De motu*, *De partibus*, *De generatione*) ne sera traduit directement de l'arabe que vers 1235, par Michel Scot.

pédies ou des sommes théologiques, participant alors quelquefois de l'idéal d'une philosophie conçue comme *ancilla theologiae*. Dans notre parcours, nous ne prendrons toutefois pas en compte, quelle qu'en soit l'importance, cette typologie[38], ni du reste la motivation de ceux qui en illustrèrent les modalités, tous rangés sous la bannière de la philosophie, entendue au sens large, autrement dit médiéval[39]. Nous nous limiterons, guidés par la seule chronologie, à en marquer les principales étapes, déterminées au moyen des paramètres sélectionnés plus haut.

La première met en avant le genre inédit des leçons inaugurales ou cours introductifs dispensés par des maîtres ès arts, et destinés aux étudiants en philosophie de la faculté du même nom de la récente université de Paris. Initiateurs et compendieux, ils influeront inévitablement les uns sur les autres. Le fonds doctrinal gréco-latin y est la norme, fournissant à la fois la matière textuelle et les instruments pour la commenter. Néanmoins, les éléments arabes n'en sont point absents, bien qu'ils figurent, par ignorance ou par réticence, en petit nombre et sporadiquement. Les mêmes noms se retrouvent régulièrement, dans une sorte de vulgate: Alkindi, Alpharabi, Algazel, Avicenne, Averroès. On les connaît quelquefois mal, et uniquement par le truchement des traductions, et de relais en relais leurs contours doctrinaux ont pu s'estomper, voire se recouvrir. C'est dans cette espèce de nébuleuse que l'*Iḥṣā'* latinisée a commencé de circuler et participé à l'élaboration d'un programme. Ainsi, un texte pionnier en ce domaine, quoique anonyme, appelé *Accessus philosophorum VII artium liberalium* (1230 ca.)[40], typique de cette production, rapporte, au cours d'un chapitre sur l'*aritmetica* très pénétré de Boèce, un fragment – le seul du reste – du *De divisione scientiarum* d'*Alfa-*

[38] Cfr. DAHAN, *La classification* cit. (à la note 11); A. DE LIBERA, *Raison et foi. Archéologie d'une crise d'Albert le Grand à Jean-Paul II*, Paris 2003, pp. 177-190.

[39] Cfr. DAHAN, *ibid.*, p. 12: «Il convient (...) d'avoir présent à l'esprit que les définitions médiévales de la science et de la philosophie ne recoupent pas celles qui sont données aujourd'hui à ces termes (...). [La] philosophie médiévale englobe nos sciences dites exactes et naturelles et (...) la science est aussi une affaire d'ontologie, de métaphysique et d'éthique».

[40] *Accessus philosophorum VII artium liberalium*, éd. in C. LAFLEUR, *Quatre introductions à la philosophie au XIIIe s. Textes critiques et études historiques*, Montréal – Paris 1988 (Publications de l'Institut d'études médiévales, 23), pp. 177-253 (aussi dans les «Cahiers du laboratoire de philosophie ancienne et médiévale de la faculté de philosophie de l'université de Laval», Québec 1992 et seqq., 11, pp. 3-37).

rabius touchant les deux façons de considérer le nombre, l'une *secundum se* ou *theorica*, l'autre *in materia* ou *practica*:

> Causa finalis arismetice sumitur ex duabus partibus, quoniam, cum arismetica sit scientia de numero, numerus duobus modis consideratur: in suis causis et principiis universalibus secundum se, et dicitur theorica; vel in materia quantum ad modum operandi, et dicitur practica. Et hoc dicit Alfarabius in libro *De divisione scientiarum*. Et est numerus secundum viam theorice consideratus, ut ipse dicit, secundum quod denudatus est ab omni sensato et insensato, id est prout numerus absolute percipitur sine omni materia, abstractus ab omni eo quod per ipsum potest numerari; numerus autem consideratus secundum viam practice perscrutatur de numeris secundum quod aliquid numeratur eis, et hoc modo utimur numero in Algorismo[41].

Acquérons dès à présent le réflexe d'avoir à l'esprit *Gundissalinus* ou *Gerardus* aussitôt que nous lisons *Alfarabius*, donc, par ordre de fréquence, les deux *De scientiis* et le *De divisione*, à quoi s'ajoute le pseudépigraphique *De ortu scientiarum*. Ils fourniront, la plupart du temps, comme c'est le cas ici, l'arrières-plan doctrinal et son vecteur:

> Arithmetica est scientia de numero. Numerus vero duobus modis consideratur, in se et in materia. Ideo arithmetica alia est practica, alia est theorica. Practica, que inquirit de numeris, in quantum aliquid numeratur eis, quomodo utuntur in commerciis et in negotiis civilibus. Theorica vero, que inquirit de numero, secundum quod denudatus (*muǧarrad*) est ab omni sensato et insensato, hoc est, secundum quod mens percipit eum absolute sine omni materia, et sine omni motu, et abstractum (*muḫallaṣ*) ab omni quod potest per eum numerari. Et considerat ea que accidunt eius essentie inter se propter hoc quod comparantur ad invicem, scilicet quod alius est par, alius impar; quod alius est superfluus, alius diminutus; et omnia alia que in *Arithmetica Nichomachi* plene possunt inveniri[42].

> Numerus (...) in se consideratur, cum eius essencia et proprietas tantum attenditur, sicut cum accipitur abstractus ab omni sensato, secundum hoc, quod mens accipit illum sim-

[41] *Ibid.*, pp. 201,379-202,388 (et pp. 15-16 [§ 57]).

[42] Dominicus Gundissalinus, *De scientiis*, ed. Alonso Alonso cit. (chap. 1, à la note 10), pp. 85,7-87,3.

> pliciter ab omni materia et motu et considerat ea, que accidunt essencie illius tantum. In materia consideratur, cum attenditur ut aliquid eo numeretur, quemadmodum utuntur eo in commerciis et in negociacionibus secularibus. Unde secundum hoc alia accidunt ei ex se, alia ex commixtione materie. Ex se enim accidit ei, quod est par vel impar, superfluus uel diminutus et cetera huiusmodi, que assignantur in arithmetica Nicomachi. Ex materia vero accidit ei aggregari et disgregari, multiplicari et dividi et huiusmodi, que docenter in libro algorismi. Illa vero consideracio, qua numerus in se attenditur, dicitur theorica vel speculativa[43].

> In arithmetica quidem, verum illud quod per hanc scientiam scitur est due scientie. Quarum una est scientia numeri activa et altera numeri speculativa. Et activa quidem inquirit de numeris in quantum sunt numeri numeratorum, quorum numerum tenere oportet, scilicet, corporum et aliorum, sicut hominum, aut equorum, aut solidorum, aut dragmarum aut aliarum rerum habentium numerum. Et est illa qua vulgus utitur et commerciis negotiatoriis et commerciis civilibus. Speculativa uero non inquirit de numeris nisi absolute, secundum quod ipsi sunt denudati in mente a corporibus et ab omni quod eis numeratur. Et non speculatur in eis nisi denudatis ab omni quod possibile est eis numerari ex sensatis et ex parte que communicat omnibus numeris, qui sunt numeri sensatorum et insensatorum[44].

Outre l'inversion entre *practica-practice* et *theorica-theorice*, il est aisé de remarquer que le lexique utilisé oriente nettement vers Gundissalinus. D'abord, par plusieurs dyades, telles justement *practica-theorica*, qui devient chez Gérard *activa-speculativa*[45], sans lendemain doctrinal, ou bien *secundum se-in materia*, très proche des tournures du *De scientiis* gondissalinien (*in se-in materia*), plus équilibrées encore, et sans lien avec l'option de Gérard (*absolute*-

[43] Id., *De divisione*, éd. in Baur, *Dominicus Gundissalinus* cit. (chap. 2, à la note 19), pp. 90,19-91,10.

[44] Gerardus Cremonensis, *De scientiis*, *infra*, pp. 224,4-226,17.

[45] Rappelons (voir plus haut, p. 61, n. 95) qu'il arrive à Gundissalinus d'utiliser aussi le couple *activa-speculativa*, comme dans le cas de la science musicale (cfr. Dominicus Gundissalinus, *De scientiis*, ed. Alonso Alonso cit., p. 104,3), ainsi que *activa-passiva*, à l'occasion de la science géométrique (*ibid.*, p. 88,10-11). Gérard, lui, ne connaît que *activa – speculativa*. Voir aussi plus loin, p. 163, n. 37.

in quantum sunt numeri numeratorum) – certes davantage fidèle à l'arabe mais sans doute trop périphrastique pour être adoptée –, ou bien *denudatus-abstractus*, qui suit exactement Gundissalinus, en l'occurrence plus respectueux des choix farabiens (*muǧarrad-muḫallaṣ*) que Gérard (*denudatus-denudatus*). Ensuite, par des tournures reprises littéralement. Enfin, par l'allusion finale à l'algorisme, qui ne saurait provenir que du *De divisione*.

Cette fructueuse décennie verra naître aussi la *Divisio philosophiae* de Michel Scot († 1236), si l'on en croit le *Speculum doctrinale* de Vincent de Beauvais – que l'on abordera ultérieurement –, qui en fournit l'unique témoin connu à ce jour[46]. Nous ne nous y arrêterons pas dans la mesure où il prend pour modèle principal le traité du même nom de Gundissalinus, mais dans ses grandes lignes et sans rien en retenir de farabien. Se rencontre ensuite le commentaire inédit, à l'exception de quelques bribes du début du prologue, de l'*Isagoge* de Porphyre (1230-1235 ca.), souvent propice à la convocation de divisions du savoir, attribué à Jean le Page[47]. Dans ledit prologue, baptisé *Sicut dicit Philosophus*, quelques exégètes – à commencer par ses éditeurs[48] – affirment que Jean se serait inspiré de Fārābī, et plus spécialement du *De intellectu et intellecto*, pour traiter du concept d'*abstractio*, mode commun au métaphysicien, au logicien et au mathématicien, à ceci près que seul l'objet métaphysique (Dieu) est séparé (*extra*) – et l'*abstractio* est alors dénommée *separatio* –, tandis que

46 MICHAEL SCOTUS, *Divisio philosophiae*, éd. in CH. BURNETT, *Vincent of Beauvais, Michael Scot and the «New Aristotle»*, in Lector et compilator. *Vincent de Beauvais, frère prêcheur. Un intellectuel et son milieu au XIIIe siècle*, dir. S. Lusignan – M. Paulmier-Foucart, Grâne 1997, [pp. 189-213], pp. 198-205.

47 Mss. Padova, Bibl. Univ. 1589, fol. 3ra-5ra et Vat. Lat. 5988, fol. 63ra-64rb. Plusieurs éditions successives: LAFLEUR, *Quatre introductions* cit. (à la note 40), p. 392 (alors attribué avec réserve à Pierre d'Irlande); puis: in *L'enseignement de la philosophie* cit. (chap. 1, à la note 46), pp. 432-435; in C. LAFLEUR – J. CARRIER, *Abstraction, séparation et tripartition de la philosophie théorétique: quelques éléments de l'arrière-fond farabien et artien de Thomas d'Aquin,* Super Boetium De trinitate, *quest. 5, art. 3*, in «Recherches de Théologie et de Philosophie médiévales», 67 (2000), [pp. 248-271], pp. 264-271; et in C. LAFLEUR – J. CARRIER, *Une figure métissée du platonisme médiéval: Jean le Page et le Prologue de son commentaire (vers 1231-1240) sur l'*Isagoge *de Porphyre*, in *Une philosophie dans l'histoire. Hommage à Raymond Klibansky*, édd. B. Melkevik – J.-M. Narbonne, Québec 2000, [pp. 105-160], pp. 142-156.

48 Voir LAFLEUR – CARRIER, *Abstraction* cit., p. 268 pour le texte, repris en LAFLEUR – CARRIER, *Une figure métissée* cit., p. 152.

l'objet logique (l'universel par rapport aux singuliers) et celui mathématique (le principe formel, comme la quantité, par rapport à la matière) sont abstraits (*praeter*). Pourtant, deux autres témoignages, l'un antérieur, l'autre postérieur, ne confirment pas vraiment cette dette: le *De divisione* gondissalinien, en effet, mène une réflexion sur ce thème, dans laquelle notamment l'*abstractus* du mathématicien est confronté au *separatus* du théologien («mathematica agit de abstractis a materia per intellectum, theologia de separatis a materia per effectum») – mais il y parvient, croit-on, en combinant Aristote, Boèce et Avicenne[49], et un peu plus tard Thomas d'Aquin reprendra l'étude de la dyade dans le cadre de son commentaire au *De trinitate* de Boèce – mais en renvoyant lui-même uniquement à Aristote et à Averroès[50]. Nonobstant cela, de Libera va jusqu'à avancer que la distinction *abstractio-separatio* fut la clé de voûte de l'influence de Fārābī sur la première scolastique et qu'elle joua un rôle capital dans la pensée du XIIIe siècle[51]. Certes, la notion de *separatio* acquiert un certain relief dans le contexte psychologique des classifications de l'intellect du *De intellectu et intellecto* farabien (*Maqālāt fī ma'ānī l-'aql*), latinisé par un anonyme, peut-être Gundissalinus. On y rencontre effectivement, dans le cadre de l'intellect en acte, la forme *separata* (*mufāraq*), qui jamais ni n'a été ni ne sera dans la matière, et, dans le cadre de l'intellect en puissance, la forme *abstracta* (*muntaza'ah*), intelligée comme essence mais subsistant dans la matière[52]. Nous aimerions cependant, à titre de source complémentaire, pour tenter de diversifier l'influence supposée du penseur de Fārāb sur Jean le Page, suggérer un détour par l'*Iḥṣā'*, attendu que Fārābi y use de deux autres termes – *muğarrad* et *muḫallaṣ* –, qui, quoique renvoyant à une même et unique notion (ce qui est envisagé

[49] Voir DOMINICUS GUNDISSALINUS, *De divisione*, ed. Baur cit. (chap. 2, à la note 19), p. 42,4-17 (ici 11-13), pour le texte, et HUGONNARD-ROCHE, *La classification* cit. (ibidem), pp. 44-47, pour les sources.

[50] Cfr. THOMAS AQUINAS, *Super Boethium de Trinitate*, q. 5, a. 3, in ID., *Opera Omnia* iussu Leonis XIII P. M. edita, vol. L, Roma – Paris 1992, pp. 146-149. Cfr. *L'enseignement de la philosophie* cit., p. 432,22, et LAFLEUR, *Abstraction* cit.

[51] Cfr. A. DE LIBERA, *La querelle des universaux, de Platon à la fin du Moyen Âge*, Paris 1996, pp. 110-116.

[52] Voir É. GILSON, *Les sources gréco-arabes de l'augustinisme avicennisant*, in «Archives d'Histoire Doctrinale et Littéraire du Moyen Âge», 4 (1929-1930), [pp. 5-141], Appendice I, [pp. 108-141], respectivement pp. 121,207-232 et 117,84-118,93.

hors de toute corporéité et choséité), peut suggérer le couple abstrait-séparé. Son chapitre sur l'arithmétique distingue, on s'en souvient, deux volets, l'un pratique, l'autre théorique. Chacun de nos deux passeurs transmet ainsi le second volet[53]:

> Theorica (...), que inquirit de numero, secundum quod denudatus est ab omni sensato et insensato, hoc est, secundum quod mens percipit eum absolute sine omni materia, et sine omni motu, et abstractum ab omni quod potest per eum numerari[54].

> Speculativa (...) non inquirit de numeris nisi absolute, secundum quod ipsi sunt denudati in mente a corporibus et ab omni quod eis numeratur. Et non speculatur in eis nisi denudatis ab omni quod possibile est eis numerari ex sensatis et ex parte que comunicat omnibus numeris qui sunt numeri sensatorum et insensatorum[55].

Malgré une version plus lâche, Gundissalinus, ayant opté pour *denudatus-abstractus*, est le seul à respecter dans sa différenciation – nous l'avons vu lors du dernier rapprochement avec l'*Accessus philosophorum* –, le couple farabien *muǧarrad-muḫallaṣ*, bien qu'il soit tenu par Fārābī de couler dans une même signification l'«abstrait» et le «séparé»: le nombre est abstrait de tout corps par l'esprit, qui l'étudie séparé de tout objet sensible. En admettant alors que *denudatus* ne soit qu'un *separatus* trop ou mal arabisé, nous nous bornerons à poser une question simple, celle de savoir si ce fragment du *De scientiis* n'aurait pas pu aussi inspirer au scripteur du *Sicut dixit Philosophus* – en ce cas dans la version de Gundissalinus – la dichotomie *extra-preter*.

Exceptée cette incidence subodorée, le commentaire de Jean ne mentionne au début qu'une seule fois le nom de Fārābī, comme nous l'a généreusement signalé Claude Lafleur, après avoir examiné à notre intention l'intégralité du texte. Voici le

[53] Voici le passage traduit directement sur l'arabe (nous soulignons): «La science théorique, elle, examine les nombres absolument, en tant qu'*abstraits*, dans l'esprit, des corps et de tout ce qui est nombré par ces nombres. Elle les examine seulement en tant que *séparés* de tous les sensibles qu'ils peuvent nombrer, et eu égard à tout ce qui est commun à tous les nombres, que ce soit les nombres des choses sensibles ou ceux des non-sensibles» (traduction de R. Rashed).

[54] DOMINICUS GUNDISSALINUS, *De scientiis*, ed. Alonso Alonso cit., p. 86,4-8.

[55] GERARDUS CREMONENSIS, *De scientiis*, *infra*, p. 226,12-17.

passage de son édition à paraître qu'il nous a transmis et permis de reproduire:

> [f. 65va *V*] Ad primam quaestionem est dicendum quod, sicut [f. 6ra *P*] littera dicit in Metaphisica nova, metaphisicus accipit omnia secundum veritatem, logicus autem secundum intentionem vel apprehensionem. Unde vult ibi littera in textu quod non solum querenda est scientia cum modo. Modus scientie ibi appellatur logica. Cui consonat Alfarabius dicens quod logica est figura aliarum scientiarum et instrumentum artium, sicut manus est organum organorum[56].

À l'occasion d'un nouveau parallèle entre métaphysique et logique, *Alfarabius* sert d'autorité dans une définition de la seconde, dite «structure des autres sciences et instrument des arts», appuyée par une comparaison avec la main, «organe des organes». Mais valait-il la peine de convoquer Fārābī – et lequel précisément – pour rappeler de tels poncifs, à l'exception de l'analogie? Rien, dans l'état de nos informations, ne nous autorise à ajouter quoi que ce soit, sinon que le terme *logica* n'appartient pas, dans le *De scientiis*, au lexique de Gérard – qui lui préfère *dialectica* –, mais à celui de Gundissalinus.

C'est au cours du même éventail temporel, celui délimité par la première moitié du XIIIe siècle, qu'apparaîtra le fameux *Compendium de Barcelone*, dit *Guide «nos gravamen»* ou encore *Guide de l'étudiant* (1230-1240 ca.), dont le dernier surnom indique assez la nature et la destination[57]. Le seul recours à Fārābī qui en émerge, vraisemblablement celui de l'*Iḥṣā'*, pour diviser la logique, suscite l'embarras:

> Cum (...) logica sit distinctiva vel pulsiva errorum que fieri solent in intellectu sermonis, sicut dicit Alpharabius, et contingat intellectum errare tripliciter – quia vel in ratione ordinandi vel componendi vel conferendi – et ideo sunt in logica tres libri principales, per quos anima in suis errori-

[56] *Sicut dicit Philosophus* [*V* = cod. vaticani, *P* = cod. padovani], texte communiqué par C. Lafleur.

[57] Cfr. *Le «Guide de l'étudiant» d'un maître anonyme de la Faculté des Arts de Paris au XIIIe siècle. Édition critique provisoire du ms. Barcelona, Arxiu de la Corona d'Aragó, Ripoll 109, f. 134ra-158va*, édd. C. Lafleur – J. Carrier, Québec 1992 (Cahiers du laboratoire de philosophie ancienne et médiévale de la faculté de philosophie de l'université de Laval, 1).

> bus certificatur. Per librum enim *Praedicamentorum* certificatur in actu ordinandi: ibi enim agitur de predicamentis, que ordinabilia sunt, et de condicionibus predicandi et ordinandi eadem – et hoc inquantum ordinabilia sunt. Per librum enim *Peryarmenias* certificatur anima in actu componendi: ibi enim docetur ratio componendi predicatum cum subiecto. Quantum vero ad actum conferendi: quia collatio est cause ad effectum – est autem duplex, sicut dictum est: una scilicet consequendi solum; et alia essendi, et hec multiplex, sicut dictum est –, ideo per libros huiusmodi cause diversificatio respondentis certificatur anima quantum ad actum conferendi; qui libri sunt quattuor, ut prehabitum est[58].

Certes, vu l'époque, un tel emprunt a quelque chose de remarquable. Mais l'effet de surprise passé, il ressort rapidement que l'information qui la sous-tend est au moins de deuxième, voire de troisième main. En effet, hormis la ligne conceptuelle générale du chapitre, qui n'a d'ailleurs rien de proprement farabien – la logique n'est que l'art qui permet d'analyser les principes généraux ou premiers de toute science[59] –, ni le vocabulaire ni la répartition des opérations ni les parallèles avec l'*Organon* d'Aristote ne reflète les contenus de l'*Iḥṣā'*:

> Ars igitur dialectice in summa dat canones quorum est proprietas est rectificare rationem et dirigere hominem ad viam rectitudinis, et ad veritatem in omni in quo est possibile ut error cadat ex rationatis, et canones qui custodiant ipsum et defendant ab errore qui provenit ignoranter, et errore qui fit cum industria in rationatis, et canones quibus experitur in rationatis illud de quo non sit securitas quin iam aliquis in ipso erraverit. Et illud est quoniam de rationatis sunt res in quibus nunquam est possibile rationi errare, et sunt ille super quarum cognitionem et verificationem, homo invenit animam suam quasi creatam, sicut quod totum est maius suis partibus, et quod omnis ternarius est numerus impar, et res alie in quibus est ut erret et avertatur a veritate, ad illud quod non est verum, et sunt illa quorum proprietas est ut comprehendantur cogitatione et consideratione vehementi et a ratiocinatione, et significatione, in istis ergo sine illis indi-

[58] *Guide de l'étudiant*, 512, édd. Lafleur – Carrier cit., pp. 141-142.
[59] Cfr. HUGONNARD-ROCHE, *Les œuvres* cit. (chap. 2, à la note 61), p. 54.

> get homo qui querit stare super veritatem certam in omnibus suis inquisitionibus regulis dialectice[60].

Alors que l'anonyme parle de la fonction logique comme étant *distinctiva vel pulsiva errorum*, attachée à l'*intellectus sermonis* et se déployant par les trois opérations, probablement reprises d'un Boèce (*definire*, *partiri* et *colligere*)[61] les tenant lui-même d'Aristote et de Porphyre[62], que sont *ordinare* (objet des *Catégories*), *componere* (objet du *Peri hermeneias*), et *se maxime conferre ad effectum ratione medii* par le syllogisme (respectivement objet des *Analytiques*, *Topiques* et *Réfutations sophistiques*[63]), *Alpharabius*-Gérard, eux, ramènent la science de la dialectique à une pourvoyeuse de règles dans le domaine des objets rationnels (*rationata*)[64], et n'évoquent à son sujet qu'un *custodire et defendere ab errore* et un *rectificare et dirigere*, sans correspondance avec les traités de l'*Organon*. Plutôt expéditif, le Gundissalinus du *De scientiis* offre, pour sa part, encore moins de points de recoupement:

> Ars (...) logice intendit dare regulas, quibus deprehendimus orationis veritatem vel intra nos vel apud alios, vel alii apud nos vel alios. Non tamen ad verificandum omnem orationem indigemus regulis logice[65].

Quant au Gundissalinus du *De divisione*, il s'efface doublement, derrière Boèce pour la définition de la logique, derrière Avicenne pour son utilité:

> Logica est ratio disserendi diligens, i.e. scientia disputandi integra (...). Utilitas autem huius artis est maxima: nam quia perfectio hominis – secundum quod est homo – est cognoscere verum ratio sola per se non valet ad hoc pervenire sine inquisitione et acquisitione, acquisitio autem ignoti non fit

60 Gerardus Cremonensis, *De scientiis*, *infra*, pp. 178,7-180,23.

61 Cfr. Boethius, *In Ciceronis Topica*, I, edd. C. Orelli – G. Baiter, *M. Tullii Ciceronis Scholiastae*, Zürich 1833, [pp. 269-388], p. 274.

62 Voir notamment Aristoteles, *Topica* (par ex. 100a^{25} seqq.); *Analytica priora* (par ex. 24b^{16} seqq.) et *Analytica secunda* (par ex. 71a^{1}-72b^{4}), puis Porphyrius, *Isagoge*, 1 (edd. A. de Libera – A. Ph. Segonds, *Textes grec et latin, Introduction, traduction et notes*, Paris 1998, p. 1), et pour le détail E. Stump, *Boethius'* In Ciceronis Topica, *Translated, with Notes and an Introduction*, Ithaca – London 1988, p. 186,15.

63 Cfr. *Guide de l'étudiant*, 511, ed. Lafleur – Carrier cit., p. 141.

64 Cfr. Gerardus Cremonensis, *De scientiis*, *infra*, p. 182,29 seqq.

65 Dominicus Gundissalinus, *De scientiis*, ed. Alonso Alonso cit., p. 67,3-7.

> nisi venitur ad ignotum: tunc logica maxime utilitatis est, que sola est nobis via et instrumentum ad deprehendendum in omni re id, quod est verum et bonum[66].

L'*Alpharabius* de ce volumineux *Guide «nos gravamen»* apparaît donc aussi inconsistant qu'une référence sans contenu, une autorité qui, de legs en transmission, et par la faiblesse de ceux-ci, a perdu toute épaisseur.

Signalons enfin, pour un constat quasi-similaire, la *Philosophia* «Unus est Creator» (*c.* 1240 ca.) du maître Nicolas de Paris († 1263)[67], rare opus où la science du créé est ouvertement dite en totale dépendance de la science d'un créateur, en qui toutefois on ne sait trop s'il faut voir le dieu des philosophes ou celui des chrétiens. De toute façon, ce cours introductif présentant les rubriques de la connaissance humaine des choses intelligibles, réparties dans les trois disciplines de la philosophie (naturelle, morale et rationnelle), ne laisse rien deviner d'une incidence du *De scientiis*.

Pourtant, à peine plus tard, autour de 1245, un frémissement plus perceptible semble devoir être enregistré. Autre composition du même genre, mais sans connotation théologique, influencée par les *Accessus philosophorum*, la dénommée *Philosophica disciplina*[68], à qui il arrive de confondre al-Fārābī et al-Kindī[69], reproduit une définition déclarée farabienne (entendons du *De scientiis*) de l'*astrologia*, dont la provenance, au premier abord, ne cède pas aisément à l'identification, les textes de Gundissalinus (*De scientiis* ou *De divisione*) et de Gérard étant ici assez proches:

> Alfarabius dicit quod astrologia est scientia de significatione stellarum, nec nominatur inter scientias disciplinales sive ma-

[66] ID., *De divisione*, ed. Baur cit., pp. 69,14-15 et 80,1-9. Pour Boèce cfr. le premier livre du commentaire aux *Topica* de Cicéron, pour Avicenne, cfr. *Al-Šifā', al-Nafs*, ed. Van Riet cit. (chap. 2, à la note 23), p. 2ra.

[67] NICOLAUS PARISIENSIS, *Philosophia «Unus est Creator»*, éd. C. Lafleur, in *L'enseignement de la philosophie* cit. (chap. 1, à la note 46), pp. 447-465 (454 pour le texte) (= Cahiers du laboratoire de philosophie ancienne et médiévale de la faculté de philosophie de l'université de Laval, 14).

[68] *Philosophica disciplina*, éd. C. Lafleur, in *Quatre introductions* cit. (à la note 40), pp. 255-293 (= Cahiers du laboratoire de philosophie ancienne et médiévale de la faculté de philosophie de l'université de Laval, 11, pp. 38-55).

[69] À propos d'une définition de la philosophie; voir LAFLEUR, *ibid.*, p. 259,43-44.

> thematicas nec inter naturales, set inter virtutes et potentias quibus potest homo iudicare de futuris[70].

> Una est scientia de stellarum significatione, quid scilicet stelle significent de eo quod futurum est (...). Et hec dicitur astronomia (*sic*) (...) non numeratur nisi inter virtutes et potentias, quibus potest homo iudicare de illo, quod erit[71].

> Alfarabius dicit, quod astronomia est scientia de significatione stellarum, quid scilicet stelle significent de eo, quod futurum est (...). Nec nominantur inter scientias disciplinales, set inter virtutes et potencias, quibus potest homo iudicare de futuris[72].

> Una est scientia significationum stellarum super illud quod erit in futuro (...) non numeratur nisi in virtutibus et potentiis quibus potest homo iudicare illud quod erit[73].

Tout bien considéré cependant, la transposition de Gundissalinus paraît avoir servi de modèle au scripteur sans nom si l'on s'en tient à certaines expressions, et surtout à la désignation par *astrologia*. Certes, nous savons que ce dernier inverse les deux disciplines, et parle donc ici d'*astronomia*[74]. Mais le terme *astrologia* n'existe point, on s'en souvient, chez Gérard, car il est sans équivalent non périphrastique chez Fārābī (*scientia significationum stellarum*), au même titre que son pendant, l'*astronomia* (*scientia stellarum doctrinalis*). Seulement, si l'on prend en compte la rectification de l'*astronomia* gondissalinienne en *astrologia*, c'est la traduction de Gérard qui semble avoir inspiré le scripteur anonyme, bien qu'aucun des deux substantifs, répétons-le, ne soit gérardien. Un peu plus loin, le chapitre sur la *scientia sermocinalis* a pour nous ceci de notable qu'il recourt à une *distinctio* dite de nouveau *Alfarabii*. Formée de cinq parties: *scientia linguae*, *gramatica*, *poetica*, *rhetorica*, *logica*, avec insistance sur la primauté de la science de la langue, dite *de impositione nominum* (ll. 317-333) – ce qui ne cor-

70 *Philosophica disciplina*, 28, ed. Lafleur cit., p. 271,271-274 (= p. 46).

71 Dominicus Gundissalinus, *De scientiis*, ed. Alonso Alonso cit., pp. 99,7-8 et 103,5-7.

72 Id., *De divisione*, ed. Baur cit., p. 120,4-9.

73 Gerardus Cremonensis, *De scientiis*, *infra*, pp. 244,179-246,185.

74 Sur l'inversion entre *astrologia* et *astronomia* chez Gundissalinus voir plus haut, p. 61 et n. 97.

respond, du reste, à aucun classement farabien[75] –, elle s'y voit en effet soumise à la partition entre *scientia subalternans* et *scientia subalternata*[76]. Nous nous heurterions à quelques difficultés s'il nous fallait justifier cette paternité à partir de l'*Iḥṣā'*. Car Fārābī n'y fait que le départ entre les sciences, sans procéder à leur hiérarchisation, encore qu'il pose clairement cette dernière en présentant la deuxième fonction de son traité[77]. Cependant, elle ne peut tenir lieu de relais pour la notion, ici en jeu, de subordination entre les disciplines, telle que l'exposa primitivement Aristote[78]. Serait-ce alors que le rédacteur sans nom de la *Philosophica disciplina* songeait à l'utilisation qui avait été faite de cette notion par Gundissalinus dans son *De divisione philosophiae*, exprimée notamment à l'aide du verbe *continere sub*[79], et que cela lui parut suffisant pour la qualifier de farabienne? Cette démarche eût manqué de pertinence dans la mesure où d'une part le démarquage gondissalinien ne s'exerça point vis-à-vis de Fārābī mais d'Avicenne, et plus exactement de la *Summa Avicennae* – le *sub* en particulier traduisant littéralement le *taḥt* avicennien[80] –, de l'autre c'est peut-être aller chercher trop loin l'inspiration de Gundissalinus, quand un auteur comme Hugues de Saint-Victor lui fournissait à peu près les mêmes données. À la fin du premier livre de son *Didascalicon* effectivement, le victorin rappelle ce qu'il a dit sur les quatre sciences (théorique, pratique, mécanique, logique) qui renferment (*sumere*) toutes les autres, et annonce avoir l'intention de détailler la manière dont elles sont subordonnées (*continere sub*) à la philosophie et de quelle nature est leur subordination (*continere sub* également) mutuelle[81]. De toute façon, le positionnement de la logique après la poétique et la rhétorique s'écarte de la conception de Fārābī, pour lequel, on s'en souvient, celles-ci ne sont que des analogues de la *logica*, et ne peuvent par conséquent

[75] Voir Black, *Traditions and Transformations* cit. (chap. 1, à la note 45), pp. 236-237; cfr. *supra*, pp. 32-33.

[76] *Philosophica disciplina*, 36, ed. Lafleur cit. (à la note 70), p. 274 (= p. 48).

[77] Cfr. Gerardus Cremonensis, *De scientiis*, *infra*, p. 156,21-24.

[78] Voir par exemple Aristoteles, *Analytica posteriora*, II, 78b35-79a16.

[79] Voir par exemple Dominicus Gundissalinus, *De divisione*, ed. Baur cit., pp. 31,21-32,2.

[80] Cfr. Hugonnard-Roche, *La classification* cit. (chap. 2, à la note 19).

[81] Cfr. Hugo de Sancto Victore, *Didascalicon, de studio legendi*, I, 11, PL 175, 750CD, ed. Buttimer cit. (chap. 2, à la note 89), p. 22,6-16.

la précéder[82]. En revanche, le *De ortu scientiarum* pseudo-farabien contient une énumération plus proche, mais amputée de la rhétorique et avec une poétique convenablement positionnée (*scientia de lingua, scientia grammaticae, scientia logicae, scientia poeticae*)[83].

L'accroissement du savoir par adjonction de composantes arabes en laissa toutefois plusieurs assez indifférents. À cette période, croit-on, le *De ortu scientiarum* (1246 ca.) de Robert Kilwardby († 1279), théologien britannique qui fit ses études à Paris, reste rivé, en dépit de son titre évocateur, au corpus gréco-latin classique, notamment au même ouvrage de Hugues, comptant parmi ses singularités une place stratégique (au dernier chapitre) réservée à la magie («scientia vituperabilis»)[84], absente, nous l'avons dit, du recensement farabien. Nonobstant cela, il ne se montre point avare d'emprunts au *De divisione philosophiae* de Gundissalinus. Ainsi, l'*incipit* du *De ortu* démarque muettement quelques lignes du prologue[85], et la plupart des arts encyclopédiques (astrologie, musique, arithmétique, grammaire, poésie, rhétorique) sont définis à partir d'énoncés identifiés du même traité gondissalinien, vierges de toute détermination arabisante[86]. Robert reprend également, et sans doute, comme on vient de le voir, à Hugues, le concept de science subalternée, la meilleure illustration étant à ses yeux l'astronomie dans son rapport à l'arithmétique et à la géométrie[87].

[82] Cfr. BLACK, *Traditions and Transformations* cit., pp. 236-237.

[83] Cfr. PSEUDO-ALFARABIUS, *De ortu scientiarum* (‹2›), ed. Baeumker cit. (chap. 2, à la note 36), p. 22,5-30.

[84] Cfr. ROBERTUS KILWARDBY, *De ortu scientiarum*, 1, ed. A. G. Judy, London – Toronto 1976, p. 9,19; *ibid.*, 67, pp. 225-226. Voir C. G. ALESSIO, *Sul* De ortu scientiarum *di Robert Kilwardby*, in *La divisione della filosofia e le sue ragioni* cit. (chap. 1, à la note 38), pp. 107-135.

[85] Cfr. ROBERTUS KILWARDBY, *ibid.*, 1, p. 9,3-7.

[86] Voir respectivement ROBERTUS KILWARDBY, *ibid.*, 12, 75, p. 35,16-18 (cfr. DOMINICUS GUNDISSALINUS, *De divisione*, ed. Baur cit., p. 119); KILWARDBY, *ibid.*, 18, 134, p. 53,26-28 (cfr. GUNDISSALINUS, *ibid.*, p. 96); KILWARDBY, *ibid.*, 19, 137, p. 55,8-10 (cfr. GUNDISSALINUS, *ibid.*, p. 90); KILWARDBY, *ibid.*, 52, 486, p. 165 (cfr. GUNDISSALINUS, *ibid.*, p. 44); KILWARDBY, *ibid.*, 52, 491, p. 167 (cfr. GUNDISSALINUS, *ibid.*, p. 54); KILWARDBY, *ibid.*, 59, 588, p. 202,28-32 (cfr. GUNDISSALINUS, *ibid.*, p. 65); KILWARDBY, *ibid.*, 59, 590, pp. 203-204 (cfr. GUNDISSALINUS, *ibid.*, p. 65).

[87] Voir ROBERTUS KILWARDBY, *ibid.*, 16, pp. 41-48.

Très peu de temps après, aux environs de 1250, c'est-à-dire à une période où la *Summa Avicennae*[88] exerçait une influence notable sur les penseurs latins[89], une production de la même veine artiste, sous la forme d'une autre introduction à la lecture de l'*Isagoge*, dénommée *Ut ait Tullius*, cite, à son tour et plusieurs fois, le *De divisione philosophiae*, toujours sur des points sans connotation arabe, a *fortiori* farabienne. L'unique occurrence d'*Alpharabius* concerne le *De ortu scientiarum* et une soi-disant division de la science en *de rebus* et *de signis*[90], qui d'une part ne figure point dans le traité en question, et de l'autre antécède largement Fārābī, comme le prouve cette déclaration d'Augustin: «Omnis doctrina vel rerum est vel signorum»[91].

En ce milieu du XIIIe siècle auraient également vu le jour les *Notule Topicorum*, seul ouvrage artiste conservé d'Adénulfe d'Anagni († 1289-1290), et encore inédit dans son intégralité[92]. Il s'agit de *lectiones* sur l'écrit du même nom d'Aristote dont Claude Lafleur a édité de larges extraits du prologue sous le titre-*incipit*: *Triplex est principium*[93]. Dépendante tout à la fois du *Sicut dicit Philosophus* attribué à Jean le Page, de la *Philosophia* de Nicolas de Paris et du *Guide de l'étudiant*, cette présentation de la philosophie aurait, tout autant que ses deux dernières sources, ignoré le *De scientiis* dans ses deux transmissions. Une division de la grammaire en quatre parties reprise de Donat et de Priscien devrait dispenser de requérir davantage pour le manifester.

Sans doute rédigé dans le même temps, ce qui subsiste du recueil de questions *Primo queritur utrum philosophia*, selon son intitulé lui aussi incipité, démarque souvent le *Guide de l'étudiant*, et

[88] Voir plus haut, p. 97.

[89] Cfr. É. WEBER, *La classification des sciences selon Avicenne à Paris vers 1250*, in *Études sur Avicenne*, édd. J. Jolivet – R. Rashed, Paris 1984, pp. 77-101.

[90] *Ut ait Tullius*, éd. in G. DAHAN, *Une introduction à l'étude de la philosophie:* ut ait Tullius, in *L'enseignement de la philosophie* cit. (chap. 1, à la note 46), [pp. 3-58 (36-53 pour le texte)], p. 51 [16]; et *ibid.*, pp. 13 et 24.

[91] AUGUSTINUS HIPPONENSIS, *De doctrina christiana*, I, 2, 2, PL 34, 19, ed. J. Martin, Turnhout 1962 (CCSL, 32), p. 7,1-2.

[92] Le fonds manuscrit comprend à ce jour sept témoins; cfr. DAHAN, *L'enseignement de la philosophie* cit., p. 436.

[93] *Notule Topicorum* (*Triplex est principium*), éd. C. Lafleur, *ibid.*, pp. 421-446 (437 pour le texte + 427-429). Cfr. O. WEIJERS, *Le maniement du savoir. Pratiques intellectuelles à l'époque des premières universités (XIIIe-XIVe siècles)*, Turnhout 1996 (Studia Artistarum, Subsidia), pp. 187-196 (chap. III sur «Les classifications des savoirs») et p. 249 (31).

n'entrouvre donc pas plus que lui la porte à la pensée arabe[94]. Ce que néglige également de faire, sans changer d'époque, le *De communibus artium liberalium*[95], quoique entièrement conçu à son tour pour faciliter la tâche des futurs licenciés ès arts: détournant une expression de ses éditeurs[96], nous dirons qu'il affiche la plus parfaite indifférence à l'égard de tout apport arabe.

C'est aussi approximativement le moment où Arnoul de Provence compose son *De divisione scientiarum* (1250 ca.)[97], à l'occasion duquel il ne peut dissimuler avoir été lui aussi un lecteur des *Accessus philosophorum*. On y rencontre, dans un environnement très aristotélisant, quelques fragments inspirés par Algazel (*Métaphysique*) et Isaac Israeli (*De difinicionibus*), ainsi que par l'*Alpharabius* de la *Divisio philosophie* – la confusion avec Gundissalinus, dont nous allons constater plusieurs effets, est éloquente –, incorporées à un ensemble où domine le syncrétisme gréco-latin déjà relevé. La grammaire est un bon exemple de ce métissage. Il est à noter au préalable que la *gramatica* se voit illégitimement substituée par Arnoul, comme la partie au tout, à la *scientia lingue* de l'*Iḥṣā'*. Car ce que Fārābī y dénomme «science de la grammaire» (*al-'ilm al-naḥwi*) – «scientia gramatice apud arabes»[98] –, est définie en tant que «scientia canonum extremitatum», second volet de la quatrième composante – appelée «scientia canonum dictionum quando componuntur» – des sept que comporte la *scientia lingue* précisément[99]. Or, la substitution a été en toute probabilité inspirée à Arnoul par le *De divisione philosophiae* de Gundissalinus, qui procède au même glissement sémantique[100]. Et de fait, la défi-

[94] *Primo quaeritur utrum philosophia*, éd. C. Lafleur, in *L'enseignement de la philosohie* cit., pp. 381-419 (p. 389 pour le texte).

[95] *De communibus artium liberalium*, edd. C. Lafleur – J. Carrier, *Un instrument de révision destiné aux candidats à la licence de la Faculté des arts de Paris, le* De communibus artium liberalium *(vers 1250?)*, in «Documenti e studi sulla tradizione filosofica medievale», 5.3 (1994), pp. 129-203.

[96] Cfr. *ibid.*, p. 132.

[97] Arnulfus Provincialis, *De divisione scientiarum*, éd. C. Lafleur, in *Quatre introductions* cit., pp. 295-355 (= Cahiers du laboratoire de philosophie ancienne et médiévale de la faculté de philosophie de l'université de Laval, 11, pp. 56-83).

[98] Cfr. Amine, *Al-Farabi* cit. (chap. 2, à la note 89), p. 62, et *infra*, pp. 168,95-170,96.

[99] Cfr. *infra*, pp. 168,94-172,141.

[100] Cfr. Baur, Dominicus Gundissalinus cit. (chap. 2, à la note 19), pp. 43-53; Pseudo-Alfarabius, *De ortu scientiarum*, ed. Baeumker cit. (chap. 2, à la note 36), p. 22,11-14.

nition qu'en donne ici le premier, forcément dénaturante, nous situe assez loin du *De scientiis*, qui aménage la discipline sans la définir à proprement parler[101]:

> Gramatica est scientia gnara recte loquendi, recte scribendi recteque intelligendi. Et hec diffinitio datur ab Alpharabio in *Divisione philosophie*[102].

Sa source immédiate, redisons-le, n'est pas à chercher bien loin:

> Gramatica est ars vel scientia gnara recte loquendi, recte scribendi[103].

Elle-même répercute toutefois un cliché sans âge. Ainsi chez Isidore de Séville:

> Grammatica est scientia recte loquendi ‹scribendique ratio›[104].

Par ailleurs, l'ajout que fait Arnoul d'*intelligendi*, absent de toutes les formulations qui nous occupent, provoque l'élargissement du prisme de ses emprunts éventuels, et fait songer par exemple à Martianus Capella:

> Officium (...) meum [grammatica] tunc fuerat docte scribere legereque; nunc etiam illud accessit, ut meum sit erudite intellegere probareque, quae duo mihi [vel] cum philosophis criticisque videntur esse communia[105].

En revanche, les sept parties de la 'grammaire' énumérées à la suite («scientiae dictionum simplicium, orationum, de regulis dictionum que sunt simplices, regularum de dictionibus que sunt composite in oratione, regularum recte scribendi, regularum recte loquendi, regularum versificandi»)[106] sont indéniablement

[101] Cfr. DOMINICUS GUNDISSALINUS, *De scientiis*, ed. Alonso Alonso cit., p. 59,3-8: «Scientia lingue (...) in duo dividitur, scilicet in scientiam considerandi et observandi, quid unaqueque dictio significet apud gentem illam cuius lingua est, et in scientiam observandi regulas illarum dictionum».

[102] ARNULFUS PROVINCIALIS, *De divisione scientiarum*, ed. Lafleur cit., p. 338.

[103] DOMINICUS GUNDISSALINUS, *De divisione*, ed. Baur cit., p. 44,17-18.

[104] ISIDORUS HISPALENSIS, *Etymologiae*, I, 5, 1, PL 82, 81B, ed. Lindsay cit., *s. p.*

[105] MARTIANUS CAPELLA, *De nuptiis Philologiae et Mercurii*, III, 230, ed. J. Willis, Leipzig 1983, p. 85,10-13.

[106] ARNULFUS PROVINCIALIS, *De divisione scientiarum*, éd. Lafleur cit., pp. 338,590-339,595 (pp. 77-78).

farabiennes[107]. Elles pourraient relever aussi bien du *De divisione* que des deux *De scientiis*, si l'expression de Gundissalinus – quasi identique dans les deux cas[108] – ne présentait, par rapport à celle de Gérard[109], une affinité textuelle légèrement plus accentuée avec la formulation du *De divisione scientiarum*, en particulier quant à l'usage de la *regula* pour traduire le *qānūn* arabe, au lieu du *canon* gérardien. À la fin du chapitre cependant, Arnoul signale que Fārābī et quelques auteurs ajoutent à la «grammaire» d'autres parties, comme la poétique, qui corrige les vices blâmables par le langage (*sermo*), et la métrique, qui détermine les règles de la versification. Il est malaisé de dire à quel *opus* farabien correspond ce renvoi. Rappelons que pour Fārābī la poétique figure à la fois comme septième composante de la science de la langue[110], et à ce titre comprend trois parties (métrique-prosodie, art de la rime, syntaxe poétique), et comme huitième composante de la logique[111], et à ce titre fournit la cinquième sorte d'énoncé démonstratif[112], donc compte des syllogismes et vise à une certaine efficacité. Peut-on y reconnaître l'évocation d'Arnoul, ou bien est-on simplement confronté à une nouvelle conséquence de la confusion entre *Alpharabius* et le Gundissalinus du *De divisione philosophiae*? La probabilité en est forte, vu que ce dernier ménage, entre le chapitre sur la grammaire et celui sur la logique, un chapitre sur la poétique[113], où il fait de celle-ci à la fois une «sciencia componendi carmina metrice» et la «pars civilis sciencie, que est pars eloquencie»[114].

[107] Cfr. *ibid.*, p. 228,590: «Alpharabius (...) dividit eam in .VII. partes».

[108] Cfr. Dominicus Gundissalinus, *De scientiis*, ed. Alonso Alonso cit., p. 62,6-13: Scientiae dictionum simplicium, orationum, regularum de dictionibus quando sunt simplices, dictionum quando componuntur in oratione, regularum ad recte scribendum, ad recte legendum, regularum ad verificandum; et Id., *De divisione*, ed. Baur cit., pp. 47,20-48,3.

[109] Cfr. Gerardus Cremonensis, *infra*, p. 164,44-49: Scientiae dictionum simplicium, dictionum compositarum, canonum dictionum quando sunt simplices, canonum dictionum quando componuntur, canonum verificationis scripture, canonum verificationes lectionis, canonum versuum.

[110] Cfr. *De scientiis*, I, G, in Amine, *Al-Farabi* cit. (chap. 2, à la note 89), pp. 65-66.

[111] Cfr. *ibid.*, II, E, 6, h, pp. 88-89.

[112] Cfr. *ibid.*, II, E, 5, pp. 83-84.

[113] Cfr. Dominicus Gundissalinus, *De divisione*, ed. Baur cit., pp. 53-63.

[114] Cfr. *ibid.*, p. 54,3-4 et 11-12. Cfr. G. Dahan, *Notes et textes sur la poétique*

La logique à présent, autre exemple significatif, accentue l'impression d'amalgame. Une première définition rapportée à *Alpharabius* livre aussi, dans la première partie du moins, son intermédiaire:

> Diffinit Alpharabius eam sic: Logica est scientia disserendi diligens, id est discernendi verum a falso[115].

> Logica est racio disserendi diligens, i. e. scientia disputandi integra[116].

Pourtant, elle n'implique pas davantage le *De scientiis*, qui se dispense, là encore, de donner une véritable définition de la *logica* au profit de son aménagement[117], mais, en deuxième main, l'*In Ciceronis Topica* de Boèce, que Gundissalinus aurait lui-même démarqué:

> Logic(a) diligens ratio disserendi est[118].

En outre, le *discernendi verum a falso* de la seconde partie, que l'on ne trouve explicitement ni chez Boèce ni chez Fārābī, pourrait provenir d'Isidore de Séville:

> [Dialectica] docet (...) in pluribus generibus quaestionum quemadmodum disputando vera et falsa diiudicentur[119].

Comme pour la 'grammaire', les parties dénombrées ensuite sont marquées de l'empreinte farabienne au sens large d'un *Organon* porté à huit sections, après ajout de la poétique et de la rhétorique (*Catégories*, *De l'expression*, *Topiques*, *Réfutations sophistiques*, *Analytiques premiers*, *Analytiques seconds*, *Poétique*, *Rhétorique*). Son originalité est cependant plus limitée qu'auparavant, puisque,

au Moyen Âge, in «Archives d'Histoire Doctrinale et Littéraire du Moyen Âge», 47 (1980), [pp. 171-239], pp. 183-184.

115 ARNULFUS PROVINCIALIS, *De divisione scientiarum*, ed. Lafleur cit., p. 342,634-635 ([§ 72] p. 79).

116 DOMINICUS GUNDISSALINUS, *De divisione*, ed. Baur cit., p. 69,14-15.

117 Cfr. ID., *De scientiis*, ed. Alonso Alonso cit., 67, 3-5: «Ars (...) logice intendit dare regulas, quibus deprehendimus orationis veritatem vel intra nos vel apud alios, vel alii apud nos vel alios».

118 BOETHIUS, *In Ciceronis Topica*, edd. Orelli – Baiter cit. (à la note 61), p. 274,20.

119 ISIDORUS HISPALENSIS, *Etymologiae*, II, 22, 1, PL 82, 104A, ed. Lindsay cit., *s. p.*

structurellement du moins, cette organisation fut empruntée, on l'a dit, aux néoplatoniciens. C'est alors que la seconde définition de la logique, qui s'intéresse à son étymologie, reconvoque Fārābī:

> Logica (...) secundum Alpharabium dicta est a *logos*, quod est 'sermo' vel 'ratio' per antonomasiam (quia a *logos* qui est mentis conceptus per *logos* prolatus exterius, – qui est sermo –, exprimit et etiam declarat), et per utrumque virtutem discretivam in homine incompletam existentem pre ceteris perficit ratiocinando, habitum scientie vel opinionis in ea relinquendo[120].

Seulement, renvoyer à un auteur et le rapporter avec exactitude ne vont pas toujours de pair. On pourra juger sur pièces de la fidélité de l'évocation:

> Logica (...) dicta est a *logos* secundum tres intentiones. *Logos* enim grece interpretatur ratio latine. Sed ratio alia est exterior cum voce, que per linguam interpretatur id quod est in mente. Et alia est ratio fixa in anima, que dicitur mentis conceptio, quam dictiones significant. Unde illa est significans et ista est significata. Tertia est virtus creata in homine, que discernit inter bonum et malum, et que apprehendit scientias et artes[121].

> Logica dicta est a *logos* secundum tres intenciones. *Logos* enim grece, sermo vel racio dicitur latine. sed racio alia est exterior cum voce, que per linguam interpretatur id quod est in mente; et alia est racio fixa in anima que dicitur mentis concepcio, quam dictiones significant. unde illa est significans et hec significata. tercia est virtus creata in homine, qua discernit inter bonum et malum et qua apprehendit scientias et artes: et hec in omni homine. Set in infantibus et in quibusdam adultis infirma est[122].

> Eius [*i. e.* dialecticae] (...) ethimologia manifestum est quod est edita a summa intentionis eius. Et illud est quoniam ipsa est deriuata a *logos*. Et hec quidem dictio dicta est apud antiquos secundum tres intentiones: quarum una est sermo

[120] ARNULFUS PROVINCIALIS, *De divisione scientiarum*, ed. Lafleur cit., p. 345 (XI, [‹§ 78›], p. 81).

[121] DOMINICUS GUNDISSALINUS, *De scientiis*, ed. Alonso Alonso cit., pp. 70,9-71,4.

[122] ID., *De divisione*, ed. Baur cit., p. 77,17-78,3.

> exterior cum uoce, et est ille quo fit interpretatio lingue de eo quod est in mente. Et secunda est sermo fixus in anima, et est rationata que dictiones significant. Et tertia est uirtus animalis creata in homine qua discernit discretione propria homini absque reliquis animalibus, et est illa qua homini comprehenduntur rationata et scientie et artes et ea fit consideratio. Et ea discernit inter bona opera et mala[123].

D'abord, il est par trop évident qu'*Alpharabius* n'a jamais écrit que *logica* (qui est ici, redisons-le, un choix de traduction franchement gondissalinien) dérivait de *logos* – poncif de vieille souche et initiative insuffisante de ses traducteurs –, mais que *manṭiq* («logique») provenait de *nuṭq* («parole»)[124]. Leur dérivation ne fait par conséquent qu'adapter celle existant en grec et translitérée bien antérieurement à Fārābī par les Latins. Ensuite, le balancement *sermo vel ratio*, commandant une antonomase de bien étrange facture, n'est en l'occurrence qu'une extrapolation du *De divisione* de Gundissalinus, qui réunit les deux équivalences latines traditionnelles de *logos*, à savoir *ratio*, choisie par ce même Gundissalinus, et *sermo*, adopté par Gérard, et qu'une fois de plus Hugues de Saint-Victor avait mis à leur disposition:

> Logica dicitur a graeco *logos*, quod nomen geminam habet interpretationem. Dicitur enim *logos* sermo sive ratio, et inde logica sermocinalis sive rationalis scientia potest[125].

Enfin, des trois applications qui caractérisent le propos de Fārābī, Arnoul semblerait ne retenir que la troisième, en des termes qui ne permettent point de reconnaître une quelconque version de l'*Iḥṣā'*, ni le possible passage correspondant du *De ortu*[126].

L'heptapartition de la «grammaire», probablement le plus spécifique des apports farabiens qu'il nous ait été donné de recenser jusqu'à présent, a aussi séduit le responsable de la brève intro-

[123] GERARDUS CREMONENSIS, *infra*, pp. 198,223-200,233.

[124] Cfr. *Iḥṣā'*, ed. Amine cit., p. 78.

[125] HUGO DE SANCTO VICTORE, *Didascalicon, de studio legendi*, I, 11, 749D, ed. Buttimer cit. (chap. 2, à la note 89), pp. 20,28-21,2.

[126] Cfr. PSEUDO-ALFARABIUS, *De ortu scientiarum*, ed. Baeumker cit., p. 22,15-18: «Scientia logicae (...) est scientia ordinandi propositiones secundum figuras logicas ad eliciendas conclusiones, quibus pervenitur ad cognitionem incognitorum et ad iudicandum de illis an sint vera vel falsa».

duction à la philosophie intitulée *Ut vult philosophus*[127], qui ne reconduit pas moins la même assimilation abusive entre science de la langue et grammaire:

> Dividitur gramatica secundum Alpharabium in partes septem. Quarum prima est de voce simplici; secunda autem scientia orationum vel scientia de voce composita vel copulata; tertia est de regulis dictionum, quando sunt simplices; quarta est de regulis dictionum que sunt composite in constructione; quinta est de modo recte scribendi; sexta est de modo recte loquendi; septima est de modo versificandi[128].

Comme précédemment pour Arnoul, le texte démarqué aurait été celui de Gundissalinus, entre autres parce que *qānūn* y est traduit par *regula* et non par *canon*, option de Gérard. Par ailleurs, l'abord de la logique, où l'on observe la même répartition que dans le *De divisione* d'Arnoul, et qui se termine par: «Est autem logica secundum Alpharabium ratio dissernendi diligens»[129], confirme la double source boécio-farabienne.

Parallèlement à ces approximations, se comptent des attributions douteuses, voire erronées. L'introduction à la *Philosophia* d'Olivier le Breton, contemporain d'Arnoul, quoique amputée de sa fin (‹*logica*›) en ouvrira ici le dossier:

> Diffinitur ab Alfarabio sic in libro *De ortu scientiarum*: «gramatica est scientiarum scientia prima de lingua, que voces vocibus componit easque ad significandum imponit et instituit et animam ad artes ceteras preparat et disponis»[130].

Rien n'y est vraiment en mesure de constituer une citation de l'écrit du Pseudo-Fārābī, dont voici le libellé:

[127] Cfr. Lafleur, *Quatre introductions* cit., pp. 338-346 (l'œuvre est conservée dans le ms. Bruges, Stedelijke Openbare Bibliotheek 539, f. 1ra-2vb).

[128] *Ut vult philosophus*, éd. Lafleur cit., p. 338 en note, corrigée d'après la deuxième transcription (utilitaire) que Cl. Lafleur a fort aimablement mise à notre disposition (f. 1vb).

[129] *Ibid.* (f. 2rb).

[130] Oliverius Brito, *Philosophia*, edd. Lafleur – Carrier, in *L'enseignement* cit., pp. 467-487 (474 pour le texte). Ici: p. 486 (§ 51) (= Cahiers du laboratoire de philosophie ancienne et médiévale de la faculté de philosophie de l'université de Laval, 16, p. 12).

> Est scientia grammaticae, quae est scientia ordinandi nomina imposita rebus, et componendi orationes et locutiones quae significant dispositiones substantiae et accidentia eius et sequentia[131].

Rien non plus n'y est franchement farabien, comme le montre assez l'aperçu que nous venons d'avoir sur le traitement de la grammaire. Son caractère primordial et directif pour les autres arts, sur lequel, selon Olivier, aurait insisté le responsable du *De ortu*, ne rencontre point en celui-ci de réel écho. Il serait peut-être opportun de songer ici à la notion de grammaire universelle qui, on l'a vu[132], est présente dans l'*Iḥṣā'*, rendue toutefois avec une légère différence par Gundissalinus («in omni lingua»)[133] et par Gérard («in lingua omnis gentis»)[134]. Si la conjecture a quelque pertinence, l'auteur de la *Philosophia* aurait alors pu confondre le *De ortu* et le *De scientiis*.

De cette époque aussi date probablement le *Super Dionysium De caelesti hierarchia* d'Albert le Grand (1193 ca.-1280 ca.), peut-être même rédigé durant son séjour parisien, soit entre 1248 et 1252. D'après ses éditeurs, le maître allemand en théologie y synthétiserait la section du *De scientiis* de Gundissalinus consacrée à la poésie[135], qui est déjà un condensé et n'a pas de correspondant strictement littéral dans le texte farabien, en mentionnant que le poète, selon *Alpharabius*, anticipe l'intellect et la raison par des représentations imagées:

> Poëta enim, ut dicit Alpharabius in Divisione scientiarum, praevenit intellectum et rationem quibusdam figmentis[136].

Or, précise Gundissalinus, après avoir fait dépendre le discours poétique de la puissance imaginative, «imaginatio (...) aliquando plus operatur quam scientia vel cogitatio»[137]. De son côté, Gérard-

[131] PSEUDO-ALFARABIUS, *De ortu scientiarum*, ‹1›, ed. Baeumker cit., p. 22,11-14.

[132] Cfr. *supra*, pp. 38-39.

[133] DOMINICUS GUNDISSALINUS, *De scientiis*, ed. Alonso Alonso cit., p. 61,5.

[134] GERARDUS CREMONENSIS, *De scientiis*, *infra*, p. 162,32.

[135] DOMINICUS GUNDISSALINUS, *De scientiis*, ed. Alonso Alonso cit., pp. 75,4-76,2.

[136] ALBERTUS MAGNUS, *Super Dionysium De caelesti hierarchia*, 2, edd. P. Simon – W. Kübel, in ID., *Opera Omnia*, t. XXXVI/I, Köln 1993, p. 16B, 50-52.

[137] DOMINICUS GUNDISSALINUS, *De scientiis*, ed. Alonso Alonso cit., p. 75,10-11.

Fārābī, qui s'attardent sur la capacité suggestive et incitative quant à l'action de la poésie, conseillent, pour pousser l'homme à agir, «ut preveniatur eius provisio cum imaginatione»[138]. Avant d'examiner cet emprunt explicite, il vaut de rappeler que les rapports d'Albert avec la pensée arabe ne doivent pas être soustraits à une réserve. Certes, «(s)a vision de l'histoire de la philosophie (...) est clairement *arabe*»[139], et, plus précisément, concernant Fārābī, «(il) connaît au minimum les *Fontes quaestionum*, le *De intellectu et intelligibili*, le *De ortu scientiarum* et le *De scientiis*»[140]. Cela étant, il lui arrive souventes fois aussi de confondre, comme c'est le cas dans la *Summa de creaturis*[141], Fārābī et Averroès, faisant notamment du *De sensu et sensato* (ou *sensibili*) de ce dernier (*Kitāb al-Ḥiss wa-al-maḥsūs*)[142], commentaire averroïste aux *Parva naturalia* d'Aristote, un traité farabien. Cette méprise fausse inévitablement un certain nombre de ses renvois explicites à *Alpharabius*, et soulève par ailleurs la question de sa connaissance effective du *De scientiis*. Car celle repérée ne présente du reste rien d'avéré, et y confirmer la dette envers la contribution gondissalinienne ne met pas vraiment à l'aise, vu le décalage lexical, Albert associant *figmenta* et *intellectus-ratio* quand Gundissalinus combine *imaginatio* et *scientia-cogitatio*; et si nous sommes un peu moins embarrassé relativement à la version de Gérard, qu'il ne faut point exclure dès lors que s'y retrouve le *prevenire*, la comparaison de la structure des deux phrases replonge vite dans la perplexité.

Alpharabius figure également, et à plusieurs reprises, en tant que source directe, toujours après Avicenne et/ou Al-Ġazālī, dans la premier traité du *Super Porphyrium de quinque universalibus*. La plupart du temps associé, sans grand discernement d'ailleurs, à ses deux coreligionnaires, et à la *Logica* de chacun, Fārābī, toujours quant à son *De scientiis* d'après l'éditeur Santos-Noya, est invoqué seul une fois, au cours du traité premier, intitulé: *De antecedentibus ad logicam*. Albert y définit, entre autres, au quatrième cha-

[138] GERARDUS CREMONENSIS, *De scientiis*, *infra*, p. 212,358-359.

[139] A. DE LIBERA, *Épicurisme, stoïcisme, péripatétisme. L'histoire de la philosophie vue par les latins (XIIe-XIIIe siècle)*, in *Perspectives arabes et médiévales* cit. (chap. 1, à la note 58), [pp. 343-364], p. 363.

[140] *Ibid.*, p. 361.

[141] ALBERTUS MAGNUS (COLONIENSIS), *Summa de creaturis*, q. 22, in ID., *Opera omnia*, éd. A. Borgnet, 38 voll., Paris 1890-1899, XXXV, coll. 210a-214b.

[142] Il fut traduit aux alentours de 1225-1230, probablement par Michel Scot.

pitre réservé à la nature et à l'objet de la logique, les notions de *sermo incomplexus* et de *sermo complexus*, en reprenant, assure-t-il, le jugement des trois auteurs arabes. Mais quelques chapitres plus loin, concernant respectivement les parties de la logique et les différentes sortes d'expression signifiante (chap. 5), la partie qui fixe l'*incomplexus* et ses modes (chap. 6), et celle qui fixe le *complexus* (chap. 7), donc presque à la fin du traité, il resserre son appréciation:

> Hae igitur sunt partes, quae generaliter habent docere modum accipiendi scientiam de quolibet scibili incomplexo vel complexo. Et hoc iam ante nos determinavit Alfarabius[143].

Avicenne et Al-Ġazālī ont été écartés, vraisemblablement sans raison de fond, puisque le chapitre cinquième était encore placé sous leur dépendance intellectuelle, et le début du septième sous celle d'Al-Ġazālī. Mais en admettant que Fārābī soit devenu avec raison la seule autorité, encore faut-il savoir à quel titre lui consentir ce statut. Suivant ce qu'a indiqué évasivement Albert par l'extrait cité, ce serait dans la mesure où le penseur de Fārāb a montré globalement de quelle manière acquérir la science de tout ce qui est connaissable, qu'il s'agisse de l'énoncé incomplexe ou du complexe. Que renferment alors ces deux catégories, qui semblent déterminantes pour la dette revendiquée? Notre auteur explique, dès le chapitre 4, que le *sermo incomplexus*, bien qu'il désigne quelque chose dans l'intellect simple, ne signifie cependant pas que ce quelque chose soit ou ne soit pas. Par conséquent, il ne peut être un instrument par lequel l'intellect passe de l'inconnu au connu («de ignoto ad notitiam»), passage que vise principalement le logicien, qui ne s'occupe donc du *sermo incomplexus* que par accident, pour autant qu'il est une partie du *sermo complexus*. Celui-ci, et uniquement lorsqu'il est énonciatif, signifie bien qu'une chose est ou n'est pas, mais, en tant que tel, il n'a point à prouver la vérité ou la fausseté de ce qui est énoncé ni à emporter l'adhésion à son égard, deux fonctions qui sont du ressort de l'*argumentatio*[144]. La tâche du *logicus* apparaît de fait se positionner au centre de ces développements et avoir toute son

[143] ALBERTUS MAGNUS, *Super Porphyrium*, I, 7, ed. M. Santos-Noya, in ID., *Opera Omnia*, I/I, Köln 2004, p. 15,42-45.

[144] Cfr. *ibid.*, I, 4, p. 7,22-45.

importance pour identifier l'apport de Fārābī. C'est pourquoi, à la fin du paragraphe précédent, juste avant de convoquer ce dernier, Albert revient sur elle:

> Le travail de la raison est d'ordonner, de rapprocher, de réunir et de dénouer ce qui est syncrétique (*ea quae collecta sunt*). Ce travail sert pour ainsi dire d'instrument dans l'acquisition de la science, quand elle procède du connu à l'inconnu (*a noto ad ignotum*)[145]. Si la connaissance de ces (opérations) est parfaitement transmise, le logicien sera préparé à recevoir la science, pourvu qu'il sache se garder de l'erreur et de la ruse, desquelles il est suffisamment instruit par les *Réfutations sophistiques*[146].

Si l'on accepte, ainsi que nous l'avons fait, qu'*Alpharabius* soit, quant à ces grandes lignes, l'unique inspirateur d'Albert, on pourra reconnaître derrière les paramètres *sermo incomplexus*, *sermo complexus* et *argumentatio* ceux activés au chapitre 2 du *De scientiis*, à savoir *sermo simplex*, *syllogismus* et *sermo demonstrativus*, dans la traduction de Gérard, *loquutio*, *syllogismus* et *demonstratio* dans celle de Gundissalinus. De même, il sera possible de rapprocher le conditionnement du logicien de ce que Fārābī dit au début du même chapitre, sur le but de l'art dialectique[147]. Seulement, en changeant, comme par plaisir, le vocabulaire, et en restant à un niveau assez général d'évocation, Albert donne l'impression d'en référer ici un peu trop facilement aux philosophes arabes, et à Fārābī en particulier, alors que l'appel à des philosophes grecs, et notamment à Aristote, aurait peut-être suffi. D'autre part, assez souvent, nous l'avons donné à comprendre, il prête à *Alpharabius* ce qui appartient à un autre, par exemple au seul Al-Ġazālī dans le paragraphe du cinquième chapitre où il est question de cinq modes signifiants, que tout lecteur appliqué de l'*Iḥṣā'* n'y retrouvera point[148].

Une bonne illustration de ce recours artificiel figure dans sa *Physica*. Au chapitre 4, où il est question de prouver qu'il ne

[145] Rappelons qu'au chapitre 4 (*ibid.*, p. 7,28), il s'agissait de passer «de ignoto ad notitiam».

[146] *Ibid.*, I, 7, p. 15,34-41.

[147] Cfr. GERARDUS CREMONENSIS, *De scientiis*, *infra*, pp. 178,7-180,23 et DOMINICUS GUNDISSALINUS, *De scientiis*, ed. Alonso Alonso cit., pp. 67-68.

[148] ALBERTUS MAGNUS, *Super Porphyrium*, I, 5, ed. Santos-Noya cit., p. 9,9-34.

peut y avoir de mouvement dans la substance, Albert évoque deux sortes de *motus*, dont ont parlé – dit-il – certains philosophes: l'une concerne le mouvement absolu, c'est la fameuse *forma fluens* que lui a inspirée la lecture d'Avicenne, l'autre le mouvement relatif, dont on envisage le mode de réception dans un sujet[149]. Un peu plus loin, il poursuit: parce que toute forme est envisagée comme fluente ou en repos (*quieta*), on peut dire dans le premier cas qu'elle est *cum tempore*, dans le second *sine tempore*. Ces deux critères, liés à la présence ou non du facteur temps, sont ensuite l'occasion d'une comparaison avec une distinction relative à la science de la langue:

> Ideo principales partes orationis apud omne genus idiomatis sunt nomen et verbum, et haec videtur esse Alfarabii et Avicennae sententia[150].

À l'endroit de la première autorité, l'éditeur Hossfeld renvoie au *De scientiis Gerardi*; mais sa référence demande à être élargie et concurrencée par le *De scientiis Gundissalini*:

> Verbo accidunt proprie tempora (...) Et scientia (...) lingue apud omnem gentem diuiditur in septem partes[151].

> Verbo (...) accidunt modi et tempora et quedam alia. Scientia (...) lingue apud omnes gentes dividitur in septem partes[152].

On voit nettement qu'à l'occasion de l'évocation du temps, à l'étude duquel Aristote consacre, en tant que nombre du mouvement, une large place dans sa *Physique*[153], il n'y a ni nécessité ni même légitimité à convoquer Fārābī comme illustration du parallèle avec le nom et le verbe. En effet, d'un côté la dépendance de leur définition relativement au temps est un lieu commun du *Peri hermeneias* du Stagirite, et c'est donc à lui qu'il aurait fallu se référer, de l'autre dans le *De scientiis* rien ne relie le critère linguistique au critère physique. Et pour cause: Albert semble confondre ici ce qui est sans mouvement et ce qui est en repos. Car, toujours

[149] Cfr. Id., *Physica*, 4, hrsg. von P. Hossfeld, in Id., *Opera Omnia*, VI/II, Köln 1993, p. 409,43-56.

[150] *Ibid.*, p. 409,53-56.

[151] Gerardus Cremonensis, *De scientiis*, *infra*, p. 164,42-45.

[152] Dominicus Gundissalinus, *De scientiis*, ed. Alonso Alonso cit., p. 62,4-7.

[153] Cfr. Aristoteles, *Physica*, IV, 10-14, 217b29-224a16.

chez Aristote, le temps et le mouvement se définissant l'un par l'autre[154], ce qui est sans temps est sans mouvement, lequel n'affecte que le non-étant[155]. D'où le statut de l'immobile (ἀκίνητος), qui n'est point la négation du mouvement mais sa privation, dite encore repos (ἠρεμία)[156].

Le farabisme albertinien, qui ne sera point mis en doute sur ces quelques vérifications, est en tout cas loin d'atteindre à l'évidence avec l'impact supposé du *De scientiis*, qu'à l'exception du *Super Dionysium De caelesti hierarchia* nous n'avons vu affleurer *expressis verbis* en aucune autre occasion dans tout l'œuvre d'Albert. L'écart avec un certain beauvaisien, qui fut à la tâche au cours des mêmes décennies, n'en est que plus intrigant.

Exact contemporain d'Albert le Grand, le dominicain Vincent de Beauvais (1194 ca.-1264) acheva son gigantesque ouvrage encyclopédique collectif – *Speculum maius* (ou *mundi*) – dans sa pleine maturité intellectuelle, vu la somme de connaissances qu'il suppose, faisant par conséquent de celui-ci un écrit du début de la seconde moitié du XIIIe siècle, sous sa forme la plus aboutie (1258-1260 ca. pour la version *trifaria*)[157]. Le deuxième volet de cette somme, sur les trois qu'elle comporte (*naturale*, *doctrinale*, *historiale*)[158], ménage plusieurs renvois à un *Alpharabius* ou *Alphorabius*[159], dit parfois auteur d'une *divisio scientiarum*, et conduit ainsi implicitement à se reporter au *De scientiis*, car il n'est pas envisageable que ce bibliothécaire à la cour de saint Louis ou quelqu'un de son atelier ait pu lire Fārābī dans le texte et produire sa propre traduction. On y constate fréquemment le simple transfert assumé des données[160], quoique Vincent sache de temps

[154] Cfr. *ibid.*, 220b15-16.

[155] *Ibid.*, 221b24-222a9 et 225a21 seqq.

[156] Cfr. *ibid.*, 202a5; voir la traduction de P. Pellegrin, Paris 2000, p. 166: «Le mouvement appartient à ce dont l'immobilité est le repos».

[157] Voir le volume *Lector et compilator* cit. (à la note 46).

[158] Cfr. M. Paulmier-Foucart – M.-Ch. Duchenne, *Vincent de Beauvais et le Grand Miroir du Monde*, Turnhout 2004, pp. 23-120. Le quatrième volet (*morale*) est posthume (1315 ca.) et probablement apocryphe.

[159] Cfr. Alonso Alonso, *Domingo Gundisalvo* cit., *Apéndice*.

[160] Voir le prologue, dit *Libellus apologeticus*, du *Speculum maius*, chap. 7 («Je ne procède pas à la manière d'un docteur, ni d'un auteur de traités, mais toujours comme un compilateur») et chap. 10, traduit in Paulmier-Foucart – Duchenne, *Vincent de Beauvais* cit., pp. 156-157 et 160-161.

à autre manifester qu'il reste vigilant sur les contenus, comme lorsqu'il dénonce, sans en tirer de conséquence, l'incohérence de Fārābī faisant de la grammaire une partie de la *scientia linguae* dans le *De scientiis*, mais une partie distincte d'elle dans le *De ortu*[161].

D'entre ces *reportationes* trois sont de dimension plus importante. La première concerne l'*intentio logicae*[162], et résulte d'une transposition quasi littérale du *De scientiis* de Gundissalinus. Un extrait suffira à mesurer le degré de fidélité:

> Alpharabius in libro de divisione scientiarum. Logica intendit dare regulas, quibus orationis veritatem deprehendimus, vel intus, vel apud alios, vel alii apud nos: non tamen ad verificandum omnem orationem, logicae regulis indegimus. Eorum enim quibus ratiocinando utimur, quedam fiunt quae probatione non egent: in quibus scilicet nullus error esse potest: ut, *omne totum est maius sua parte*. Alia vero quae probatione indigent, quia potest in eis homo decipi. Et ea quidem de quibus fit probatio duo sunt, scilicet sermo in voce, ratio in mente: interpretatio vero fit utroque. Unde id quod verificat sententiam apud se, est logos fixa in mente. Id autem quod verificat eam apud alium, est logos exterior cum voce. Logos autem qua verificatur sententia, vocabant antiqui syllogismum, sive fixa sit in anima, sive exterior cum voce[163].

> Ars (...) logice intendit dare regulas, quibus deprehendimus orationis veritatem vel intra nos vel apud alios, vel alii apud nos vel alios. Non tamen ad verificandum omnem orationem indegimus regulis logice. Eorum enim quibus in ratiocinando utimur, alia sunt quae probatione non egent, ut *omne totum maius est sua parte*; et *omnis ternarius est numerus impar*: in quibus nullus potest esse error. Et alia sunt que probatione egent, quia in eis potest aliquis decipi. Ea vero quibus fit probatio, duo sunt, scilicet sermo et ratio: sermo in voce, ratio in mente. Interpretatio vero fit utroque. Nam illud quod est interpretatio, est sermo et ratio exterior cum voce. Unde illud cum quo aliquis verificat sententiam suam apud se, est logos fixus in mente, id vero quo verificat eam apud alium, est logos exterior in voce. Logon vero quo verificatur senten-

[161] Voir VINCENTIUS BELLOVACENSIS, *Speculum doctrinale*, I, 45, ed. Duaci 1624, ex off. Baltazaris Belleri, col. 38. Nous remercions M.-Ch. Duchenne de nous avoir communiqué ces références.

[162] Voir VINCENTIUS BELLOVACENSIS, *ibid.*, coll. 212-213.

[163] *Ibid.*, III, 2, col. 212.

> tia, antiqui vocaverunt syllogismum, sive sit fixus in anima, sive sit exterior cum voce[164].

La suite est à l'avenant, et ne réclame donc pas d'être rapportée. L'ensemble du fragment conduit néanmoins à un constat: cent ans environ après la version gondissalinienne de l'*Iḥṣā'*, celui-ci, à travers le chapitre sur la logique, jouait pleinement son rôle de manuel bien adapté en l'occurrence aux productions sur le savoir global. Il s'était propagé comme tel dans le milieu des encyclopédistes latins, à la différence du travail de Gérard qui, dans ce cas précis, était beaucoup plus lourd et encombrant. Son chapitre deuxième sur la *scientia dialectice* est en effet le plus développé du traité, et il faut y butiner longtemps pour rassembler les morceaux permettant de reconstituer approximativement le passage dont nous venons de citer un paragraphe.

La deuxième *reportatio* est située dans la partie sur la musique (livre XVII, chapitres 10-15), qui ne convoque aucune autre autorité arabe. La présentation préalable de la *musica* au chapitre 10, là non plus, ne laisse point douter qu'il s'agit de l'*Iḥṣā'*. Mais cette fois-ci elle n'autorise pas à mettre immédiatement un nom sur la version démarquée:

> Alphorabius (...): musica comprehendit cognitionem specierum harmoniae et illud, ex quo componitur et qualiter componitur et quibus modis[165].

> Scientia musice in summa comprehendit cognitionem specierum armoniarum, et illud ex quo componuntur, et qualiter componuntur, et ex quibus modis[166].

> Scientia uero musice, comprehendit in summa, cognitionem specierum armoniarum, et illud ex quo componuntur, et illud ad quod componuntur, et qualiter componuntur, et quibus modis[167].

[164] DOMINICUS GUNDISSALINUS, *De scientiis*, ed. Alonso Alonso cit., pp. 67,3-69,2.

[165] VINCENTIUS BELLOVACENSIS, *Speculum doctrinale*, XVII, 10, hrsg. von in G. GÖLLER, *Vinzenz von Beauvais O.P. (um 1194-1264) und sein Musiktraktat im* Speculum doctrinale, Regensburg 1959 (Kölner Beiträge zur Musikforschung, 15), [pp. 86-118], p. 86.

[166] DOMINICUS GUNDISSALINUS, *De scientiis*, ed. Alonso Alonso cit., pp. 103-104.

[167] GERARDUS CREMONENSIS, *De scientiis*, *infra*, p. 250,223-225.

Vincent donne l'impression tantôt d'avoir fait cavalier seul, par exemple avec l'emploi des deux singuliers *harmoniae* et *componitur*, tantôt d'avoir démarqué alternativement l'un ou l'autre de ses aînés: les quatre divisions de la musique ne se rencontrent que chez Gundissalinus (il y en a cinq chez Fārābī-Gérard, qui ajoute «illud ad quod componuntur»), alors que l'expression *et quibus modis* est sans doute empruntée à Gérard (Gundissalinus étant un peu plus explicite: «et ex quibus modis»). Toutefois, la bipolarité de la *scientia musicae* et la caractérisation de son versant pratique qui ouvrent le chapitre 15, intitulé *Divisio musicae secundum Alphorabium*, permettent de préciser la dépendance comme étant gondissalinienne, du moins relativement au *De scientiis*:

> Musica quoque dividitur in activam et speculativam. Activae proprietas est invenire harmonias sensitivas ex instrumentis, quae praeparata sunt eis vel natura vel arte. Instrumenta naturalia sunt ut epiglottes et uvula et quae in eis sunt, deinde vero nasus. Artificialia sunt ut fistulae, chordae, verba et alia huiusmodi. Opifex itaque huius artis non format neumata et harmonias et alia eorum accidentia, nisi secundum quod sunt in instrumentis, quorum acceptio consueta est in eis[168].

> Musica vero alia est speculativa, alia activa: sed active musice proprietas est invenire species armoniarum sensatarum ex instrumentis, que preparata sunt eis vel natura vel arte. Instrumenta autem naturalia sunt epiglotes et uvula, et que sunt in eis; deinde nasus. Artificialia vero sunt, ut fistule, chorde, et tuba, et alia. Opifex autem musice active pneumata non format et armonias et alia accidentia eorum, nisi secundum quod sunt in instrumentis, quorum acceptio consueta est in eis[169].

> Partes [musicae] vero alias habet theorica, alias practica. Partes practice sunt tres: sciencia de acuto sono et sciencia de gravi et sciencia de medio. De hiis enim tractat ostendens utilitates eorum et comparaciones eorum inter se, et quomodo ex eis componuntur cantilene[170].

[168] VINCENTIUS BELLOVACENSIS, *Speculum doctrinale*, ibid., ed. Göller cit., pp. 92-93.

[169] DOMINICUS GUNDISSALINUS, *De scientiis*, ed. Alonso Alonso cit., pp. 104-105.

[170] ID., *De divisione*, ed. Baur cit., p. 97.

> Una est scientia musice activa, et secunda scientia musice speculativa. Musica igitur actiua est illa cuius proprietas est ut inueniat species armoniarum sensatarum in instrumentis que preparata sunt eis aut per naturam aut per artem; instrumenta igitur naturalia sunt epiglotis et uvula, et que sunt in eis, deinde nasus. Et artificialia, sunt sicut fistule, et cithare, et alia. Et opifex quidem musice actiue, non format neumas, et armonias, et omnia accidentia earum, nisi secundum quod sunt in instrumentis quorum acceptio consueta est in eis[171].

Il est vrai que le *neuma* de Vincent, au pluriel hellénisé (*neumata*), n'a pas plus d'affinité avec le *neuma* gérardien, au pluriel latinisé (*neumae*), qu'avec le *pneuma* de Gundissalinus, au pluriel lui aussi hellénisé (*pneumata*). Néanmoins, d'autres indices favorisent l'hypothèse d'un copiage du *De scientiis* de ce dernier: *ex instrumentis* (*in instrumentis* pour Gérard), *fistulae, chordae* (*fistulae, citharae* pour Gérard) et *et alia eorum accidentia* (*et omnia accidentia earum* pour Gérard). La tendance ne se confirme cependant pas avec la délimitation du versant spéculatif ou théorique qui vient ensuite:

> Speculativa vero dat omnium eorum scientiam et rationes et causas omnes eius, ex quo componuntur harmoniae non secundum quod sunt in materia, sed absolute secundum quod remota sunt et ab omni instrumento et materia et accipit ea secundum quod audita sunt ex instrumento vel ex quocumque tempore accidunt[172].

> Speculativa vero dat scientiam eorum omnium et rationes et causas omnes eius ex quo componuntur armonie, non secundum quod sunt in materia, immo absolute et secundum quod remota ab omni instrumento et materia, et accipit ea secundum quod sunt audita communiter ex quocumque instrumento, vel ex quocumque corpore accidant[173].

> Et speculativa quidem dat scientiam eorum, et sunt rationata, et dat causas totius ex quo componuntur armonie, non secundum quod sunt in materia, immo absolute, et secundum quod sunt remota ab omni instrumento et materia, et accipit ea secundum quod sunt audita secundum communitatem ex

[171] Gerardus Cremonensis, *De scientiis*, *infra*, pp. 250,228-257,236.
[172] Vincentius Bellovacensis, *Speculum doctrinale*, ibid., ed. Göller cit., p. 93.
[173] Dominicus Gundissalinus, *De scientiis*, ed. Alonso Alonso cit., p. 105,3-9.

> quocumque instrumento accidat, et ex quocumque corpore accidat[174].

Notons au passage que l'*ex quocumque tempore* de Vincent au lieu de l'*ex quocumque corpore* de Gundissalinus et de Gérard évoque davantage une faute de copiste que l'existence d'une troisième version latine. Pour le reste, la parenté avec la traduction de Gundissalinus plutôt qu'avec celle de Gérard n'a aucun caractère d'évidence. En revanche, la longue subdivision en cinq parties de la science musicale théorique, qui continue et termine le chapitre, fait de nouveau plus nettement pencher le fléau vers le premier des deux traducteurs:

> Haec autem, id est speculativa, dividitur in quinque partes magnas. Prima est de principiis, quorum proprietas est ut administrentur in acceptione eius, quod est in hac scientia et qualiter sit mundus in acceptione principiorum illorum et quare inventa sit haec ars et ex quibus rebus et ex quot componatur. Secunda vero doctrinalis est de dispositionibus huius artis, scilicet inveniendi neumata et cognoscendi numeros ac species eorum ac declarandi proportiones eorum ad invicem. Docet etiam species ordinum ac situum eorum, quibus praeparantur, ut acceptor accipiat ex eis quod vult et componat ex eis harmonias. Tertia est de convenientia principiorum in sermonibus et demonstrationibus super species instrumentorum artificialium, quae praeparantur eis et de acceptione omnium eorum ac situ eorum in ea secundum mensurationem et ordinem, quae in principiis assignantur. Quarta est de speciebus casuum naturalium, quae sunt pondera neumatum. Quinta vero de compositione harmoniarum integrarum, scilicet illarum, quae positae sunt in sermonibus metricis secundum ordinationem et qualitatem artis eorum compositis et docet, quomodo penetrabiliores fiunt et magis ultimae, scilicet intellectualitate intensionis ad quam factae sunt[175].

> Speculativa autem dividitur in quinque partes magnas: quarum prima est de principiis et de primis, quorum proprietas est ut administrentur in acceptione eius, quod est in hac scientia, et qualiter sit modus administratione illorum prin-

[174] Gerardus Cremonensis, *De scientiis*, *infra*, p. 252,236-242.
[175] Vincentius Bellovacensis, *Speculum doctrinale*, ibid., ed. Göller cit., p. 93.

cipiorum, et quare inventa sit hec ars, et ex quibus rebus et quot componatur, et qualiter oportet illud quod est in ea. Secunda vero est doctrina de dispositionibus huis artis, scilicet inveniendi pneumata et cognoscendi numeros eorum, quot sint et quot species eorum, et declarandi proportiones quorundam ab illis ad alia, et demonstrationes de omnibus illis; et docet species ordinum et situum eorum, quibus preparantur, ut acceptor accipiat ex eis quod vult, et componat ex eis armonias. Tertia vero doctrina est de convenientia principiorum in sermonibus et demonstrationibus super species instrumentorum artificialium, que preparantur eis, et de acceptione omnium eorum in ea et situ eorum in ea secundum mensurationem et ordinem que assignantur in principiis. Quarta est doctrina de speciebus casuum naturalium, que sunt pondera pneumatum. Quinta est doctrina de compositione armoniarum integrarum, scilicet illarum que sunt posite in sermonibus metricis compositis secundum ordinem et ordinationem et qualitatem artis eorum secundum unamquamque intentionem armoniarum. Et docet quomodo fiunt penetrabiliores et magis ultime, scilicet in ultimate intentionis, ad quam facte sunt[176].

Partes vero theorice sunt quinque. Quarum prima est sciencia de principiis et primis, que debent administrari in accepcione eius, quod est in hac sciencia et quomodo eciam administrentur illa principia et qualiter inventa sit hec ars et ex quibus et ex quot componatur et qualiter oportet inquiri id, quod est in ea. Secunda est doctrina de disposicionibus huius artis, scilicet inveniendi neumata et cognoscendi numeros eorum, quot sunt, et species eorum et declarandi proporciones quarumdam ad alias et demonstraciones de omnibus illis; et docet species ordinum et situm eorum, quibus preparantur, ut unusquisque accipiat ex eis quod vult et componat ex eis armonias. Tercia est doctrina de conveniencia principiorum et de sermonibus et demonstracionibus specierum instrumentorum artificialium, que preparantur eis, et de accepcione omnium eorum in ea et situ ipsorum in ea secundum mensuracionem, que assignatur in principiis. Quarta est doctrina de speciebus casuum naturalium, que sunt pondera neumatum. Quinta est doctrina de composicione armoniarum in summa; deinde de composicione armoniarum integrarum,

[176] Dominicus Gundissalinus, *De scientiis*, ed. Alonso Alonso cit., pp. 105-107.

> scilicet illarum, que sunt posite in sermonibus metricis compositis secundum ordinem et ordinacionem et qualitatem artis eorum secundum unamquamque intencionem armoniarum; et docet quomodo fiant penetrabiliores et magis ultime in ultimate intencionis, ad quam facte sunt[177].
>
> Et dividitur scientia musice speculativa, in partes magnas quinque. Prima earum, est sermo de principiis, et primis quorum proprietas est ut administrentur in inventione eius quod est in hac scientia, et qualiter sit modus in anministratione illorum principiorum, et qua via inventa sit hec ars, et ex quibus rebus, et ex quot rebus componatur, et qualiter oportet ut sit inquisitor de eo quod est in ea. Et secunda est sermo de dispositionibus huius artis, et est sermo in inveniendo neumas, et cognitionem numeri neumarum quot sint, et quot species earum, et declaratione proportionum quarundam ad alias, et demonstrationum super omnia illa, et sermo de speciebus ordinis earum, et situum ipsarum quibus fuerint preparate ut accipiat acceptor ex eis quod vult, et componat ex eis armonias. Et tertia est sermo de convenientia que declaratur in radicibus cum sermonibus et demonstrationibus super species instrumentorum artificialium que preparantur eis et acceptione eorum omnium in ea, et situ ipsorum in ea secundum mensurationem et ordinem qui declaratur in radicibus. Et quarta est sermo de speciebus casuum naturalium qui sunt pondera neumarum. Et quinta, est de compositione armoniarum in summa; deinde de compositione armoniarum integrarum, et sunt ille que sunt posite in sermonibus metricis, compositis secundum ordinem, et ordinationem, et qualitate artis earum secundum unamquamque intentionum armoniarum, et docet dispositiones quibus fuerint penetrabiliores, et magis ultime in ultimitate intentionis ad quam facte sunt[178].

Quoique les deux mises en latin de l'*Iḥṣā'* soient ici très proches l'une de l'autre, plusieurs points de recouvrement, tels l'*in acceptione* (*in inventione* pour Gérard) et la formulation de la *secunda*, amènent assez sûrement au constat que Vincent s'en est tenu à reproduire l'ensemble du chapitre sur la musique non pas du *De scientiis* de Gérard, ni même du *De divisione* de Gundissali-

[177] Id., *De divisione*, ed. Baur cit., p. 98.
[178] Gerardus Cremonensis, *De scientiis*, *infra*, pp. 252,243-256,267.

nus, mais du propre *De scientiis* de ce dernier. Cette compilation ne débouche toutefois, dans ce cas précis, que sur une érudition passive, en ce sens qu'elle insère la seule source arabe de la section musicale parmi une suite de sources grecques et latines sans la prolonger par quelque écho doctrinal, puisque son contenu ne connaîtra, à la différence des autres, aucune exploitation dans la suite. Elle amène cependant à un constat proche du précédent, mais plus pénalisant encore pour la traduction gérardienne: un siècle à nouveau après la transposition de Gundissalinus, le *De musica* de l'*Iḥṣā'* était diffusé sous cette forme sans mutilation ni transformation, alors que le travail de Gérard, qui aurait pourtant rempli dans ce domaine, on s'en est rendu compte, un rôle équivalent, était négligé ou ignoré. Et effectivement, le *De musica* (1270 ca.) de Jérôme de Moravie reproduira avec la même inertie (au chapitre V, 2-12) et à quelques détails près, la totalité du passage que Vincent a démarqué du *De scientiis* gondissalinien[179].

La troisième et dernière *reportatio* que nous retiendrons touche à la matière politique:

> Alpharabius in lib. de divi. scientiarum. Scientia civilis inquirit de speciebus actionum et consuetudinum voluntariarum et de habitibus et moribus ac gestibus, a quibus ille proveniunt et de finibus propter quos fiunt et ex quibus distinguuntur et docet qualiter, vel quo ordine esse debeant et qualiter comprehendantur ac deponantur. Declarat etiam que sit ex eis vera beatitudo, que putantur esse beatitudo cum non sint et quod vera beatitudo non potest haberi in presenti, sed in futuro querenda est. Que autem putantur esse beatitudo et non sunt, sunt sicut victoria et gloria et delectationes, que ponuntur fines eorum que faciunt homines. Decernit igitur inter actiones et consuetudines, quibus vera beatitudo acquiritur et quibus ea que vera putatur et ostendit quibus utendum sit inter cives et quibus inter gentes; quibus prelatus circa subditos et quibus subditus erga prelatos et quod bone consuetudines subditorum proveniunt ex iusta dominatione [damnatione ed.] prelatorum. Et quod virtus regia comprehenditur ex duabus: una consistit in cognitione usuum universalium; alia in usu vivendi et assiduitate agendi et experiendi et audiendi. Sicut enim non fit perfectus medicus, nisi per cogni-

[179] Hieronymus Moravus, *Tractatus de musica*, éd. C. Meyer, G. Lobrichon et C. Hertel-Geay, CCM 250, Turnhout, 2012, pp. 19-21.

> tionem regularum universalium medicine speculative, que dicitur theorica et per assiduitatem medendi ac medicinas circa egros experiendi, que dicitur practica; sic virtus regia non sufficit actiones hominum disponere, secundum unumquodque accidens, unamquamque civitatem, unumquodque tempus, nisi per veritatem scientie et assiduitatem experientie coalescat[180].

Il ne sera pas indispensable de reproduire plus que les quinze premières lignes[181] pour donner à constater comment les deux versions, quasiment semblables au départ, divergent progressivement, et de quelle façon celle de Gundissalinus, que Vincent a visiblement choisi de reprendre, renonce assez vite à la traduction suivie:

> Civilis autem scientia inquirit de speciebus actionum et consuetudinum voluntariarum; et de habitibus et moribus et gestibus, a quibus procedunt ille actiones et consuetudines; et de finibus propter quos fiunt. Et docet qualiter illa debeant esse in homine; et quomodo comprehendantur et disponantur in eo secundum quod convenit ea haberi et conservari ab eo. Et ex finibus propter quos fiunt, distinguit actiones que sunt in usu, et declarat que ex eis vere sunt beatitudo, et que putantur, cum non sint beatitudo; et quod vera beatitudo non potest haberi in presenti, sed in futuro querenda est. Que autem putantur beatitudo et non sunt, sunt sicut victoria et gloria et delectationes. Et hec ponuntur fines eorum que faciunt. Discernit inter actiones et consuetudines, quibus vera beatitudo adquiritur, et quibus ea que vera putatur. Et ostendit quibus utendum est inter concives, et quibus inter gentes, et quibus prelatus circa subditos, et quibus subditus apud prelatos. Ostendit etiam quod bone consuetudines subditorum proveniunt ex iusta dominatione prelatorum. Actio autem huius virtutis qua sic vivitur, ethica vocatur. Et docet quod prelationis vel regnatus duo sunt modi (...)[182].

> Scientia quidem civilis inquirit de speciebus operationum, et consuetudinum voluntariarum, et de habitibus, et moribus, et

[180] VINCENTIUS BELLOVACENSIS, *Speculum doctrinale*, VII, 4, texte fort aimablement établi, à notre intention, d'après le ms. Paris, Bibliothèque Nationale, lat. 16100, par notre collègue M.-Ch. Duchenne, que nous remercions vivement; corresp. ed. Duaci 1624 cit. (à la note 161), coll. 558-559.

[181] C'est-à-dire jusqu'à l'«ex duabus» du fragment de Vincent.

[182] DOMINICUS GUNDISSALINUS, *De scientiis*, ed. Alonso Alonso cit., pp. 133,1-135,10.

> *segea*, et gestibus, a quibus sunt ille actiones et consuetudines, et de finibus propter quos fiunt, et qualiter oportet ut sint illa inventa in homine, et qualis sit modus ad comprehendendum et ordinandum ea in eis, secundum modum qui est necessarius ut sit eorum inventio in eo, et modus ad conservandum ea super ipsum. Et distinguit ex finibus propter quos fiunt operationes et sunt in usu consuetudines. Et declarat quod ex eis sunt qui sunt in veritate beatitudo et quod ex eis sunt qui sunt estimati quod sunt beatitudo preter quod sit ita; et quod illi qui sunt in veritate beatitudo, non est possibile ut sint in hac vita, immo in vita alia post istam, et est vita postrema. Et opinati quod sunt felicitas, sunt sicut victoria, et gloria, et delectationes cum ponuntur ipse fines tantum in hac vita. Et discernit operationes et consuetudines. Et declarat quod illa quibus acquiritur illud quod est in veritate felicitas, sunt bonitates, et decora, et optima, et quod illa que sunt preter ea, sunt malicie, et feda, et diminuta, et quod modus inuentionis eorum in homine, est ut sint operationes et consuetudines optime separate in civitatibus et gentibus secundum ordinem, et utantur usu communi. Et declarat quod illa non adveniunt vel preparantur nisi per regnatum stabilientem illas actiones et consuetudines, et gestus, et habitus, et mores in civitatibus et gentibus, et studeat ut servet ea super eas ita ut non removeantur. Et quod regnatus ille non preparatur nisi per virtutem et habitum a quibus sunt operationes stabilitatis, in eis, et operationes servantes quod stabilitum est in eis super ipsos. Et illa quidem virtus est regnatus et regnum, aut quod voluerit homo nominare eam. Et ethica, est operatio huius virtutis. Et quod regnatus duo sunt modi (...)[183].

Quelques omissions, trois ajouts («et ex quibus distinguntur» / «vel quo ordine esse» / «homines»), un raccourci en fin de citation («et quod virtus (...) ex duabus» au lieu de «auctio autem (...) duo sunt modi»), et un petit nombre de variantes («provenire» à la place de «procedere» et «decernere» à celle de «discernere»), dont le beauvaisien n'eut peut-être point l'initiative, n'écornent pas suffisamment l'image de tâcheron du démarquage qu'il renvoie pour modifier son statut de copiste et tirer de l'ombre la transposition gérardienne.

[183] Gerardus Cremonensis, *De scientiis*, *infra*, pp. 286,3-288,32.

Nous n'aurons point à nous éloigner beaucoup dans le temps du *Speculum maius* pour rencontrer la *Summa philosophiae* (1260-1270 ca.) du Pseudo-Grosseteste[184], qui ne dissimule aucunement – ce qui ne saurait surprendre de la part d'un auteur fortement redevable à Albert le Grand – son arabophilie, puisque cet énorme travail, en l'un de ses premiers chapitres, n'énumère pas moins d'une quinzaine de philosophes arabes, dont bien sûr *Alfarabius*[185]. Mais dans la pratique, les développements font apparaître d'un côté que la connaissance des doctrines n'est pas du tout à la hauteur de ce que l'énumération des noms laisserait envisager, de l'autre que le penseur sans identité reproduit la même confusion que celle observée chez son maître[186], entre Fārābī et Averroès à propos du *De sensu et sensato*, avec des conséquences identiques quant à la fiabilité de ses évocations du premier. Les rares qui soient nominatives – dont deux seulement nous paraissent exploitables – permettent toutefois de constater qu'apparemment le pseudépigraphe ne confond pas toujours les deux penseurs arabes, entre autres lorsqu'il fait appel, sans le désigner, à l'*Iḥṣā'*. C'est le cas du listage des sept sciences mathématiques:

> Doctrinalem vero in arithmeticam, geometricam, scientiam de aspectibus scientiamque de stellis dividunt nec non et in musicam, scientiamque de ponderibus, scientiamque de ingeniis, quarum etiam particulas Alfarabius evolvit[187].

Sous ce rapport, la simple utilisation de l'ablatif pluriel (*scientia de aspectibus, scientia de ponderibus, scientia de ingeniis*) au lieu du génitif pluriel, révèle l'emprunt fait à Gundissalinus:

> Tertium de scientiis doctrinalibus, que sunt arithmetica, geometria, scientia de aspectibus, scientia stellarum doctrinalis, scientia musice, scientia de ponderibus, scientia de ingeniis[188].

[184] PSEUDO-ROBERTUS GROSSETESTE, *Summa philosophiae*, hrsg. von L. BAUR, *Die philosophischen Werke des Robert Grosseteste, Bischofs von Lincoln*, Münster 1912 (BGPMA, 9), XXIX, pp. 275-643.

[185] Cfr. *ibid.*, I, 6, p. 279. Cfr. BAUR, *Dominicus Gundissalinus* cit. (chap. 2, à la note 19), p. 279,31-41.

[186] Cfr. *supra*, p. 108.

[187] PSEUDO-ROBERTUS GROSSETESTE, *Summa philosophiae*, III, 6, ed. Baur cit., p. 301,17-21.

[188] DOMINICUS GUNDISSALINUS, *De scientiis*, ed. Alonso Alonso cit., pp. 56,13-57,3.

> Capitulum tertium, est de scientiis doctrinalibus, que sunt arithmetica, et geometria, et scientia aspectuum, et scientia stellarum doctrinalis, et scientia musice, et scientia ponderum, et scientia ingeniorum[189].

La seconde illustration est moins facile à sourcer. Elle regarde la question *de natura et varietate splendoris*, et semble accoler un fragment farabien à un autre qui ne l'est point:

> Proiectio radiorum, quae quadruplici teste Alfarabio modo, id est secundum radium rectum et reflexum et conversum ac fractum, itemque faciendo angulum rectum obtusum et acutum utrumque secundum latitudinem suam; utrumque etiam et intendit potest et remitti, vel in corpore lucet magis minusve condensat[190].

Bien que *proiectio* soit un substantif qui n'émane pas du *De scientiis*, et que *splendor*, au lieu de *radius*, n'en provienne pas davantage, l'extrait reconnaît un emprunt textuel aisément vérifiable, mais dont la formulation est trop indépendante pour être déclarée gondissalinienne ou gérardienne, l'une n'étant d'ailleurs pas ici différentiable de l'autre. La première éventualité paraît néanmoins la plus vraisemblable des deux, si l'on reconduit le précédent constat:

> Radii quidem penetrantes corpora pervia usque ad illud, ad quod aspicitur, alii sunt recti, alii reflexi, alii conversi, alii fracti[191].

> Radii quidem penetrantes corpora pervia usque ad illud, ad quod aspicitur, aut recti sunt aut reflexi aut conversi aut fracti[192].

> Radii quidem penetrantes in corpora pervia ad illud ad quod aspicitur, aut sunt recti, aut reflexi, aut conversi, aut fracti[193].

Probablement durant ce même troisième quart du XIIIe siècle Aubry de Reims rédigera sa *Philosophia* (1265 ca.), qui nous est

[189] GERARDUS CREMONENSIS, *De scientiis*, *infra*, pp. 154,7-156,10.

[190] PSEUDO-ROBERTUS GROSSETESTE, *Summa philosophiae*, XIV, 11, ed. Baur cit., p. 542,28-35.

[191] DOMINICUS GUNDISSALINUS, *De scientiis*, ed. Alonso Alonso cit., p. 96,8-10.

[192] ID., *De divisione*, ed. Baur cit., p. 118,11-12.

[193] GERARDUS CREMONENSIS, *De scientiis*, *infra*, p. 240,138-140.

parvenue incomplète[194]. Quoique marquée par l'influence de la *Divisio scientiarum* d'Arnoul, elle s'en tient à véhiculer, pour tout témoignage de sa connaissance de Fārābī, le résumé d'un passage reconnu comme sien, mais dont la teneur et l'authenticité intriguent toujours les commentateurs:

> De quibus conqueritur Alfarabius dicens quod alii hominum pecuniis secularibus inhiantes, alii carnalibus desideriis intendentes, alii potencia et nobilitate sanguinis confidentes, alii fortunas que in mundo accidunt expectantes, alii torpore mentis et pernicie languentes, scientias negligunt et ad motus illicitos se convertunt[195].

Il est à concéder que ce fragment, qui distingue cinq sortes d'individus se détournant des sciences pour céder à des aspirations ou à des comportements dégradants (ceux qui, respectivement, sont avides de richesses séculières, sont tendus vers les désirs charnels, sont orgueilleux par la puissance et la noblesse du sang, aspirent aux biens du monde, languissent par torpeur et ruine de l'esprit), n'est précédé ou suivi d'aucun rattachement au *De scientiis*, pas plus qu'au *De ortu scientiarum*, ou à tout autre ouvrage farabien, ni même au *De divisione philosophiae* de Gundissalinus. Cependant, on ne peut s'empêcher de songer à l'un des deux traités cités, vu la très faible connaissance que l'on devait avoir en ces milieux-là de la production de Fārābī, et plus particulièrement au premier, en raison de ses cinq utilisations possibles déclinées au début[196], dont nous avons déjà fait état[197], si ce n'est que leur correspondance ne s'établit que par leur nombre. De toute façon, le passage était tellement connu à l'époque que nous le voyons évoqué à deux reprises, sans que les rédacteurs ou les copistes jugent bon de le citer *in extenso*. Le texte intitulé *Felix nimium* (1265 ca.)[198], appartenant à l'entourage d'Hervé le Breton, autre maître ès arts

[194] Cfr. R.-A. GAUTHIER, *Notes sur Siger de Brabant. II. Siger en 1272-1275: Aubry de Reims et la scission des Normands*, in «Revue des Sciences Philosophiques et Théologiques», 68 (1984), pp. 3-49 (pp. 29-48 pour le texte).

[195] ALBERICUS REMENSIS, *Philosophia*, ed. Gauthier, *ibid.*, p. 34,111-116.

[196] Cfr. GERARDUS CREMONENSIS, *De scientiis*, *infra*, pp. 156,14-158,34.

[197] Cfr. *supra*, p. 97.

[198] Cfr. C. LAFLEUR – J. CARRIER, *La* Philosophia *d'Hervé le Breton (alias Henri le Breton) et le recueil d'introductions à la philosophie du ms. Oxford, Corpus Christi College 283*, II, in «Archives d'Histoire Doctrinale et Littéraire du Moyen Âge», 62 (1995), [pp. 359-442], pp. 398-408 (= Cahiers du laboratoire de philosophie

de Paris, et contemporain de la *Philosophia* d'Aubry, se contente en effet de cette mention, pour tout indice de sa connaissance de Fārābī, éventuellement celui de l'*Iḥṣā'*:

> Et hoc sentiens Alfarabius ait: «Alii hominum pecuniis, etc.»[199].

Ce sera à peu près dans les mêmes termes et le même contexte que l'écrit, postérieur de quelques années, baptisé *Ut testatur Aristotiles*, qui, doctrinalement parlant, dépend à la fois de l'*Ut ait Tullius* et de la *Philosophia* d'Aubry, confirmera de ce fait la notoriété de l'extrait:

> Et illud sentiens Alfarabius ait: «Alii hominum, etc.»[200].

Sommes-nous en présence d'un état textuel inconnu du *De scientiis*, qui se serait retrouvé à la disposition des médiévaux par une version non recensée, ou bien s'agit-il d'une simple confusion passivement relayée de calame en calame? Songeons par exemple qu'il arrive au scripteur sans nom de l'*Ut testatur Aristotiles*, qui se dispense de tout autre recours à *Alfarabius*, de confondre Isaac Israeli et Al-Ġazālī[201].

C'est à pencher pour la seconde éventualité que nous encourage le même *Felix nimium*, qui, dans un autre registre, retient une seconde fois l'attention pour avoir prêté à notre auteur arabe une très ancienne distinction, qu'il serait pourtant, dans l'état de nos connaissances, bien en peine de revendiquer:

> Et hec [*scil.* scientia speculativa] dividitur in scientiam de rebus et scientiam de signis, et innuitur ista divisio ab Alfarabio in libro *De ortu scientiarum*[202].

ancienne et médiévale de la faculté de philosophie de l'université de Laval, 15, pp. 20-23).

[199] *Felix nimium*, ‹6›, edd. Lafleur – Carrier, *ibid.*, p. 400 (= p. 20). Quelques paragraphes plus loin (‹13›), l'anonyme fera une allusion à la division de la science spéciale en science des choses et science des signes, qu'il dira emprunter au *De ortu* pseudo-farabien.

[200] *Ut testatur Aristotiles*, ‹9›, éd. in C. Lafleur, *L'introduction à la philosophie* Ut testatur Aristotiles *(vers 1265-1270)*, in «Laval Théologique et Philosophique», 48.1 (1992), [pp. 81-107], p. 99 (= Cahiers du laboratoire de philosophie ancienne et médiévale de la faculté de philosophie de l'université de Laval, 19, p. 4).

[201] Cfr. *ibid.*, ‹5›, à propos de la définition de la science; cfr. Lafleur, *ibid.*, pp. 97-98.

[202] *Felix nimium*, ‹13›, edd. Lafleur – Carrier cit., p. 407.

Non seulement le traité du Pseudo-Fārābī ne renferme pas le distinguo en question, mais celui-ci était traditionnel chez les latins, bien antérieurement à Fārābī, ainsi que nous l'a appris l'observation faite sur le recueil *Ut ait Tullius*, qui avait déjà cédé au même travers[203], comme il en est d'une référence mise en abîme sans vérification.

D'autres penseurs ne risquèrent que très faiblement ce type d'erreur, tel Bonaventure († 1274) qui, à l'extrême fin de sa vie, proposera un ultime tableau[204], synthétique mais non moins détaillé, de plusieurs divisions du savoir de son temps dans ses *Collationes in Hexaëmeron* (1273) – dont il existe deux *reportationes* –, en ne paraissant concerné que de loin par la *novitas* gréco-arabe[205], y compris farabienne. Dans l'une d'elles, pour définir le second champ d'application de l'intelligence, à l'intérieur duquel il examine les différentes sortes de *quantitas*, il met au point la taxinomie suivante (citée dans la reportation brève), dont la majorité des grands axes nous sont familiers:

> Haec consideratio fertur principaliter circa sex. Aut enim est de quantitate discreta aut continua. Si de discreta, aut immota, et sic Arithmetica, quae est de numeris; aut mota et relata ad sonum, et sic Musica. Si de continua, aut de inferiori aut de superiori. Si de inferiori, vel immota aut in generali, et sic est Geometria; aut in speciali contrahenda principia, et sic est Perspectiva. Si autem de superiori mota, aut est de corporibus regulatis per motum, et sic dicitur Astronomia; alia de influentia superiorum et regulatione inferiorum, et dicitur Astrologia. Et haec in parte est vera et in parte periculosa propter deludia quae sequuntur, et ideo in plures haec dividitur, ut sunt Necromantia, Hydromantia, Aeromantia, Geomantia, Pyromantia, ut sunt etiam auguria, divinationes, sortilegia et cetera huiusmodi[206].

[203] Voir plus haut, p. 99.

[204] Pour un panorama d'ensemble, cfr. C. Wenin, *Les classifications bonaventuriennes des sciences philosophiques*, in *Scritti in onore di Carlo Giacon*, Padova 1972, pp. 189-216.

[205] Cfr. Bonaventura de Balneoregio, *Collationes in Hexaëmeron*, Visio I, Collatio I, éd. F. Delorme, in *Bibliotheca Franciscana Scholastica Medii Aevi*, VIII, Firenze 1934, pp. 48-72; et cfr. A. di Maio, *La divisione bonaventuriana della filosofia: lettura di* Collationes in Hexaëmeron 3.2, in *La divisione della filosofia e le sue ragioni* cit. (chap. 1, à la note 38), pp. 157-184.

[206] Cfr. Bonaventura de Balneoregio, *Collationes in Hexaëmeron*, IV, 15, ed. Delorme cit., p. 56.

Pourtant, ce bloc de six disciplines (arithmétique, musique, géométrie, optique, astronomie, astrologie) – données dans la reportation longue comme celles de la *mathematica*[207] – excède à l'évidence le classique *quadrivium*, et tend à se rapprocher de la mathématique à sept branches voulue par Fārābī[208], bien que ce dernier en exclut, non sans l'évoquer, l'astrologie (à laquelle il ne rattache du reste que l'oniromancie, l'ornithomancie et la *strenutatio*)[209], tout en y ajoutant la statique et la mécanique. Néanmoins, la simple présence de l'optique (*perspectiva*) chez Bonaventure, définie qui plus est, en relation étroite avec la géométrie, comme étude (*consideratio*) de la quantité continue des choses inférieures et immobiles, «in speciali contrahenda principia» – alors que la géométrie touche à la même quantité, mais «in generali» –, ne peut s'expliquer en référence à la filiation des sources gréco-latines habituelles, qui ont pour nom Aristote, saint Augustin, Isidore de Séville et Hugues de Saint-Victor. On ne saurait par ailleurs nier que le contraste entre le mode *in generali* de la géométrie et le mode *in speciali* de l'optique, dû au fait que celle-ci procède *absolute* par rapport à celle-là, semble, dans la seule version gérardienne – la contribution de Gundissalinus n'étant ici pas assez littérale –, répondre, comme en écho, à celui entre le *communis* et le *singularis* du *De scientiis* rapportés à ces deux sciences:

> Est (...) speculatio geometrie communior. Et non est necessarium ut singularis fiat scientia aspectuum licet ista ingrediantur in summam eius de quo inquirit geometria, nisi quia (...)[210].

[207] Cfr. Id., *Collationes in Hexaëmeron*, IV, in Id., *Opera omnia*, V, Quaracchi 1891, p. 351b: «Haec consideratio mathematica est circa sex: aut circa numeros in sua puritate, et sic est arithmetica; aut circa numeros ut considerantur in sonis, et sic musica; aut in quantitate continua et circa proportiones dimensivas generaliter, et sic geometria; aut per additionem de linea visuali, et sic perspectiva; aut secundum quantitatem utramque et secundum discretiones numerales et substantiales, vel continuas et discretas, et sic astrologia, et illa est duplex: una de corporibus regulatis per motum, et sic astronomia; alia de influentia, et haec partim est secura et partim periculosa, et haec astrologia. Periculosa est propter iudicia quae sequuntur; et ab hac fluit geomantia vel nigromantia et ceterae species divinationis».

[208] Cfr. *infra*, pp. 225-262.

[209] Cfr. *ibid.*, p. 151. Sur *strenutatio*, voir la note y afférente de notre traduction.

[210] Gerardus Cremonensis, *De scientiis*, *infra*, pp. 236,98-238,101.

Serait-ce suffisant pour penser que Bonaventure a profité, probablement après plusieurs détours et sans vraiment en avoir conscience, du canal de diffusion de l'inventaire farabien des sciences? Il n'est pas déplacé de l'envisager, encore que ce soit là l'unique émergence que nous en connaissions dans le corpus bonaventurien.

Cependant, à l'opposé, son frère en religion, le franciscain anglais Roger Bacon (1217 ca.-1292 ca.), qui étudia, lui aussi, à Paris[211], se montra beaucoup plus accueillant aux nouvelles typologies scientifiques et ouvert à l'évolution épistémologique dont elles étaient porteuses. Comme son aîné, Albert, c'est un arabophile convaincu, et à cet égard on dit, à juste titre, sa dépendance envers le *De scientiis* conséquente en plusieurs domaines, au point de devenir, après Arnoul de Provence et Vincent de Beauvais, le troisième et dernier auteur latin médiéval que l'on peut qualifier de «farabien», mais avec une envergure qui le rend, à terme, sans égal. Il est vrai que son projet de réforme du savoir chrétien et son souci de planifier le statut de la philosophie comme *ancilla theologiae* le disposait à s'en inspirer, lui qui œuvrait à une refonte du *curriculum* des sciences profanes mises entièrement au service de l'interprétation de l'Écriture sainte, autrement dit à une *reductio artium ad theologiam*. Qu'en est-il explicitement?

Bacon en appelle souvent aux penseurs arabes, tels *Albumazar*, *Averroes*, *Avicenna* et *Alfraganus*. Parmi eux, *Alpharabius* figure en bonne place, dans la majorité des cas par son *Liber de scienciis* ou *scienciarum*, bien que la classification baconienne, répartie sur plusieurs taxinomies, ne soit pas particulièrement accueillante pour celle de Fārābī, ne serait-ce que parce que, comme le souligne Jeremiah Hackett, elle privilégie l'ouvrage herméneutique majeur de la basse Antiquité: le *De doctrina christiana* d'Augustin[212]. Ne pouvant ici chaîner la totalité des occurrences, nous nous limiterons surtout à la composition qui nous paraît la plus riche d'enseignement pour notre enquête, la *Moralis philosophia*, et à ce qui facilite son appréhension.

[211] Ce fut déjà le cas de Robert Bradwardine.

[212] Cfr. J. HACKETT, *Roger Bacon on the Classification of the Sciences*, in *Roger Bacon and the Sciences. Commemorative Essays*, ed. J. Hackett, Leiden 1997 (Studien und Texte zur Geistesgeschichte des Mittelalters, 57), [pp. 49-65], p. 65.

Septième partie de l'*Opus maius* (1266 ca.-1267), cette imposante lettre adressée au pape Clément IV est conçue comme un plaidoyer destiné à convaincre ce dernier de la nécessité de rénover radicalement le savoir afin de sauver un christianisme à ses yeux menacé de toutes parts. Plus précisément, son auteur entend y forger une méthode pour prouver la supériorité de la *lex christiana*, bien qu'il ne rejette point, nous allons le voir, d'autres confessions. C'est dans cette intention qu'il envisage de fléchir (*flectere*) l'esprit (*animus*) par l'argument rhétorique et poétique dans trois directions, afin: premièrement, qu'il puisse recevoir les vérités des religions qui se fondent sur une révélation et parviennent à un consensus (chap. 4), deuxièmement, qu'il soit incité à rechercher le bien (chap. 5), et troisièmement, que le juge ou la partie adverse puissent trancher de manière satisfaisante (chap. 6)[213]. En vue de parvenir à ses fins, Bacon convoque à maintes reprises le *De sciencijs* d'*Alpharabius*. Ce recours ne présente en lui-même rien de remarquable. Mais en 1998, Irène Rosier-Catach a fait apparaître qu'au cours de sa démarche se trouvait créé un lien, que n'établit du reste pas Fārābī, entre l'*ars eloquentiae*, qui renvoie à la troisième partie du chapitre 5 de l'*Iḥṣā'*, celle touchant le *kalām*, que Bacon a lue comme «un traité sur les modes d'argumentation en théologie»[214], et les paragraphes consacrés à la rhétorique et à la poétique, composantes du chapitre 2. Or, fait-elle remarquer, cela ne peut provenir que du *De scientiis* de Gérard, qui s'achève précisément par l'*ars* ou la science de l'éloquence (en fait: *elocutio*), alors que Gundissalinus, on s'en souvient, fait l'impasse sur la section, quoiqu'il l'annonce dans sa présentation en termes identiques à ceux de Gérard. L'argument peut difficilement déboucher sur une autre conclusion. Il n'en demeure pas moins que la mise en parallèle des «citations» du *De scientiis* et des passages farabiens qu'elles prétendent refléter manifeste d'importantes distorsions dont il convient d'avoir un aperçu.

[213] Cfr. ROGERUS BACON, *Moralis philosophia*, V, I (12), ed. E. Massa, Padova 1953, p. 249,23-31.

[214] I. ROSIER-CATACH, *Roger Bacon, Al-Farabi et Augustin. Rhétorique, logique et philosophie morale*, in *La rhétorique d'Aristote, traditions et commentaires, de l'Antiquité au XVIIe siècle*, edd. G. Dahan – I. Rosier-Catach, Paris 1998, [pp. 87-110], p. 91.

Dans cette intention, on ne saurait faire l'économie, au préalable, d'une brève caractérisation de la manière baconienne de s'en référer à l'*Alpharabius* de l'*Iḥṣā'*. Tout sauf littérale, elle reformule systématiquement les contenus, qui se trouvent toujours soumis à la syncope et à de fréquentes variantes lexicales, faisant quelquefois douter de la bonne compréhension du texte original. Par exemple, dans la partie IV du même *Opus maius*, Bacon veut fonder la dépendance de la grammaire et de la logique par rapport aux mathématiques. Il annonce alors:

> Modi (...) accidentales sunt grammatica et logica. Et quod sine mathematica non possunt sciri scientiae istae patet per Alpharabium in libro De scientiis[215].

Suit une assez longue explication qui, dans un premier moment consacré à la grammaire, est ponctuée par «et his concordat Alpharabius in libro de divisione scientiarum», puis, dans un second consacré à la logique, que trois mots suffisent à annoncer («eodem modo logica»), rebondit sur «et Alpharabius hoc docet maxime»[216]. Son analyse permet de reconnaître en filigrane, sous les réénonciations et les raccourcis, l'analogie introduite par le *De scientiis* (II, A, 2), que du reste Gundissalinus délaisse, entre la dialectique, la grammaire, la prosodie, les poids et les mesures, la règle et le compas[217]. En vérité, Bacon combine ici un peu abusivement les références, comme il ressort du second moment, où le rebond auquel nous venons de faire allusion se produit par la poésie:

> Et Alpharabius hoc docet maxime de poetico, cujus sermones debent esse sublimes et decori, et ideo cum ornatu prosaico et metrico, et rhytmico insigniti, secundum quod competit loco et tempori et personis et materiae de qua sit persuasio[218].

Néanmoins, tout bien considéré, cette extension se justifie lorsqu'on sait que Fārābī consacre une partie de son exposé sur

[215] ROGERUS BACON, *Opus maius*, IV, I, II, ed. J. H. Bridges, 3 voll., Oxford 1897-1900, vol. I, p. 99.

[216] Cfr. *ibid.*, pp. 99-102.

[217] Cfr. GERARDUS CREMONENSIS, *De scientiis*, *infra*, p. 180,23 seqq.

[218] ROGERUS BACON, *ibid.*, pp. 100-101.

l'énoncé poétique (II, E, 5) à indiquer comment celui-ci se nourrit des procédés logiques, concluant ainsi:

> Et propter illud facti sunt sermones poetici absque aliis pulcri et decentes, et sublimes, et ponuntur eis decor et declaratio cum rebus que dicte sunt in scientia loice[219].

À d'autres occasions, des confusions plus nettes se produisent, comme celle véhiculée justement par un passage de la *Moralis philosophia*:

> Omnis secta variatur secundum condicionem finis, ut docet Alfarabius in libro De scientiis[220].

Bacon semble avoir cédé ici à l'extrapolation, dès lors que pour Fārābī, comme le relaye cette fois-ci Gundissalinus, ce n'est point la religion (*secta*) qui varie en fonction de sa fin, mais la science du citoyen:

> Et ex finibus propter quos fiunt, distinguit [scientia civilis] actiones que sunt in usu[221].

> Distinguit [scientia civilis] ex finibus propter quos fiunt operationes et sunt in usu consuetudines[222].

Il reste vrai néanmoins que certains théologiens donnent l'impression de procéder à des distinctions touchant la finalité de leur displine:

> Distinguendo sequuntur sensata, et famosa, et rationata, et per ea que inueniunt ex eis aut ex commitantibus ab eis quamuis elongetur testimonium alicuius ex eis que sunt in secta, defendunt illam rem[223].

Toutefois, cela ne paraît pas en mesure de justifier la liberté prise avec le texte invoqué. Quelque temps plus tard, dans l'*Opus tertium* (1267 ca.-1268), la teneur des livres sur la rhétorique et la poétique de l'*Organon* d'Aristote dans la présentation de Fārābī sera donnée comme suit:

[219] GERARDUS CREMONENSIS, *De scientiis*, *infra*, p. 212,363-366.
[220] ROGERUS BACON, *Opus maius*, VII, IV, I (1), ed. Bridges cit., vol. II, p. 367.
[221] DOMINICUS GUNDISSALINUS, *De scientiis*, ed. Alonso Alonso cit., p. 134,4-5.
[222] GERARDUS CREMONENSIS, *De scientiis*, *infra*, p. 286,10-11.
[223] Cfr. *ibid.*, pp. 306,214-308,217.

> In illis [*scil.* les livres de la rhétorique et de la poétique] (...) docetur quomodo fiant sermones sublimes, tam in voce quam sententia, secundum omnes ornatus sermonis, tam metrice et rhythmice quam prosaïce, ut animus ad id, quod intendit persuasor, rapiatur sine praevisione, et subito cadat in amorem boni et odium mali, secundum quod docet Alpharabius in libro De scientiis[224].

Quoique réduit à un simple bruissement, l'écho de la traduction de Gérard demeure identifiable, sachant qu'elle ne peut de nouveau entrer en comparaison avec celle de Gundissalinus, qui néglige de fournir ces indications:

> Et in septimo quidem sunt regule quibus experiuntur et quibus probantur sermones rethorici et species prosarum, et sermones beneloquentis, et rethorici, et faciunt scire an sint secundum intentionem rethorice aut non, et comprehenduntur omnes res quibus componitur ars rethorice; et docet qualiter sit ars sermonum rethoricorum, et prosarum, in unoquoque tractatu rerum, et quibus rebus fiant meliores et perfectiores et sint eorum operationes penetrabiliores et magis ultime. Et iste liber, nominatur grece *rethorica*, et est *alchatabati*. Et in octauo sunt regule quibus experiuntur uersus, et species sermonum metricorum facti et illi qui fient in unoquoque tractatu rerum, et comprehendit omnes res quibus completur ars uersuum, et quot sint species eius, et quot sint species uersuum et sermonum metricorum, et qualiter sit ars omnis speciei earum, in quibus rebus fiant, et quibus rebus componantur, et fiant melius, et sublimius, et manifestius, et delectabilius, et cum quibus oportet ut sint donec fiant magis ultimi et penetrabiliores[225].

Le franciscain d'Oxford transforme donc invariablement le libellé de l'*Alpharabius* «encyclopédiste». Nous ignorons si tout ce qu'il prélève sur le fonds arabe participe du même processus. La méfiance que Bacon nourrissait envers les traductions et son goût pour l'innovation[226] font pressentir qu'il en fut ainsi. À moins que cette façon très personnelle et quelque peu désinvolte de rappor-

[224] ROGERUS BACON, *Opus tertium*, LXXV, ed. J. S. Brewer, *Fr. Rogeri Bacon Opera quaedam hactenus inedita*, 3 voll., London 1859, I, pp. 304-305.
[225] GERARDUS CREMONENSIS, *De scientiis*, *infra*, pp. 218,415-220,431.
[226] Cfr. ROSIER-CATACH, *Roger Bacon* cit.

ter les contenus textuels du *De scientiis*, ainsi que les erreurs qu'elle introduit, et qui s'expliqueraient alors d'elles-mêmes, ne résultent d'une capacité à traduire directement la langue de Mahomet. Sa charge contre tous les traducteurs latins qu'il jugeait incompétents, à l'exception de Robert Grossesteste, est célèbre, et tendrait à justifier de sa part au moins une refonte obligée de toute latinisation déjà effectuée[227]. Mais la conjecture paraît intenable, vu que l'on ne connaît du futur Docteur merveilleux aucune traduction latine d'un traité arabe, et que son cursus à Oxford et à Paris ne lui aurait pas permis d'étudier et de maîtriser la *lingua arabica*[228]. Quoi qu'il en soit, et c'est l'unique constat qui nous importe dans l'immédiat, il reste la plupart du temps, lorsque bien sûr la confrontation est possible, suffisamment d'éléments pour s'assurer que seule la version de Gérard aurait effectivement servi de matrice. On le vérifiera encore à l'occasion de l'évocation, dans le même écrit, du mécanisme de la jouissance poétique, à laquelle Albert le Grand s'était déjà un peu intéressé:

> Et ideo hec pars quinta docet facere argumenta in fine pulcritudinis, ut subito rapiatur animus ad consendiendum et antequam possit providere contrarium, sicut docet Alpharabius in libro Scienciarum[229].

À première vue, il n'émerge rien de cette présentation, recomposée et fortement restreinte, pour la dire inspirée par le *De scientiis* gérardien plutôt que par celui de Gundissalinus :

> Proprium est (...) poetice sermonibus suis imaginari aliquid pulchrum vel fedum, quod non est ita, ut auditor credat, et aliquid abhorreat vel appetat. Quamvis enim certi simus quod non est ita in veritate, tamen eriguntur animi nostri ad horrendum vel appetendum quod imaginatur nobis. Imagi-

[227] Cfr. R. LEMAY, *Roger Bacon's Attitude toward the Latin Translations and Translators of the Twelfth and Thirteenth Centuries*, in *Roger Bacon and the Sciences* cit., pp. 25-47.

[228] Cfr. J. HACKETT, *Roger Bacon: His Life, Career and Works*, in *Roger Bacon and the Sciences* cit., pp. 9-23; et G. DAHAN – I. ROSIER – L. VALENTE, *L'arabe, le grec, l'hébreu et les langues vernaculaires*, in *Geschichte der Sprachtheorie*, hrsg. von S. Ebbesen, Tübingen 1995 (Sprachtheorie in Spätantike und Mittelalter, 3), pp. 265-321.

[229] ROGERUS BACON, *Moralis philosophia*, VII, V, III (5), ed. Massa cit., p. 254,28-31.

> natio enim aliquando plus operatur in homine quam scientia vel cogitatio. Sepe enim cognitio vel scientia hominis contraria est eius imaginationi et tunc operatur homo secundum quod imaginatur, non secundum quod scit vel cogitat[230].

> Et illud est, aut ut homini gradato non sit prouisio dirigens ipsum, quare uadit ad operationem que queritur ab eo cum imaginatione et erigitur ei imaginatio loco prouisionis, aut sit homo cui fit prouisio a quo queritur operatio et non est securitas cum prouiderit in ea quin prohibeatur ab ipsa, quare festinandus est sermonibus poeticis, ut preueniatur eius prouisio cum imaginatione, ita ut properet ad illam actionem et erit ex eo cum euasione, antequam succurrat cum sua prouisione ei quod est in fine illius operationis, quare prohibeatur ab ea penitus, aut succedat ei et uideat ne properet cum ea, et postponat ipsam ad horam aliam. Et propter illud facti sunt sermones poetici absque aliis pulcri et decentes, et sublimes, et ponuntur eis decor et declaratio cum rebus que dicte sunt in scientia loice[231].

Pourtant, c'est seulement dans le version de Gérard que la section concernant la poésie, en raison de l'effet incitatif de cette dernière sur l'homme chez qui la réflexion conditionne l'action, se termine, avec le rappel de sa finalisation par la dimension du beau, laquelle se retrouve précisément ici au cœur du propos baconien.

La dernière étape de notre lecture cursive nous fera arrêter aux *Communia mathematica*, qui remonteraient aux années 1270. La *divisio mathematice* que l'on y rencontre donne lieu à l'analyse suivante:

> Mathematica habet duas partes principales, quarum quedam est de communibus et alia de propriis, et hanc divisionem ponit Alpharabius in libro *De scienciis*. Et hec pars Mathematice non debet vocari Geometria nec Arismetica nec Astrologia nec Astronomia nec Musica, sed de elementis et de radicibus totius Mathematice que debent premitti ante partes speciales. Que in nomine convenit cum libro Euclidis qui vocatur *Liber Elementorum et Radicum*, quem dividit in libro *De sciencîis* Alpharabius contra ea que sequuntur hunc

[230] DOMINICUS GUNDISSALINUS, *De scientiis*, ed. Alonso Alonso cit., pp. 75,4-76,2.

[231] GERARDUS CREMONENSIS, *De scientiis*, *infra*, p. 212,353-365.

> librum Euclidis. Et non solum in nomine cum libro Euclidis hoc primum convenit, sed in re aliquantulum et sustancia, quamvis eciam partim in modo partim in substancia differe realiter cognoscatur. Nam Euclides succincte procedit, non omnia determinans que necessaria sunt huic parti Mathematice, sed secundum quod ei tunc temporis videbatur. Multa enim addita sunt ab aliis ad dicta Euclidis, ut totius XIIII^{us} liber et plura alia, et liber *de Speris* et ceteri tractatus Geometrie et Arithmetice certiores. Et sic est de Communibus Mathematice quod, scilicet ad dicta eius, sunt multa addita et adhuc alia necessaria addi debent. Differt autem tractatus hic de *Communibus* a libro Euclidis, quia hic non ponuntur nisi communia tantum, ipse vero miscuit eum propriis communia, ut prius dictum est et infra plenius apparebit[232].

Donc, de l'avis de Bacon, dans son *De scientiis* al-Fārābī procède à la division des mathématiques en deux parties principales, l'une concernant les choses communes à ses disciplines (le *quadrivium* plus l'astrologie), l'autre les propres à chacune. Celle concernant les propres, à ce que nous comprenons, doit être appelée partie des éléments (*elementa*) et des fondements (*radices*) de l'ensemble des mathématiques, et précéder *speciales*. Quant à la désignation (*in nomine*), ajoute Bacon, ce que dit *Alpharabius* est conforme au livre d'Euclide, appelé précisément à l'origine *Livre des éléments et des fondements*, mais quant au contenu la conformité n'est que partielle. Car Euclide, précise-t-il, procéda aussi bien par raccourcis que selon ce qui lui apparut aux différents moments de la rédaction de son recueil, expliquant ainsi que de nombreux ajouts furent apportés, comme dans le cas du livre XIV. On se doit d'en déduire que l'ouvrage qui nous est parvenu sous le titre *Livre des éléments* n'est point celui qu'Euclide dut composer, lequel portait en même temps sur ce qui était commun aux mathématiques et sur ce qui était propre à chaque discipline.

Notre propos du moment ne le nécessitant aucunement, nous ne nous arrêterons pas ici sur la valeur intrinsèque d'un tel jugement, d'autant moins que nous nous dispensons de rapporter la démonstration donnée en appui aussitôt après. Deux notations

[232] ROGERUS BACON, *Communia mathematica*, cap.V, pars II, d. III, edd. R. Steele et Al., *Opera hactenus inedita Rogeri Baconi*, Oxford 1905-1940, XVI (1940), p. 38,6-31.

très succinctes s'imposent néanmoins, que nous ne fournirons pas avant d'avoir reproduit les deux versions latines du passage auquel songe très vraisemblablement Bacon:

> Oportet autem sciri quod Geometria et Arithmetica habent elementa, per que multa declarantur in eis. Sed elementa sunt finita; quod vero declaratur per illa, sunt infinita. Unde liber Euclidis, in quo sunt elementa Geometrie et Arithmetice, dicitur *Liber Elementorum*. In quo consideratio fit duobus modis, uno resolutionis, alio compositionis. Quibus duobus modis antiqui tractatores huius scientie usi sunt in suis libris. Sed Euclides in suo libro non incessit nisi secundum viam compositionis[233].

> Et oportet ut sciatur quod geometrie et aritmetice sunt elementa et radices, et res alie quae declarantur ab illis radicibus. Radices ergo sunt definite set illa que declarantur a radicibus sunt indefinita. Et in libro quidem comparato Euclidi pithagorico sunt radices geometrie, et arithmetice, et est liber nominatus *Liber elementorum*. Et consideratio in eis, est duabus viis: via resolutionis et via compositionis. Et antiqui quidem de illis qui fuerunt huius scientie agregauerunt in libris suis inter ambas vias, nisi Euclides. Nam ipse considerat in libro suo secundum viam compositionis solum[234].

Ce fragment arrêté, revenons à la citation des *Communia*. La première convocation baconienne du *De scientiis* y est, on le voit, une fiction, car on ne trouve nulle part dans l'ouvrage de Fārābī, pas même dans toute la section sur les mathématiques, quelque chose qui rappelle le balancement entre ce qui relève du commun et ce qui relève du propre, et on ne peut raisonnablement envisager de le rapporter aux notions d'analyse et de synthèse (*resolutio-compositio*). En revanche, il ne semble point douteux que la présentation qui suit ait été faite à partir de la traduction de Gérard, puisque le double paramètre *elementa-radices* est conforme au texte farabien, alors que Gundissalinus en omet la seconde composante, rendant ainsi sa version inexacte, bien qu'elle paraisse la seule à être cohérente relativement à ce qui nous est parvenu de l'ouvrage euclidien.

[233] Dominicus Gundissalinus, *De scientiis*, ed. Alonso Alonso cit., pp. 92,12-93,8.

[234] Gerardus Cremonensis, *De scientiis*, *infra*, p. 236,85-94.

À terme, c'est ce surprenant mélange entre une contraction des raisonnements et leur réécriture qui distingue Bacon de tous les autres écrivains ayant accueilli le legs arabe, et plus particulièrement farabien, et l'érige en premier témoin de l'utilisation, à ce qu'il semble exclusive, de la mise en latin de Gérard. Sous pareil éclairage, la *Moralis philosophia* – nous y revenons plus longuement – délimite l'espace privilégié où s'exerce cette relecture. Le rôle qu'elle assigne à la science de l'éloquence montre que son auteur, l'identifiant à la *scientia elocutionis* et la ramenant à une science des modes d'argumentation en théologie[235], en fait bien un usage farabien, c'est-à-dire la perçoit comme «une vertu par laquelle l'homme peut, par des mots, défendre les préceptes et les actions définies qu'a énoncés explicitement l'instaurateur de la religion, et rejeter tout ce qui en diverge»[236]. Cela étant, l'emploi du verbe *eloquor*, que sa fonction sémantique oriente vers l'*eloquentia* – bien que le substantif ne soit pas utilisé –, et met au service de la *persuasio rhetorica*, qui doit produire la *delectatio* pour emporter conviction et adhésion chez l'interlocuteur, ressemble assez à une initiative malheureuse, en ce qu'il est, par sa teneur, encore plus éloigné du sens technique de *kalām* que le substantif *elocutio* (utilisé du reste aussi par Gundissalinus), auquel il se substitue, à la suite probablement d'une mauvaise compréhension de son étymologie.

Ailleurs dans le traité, Bacon énumérera, toujours en prétendant suivre Fārābī, les modes principaux de la *persuasio de secte veritate*, celle-là même qu'il veut promouvoir comme remède philosophique le plus efficace et pierre angulaire de son projet. Ces modes sont successivement les miracles, les témoignages des anciens prophètes, la révélation et la voie philosophique. Examinons de plus près comment se produit leur «alfarabisation».

Témoignage des prophètes et révélation sont traités en premier et regroupés dans une seule évocation. Nous scinderons cependant le passage en deux volets pour faciliter son examen. À l'occasion du premier, qui tient lieu dans l'*Iḥṣā'* de moment explicatif et figure donc après l'abord de la prophétie et de la

[235] Cfr. ROSIER-CATACH, *Roger Bacon* cit., p. 91.
[236] Cfr. GERARDUS CREMONENSIS, *De scientiis*, *infra*, p. 300,151-153.

révélation, Bacon réintroduit ces dernières, appelant la première *doctrina*:

> Alpharabius dicit in Moralibus de hac materia quod, sicut puer indoctus se habet ad virum sapientissimum sapiencia humana, sic talis sapiens se habet ad divinas veritates; et ideo non poterit proficere nisi per doctrinam et revelacionem[237].

> Licet homo consequatur finem perfectionis in humanitate, tamen ordo eius apud habentem rationes divinas, est ordo infantis et pueri apud homine perfectum. Sicut enim plures infantium et puerorum negant suis rationibus res plures de illis que in veritate non sunt negande nec impossibiles, et videtur istis quod sint impossibiles, similiter est ille qui est in fine perfectionis rationis humanae, apud habentes rationes divinas[238].

Si le procédé analogique qui consiste à comparer l'individu possédant éminemment la sagesse humaine confronté aux vérités divines à un enfant confronté à ce même sage est, là encore, globalement maintenu, la formulation en reste pour le moins très libre. Bacon ne peut s'empêcher de modifier sans doute plus que ne l'aurait imposé le choix de se réclamer d'*Alpharabius*: les *pueri et infantes* sont réduits à un *puer*, et l'«homme qui atteint l'idéal de la perfection dans l'humanité» devient l'«homme sapientissime dans l'ordre de la sagesse humaine». Plus gênant, car l'équivalence sémantique n'est pas vraiment constituée, l'*indoctus* remplace «ceux dont l'intellect refuse ce qui leur apparaît impossible». Enfin, le terme *doctrina*, qui, dans un contexte augustinien, supplée celui de *prophetia*, confine en l'occurrence au faux-sens, le substantif, toujours au pluriel, ne traduisant chez Gérard, nous le savons, que le grec μαθήματα, conformément à la tradition. Dans l'autre volet de la citation à présent, qui aborde plus directement la révélation et la prophétie, la distance avec l'original est à peine moins importante:

> Et addit [Alpharabius] quod, si homo posset consequi per se veritates secte divine, tunc non necesse esset mundo ut

[237] ROGERUS BACON, *Opus maius*, VII, IV, I, ed. Bridges cit., p. 384.
[238] GERARDUS CREMONENSIS, *De scientiis*, *infra*, p. 304,184-191.

> fierent revelacio et prophecia; set hec, ut dicit, concessa sunt mundo et necessaria sunt[239].
>
> Et iterum hominis via non est ut ipsum adhipisci faciat prophetia nisi illud cuius proprietas est ne ipsum comprehendat rationes sua et a quo ipsius ratio non pertransit. Et si non tunc inspirationi non essent intentio nec lucrum cum homo non lucraretur nisi illud quod scit et quod ei possibile est comprehendere sua ratione cum ipsum consideraverit. Et si esset ita dimittendi essent homines suis rationibus, et non esset eis necessitas prophecie neque inspirationis. Verum illud non est factum eis[240].

On relèvera simplement, sans porter de jugement de valeur, que Gérard n'emploie jamais *revelacio* pour traduire *waḥī*, qui ne figure pas sous son calame dans le *De scientiis*, mais *inspiratio*. La définition du *miraculum* ensuite, illustre encore plus symptomatiquement la façon dont le théologien anglais entend se servir de l'ouvrage de Fārābī:

> Alpharabius dicit quod propter miracula credendum est; hic enim est alter modus probandi sectam, scilicet per miracula, quem ponit[241].
>
> Et verificatur [*scil.* que celui qui est venu à nous a émané de Dieu et fut vérace] quod est ita ex uno duorum modorum: aut per miracula que ipse facit aut apparent super manus eius, aut per testimonia eorum qui precesserunt ante ipsum ex ueridicis[242].

Vaguement reconnaissable, l'idée générale se trouve dans l'ensemble préservée, malgré des écarts de formulation, ménagés comme par plaisir ou par désir d'appropriation. Ainsi, Bacon fait du miracle le *modus probandi* de la religion, alors que Gérard l'a compris comme un *modus verificandi*[243]. Quant à la «voie phi-

[239] ROGERUS BACON, *ibid*, pp. 209,22-210,2.

[240] GERARDUS CREMONENSIS, *ibid.*, pp. 302,169-304,177.

[241] ROGERUS BACON, *Moralis philosophia*, VII, IV, VIII (8), ed. Massa cit., p. 220,27-29.

[242] GERARDUS CREMONENSIS, *ibid.*, p. 306,202-205.

[243] Cfr. ROGERUS BACON, *Moralis philosophia*, IV, VIII (3), ed. Massa cit., p. 219,24-25: «Alpharabius docet in libro De scienciis modos probandi sectas et duos pre aliis notabiles ponit».

losophique», elle ne fait point l'objet d'un renvoi farabien particulier.

L'émancipation dont fait preuve Bacon face au texte qu'il démarque repose, une fois retombé l'étonnement dû à ce qui serait une connaissance toute personnelle du travail de Gérard, la question connexe d'une lecture directe de l'*Iḥṣā'* par le *Doctor mirabilis* lui-même. Car loin de sauter aux yeux, la filiation doctrinale se déduit non de l'élaboration de parentés terminologiques ou structurelles, mais par défaut, les passages concernés étant tout simplement absents de la sélection opérée par Gundissalinus. Sans cela, comment expliquer en particulier les nombreuses variantes terminologiques, entachées parfois de non-pertinence? De toute façon, que l'hypothèse d'un accès immédiat à la source arabe soit accréditée ou non, nous avons à prendre acte d'une même avancée: avec Bacon, l'intérêt que suscite le traité de Fārābī gagne sur des sections récusées par son premier traducteur. Mais l'usage qui en est fait, basé sur la reformulation, la restructuration et l'auto-limitation aux grandes lignes, n'infléchit en rien l'instrumentalisation du *De scientiis*, comme on l'observe dans l'élargissement le plus remarquable au *kalām*, celui-ci se trouvant ramené à quelques paramètres communs avec le christianisme, et plus exactement inspirés par lui. Comment, du reste, aurait-il pu en aller différemment, sachant que Bacon œuvre à la sauvegarde de sa religion, et voue la réflexion qu'il construit à la doctrine de l'Église?

En tout état de cause, quelques décennies plus tard[244], Gilles de Rome (1245 ca. – 1316 ca.) reprend, dans son *Expositio supra libros elenchorum*, l'analogie entre grammaire et dialectique observée par Fārābī au début du deuxième chapitre de son *Catalogus* (II, A, 2). Or, et la précision mérite notre attention, seule la traduction de Gérard la restitue *in extenso*:

> Alfarabius in logica sua volens quandam notitiam tradere de dyalectica ait quod fundamentum dyalecticae est ex intellectu sicut fundamentum artis grammaticae est ex lingua. Unde

[244] Pour les trois auteurs qui vont suivre, voir D. H. SALMON, *The Mediaeval Latin Translations of Fārābī's Works*, in «The New Scholasticism», 13 (1939), [pp. 245-261], p. 259; et M. GRIGNASCHI, *Les traductions latines des ouvrages de logique arabe et l'abrégé d'Alfarabi*, in «Archives d'Histoire Doctrinale et Littéraire du Moyen Âge», 39 (1972), pp. 41-107.

> subdit quod scientia dyalecticae comparatur ad intellectum et intellecta sicut scientia grammaticae comparatur ad linguam et ad vocabula[245].

> Et hec [ars dialectica] quidem ars proportionatur arti grammatice. Et illud est quia proportio artis dialectice ad rationem et rationata est sicut proportio artis grammatice ad linguam et dictiones. Totum igitur quod dat nobis scientia grammatice ex canonibus in dictionibus, scientia dialectice dat nobis eius compar in rationatis[246].

Il est vrai que de son côté Gundissalinus n'avait pu se dispenser de reconnaître que «grammatica et logica in hoc conveniant, quod utraque dat regulas de dictionibus»[247]; mais c'était en réalité pour mieux exposer par contraste ce qui les sépare. Cette localisation d'un deuxième écho de la version gérardienne au cours d'un même demi-siècle n'empêche pourtant pas de devoir reconnaître que les contemporains de Gilles, Pierre de Saint-Amour, qui fut recteur de l'université de Paris en 1281, dans une *Quaestio*, et Gratiadeus Asculanus en ses *Quaestiones super sex principia*, ne se sont point privés de procéder à l'évocation dudit *incipit* sous un libellé qui fait naître le sentiment d'un retour à l'adaptation de Gundissalinus, surtout par le choix du terme *lo(g)ica* et l'accent mis sur sa fonction directive:

> Sicut dicit Alpharabius in sua logyca, logyca est directiva ipsius rationis quantum ad triplicem operationem intellectus[248].

> Quemadmodum Alpharabius in loyca sua dicit, loyca est scientia rationis directiva, quod verum esse apparet primo ex ipsa interpretatione nominis[249].

> Ars (...) logica intendit dare regulas quibus deprehendimus orationis veritatem[250].

245 AEGIDIUS ROMANUS, *Expositio supra libros elenchorum*, in GRIGNASCHI, *Les traductions latines* cit., p. 44,13.

246 GERARDUS CREMONENSIS, *De scientiis*, *infra*, pp. 180,23-182,28.

247 DOMINICUS GUNDISSALINUS, *De scientiis*, ed. Alonso Alonso cit., p. 69,3-4.

248 PETRUS DE SANCTO AMORE, *Quaestio*, in GRIGNASCHI, *Les traductions latines* cit., Appendice III, p. 106.

249 GRATIADEUS ASCULANUS, *Quaestiones*, *ibid.*, p. 44,14, d'après le ms. Wien, Österreichische Nationalbibliothek 2350, f. 33r.

250 DOMINICUS GUNDISSALINUS, *ibid.*, p. 67,3-4. Cfr. ID., *De divisione*, ed. Baur

Ces derniers cas pourraient néanmoins laisser croire qu'en cette fin de siècle les textes qui nous occupent circulaient mieux, rendant leur connaissance plus aisée et plus précise. On ne saurait l'exclure. Reste qu'au même moment Jean de Dacie produit, en lecteur des *Philosophiae* d'Olivier le Breton et d'Aubry de Reims, une *Divisio scientiae* (1275 ca.), longue introduction à sa *Summa grammatica* (1280), dans laquelle il ne se hasarde, pour appuyer le fait que la première des sciences est la grammaire, qu'à une évocation du *De ortu*, où le Pseudo-Fārābī y assure lui-même que dans l'ordre des sciences celle de la langue figure effectivement en premier[251]. Les conditions du savoir n'évolueront pas notablement une quinzaine d'années plus tard, quand Rémi de Florence ou de Girolami († 1319), qui fut élève de Thomas d'Aquin et professeur de Dante[252], livre sa propre *Divisio scientie* (entre 1285 et 1295)[253]. Il ne s'y montre certes point réfractaire à l'outillage arabe, bien que le fonds helléno-latin, parsemé de citations bibliques, soit chez lui omniprésent, et sa dette envers le *De ortu scientiarum* de Robert Kilwardby guère douteuse[254]. Mais la mise en pratique est plutôt décevante et donne le sentiment de tout ignorer de Fārābī. Outre la présence massive de la magie[255], un exemple en assure l'illustration. Le chapitre cinquième aborde, de manière expéditive, la *scientia realis*, équivalente à la *scientia de rebus* d'Augustin[256] – celle *de signis* étant appelée *scientia sermocinalis* –, pour la diviser en *speculativa* et *practica*, distinction très présente, on s'en souvient, dans l'*Iḥṣā'*. Pourtant, avec un anachronisme probablement contrôlé, Rémi se contente d'aligner,

cit., p. 78,15-16: «Ars (...) logice intendit dare regulas, quibus deprehendimus veritatem oracionis».

251 IOHANNES DE DACIA, *Divisio philosophiae*, ed. A. Otto, in *Johannis Daci opera*, I, København 1955 (Corpus Philosophorum Danicorum Medii Aevi, I), [pp. 3-44], p. 45,12-17.

252 Cfr. A. GAVRIĆ, *Le* De modis rerum *de Rémi de Florence O.P. († 1319). Édition critique et études doctrinales*, Thèse de doctorat, Fribourg 2003.

253 REMIGIUS FLORENTINUS, *Divisio scientiae*, ed. E. Panella, in ID., *Un'introduzione alla filosofia in uno 'studium' dei frati Predicatori del XIII secolo.* Divisio scientie *di Remigio dei Girolami*, in «Memorie Domenicane», n. s., 12 (1981), pp. 27-126.

254 Cfr. notamment les chapitres 11 et 12.

255 Cfr. les chapitres 18, 19 et 20.

256 Cfr. AUGUSTINUS HIPPONENSIS, *De civitate Dei*, VIII, 4, PL 41, 227-229, ed. B. Dombart – A. Kalb, 2 voll., Turnhout 1955 (CCSL 47-48), I, pp. 218-221.

à titre d'exemples démonstratifs, Algaçel (*Metaphysica*), Aristote (*Metaphysica*) et Augustin précisément (*De civitate Dei*)[257].

Dans le prolongement de ce dernier éclairage, le XIVe siècle verra un effacement progressif mais rapide de l'impact du *De scientiis*[258]. Le *Liber de naturis rerum* du Pseudo-John Folsham († 1348)[259], bien que celui-ci dispose d'une bonne culture arabo-latine, ne lui ménagera aucune ouverture. De surcroît, en 1366, la faculté des arts de Paris exigeait de ses étudiants qu'ils aient appris la grammaire, non plus à partir des manuels de Donat et de Priscien mais de deux poèmes: le *Doctrinale puerorum* (1200 ca.) d'Alexandre de Villedieu[260] et le *Graecismus* d'Évrard de Béthune (†1212 ca.)[261]. D'autre part, en philosophie, le fonds classique gréco-latin du futur bachelier avait été enrichi du *Liber sex principiorum*[262] attribué à Gilbert de Poitiers († 1154) et, en logique, des *Summulae logicales* de Pierre d'Espagne († 1277), évoquées sous l'appellation *Tractatus*[263]. Ni les écrits en question, il est vrai pour la plupart de rédaction trop précoce, ni surtout les responsables de ces nouvelles consignes bibliographiques, ne paraissent avoir été réceptifs au legs farabien et à ses relais latins. Faut-il ambitionner davantage que de généraliser l'explication fournie par Farmer, selon lequel, après le XIIIe siècle, le pouvoir andalus brisé, un déclin de l'influence intellectuelle arabe s'installa[264]?

257 Cfr. PANELLA, *Un'introduzione* cit., p. 87.

258 Cfr. WEISHEIPL, *Classification of the Sciences* cit. (chap. 1, à la note 29)

259 Cfr. D. ABRAMOV, *Die moralisierende Enzyklopädie* Liber de naturis rerum *von Pseudo-John Folsham*, in *Die Enzyklopädie im Wandel vom Hochmittelalter bis zur frühen Neuzeit*, Akten des Kolloquiums des Projekts D im SFB 231 (29 Nov. – 1 Dez. 1996), hrsg. von Ch. Meier, München 2002 (Münstersche Mittelalter-Schriften, 78), pp. 123-154.

260 ALEXANDER DE VILLA DEI, *Doctrinale puerorum*, hrsg. von D. Reichling, Berlin 1893 (Monumenta Germaniae Paedagogica, 12).

261 EBERHARDUS BETHUNIENSIS, *Graecismus*, ed. J. Wrobel, Breslau 1887 (Corpus Grammaticorum Medii Aevi, 1).

262 *Liber sex principiorum* (vel *de sex principiis*), PL 188, 1257C-1270C, edd. L. Minio-Paluello – B. G. Dod, in *Aristoteles Latinus*, I/6-7, *Categoriarum supplementa*, Bruges – Paris 1966, pp. 33-59.

263 PETRUS HISPANUS (IOHANNES XXI PAPA), *Summulae logicales*, ed. L. M. de Rijk, Tractatus *called afterwards «summulae logicales»*, Assen 1972. Cfr. A. MAIERÙ, *University Training in Medieval Europe*, Leiden 1994, pp. 11-12.

264 Cfr. H. G. FARMER, *The arabian influence on musical theory*, London 1925 (extrait du «Journal of the Royal Asiatic Society», 1 [1925]), p. 21.

Peut-on tirer une leçon de ce parcours, en dépit des zones d'ombre qui subsistent et de l'incomplétude de nos renseignements? Nous y risquer, c'est convenir que cette série d'éclairages n'incite pas à faire de l'*Iḥṣā'* un écrit d'influence dans les milieux parisiens de l'enseignement des arts, autrement dit là où elle était la plus à même d'être perçue, quoique «l'aversion pour la réception de la science 'arabe' (y fut) rampante durant tout le XIIIe siècle»[265], ni parmi les quelques théologiens ayant fait une incursion dans la procédure classificatoire, chez qui il était plus attendu de ne point l'y trouver. De Tolède à Paris, puis aux autres centres universitaires européens, la déperdition paraît sévère dans le domaine de la classification des sciences proposée par Fārābī, étant entendu, rappelons-le, que c'est à elle exclusivement que nous nous intéressons ici. Ce n'est au mieux qu'à des prélèvements mécaniques, de type *reportationes*, que l'on a assisté, qui, par leur caractère souvent neutre ou peu innovant, ne bouleversent point les schémas traditionnels admis en Occident[266], et surtout laissent le *De scientiis* de Gérard de Crémone quasiment sans débouché, sauf peut-être chez Roger Bacon. L'ouvrage gérardien ne possédait aucune qualité pour modifier le réflexe qui paraît avoir joué, celui de garder en priorité les éléments bénéficiant d'une autorité plus ancienne, dont était pétrie la culture régnante, et auxquels il convenait de toujours revenir après toute tentative pour y insérer un facteur étranger. La situation doctrinale de l'héritage arabe ne s'en trouve pas totalement épargnée. En 1988, Jean Jolivet écrivait:

> L'apport arabe ne doit pas être compris comme un afflux d'éléments simplement nouveaux qui seraient venus se juxtaposer à des éléments plus anciens; son effet principal peut-être est d'avoir modifié la structure d'ensemble du champ doctrinal[267] et d'avoir de ce fait amorcé des changements qui iront se développant dans les siècles ultérieurs[268].

[265] LEMAY, *Roger Bacon's Attitude* cit. (à la note 227), p. 46.

[266] Cfr. DAHAN, *La classification* cit. (à la note 11), pp. 7-8.

[267] Jolivet renvoie à ce propos à R. MCKEON, *The organization of sciences and t he relations of cultures in the twelfth and thirteenth centuries*, in *The cultural context of medaeval learning*, Proceedings of the first international colloquium on Philosophy, Science and Theology in the Middle Ages (September, 1973), edd. J. E. Murdoch – E. D. Sylla, Dordrecht – Boston 1975, [pp. 151-192], p. 157.

[268] JOLIVET, *The Arabic Inheritance* cit. (chap. 1, à la note 16), p. 51 (de la réimpression).

Or, parler de «juxtaposition» nous paraît encore excessif relativement à ce qu'il nous a été donné de relever. Le nombre important d'évocations incertaines, par fausses attributions, confusions des auteurs (dont celle de Fārābī et de Gundissalinus) et citations déformées, fait certes ressortir une information qui se transmettait mal et par bribes. Nonobstant cela, on n'a point senti les écrivains latins désireux de finaliser ce capital autrement qu'en le considérant comme annexe, ramené à un ensemble d'appoints dispersés, venant bien plus agrémenter un cadre scientifique multi-séculaire et institutionnalisé que le refaçonner. Dans ces conditions, on comprend un peu mieux pourquoi Gundissalinus semble avoir presque confisqué le succès modeste que rencontra la contribution farabienne. Les besoins, calqués sur les objectifs, étaient pragmatiques, c'est-à-dire adaptés aux techniques didascaliques. Enfermé dans son idéal de «traduction mimétique» ou fusionnelle, Gérard n'a sans doute pas su prendre la mesure des concessions qu'il aurait dû faire à ses lecteurs pour répondre à leurs attentes. Livrant des textes nus, sans travail préalable de sélection et d'assimilation, il ne pouvait, face à la réalisation de Gundissalinus, qui, lui, avait effectué ces pré-orientations, contrarier l'espèce de naufrage scientifique annoncé qu'a subi sa version.

Le maigre fonds manuscrit de cette dernière qui se trouve en notre possession, et qu'il nous faut à présent examiner, en reste la meilleure illustration.

CHAPITRE IV

LES MATÉRIAUX TEXTUELS

Si l'on s'est apparemment satisfait de l'édition Palencia jusqu'à une date récente, c'est sans doute aussi en raison du fait que le nombre des manuscrits de la traduction de Gérard est faible, même après que Schupp l'eut augmentée de deux témoins et nous-même d'un troisième. Car il en existe quatre, complets ou presque, recensés à ce jour, dont celui (noté *P*) utilisé par Palencia, qui reste le *codex antiquissimus*. Ce matériel codicologique étriqué, qui témoigne d'une diffusion assez limitée, fonde ce que nous disions de l'influence restreinte de la version gérardienne de la classification des sciences de Fārābī sur la Scolastique. On ne retrouve pas non plus dans ces résultats l'équivalent de ce que d'autres éditeurs ont obtenu: à titre de comparaison, l'édition de la traduction des *Éléments* d'Euclide réalisée par Hubert L. L. Busard s'appuie sur sept mss.[1]; le R. P. Barnabas Hughes O.F.M., pour celle de l'*Algebra Alchoarismi*, a dû collationner douze témoins manuscrits[2], Paul Kunitzsch examina trente-quatre mss. avant d'éditer la version d'une partie (le *Catalogue des étoiles*) de l'*Almageste* de Ptolémée[3],

[1] Cfr. *Liber euclidis tractatus XV*, in H. L. L. BUSARD, *The Latin Translation of the Arabic Version of Euclid's* Elements *Commonly Ascribed to Gerard of Cremona*, Leiden 1983. L'âge des *codices* (siècles XIVe et XVe) a fait dire à Paul Kunitzsch que le texte n'est probablement qu'une réédition tardive de la version originale: cfr. KUNITZSCH, *Gerard's Translations* cit. (chap. 2, à la note 61), p. 83.

[2] Cfr. B. HUGHES, *Gérard of Cremonas' translation of **Al-Khwārizmī's*** Al-Jabr*: A Critical Edition*, in «Mediaeval Studies», 48 (1986), pp. 211-263.

[3] Cfr. P. KUNITZSCH, *Claudius Ptolemäus, Der Sternkatalog des* Almagest. *Die arabisch-mittelalterliche Tradition*, II, *Die lateinische übersetzung Gerhards von Cremona*, Wiesbaden 1986-1991.

et Anthony Lo Bello a recensé vingt-deux *codices* de celle du commentaire d'al-Nayrīzī au livre I des *Éléments* d'Euclide[4]. Nous savons à présent qu'un tel phénomène tient vraisemblablement au fait que le véritable devenir latin de l'*Iḥṣā'* fut assuré non point par la traduction de Gérard de Crémone mais pour l'essentiel par l'adaptation de Gundissalinus, et ce qui en fut exploité dans son propre *De divisione*.

Qu'en est-il, sommairement, des quatre témoins disponibles et plus ou moins complets[5]? En voici le relevé:

Siglum. edit.	Codex	Sæculum	Situs
P	*Parisinus* Paris, Bibliothèque Nationale, lat. 9335	XIII *in.*	ff. 143^v-151^v (ff. 160)
G	*Graecensis* Graz, Universitäts-Bibliothek 482	XIII *ex.*	ff. 222^v-229^v (ff. 242)
A	*Admontensis* Admont, Stifts-Bibliothek 578	XIII-XIV	ff. 27^r-33^r (ff. 60)
B	*Brugensis* Bruges, Bibliothèque municipale 486	XIV^2	ff. 94^r-100^v (ff. 179)

Ces repères chronologiques soulèvent d'emblée une difficulté. *P*, qui daterait du début du XIIIe siècle, c'est-à-dire remonterait à moins de trente ans après la mort de Gérard, serait donc peut-être antérieur au plus ancien manuscrit arabe connu et datable (*C*), en tout cas, et de près d'un siècle, à *M*, le *codex arabus optimus*. Dans ces conditions, le texte source sur lequel a travaillé Gérard reste non identifiable, même si *P* et *M* présentent quel-

[4] Cfr. A. Lo Bello, *Gerard of Cremona's Translation of the Commentary of al-Nayrizi on Book I of Euclid's* Elements of Geometry, Leiden 2003 (Medieval Philosophy, Mathematics, and Science, 2).

[5] Nous n'avons point pris en considération les témoins véhiculant des fragments; cfr. M.-Th. d'Alverny, *Avicenna Latinus*, V, dans «Archives d'Histoire Doctrinale et Littéraire du Moyen Âge», 32 (1965), [pp. 257-302], p. 299; et Ead., *Avicenna Latinus*,VI, ibid., 33 (1967), [pp. 305-327], p. 319.

quefois des affinités, qui amènent à penser que tous deux ont pu avoir pour modèle un même *codex* arabe perdu, que nous avons appelé W. Il est par conséquent délicat, en l'état de nos connaissances, de chercher à aligner, lors de points douteux ou obscurs, la version latine sur l'original arabe.

Caractérisons maintenant en quelques mots chaque témoin:

P il est considéré comme le *codex antiquissimus* et *optimus* pour les traductions de Gérard, y compris pour le *De scientiis*. Il comporte au total huit traités traduits sur les vingt-neuf rassemblés, dont deux de Théodose de Bithynie et plusieurs d'al-Kindī, tous réalisés en version latine, le plus souvent par des anonymes. Le *De scientiis* se situe à la vingt-huitième position[6].

G le plus fort volume; il transmet quarante-cinq ouvrages, notamment d'Apulée, d'Alexandre d'Aphrodise et d'Averroès. Deux sont traduits par Gérard, dont le *De scientiis* qui se trouve à la trente-neuvième place. L'état de celui-ci est assez lacuneux, en raison de coupures quelquefois importantes[7].

A regroupant cinq ouvrages d'auteurs tels Boèce de Dacie, al-Kindī et Averroès, il donne, quant au *De scientiis*, placé en deuxième position, peut-être la version la plus proche de *P*, dont il pourrait descendre, bien qu'il accuse également des divergences avec ce dernier[8].

B il diffuse sept traités, dont quelques-uns d'Albert le Grand. Celui d'al-Fārābī qui nous intéresse, situé à la deuxième place, offre un état fortement lacuneux, parfois dans une proportion supérieure à celle de *G*, mais pour d'autres passages[9].

À défaut de pouvoir établir un *stemma codicum*, nous récapitulerons ces données par la présentation suivante:

[6] Cfr. L. Delisle, *Inventaire des manuscrits latins conservés à la Bibliothèque Nationale sous les numéros 8823-18613*, Paris 1863-1871, pp. 28-29.

[7] Cfr. d'Alverny, *Avicenna Latinus*, VI cit., pp. 310-317.

[8] Cfr. *ibid.*, pp. 309-310.

[9] Cfr. M.-Th. d'Alverny – F. Hudry, *Al-Kindi.* De radiis, in «Archives d'Histoire Doctrinale et Littéraire du Moyen Âge», 41 (1975), [pp. 139-260], pp. 180-181.

REPARTITIO CODICUM[10]

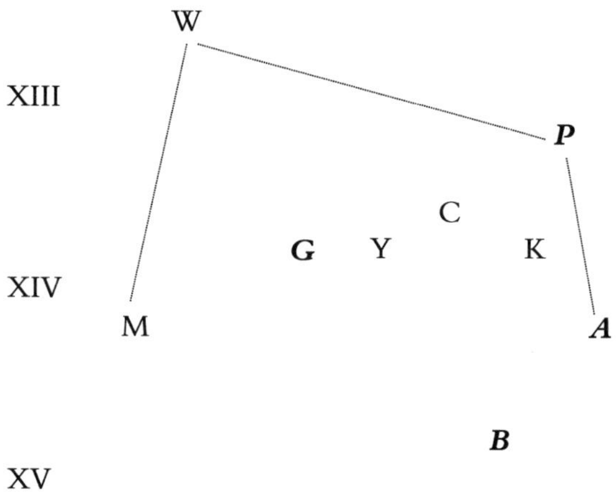

[10] Nous avons fait figurer en lettres droites et non grasses les mss. arabes datables; cfr. *supra*, p. 25, n. 1.

PARTIE II

TEXTE

INDEX NOTARUM ET SIGLORUM

P	Paris, *Bibliothèque Nationale*, lat. 9335 (Parisinus)
G	Graz, *Universitätsbibliothek*, 482 (Graecensis)
A	Admont, *Stiftsbibliothek*, 578 (Admontensis)
B	Bruges, *Bibliothèque municipale*, 486 (Brugensis)
†	locus desperatus

CONSPECTUS ABBREVIATIONUM

add.	addidit
ante corr.	ante correctionem
marg.	in margine
del.	deleuit
dub.	dubito
expl.	explanatio
inu.	inuertit
iter.	iterauit
lac.	lacuna
om.	omisit
post corr.	post correctionem
rub.	rubrica
tit.	titulus
x^2	le deuxième x
x (2)	les deux x
Pal.	Palencia
Sch.	Schupp
a53	référence à la pagination du texte d'Amine (1968)
p119	référence à la pagination du texte de Palencia (1953)
s2	référence à la pagination du texte de Schupp (2005)

INDEX NOTARUM ET SIGLORUM

(...)	ajout rendu nécessaire par la langue française
[...]	ajout du texte latin par rapport au texte arabe
{...}	passage divergent de l'arabe au latin
‹...›	ajout du texte arabe par rapport au texte latin
⦃...⦄	passage où Amine soit confirme soit rectifie le texte arabe par le texte latin
C	*codex arabus antiquissimus* (voir plus haut, p. 148)
M	*codex arabus optimus* (voir plus haut, p. 25, n. 1)
N	ms. *Al-Najaf, Collection privée de 'Abd al-'Azīz al-Najafī*, n° 7
AF	al-Fārābī
GC	Gérard de Crémone
DG	Dominicus Gundissalinus
EI	*Encyclopédie de l'Islam*

CONSPECTUS ABBREVIATIONUM

Am.	Amine
Pal.	Palencia
Sch.	Schupp
a53 sqq.	référence à la pagination du texte d'Amine (1968)
p119 sqq.	référence à la pagination du texte de Palencia (1953)
s2 sqq.	référence à la pagination du texte de Schupp (2005)

N'ont pas été systématiquement prises en compte: la ponctuation (nous avons reproduit celle de P), les lettres majuscules, les gloses marginales et interlinéaires et les variantes orthographiques, hormis sur les noms propres et les néologismes.

| Nostra in hoc libro intentio, est scientias famosas comprehen- a53, p119,
dere, scilicet, unamquamque, et docere summam quam unaque- s2
que earum continet, et partes omnis earum habentis partes, et summam que in unaquaque parte earum existit. Et ponemus eas in quinque capitulis: capitulum igitur primum, est de scientia lingue, et partibus eius; et capitulum secundum, est de scientia dialectice, et partibus eius; et capitulum tertium, est de scien-

0/0 *rub.* liber alfarabii de scientiis translatus a magistro girardo cremonensi in toleto de arabico in latinum, cuius in eo hec sunt verba *P*, incipit liber alpharabii de diuisione scienciarum *A*, liber alfarabii de scientiis translatus a magistro gerardo cremonensi de arabico in latinum *B* **3** omnis] *om.* *B* **4** in] *om.* *A* **5** capitulum igitur primum est] capitulum primum *G*, capitulum primum est *B* **6** et^{2}] *om.* *G* est] *om.* *G* **7** dialectice] logice *B* capitulum] *om.* *G*

(*Intention, composition et utilité*)[1] Notre intention dans ce livre a53, p119,
est de recenser[2] les sciences[3] reconnues[4] (comme telles), chacune s2
s'entend, et de faire connaître la totalité de ce que renferme chacune d'elles, les parties de toutes celles qui comportent des parties et la totalité de ce qui existe en chacune de ces parties.

Nous les disposerons en cinq chapitres: le chapitre premier porte sur la science de la langue[5] et ses parties; le chapitre deuxième porte sur la science de la dialectique[6] et ses parties; le chapitre troisième porte sur les sciences mathématiques[7], qui sont

[1] AF commence ainsi: «Il a dit». DG, lui, ajoute ce préambule: «Cum plures essent olim philosophi, inter omnes tamen ille solus simpliciter sapiens dicebatur, qui omnium rerum scientiam certa cognitione comprehendisse credebatur. Nunc autem, mundo senescente, non dico sapiens, sed, quod minus est, philosophus nemo dici meretur; quia, qui sapientie studere uelit, iam uix inuenitur aliquis. Quapropter, paruitati nostre satisfieri credimus, si postquam non omnia possumus, saltem de singulis aliqua, uel de aliquibus aliquid, degustemus. Unde (...)» (ALONSO ALONSO, *Domingo Gundisalvo* cit. [chap. Ier, à la note 10, par la suite: ALONSO ALONSO], pp. 55,2-56,4) = «Quoiqu'il y eût par le passé un certain nombre de philosophes, pourtant avait été dit absolument sage celui-là seul d'entre tous dont on avait cru qu'il avait embrassé la science de toutes les choses par une connaissance certaine. Or, à présent que le monde a vieilli, personne ne mérite d'être dit, je ne dis pas sage, mais, ce qui est moins, philosophe, parce qu'on trouve déjà difficilement quelqu'un qui veuille aspirer à la sagesse. C'est pourquoi, nous croyons satisfaire à la faiblesse de nos moyens si, comme nous ne pouvons pas tout, nous effleurons au moins certaines choses de chaque (science) ou quelque chose de quelques-unes. D'où (...)».

[2] À propos de *comprehendere*, signalons dès cette première occurrence que GC, au mépris de la *variatio sermonis* voulue par AF et des nuances dont elle peut être porteuse, l'utilise pour rendre au moins 8 verbes arabes différents, ici d'acception plus ou moins voisine: *aḥṣā* (*hic et alibi*), *ǧamala* («donner l'ensemble de» et *šadda ǧumal* («s'instruire de l'ensemble» – p. 158,26 et 32), *aḥāṭa* («circonscrire» – p. 160,8), *ḥaṣara* («embrasser» – p. 160,14 *et alibi*), *ḥaṣṣala* («obtenir» – p. 162,28), *ištamala ʿalā* («contenir» – p. 164,50 *et alibi*), *ḥāṭa* («cerner» – p. 292,171).

[3] *Scientia* rend l'arabe *ʿilm*. «Savoir» est une traduction qui lui conviendrait mieux.

[4] *Famosa* (*id.* DG, ALONSO ALONSO, p. 56,6) restitue *mašhūr*. Nous adoptons la traduction de JOLIVET, *Classification des sciences* cit. (chap. premier, à la note 47), p. 261).

[5] En arabe: *ʿilm al-lisān*.

[6] En arabe: *ʿilm al-manṭiq*.

[7] *Scientiae doctrinales*, en arabe: *ʿUlūm al-taʿālīm*, qui deviendront (p. 224 *tit.*) *scientiae doctrinarum*. Sur l'équivalence *doctrinalis* = μαθηματική (dont *mathematica* est le calque latin), qui dérive de celle entre *doctrine* et μαθήματα, voir en particu-

tiis doctrinalibus, que sunt arithmetica, et geometria, et scientia aspectuum, et scientia stellarum doctrinalis, et scientia musice, et scientia ponderum, et scientia ingeniorum; et capitulum quartum, est de scientia naturali, et partibus eius, et de scientia diuina et partibus eius; et capitulum quintum, est de scientia ciuili et partibus eius, et de scientia iudicii et scientia elocutionis.

Vtilitas autem que prouenit ex eo quod est in hoc libro, est s4
quod cum homo uult addiscere aliquam harum scientiarum, et
speculatur in ipso, scit super quam sit audax, et in quam specule-
tur, | et quid adipiscatur per aspectum eius, et que sit utilitas illius, a54
et quam bonitatem adipiscatur per ipsam, ut sit ipsius audatia
secundum illud super quod audet de scientiis secundum preui-
sionem et cognitionem, non se|cundum ignorantiam et casum p120
fortuitum: et per hunc quidem librum, potest homo comparationem facere inter scientias, et scire que sit melior, et que utilior, et que certior, et que firmior, et fortior, et que uilior, et infirmior, et debilior. Et per ipsum iterum fit iuuamentum in detegendo illum qui se iactat scire aliquam harum scientiarum, et non est ita;

8 arimethica *P* arithmetica et geometria et] in bismetica geometria et *G*, arithmetica geometria et *A*, arithmetica geometria *B* **9** et^{3}] *om. B* **10/11** et capitulum quartum est] et quartum capitulum *G*, et quartum capitum est *A* **11** et de partibus *G* **11/12** et scientia ... eius] *om. GA* **12** et capitulum quintum est] et quintum capitulum *G*, et capitulum quintum *B* **12/13** et de partibus *GA* **13** et de scientia elocutionis *GA*, et scientia locutionis *B* **15** quod] *om. B* harum scientiarum] harum aliarum scientiarum *A* **16** sit] sit scit *ante corr. P* fiat *B* et in quam] et quod *B*, et iu quam *Pal.* **17** quid] quod *B* **18/19** audacia super id quod audet *G*, audacia super illud et super quod audet *A*, audatia super id super quod audet *B* **19** secundum] per *GA* **19/20** preuisionem] prouisionem *Pal.* **20** cognitionem] cogitationem *B* secundum] per *G* et casum et *B* **23** certior] determinatior *G* et que fortior *G* et que uilior et que inutilior et infirmior *B* **24** fit] scit *GA*, sit *Pal.*

l'arithmétique, la géométrie, la science des aspects[8], la science mathématique des étoiles[9], la science de la musique, la science des poids et la science des procédés ingénieux; le chapitre quatrième porte sur la science de la nature et ses parties et sur la science divine et ses parties; le chapitre cinquième porte sur la science du citoyen et ses parties et sur la science du jugement[10] et la science de la parole (divine)[11].

L'utilité qui se dégage du contenu de ce livre est la suivante: s4
si un homme veut se perfectionner[12] dans l'une de ces sciences
et l'étudier, il saura en quoi il se montre résolu, ce qu'il étudie,
ce qu'il acquiert par son examen, quelle en est | l'utilité[13], quelle a54
vertu il acquiert grâce à lui – (et cela) afin que sa propre résolution, conformément à ce sur quoi il s'engage au sujet des sciences, se fasse selon l'anticipation et la connaissance[14], non | selon p120
l'ignorance et au hasard[15]. Grâce à ce livre, un homme pourra procéder à la comparaison des sciences entre elles, et savoir laquelle est meilleure, laquelle (est) plus utile, laquelle (est) plus précise, laquelle (est) plus sûre et plus forte, et laquelle (est) plus vague, plus vulnérable et plus faible. Grâce à lui encore, on disposera d'une aide pour démasquer celui qui se vante de connaître[16] l'une de ces sciences, alors qu'il n'en est rien. Car s'il (lui) est

lier CASSIODORUS SENATOR, *Institutiones*, II, praef. et III, 21, ed. R. A. B. MYNORS, Oxford 1937, pp. 92,5-6 et 130,19-20; cfr. *infra*, pp. 225,190 et 263,298.

8 Cfr. *infra*, p. 236,95 seqq.

9 *'Ilm al-nuǧūm al-ta'līmī* = «science mathématique des étoiles» ou «astronomie». Notons que l'astrologie n'est pas recensée, car si elle constituera plus loin la première composante de la science des étoiles (voir p. 244,179 seqq.), ce ne sera qu'en tant que «pouvoir» (*uirtus*) et «savoir-faire» (*potentia*), y faisant l'objet d'une seule mention.

10 *Scientia iudicii* rend *'ilm al-fiqh*, qui évoluera, là aussi (p. 298,138), en *ars legis* (*ṣinā'at al-fiqh*).

11 *Scientia elocutionis* (*scientia eloquendi* DG, ALONSO ALONSO, p. 57,7) restitue *al-'ilm al-kalām*; voir *infra*, p. 300,151 seqq., où elle deviendra *ars elocutionis* (*al-ṣinā'a al-kalām*).

12 *Addiscere* pour *ta'allama*, que GC traduit ailleurs par *scire*.

13 *Utilitas* – qui traduit, trois lignes auparavant, un autre verbe: *untufi' a bi* («être utile») –, reste en retrait de l'arabe *fianā'* («être indispensable»). Un peu après *utilis* traduira plus pertinemment *nāfi'*.

14 *Preuisio* et *cognitio*: l'arabe inverse les deux substantifs (*ma'rifa* et *baṣīra*).

15 *Secundum casum fortuitum* traduit bien, malgré la périphrase, l'arabe *ġarar*.

16 On peut se demander si l'expression *se iactare scire* est bien à la hauteur de celle d'AF: *idda'a al-baṣar* («prétendre avoir la claire vision»).

nam cum queritur enunciare de summa que est in ipsa, et comprehendere partes eius, et summam | que in unaquaque earum a55 existit, et non potest, declaratur falsitas iactantie ipsius et detegitur eius deceptio. Et per ipsum iterum declaratur in eo qui bene scit aliquam scientiam ex eis, an bene scit ipsam totam, aut quasdam partes eius, et que sit quantitas quam bene scit. Et iuuatur per ipsum, indagator principalium scientiarum, cuius intentio est comprehendere summam que est in omni scientia, et qui uult similari professoribus alicuius scientie, ut estimetur quod sit ex eis.

CAPITVLVM PRIMVM a57, p121, s6

De scientia lingue

Scientia lingue in summa, duorum est modorum, quorum unus est conseruatio dictionum significantium aput gentem aliquam,

26 cum] *om.* *A* enunciare] ab eo *B* et de *B* **27** et summam] summat *G*, et de summa *B* **28** et non potest declaratur] et non potest dare rationem declaratur *B* **28** ipsius] illius *B* **29** eius deceptio] deceptio ipsius *B* **30/32** ex eis ... scientiarum] *om.* *G* principalium] plurium *Sch.* **30/31** aut quasdam partes eius] an quasdam partes eius *A* eius] *om.* *B* **31** iuuatur] iuuatus *Pal.* **34** ex] in *B*

0/0 *rub.* *P*, de grammatica. capitulum primum *A*, incipit capitulum primum *B* **I 2** et partibus eius] *add.* *B* **3** duorum est modorum] est duorum modorum *GA*, duorum est madorum *B*

demandé d'énoncer[17] la totalité de ce qui se trouve en elle, de recenser ses parties | et la totalité de ce qui existe en chacune a55
d'elles, et qu'il ne (le) puisse, (alors) la fausseté[18] de sa vantardise[19] deviendra évidente et sa tromperie[20] sera démasquée. Grâce à lui encore, on verra clairement, chez celui qui connaît bien une science, s'il en connaît bien le tout ou quelques-unes de ses parties, et dans quelle proportion il la connaît bien[21]. Grâce à lui (enfin), une aide sera fournie à celui qui a besoin des principales sciences[22], dont l'intention est de recenser la totalité de chaque science, et qui veut ressembler à certains maîtres en science pour être regardé[23] comme étant des leurs[24].

CHAPITRE PREMIER a57, p121, s6

De la science de la langue

La[25] science de la langue est, au total, de deux sortes, dont l'une est la conservation (en mémoire)[26] des mots signifiants[27] chez tel-

[17] *Enuntiare* pour restituer un substantif: *iḫbār* («narration»).

[18] *Falsitas* traduit ici *kiḏb;* mais il rendra plus loin *jawr* (p. 284,246).

[19] *Iactantia* (*ġarar*) reprend *iactare* (*supra*, n. 16), rappel que ne fait point l'arabe.

[20] Sur *deceptio*, voir *infra*, p. 207, n. 142.

[21] Ce quatrième usage est présenté ainsi par DG: «ipse etiam qui hunc librum in promptu habuerit, in omni scientia penitus apparebit» (ALONSO ALONSO, p. 58,7-9) = «celui encore qui maîtrisera ce livre se montrera compétent en toute science».

[22] *Indagator principalium scientiarum*. GC n'a vraisemblablement pas su décomposer la formule arabe: «l'homme cultivé (*muta'addib*) et érudit (*mutafannin*)».

[23] *Estimare* pour *ẓanna*, alors que *ẓann* sera traduit (p. 204,276) par *opinio*.

[24] Sur l'ensemble de ce paragraphe voir notre Introduction, pp. 73-74. Comme le copiste de G, DG fait de ce cinquième usage la suite du troisième, escamotant donc le quatrième: «non enim expers scientie esse creditur, qui, que et quot sint partes eius et quid contineat, non ignorare uidetur» (ALONSO ALONSO, p. 58,9-11) = «en effet, on ne croit pas qu'il existe quelqu'un qui, privé d'une science, passe pour savoir quelles elles sont et combien sont ses parties et ce qu'elle renferme».

[25] DG ouvre ce chapitre par les mots: «Omnium scientiarum prima est scientia lingue naturaliter» (ALONSO ALONSO, p. 59,3-4).

[26] Désireux de respecter au plus près le terme latin (*conseruatio*), nous choisissons de traduire par «conservation» ce qu'il convient d'entendre au sens de «mémorisation» (*ḥifẓ*); voir plus loin, p. 166,60 (*conseruatio in memoria*).

[27] *Dictio significans* restitue *lafẓ dāll*: «mot signifiant», ou mieux peut-être: «expression vocale signifiante».

et scientia eius quod unaqueque earum significat; et secundus, est scientia canonum illarum dictionum. Et canones quidem in omni arte, sunt orationes uniuersales, scilicet, agregatiue, in unaquaque quarum continentur res plures de illis que ars illa comprehendit, donec ueniant super omnes res que sunt illi arti supposite, aut super plurimum earum. Et sunt preparate aut ut per eas contineatur illud quod est illius artis, ne ingrediatur in eam quod non est eius, aut remoueatur ab ea quod est ipsius; aut ut per eas experiatur id de quo non sit securitas quin aliquis in ipso iam errauerit; aut ut per eas fiat facile scire quod hec ars comprehendit, et seruare illud. Et res quidem singulares plures non fiunt artes aut in artibus, nisi quia comprehenduntur in canonibus aduenientibus in anima hominis secundum ordinem notum. Et illud est, sicut scriptura, |
et medicina, et agricultura, et architectura, et alie arcium, actiue a58

5 et[2]] *om. B* **5/6** est scientia] es scientia *Pal.* **6/7** omni] unaquaque *B* **8** que ars] quas *P B Sch.*, que sunt ars *A* **9** donec] *iter. A* ueniant] comprehendant *P*, ueniat *G*, comprehendat *B* super] *om. B* illi] *om. A* arti] arte *ante corr. G*, arte *B* **9/10** super] *om. B* ut] *om G Sch.* **10** eas] eis *P* **12** aut ne remoueatur *B* **13** ut] *om. G* experiatur per eas id de quo *B* **13** aut ut] aut ea quod est ipsius ut *ante corr. G*, ut] *om. A* **14** fiat facile] *inv. B* hec] *om. G A B* seruare] conservare *G A* illud] illud omne *G A* et res] et tres *G* **15** aut in artibus] *om. B* et alie ... speculatiue] et alie arcium siue sint actiue siue speculatiue *G B*

le nation et la science de ce que signifie chacun d'eux; la seconde est la science des règles de ces mots. Dans tout art[28], les règles sont des expressions universelles, à savoir totalisantes[29], en chacune desquelles se trouvent renfermées[30] plusieurs choses parmi celles que cet art recense, en sorte qu'elles s'étendent à toutes les choses qui sont soumises à cet art, ou à la plupart d'entre elles. Elles sont aussi déterminées** d'avance, ou bien à ce que soit circonscrit par elles ce qui relève de cet art, afin que ne puisse y entrer ce qui n'en relève pas, ni en sortir[31] ce qui en relève, ou bien à ce que, par elles, on mette à l'épreuve ce pour quoi il n'est point sûr[32] que quelqu'un ne se soit pas trompé, ou bien à ce que, par elles, soit facilité le fait d'apprendre ce que recense cet art, et de le préserver dans la mémoire. De nombreuses choses individuelles ne deviennent des arts ou (n'interviennent) dans des arts que lorsqu'elles sont embrassées[33] par des règles qui se présentent dans l'âme[34] de l'homme selon un ordre connu. Il en est ainsi, par exemple, de l'écriture, | de la médecine[35], de l'agriculture, de a58

[28] Apparition du mot *ars* (*id.* DG, ALONSO ALONSO, p. 59,9) traduisant *ṣinā'a*, qui, chez AF, se distingue en principe de *'ilm* (*scientia*), quelquefois précisée en «certaine» (*yaqīn* = [*scientia*] *certa*), dans la mesure où «un art est constitué de règles dont il y a science» (JOLIVET, *Classifications des sciences* cit., p. 262). Mais cette distinction, qui n'est l'objet d'aucune clarification, est difficile à maintenir tout au long de l'ouvrage. On se montrera néanmoins sensible à l'importance, en ce début de chapitre, de la mise en place de la triade «art, science, règle (*qānūn*)» (voir les précisions de MAHDI, *Science, Philosophy* cit. [chap. Ier, à la note 33], pp. 117-126).

[29] En choisissant *agregativus* pour traduire *jāmi'*, GC est plus cohérent que nous dans notre traduction, puisqu'au chap. III (p. 228,27) *agregatio* – que nous traduirons par «addition», pour désigner l'opération arithmétique – rendra *jām'*.

[30] *Contineri in* (*inḥaṣara fī* = «être embrassé dans») n'a pas de parenté morphologique avec *comprehendere* (*ḥaṣara* = «embrasser»), comme il en a une en arabe.

[31] *Removere ab* traduit ici *šaḏḏa'an* («faire sortir de»), tandis que plus loin (p. 252,239) *remotus ab* rendra *muntazi' min* («dégagé de»).

[32] *Non est securitas*: tournure d'une latinité peu conventionnelle pour traduire l'arabe *amina an* («être sûr de ne pas»).

[33] *Comprehendere* (*ḥaṣara*) est, ici et en d'autres occurrences, à prendre en son sens étymologique, et ne peut donc être traduit comme précédemment par «recenser» (p. 154,1).

[34] *Anima* (*passim*) rend l'arabe *nafs*. On trouve ailleurs *mens* (*ḏihn*) (par ex. p. 184,49), sans que la différence, selon laquelle l'âme englobe l'esprit, nous apparaisse jouer ici.

[35] Par *medicina* GC traduit aussi bien la médecine (*ṭibb*) que le médicament (*ḥilṭ* – p. 268,78).

sint siue speculatiue. Et omnis oratio existens canon in arte aliqua, nominatur per id quod ipsa est canon propter unum eorum que diximus, aut propter omnia.

Quamobrem antiqui nominabant omne instrumentum | fac | tum ad experiendum illud in quo iam forsitan errauit sensus p122, s8
ex quantitate corporis, aut qualitate aut alio, sicut perpendiculum, et circinus, et regula, et pondera, canones. Et nominabant iterum agregationes computationum et tabulas stellarum, canones, et libros abbreuiatos qui sunt positi libris prolixis, rememorationes, canones, quoniam sunt res parui numeri comprehendentes res plures. Et nos per hoc quod scimus eas, conseruamus ipsas et sunt parui numeri, scimus iam res pluris numeri.

Et nunc quidem redeamus ad illud in quo fuimus. Et dicamus quod dictionum significantium in lingua omnis gentis, duo sunt modi, scilicet, simplices et composite. Simplices ergo, sunt sicut

20 per id quod ipsa est] per id animal id quod ipsa est *G*, per illud quod est ipsa *A*, *om. B* propter unum] propter unam unum *ante corr. P* **22** nominabant] nominabat *A* **24** aut qualitate, aut alio] ex qualitate, alio *G*, aut qualitate, aut alio modo *B* **25** circinus] circulum *B* regula] regulam *B* et^{3}] aut *B* et canones *G* nominabant iterum] *inv. B* **26** agregationes computationum] computatione agregationes *G*, computationum agregationes *A* **27** libris] in libris *G A* libris prolixis rememorationes] rememorationes libris prolixis *B* **28** canones] canonum *G* **29** conseruamus] et seruamus *P A B* ipsas et sunt] eas existantes *B* **29/30** conseruamus ... iam] *om. A* **30** iam res] *inv. G* res] *om. B* **31** et^{2}] ergo et *A* **32** duo sunt] *inv. G B* **33** et composite simplices] *om. A* ergo] *om. B*

l'architecture[36] et d'autres arts, qu'ils soient pratiques ou théoriques[37]. Tout énoncé qui existe comme une règle dans tel art est désigné**, en ce qu'il est lui-même une règle, en fonction de l'un des (critères) que nous avons cités ou en fonction de tous.

C'est pourquoi les Anciens appelaient règles tout instrument | façonné | pour éprouver ce sur quoi le sens est susceptible de p122, s8
se tromper, relativement à la quantité d'un corps, à sa qualité ou autre, comme le fil à plomb, le compas, la règle[38] (et) les poids[39]. Ils appelaient encore règles les sommes des calculs[40] et les tables des étoiles[41], (et) règles les livres abrégés, qui sont des mémoires[42] remplaçant les livres longs, puisqu'il s'agit de choses en petit nombre embrassant des choses en grand nombre. Et nous, par le fait de les savoir (et) de les conserver (en mémoire), et (par le fait) qu'elles existent en petit nombre, nous savons déjà des choses en grand nombre.

Revenons maintenant là où nous (en) étions et disons ceci: les mots signifiants dans la langue de tout peuple sont de deux sortes, à savoir isolés[43] et agencés. Les (mots) isolés sont, par exemple,

[36] *Architectura* ne suit pas la leçon de *K* et de *M* (*niğāra* = «menuiserie»), mais celle retenue par Am.: *'imāra*.

[37] La distinction entre «théorique» (*naẓarī*) et «pratique» (*'amalī*), qu'elle soit appliquée aux arts, comme ici, ou aux sciences, comme plus loin (par ex. p. 226,5-6), prend la forme *speculatiua-actiua* chez GC, l'équivalence avec *theorica-practica* étant validée par Boèce (voir plus haut, p. 19). Ce couple est également utilisé par DG touchant les arts (ALONSO ALONSO, pp. 59,9-60,1), mais devient précisément *theorica-practica* lorsqu'il concerne les sciences (ALONSO ALONSO, p. 85,9); et ce ne sera que sous ce libellé qu'il connaîtra une descendance. Reste que GC, en choisissant *speculativa*, montre qu'il a parfaitement perçu la parenté morpho-sémantique entre les termes arabes: *naẓara* = *speculare* («étudier» – p. 156,16), *naẓar* = *aspectus* («examen») – p. 156,17) et *naẓarī*.

** Cas plus rare que son contraire de *variatio sermonis* superflue, *preparatus ut* et *nominatus propter* traduisent le même mot arabe: ***mu'add li*** («déterminé convenablement à»).

[38] La *regula* (*misṭara*) ou «planchette rectiligne», n'est pas le *canon* (*qānūn*) (p. 160,6), c'est-à-dire la «norme», en dépit de notre traduction non différenciée.

[39] *Pondus* traduit ici *mīzān* («balance»); cfr. plus bas (p. 254,261).

[40] *Agregationes computationum* correspond à l'arabe *al-ğawāmi' al-ḥisāb*, que l'on doit entendre au sens de «sommes arithmétiques».

[41] *Tabula stellarum* traduit littéralement *jadwal al-nujūm*, et correspond à la «table astronomique».

[42] *Rememoratio* pour *taḏkīra*: il s'agit vraisemblablement de l'écrit synthétique destiné à remettre un sujet en mémoire.

[43] GC a bien respecté la différence entre *singularis* (*mufrad* – p. 160,15) et *simplex* (*basīṭ* – ici).

albedo et nigredo, et homo et animal; et composite, sicut cum dicimus homo est animal, Socrates est albus; et simplicium quidem, alie sunt que sunt nomina propria, sicut Socrates et Plato; et alie | sunt que significant rerum genera et species earum, sicut a59 homo et equus, et animal, et albedo, et nigredo. Et simplicium significantium genera et species alie sunt nomina, et alie uerba, et alie prepositiones. Et nominibus quidem et uerbis accidunt masculinitas et feminitas, et singularitas et dualitas, et pluralitas; et uerbo accidunt proprie tempora: et sunt preteritum et presens et futurum.

Et scientia quidem lingue apud omnem gentem diuiditur in septem partes magnas, scilicet, scientiam dictionum simplicium, et scientiam dictionum compositarum, et scientiam canonum | dictionum quando sunt simplices, et scientiam canonum dictio- s10 num quando componuntur, et canonum uerificationis scripture, et canonum uerificationis lectionis, et canonum uersuum.

Scientia ergo dictionum simplicium significantium comprehendit scientiam eius quod significat unaquaque dictio|num p123 simplicium significantium genera rerum et species earum et seruationem earum et a quibus edocte sint, scilicet, omnes proprie illi lingue, et intrantes in eam et extranee ab ea, et famose apud eos omnes. Et scientia dictionum compositarum, est scientia orationum que inueniuntur composite apud illam gentem. Et sunt

34 albedo et nigredo] nigredo et albedo *B* et[5]] *om. G* **34/35** et composite ... animal] *om. A* **35** homo est animal] homo est albus *G* et socrates *B* **36** que sunt] *om. B* sicut socrates et] et *om. G*, ut socrates et *B* **37** rerum genera] *inv. G A B* sicut] ut *B* **37/38** sicut homo ... nigredo] sicut animal, nigredo, albedo et sicut homo et equus *B* **38** homo et] et *om. G* **39** alie uerba] alie sunt verba *G* **40** prepositiones] sincathegoremata *B*, propositiones *Pal. (semper)* **41** pluralitas] pluritas *P* et dualitas et pluritas] et pluralitas et dualitas *G A* **42/43** et sunt preteritum et presens et futurum] et sunt preteritum, presens et futurum *G*, et sunt preterita et sunt preteritum † et presens et futurum *A*, et sunt presens, preteritum et futurum *B* **44** scientia] seientia *Pal.* omnem gentem] omnes gentes *G A* **45** scilicet] scilicet in *G B* scientiam] scientia *A*, in scientia *B* **47** scientiam[2]] scientia *A* **48** quando] quae *G*, quoniam *Pal.* quando ... componuntur] compositarum *B* quando componuntur] quoniam sunt simplices componuntur *A* **49** uerificationis] uerificatio *G* **50** scientia] et scientia *A* ergo] autem *B* **52/53** earum et seruationem ... proprie] earum et scientiam seruationis earum *lac.* que sunt proprie *B* et seruationem earum et] *om. G* **53** sint] sunt *G* scilicet omnes] *inv. G A* **55** eos omnes] *inv. A* **55/56** orationum] dictionum *G*, sermonum *B* **56** inueniuntur composite] compositi sunt *B* **56/57** et sunt ille quas fecerunt] scilicet quas composuerunt *B*

'blancheur', 'noirceur', 'homme', 'animal'; les (mots sont) agencés lorsque nous disons par exemple: 'l'homme est animal', 'Socrate[44] est blanc'. Parmi les (mots) isolés, les uns sont ceux qui sont des noms propres, comme 'Socrate' et 'Platon'[45], et les autres | sont a59
ceux qui signifient les genres des choses et leurs espèces, comme 'homme', 'cheval', 'animal', 'blancheur', 'noirceur'. Parmi les (mots) isolés signifiants les genres et les espèces, les uns sont des noms, les autres des verbes, les autres encore des prépositions[46]. Le masculin, le féminin, le singulier, le duel et le pluriel sont affectés aux noms et aux verbes. Les temps sont affectés en propre aux verbes, et sont le passé, le présent et le futur.

La science de la langue, pour tout peuple, se divise en sept grandes parties, à savoir la science des mots isolés, la science des mots agencés, la science des règles des mots quand ils sont isolés, la science des règles | des mots quand ils sont agencés, (celle) des s10
règles de vérification de l'écriture, (celle) des règles de vérification de la lecture et (celle) des règles des vers.

(A. *La science des mots isolés*) La science des mots isolés signifiants comprend donc la science de ce que signifie chacun | des p123
mots isolés qui signifient les genres des choses et leurs espèces, et leur préservation [chez ceux qui sont instruits][47], qu'ils soient tous propres à cette langue ou importés, étrangers à elle ou bien connus chez tous ceux (qui la parlent).

(B. *La science des mots agencés*) La science des mots agencés est la science des expressions que l'on rencontre agencées chez ce

[44] *'Amr* en arabe.

[45] *Zayd* en arabe.

[46] Les leçons de *GAB* ne permettent pas de trancher entre *propositio* (pour laquelle opte Palencia) et *prepositio*, l'incertitude se retrouvant dans une certaine mesure chez DG (Alonso Alonso, p. 61,10). Néanmoins, l'arabe *adāt* («particule»), le contexte et la leçon de *P* autorisent sans ambiguïté à éliminer la première éventualité.

[47] L'arabe énonce: *wa-riwāyitihā kullihā* («et leur transmission intégrale») en remplacement de la précision entre crochets droits, qui en vient à constituer un contresens.

ille quas fecerunt rethorici eorum et eorum uersificatores, et cum quibus | loquuntur qui multum sapientes sunt secundum eos. a60 Et eorum eloquentes qui apud eos sunt famosi. Et earumque a quibus habentur, et conseruationis earum in memoria, prolixe sint aut breues, ponderate sint siue non ponderate. Et scientia quidem canonum dictionum simplicium, inquirit in primis in litteris communibus, de numero earum et unde egrediatur unaqueque earum instrumentis uocalibus; et de uocalibus earum et non uocalibus et de illis que ex ipsis componuntur in illa lingua, et de illis que non componuntur et de illis earum que minus componuntur donec | proueniat ab eis dictio significans, et de s12 illis que plurimum componuntur, et de litteris essentialibus que non permutantur in constitutione dictionis apud accidentia dictionum ex dualitate et pluralitate, et masculinitate, et feminitate, et deriuatione et aliis; et de litteris quibus fit alteratio dictionum apud accidentia, et de litteris que occultantur cum sibi obuiatur. Deinde post hoc dat canones exemplorum dictionum sim-

57 eorum et eorum] ipsorum et eorum *P A Sch.*, eorum et ipsorum *B* uersificatores] poete *B* **58** qui ... sunt] exercitati *B* secundum] apud *P A B Sch.* **59** eorum] *om. B* eloquentes] elocutores *P G A Sch.* apud] per *G* qui apud eos sunt] et *B* **59/60** et earumque a quibus habentur] et eorum a quibusdam *G*, et eorumque a quibus habentur *A* et earumque ... conseruationis] et scientia conseruationis *B* **60** in memoria] *marg. P*, *om. G A B Sch.* **60/61** prolixe sint aut breues] prolixe sunt aut breues *G*, sive sint prolixe sive abbreviate *B* **61** ponderate[2]] et ponderate sicut *A* sint] sunt *G* ponderate sint siue non ponderate] siue sint rithmice siue non rithmice *B* **62** canonum] *om. B* in primis in litteris] de primis de litteris *B* **63** communibus] et *B* **63/64** litteris ... instrumentis] litteris et de numero earum et de loco formationis earum in instrumentis *B* **63** unaqueque] unaquaque *Pal.* **63/64** unde egrediatur unaqueque earum] unde egrediatur unaqueque earum et *G* **65** non uocalibus] consonantibus *B* **65/66** in illa ... componuntur] *om. G* **66/67** illis earum que minus componuntur] minima eorum compositione *B* **67** significans] significatiua *B*, significationis *Pal.* **68** illis que plurimum] eis que plurimum *P*, maxima earum *B* **68** essentialibus] essentiabilibus *Pal.* **69** in † constitutione *B* accidentia] essentia *G* **71** fit] *om. G* **72** sibi] finis *G* **72** obuiatur] obuiantur *G*, obviant *A B Sch.* **73** deinde] et deinde *B*

(même) peuple. Ce sont celles qu'ont façonnées ses rhétoriciens[48]
et ses versificateurs[49], et avec lesquelles | s'expriment {ceux qui, a60
auprès d'eux, sont fort sages[50], et ses (hommes) éloquents qui sont
bien connus d'eux}[51]. (Elle recense) aussi leur (transmission) [par
ceux qui (les) possèdent] et leur conservation dans la mémoire,
fussent-ils longs ou brefs, rythmés ou non.

(C. *La science des règles des mots isolés*) La science des règles des
mots isolés examine, en premier lieu, les lettres communes[52], leur
nombre, l'endroit d'où chacune d'elles est émise par les instruments vocaux[53], celles d'entre elles qui sont vocales[54] et celles
(qui sont) non vocales, celles qui, dans cette langue, sont agencées
à partir d'elles-mêmes et celles qui ne sont pas agencées, celles
d'entre elles qui sont agencées avec le minimum pour qu'il | en s12
résulte un mot signifiant, et celles qui sont agencées avec le maximum, les lettres stables qui ne sont pas remplacées dans la constitution du mot lors des accidents de mots – comme le duel[55],
le pluriel, le masculin, le féminin, la dérivation et d'autres –, les
lettres par lesquelles se produit une altération des mots lors d'accidents, les lettres qui s'assimilent les unes aux autres lorsqu'on les
fait se rencontrer. En dernier lieu, cette science donne les règles

[48] Le *rethoricus* («rhétoricien») (*orator* DG, ALONSO ALONSO, p. 63,5-6) est au *rethor* («rhéteur») – absent du *De scientiis* –, ce que le théoricien est au praticien.

[49] GC préfère *uersificator* à *poeta* pour rendre l'arabe *šā'ir*, conformément au choix que lui laissait la bisémie de ce terme («versificateur» ou «poète»), sans doute par refus de l'hellénisme (ποιητής); voir notre Introduction.

[50] *Multum sapiens* traduit mal l'arabe *balīġ* («rhéteur»), vraisemblablement parce que GC n'a retenu du terme que son sens premier: «qui est au maximum de quelque chose».

[51] Dans ce passage entre accolades l'arabe donne un texte un peu différent et plus concis: «ceux que ses orateurs et ses poètes ont façonnés et que ses célèbres rhéteurs et hommes éloquents ont prononcés».

[52] *Litterae communis* rend l'arabe *al-ḫurūf al-mu'ğama*, mot à mot: «les lettres de l'alphabet»; voir plus bas, p. 174,158. M. Katouzian-Safadi nous signale que les 28 consonnes de l'alphabet arabe peuvent être classées couramment selon deux ordonnancements: l'un est appelé *abjad* ou *ḫurūf al-jumal*, l'autre *ḫurūf al-mu'ğama* ou *ḫurūf al-hiğā'*, ce dernier pouvant seul prendre, dans la métrique arabe, le sens des éléments phonétiques. De toute évidence AF se réfère ici au second sens, alors que GC semble avoir retenu le premier; voir *EI*^{2}, I, p. 100 (*abğad*) et III, pp. 616-620 (*ḫurūf*).

[53] Il faut comprendre en l'occurrence: «les organes de la phonation» (*al-ālāt al-taṣwīt*); nous traduisons ainsi pour restituer l'adjectif *uocalis*.

[54] On dirait aujourd'hui «sonorisé»; nous choisissons ici aussi de respecter l'usage fait par GC de l'adjectif *uocalis*.

[55] Rappelons que le duel est un nombre qui n'existe pas en latin.

plicium, et distinguit inter exempla primitiuarum que non sunt deriuata ex aliquo, et inter ea que sunt deriuata. Et dat exempla specierum dictionum deriuatarum, et distinguit in exemplis primis | inter illas que ex eis sunt *masdurum*, et sunt ille ex quibus fit [a61] uerbum, et inter illas que | ex eis non sunt cum *masdurin* uerbi, [p124] et qualiter alterantur *almasdur* donec fiant uerba. Et dat species exemplorum uerbi, et qualiter procedunt cum uerbo, donec fiat imperatiuum et *neien*, et quod est homogeneum illius. Et specialiter in speciebus quantitatis earum, et sunt ternitas et quaternitas, et que sunt plures eis et dupla earum et non dupla, et in qualitate earum; et sunt integre earum et corrupte. Et docet quomodo fit totum illud apud masculinitatem et feminitatem et dualitatem et pluralitatem et in personis uerbi, et in temporibus eius omnibus. Et personne quidem sunt ego, et tu, et ille, et ipse. Deinde inquirit de dictionibus quas proferre est difficile in pri|mis, cum ponun- [s14] tur, quare alterantur donec fiat facile proferre eas.

Et scientie canonum dictionum quando componuntur, duo sunt modi. Quorum unus dat canones extremitatum nominum, et uerborum quando componuntur aut ordinantur. Et secundus dat canones in dispositionibus compositionis et ordinationis ipsius quomodo sunt in illa | lingua. Et scientia quidem canonum [a62] extremitatum, est illa que nominatur apud arabes scientia grama-

74/75 que non sunt ... deriuata] et deriuatarum *B* **76/77** et distinguit inter exempla in exemplis primis *A* **77** masdurum] modorum *G*, in as durum *A*, uerbalia *B* fit uerbum] fiunt uerba *B* **78** ex eis] *om. B* cum] *om. G A B Sch.* masdurin] modorum *G*, masdurum *A*, uerbalia *B* uerbi] *om. B* **79** alterantur] *om. A* almasdur] almasduram *G*, almasdurum *A*, uerbalia *B* fiat] fiant *G* **81** neien] prohibitum *B* specialiter] speculatur *P Sch.* **82** quantitatis earum] *inv. B*, quantitatis eorum *G* ternitas] ternitas uel ternitas *G* et quaternitas] uel quaternitas *G*, *om. A* **84** et docet] et notificat *B* fit] sit *Pal.* **85** apud] *om. A* femininitatem] *ante corr. P* pluritatem *P Pal.*, plurialitatem *Sch.* **87** ego et tu et ille et ipse] ego tu et ille *B* **88** quas proferre est difficile in primis] quas proferri est possibile in ipsis *G*, quas proferri est possibile in primis *A* in primis] imprimis *Sch. (semper)* cum ponuntur] componuntur *G A* cum componuntur *Sch.* **89** facile proferre eas] facile proferri eas *G A*, facile fiat eas *B* **90** quando] quomodo? *Pal.* **91** extremitatis *ante corr. P* **92** quando] quomodo? *Pal.* aut] et *G* **94** illa] ipsa *G*

des paradigmes[56] des mots simples, et fait une distinction entre les paradigmes primitifs qui ne sont dérivés de rien et ceux qui sont dérivés. Elle donne les paradigmes des (différentes) espèces de mots dérivés {et, dans les paradigmes premiers[57], elle fait une distinction, | entre ceux qui, parmi eux, sont des *masdars*[58] – ce a61
sont ceux à partir desquels on fait le verbe –, et ceux qui, |
parmi eux, ne sont pas des *masdars* du verbe,} et (montre) la p124
manière dont on modifie les *masdars* de façon qu'ils deviennent des verbes. Elle donne les (différentes) espèces de paradigmes du verbe, la manière dont ils procèdent avec le verbe de façon à ce qu'il devienne ordre et *neien*[59], et ce qui est du même genre, [en particulier] quant aux (différentes) espèces de leur quantité – ce sont les trilitères, les quadrilitères et (les verbes) qui ont un plus grand nombre (de lettres), le double ou non[60] –, et quant à leur qualité – ce sont les (verbes) sains et les verbes défectueux. Elle fait connaître comment tout cela existe au masculin, au féminin, au duel ou au pluriel, et dans les personnes du verbe et tous ses temps. Les personnes sont: *je*, *tu*, *celui-là* et *il*. Puis elle examine les mots qu'il est difficile de proférer lorsqu'ils sont prononcés pour
la première | fois, et c'est pourquoi ils ont été modifiés de façon s14
qu'il devienne facile de les prononcer.

(D. *La science des règles des mots agencés*) Il y a deux sortes de science des règles des mots lorsqu'ils sont agencés. L'une d'elles donne les règles des extrémités des noms et des verbes lorsqu'ils sont agencés ou ordonnés. L'autre donne les règles concernant les circonstances de l'agencement et de l'ordre lui-même [lors-
qu'ils[61] se présentent] dans cette | langue. La science des règles a62
des extrémités[62] est celle appelée chez les Arabes 'science de la

[56] *Exemplum*, et non *paradigma*, calque du grec, rend l'arabe *miṯāl*; voir notre Introduction.

[57] «Paradigmes primitifs», «paradigmes premiers»: *primitiuus* dans le premier cas, *primus* dans le second, mais un seul mot en arabe (*uwal*).

[58] L'arabe *maṣdar* signifie ici «mot-souche»; son pluriel est *maṣādir*.

[59] L'arabe *nahī*, totalement incompris ici, signifie «prohibition».

[60] *Dupla earum et non dupla*: il s'agit des verbes dans lesquels il y a ou il n'y a pas redoublement d'une lettre.

[61] Quoique tous les mss. donnent *quomodo*, nous continuons à traduire *quin* pour la cohérence du raisonnement.

[62] *Extremitas* traduit *ṭaraf*, bien que le terme arabe consacré par les grammairiens soit *awāḫir*.

tice. Ipsa namque docet quod extremitates non sunt in primis nisi
nominibus, deinde uerbis. Et quod extremitatum nominum alie
sunt que sunt in principiis earum, sicut *elif* et *lem* cognitionis in
arabico, aut quod stat loco earum in reliquis linguis; et alie sunt
que sunt in finibus earum, et sunt extremitates postre | me. Et ille p125
quidem sunt, que nominantur littere declinationis, et quod uerbo
non sunt extremitates prime et quod non sunt ei nisi extremitates postreme. Et extremitates quidem postreme in nominibus et
uerbo, sunt in arabico sicut *atenuiet* tres, et motus tres, et *algesma*,
et res alia si administratur in | lingua arabica extremitas. s16

Et docet quod de dictionibus sunt que non declinantur in
extremitatibus omnibus, immo non sunt constitute nisi super
extremitatem unam tantum, in omnibus dispositionibus in quibus declinantur alie dictionum, et alie sunt que declinantur in
quibusdam earum et in quibusdam non, et alie sunt que declinantur in omnibus earum. Et comprehendit extremitates omnes.
Et distinguit extremitates nominum ab extremitatibus uerbi. Et
comprehendit omnes dispositiones in quibus declinantur nomina declinabilia, et omnes dispositiones in quibus declinantur
uerba, deinde docet in quibus dispositionibus acciderit unicui-
que nominum et uerbo que extremitas. | Venit ergo in primis a63
ad comprehendendam unamquamque dispositionum nominum
singularium declinabilium que acciderint eis in omni qualibet

96 ipsa namque docet] ipsa namque scientia docet *G A* **98** earum] ipsorum *B* **98/99** sicut ... aut] sicut articula prepositionis qui dicuntur in arabico elyflem scilicet al aut *B* **99** quod stat] constat *G* **99** earum] eorum *G*, istius *B* **100** earum] *om. G* ille] illa *B* **102** ei nisi] et nini *Pal.* **102/103** extremitates postreme] *inv. A* **103** et extremitates quidem postereme] *om. B* quidem] quidam *A* **104** adhenuiet *G*, † *A*, attenuieti *B* et motus tres et] et tres motus et *G*, et motores tres et *B* algesma] algesina *G*, gesma *B* **105** et res alia si administratur in lingua arabica] et si qua sit altera in arabico *B* **106** in] et *G* **108** tantum] tamen *Pal.* in[2]] *om. G A* dictionum] dictiones *B* sunt que] *inv. B* **111** omnibus] quibusdam *G* extremitates omnes] *inv. B* **111/112** et comprehendit ... uerbi] et in quibusdam non et alie sunt que declinantur in omnibus earum *G* **113/114** declinantur nomina] declinabantur *ante corr.* nomina *G*, declinantur uerba nomina *A*, declinabantur nomina *B* **114** et omnes dispositiones] et comprehendit dispositiones omnes *G*, et comprehendit omnes dispositiones *A*, et comprehendit dispositiones *B* **115** acciderit] accidit *P G B Sch.* **116** ergo] *om. G* ad] *om. A* **118** singularium et *G* acciderint eis in omni] accidit eis in *G B Sch.*

grammaire'[63]. Car elle-même fait connaître que les extrémités
n'appartiennent en premier qu'aux noms, ensuite aux verbes et
que, parmi les extrémités des noms, les unes sont celles qui se
trouvent à leur début, comme le *elif* et le *lem*[64] de détermination[65] en arabe, ou ce qui en tient lieu dans les autres langues,
les autres sont celles qui se trouvent à leur fin, et ce sont les ex-
trémités | dernières, que l'on appelle lettres de déclinaison[66]. (Elle p125
fait connaître aussi) que pour les verbes il n'y a pas d'extrémités
premières et qu'il n'y a que des extrémités dernières. Par exemple, les extrémités dernières pour les noms et les verbes sont, en
arabe, les trois *adenuiet*[67], les trois motions[68], l'*algesma*[69] et (toute)
autre chose pourvu qu'elle soit utilisée comme | extrémité dans s16
la langue arabe. Elle fait connaître que, parmi les mots, il y en
a qui ne se déclinent[70] pas en toutes les extrémités, et même
ne sont construits que sur une seule extrémité dans toutes les
circonstances dans lesquelles d'autres mots se déclinent, (tandis
que) d'autres sont ceux qui se déclinent dans certaines circonstances et point dans d'autres, et d'autres (encore) sont ceux qui
se déclinent dans toutes (les circonstances). Elle recense toutes
les extrémités et distingue les extrémités des noms de celles des
verbes. Elle recense toutes les circonstances dans lesquelles se déclinent les noms déclinables, et toutes les circonstances dans lesquelles les verbes se déclinent, puis elle fait connaître dans quelles circonstances telle extrémité affecte chacun des noms et des
verbes. | Elle entreprend donc d'abord de recenser chacune des a63
circonstances (propres) aux noms singuliers déclinables qui leur
sont affectées en toute circonstance par l'une quelconque des ex-

[63] *Gramatica* traduit ***al-naḥū***.

[64] On lira: «le *alif* et le *lām*» (*alif wa-lām*).

[65] *Cognitio* pour *ta'rīf*, à partir duquel nous traduisons ici, n'est peut-être pas tout à fait adapté.

[66] Par *declinatio* il convient d'entendre la «flexion syntaxique» (*i'rāb*).

[67] Comprenons: «les trois affixations du *nūn*» (*al-tanwīnāt*).

[68] Il s'agit des «motions (ou voyelles) flexionnelles» (*ḥaraka*), que *motus* rend bien.

[69] Entendons: «l'apocope» (*al-jazm*), ou absence de voyelle. Soit GC n'a pas compris de quoi il s'agissait, soit il n'a pas voulu traduire par une translittération du gec (αποκοπή); voir notre Introduction.

[70] *Declinare* restitue l'arabe *inṣarafa* («subir la flexion»). GC n'a pas eu les moyens de distinguer dans sa traduction *i'rāb* (p. 170,101 et plus haut, n. 67) de *ṣarf* (ici), c'est-à-dire la «flexion syntaxique» de la «flexion morphologique» ou «flexion simple» (ici).

dispositione cuiuslibet extremitatem nominum, deinde dat simile illius in nominibus dualibus et pluralibus. Deinde dat illius simile in uerbo singulari, et in duali, et plurali, usquequo comprehendat dispositiones in quibus permutantur extremitates in uerbis que posite sunt eis, deinde docet nomina que declinantur in quibusdam extremitatibus, et in quibus declinantur, et in quibus non declinantur. Postea docet nomina quorum unumquodque constitutum est super extremitatem | unam tamen, et quod editum p126 est super quam extremitatem et que sint prepositiones. Quod si fuerit eorum consuetudo ut unaqueque earum sit edita super extremitatem unam aut quedam earum super unam tantum, et quedam earum declinentur, in aliqua extremitatum, docet totum illud. Et si inuente fuerint eis dictiones in esse quarum dubitetur an sint prepositiones, aut nomina aut uerba, aut immaginetur in eis quod quedam earum simillantur nominibus, | et quedam s18 simillantur uerbis, indiget ut doceat que istarum currant cursu nominum, et in quibus extremitatum suarum declinantur, et que earum currant cursu uerbi, et in quibus extremitatum suarum declinantur. | Modus autem qui dat regulas compositionis ipsius, a64 declarat in primis qualiter componantur dictiones, et ordinentur in illa lingua et secundum quot species, donec fiant orationes. Deinde declarat que est compositio et ordinatio melior in illa lingua. Et scientia quidem canonum scripture declarat in primis

119 extremitatum *P Sch.* **120** nominibus] omnibus *G* **121** in] *om. G A* singulari et plurali] *om. B* comprehendat] comprehendit *G* **123** docet nos nomina] *ante corr. G* **123/124** in quibusdam] in quibus *G* **124** declinantur et in quibus] *om. G* **124/125** et in[1] ... non declinantur] et in quibusdam tamen declinantur et in quibusdam non declinantur *A* **125** declinantur] *om. B*, et postea *A* **126** super extremitatem unam] super unam extremitatem unum *G*, super unam extremitatem *A* tamen] *om. G* **127** super quam extremitatem et que sint prepositiones] super qua extremitatum tantum et que sunt prepositiones *G* prepositiones] sincathegoremata *B* quod] et *G* **128** ut] et *A* unaqueque] unumquodque *A B* earum] eorum *B* edita] editum *B* **128/129** super extremitatem] *om. A* **129** quedam earum] quoddam eorum *B* tantum] tamen *Pal.* **130** earum] *om. G*, eorum *B* declinentur] declinetur *B* **132** an] aut *G* **132** prepositiones] sincathegoremata *B* **133** quod quedam earum] et quod earum *G* earum] eas *A*, eorum *B* **134** doceat] doceatur *G* currant] currat *G*, *om. A* **135** et in ... declinantur] *om. G A* **136** currant] currat *G* **137** modus] *post corr. G*, et modus *A* **138** declarat] declaratur *G* in primis] *om. A* dictiones] *om. A* declarat ... ordinentur] declarat que est compositio et ordinatio *A* **139** et] *om. G* **139/140** donec fiant orationes. deinde declarat] donec fiant dictiones declarat *G* **140** et ordinatio melior] melior et ordinatio *B* **140/141** melior in illa lingua] in illa lingua melior *G A*

trémités des noms. Elle expose ensuite une chose semblable à cela pour les noms duels et pluriels. Puis elle expose la même chose pour les verbes [singuliers, duels et pluriels], jusqu'à recenser les circonstances dans lesquelles sont changées, dans les verbes, les extrémités qui s'y appliquent, après quoi elle fait connaître les noms qui se déclinent selon certaines extrémités, (les extrémités) selon lesquelles ils se déclinent et (celles) selon lesquelles ils ne se déclinent pas. Puis elle fait connaître les noms dont chacun est
fondé sur une seule extrémité, | lequel est construit sur quel- p126
le extrémité[, et lesquels sont des prépositions]. À supposer que l'habitude d'(un peuple) soit de construire chacun des (noms) sur une seule extrémité, ou que certains (soient construits) sur une seule (extrémité), alors que d'autres aussi se déclinent selon l'une quelconque des extrémités, elle fera connaître tout cela. Et à supposer que ces mots soient de ceux dont on doute qu'ils existent en tant que prépositions, noms ou verbes, ou bien qu'on s'ima-
gine que parmi eux certains sont assimilables à des noms | et s18
d'autres le sont à des verbes, il est besoin que (cette science) fasse connaître lesquels, parmi ces (mots), se règlent sur le cours des noms et selon quelles extrémités (des noms) ils se déclinent, (et) lesquels, parmi eux, suivent le cours des verbes et selon quelles
extrémités (des verbes) ils se conjuguent. | Quant au mode (de a64
cette science) qui donne les règles de la composition elle-même, elle met en premier lieu en évidence comment et en combien d'espèces se composent et s'ordonnent les mots dans cette langue de manière à constituer des expressions; après quoi elle met en évidence quelle est la meilleure composition et le meilleur ordre pour cette langue.

(E. *La science des règles de l'écriture*) La science des règles de l'écriture[71] met en premier lieu en évidence, concernant les let-

[71] *M* dit ici: «*La science des règles* de correction (*taṣḥīḥ*) *de l'écriture*».

que scribantur in lineis de litteris earum, et que non scribantur; deinde declarat in eis que scribuntur in lineis, qualis sit uia sua ad hoc ut scribantur. Et scientia quidem uerificandi lectionem, docet loca punctorum et signorum, que ponuntur litteris apud eas, scilicet, eis que non scribuntur in lineis litterarum earum, et signorum, quibus discernitur inter litteras communes, et signa que ponuntur litteris que cum sibi obuiatur, occultantur quedam in quibusdam, aut auferuntur quedam propter quasdam, et signa que ponuntur apud eos cesuris orationum. Et discernit signa cesurarum paruarum a signis cesurarum mediarum et magnarum. Et declarat signa maliciarum dictionum et orationum, ligatarum, et quarum quedam minuunt quasdam, et proprie quando elongatur quod est inter eas.

Et scientie quidem canonum uersuum secundum modum qui a65
conuenit scientie lingue, tres sunt partes: quarum una comprehendit pondera usitata in uersibus eorum, simplicia sint pondera siue composita; deinde comprehen | dit compositiones litte | rarum p127, s20

142 scribantur^{2}] scribuntur *G* earum] eorum *P A B Sch.* que scribantur in lineis de litteris earum, et que non scribantur] de litteris eorum scribantur in lineis et que non scribantur *B* **143** declarat] declaratur *G A* qualis] qualiter *G* **144** ut] quod *G A* scribantur] scribatur *G* uerificandi] uerificans *B* **145** punctorum] preceptorum *Pal.* ponuntur] proponuntur *G* eas] eos *P G A B Pal. Sch.* **145/147** que ponuntur ... signorum] *om. B* **146** in lineis litterarum] in litterarum lineis *G* earum] eorum *P A B Sch.* **147** discernitur] dictionibus *G* **148** obuiatur] obuiant *G Sch.* **149/150** et signa que] et signa etiam que *G A* **150** eos] eorum *G A* orationum] dictionum *G* **151** a signis cesurarum] *om. G* **153** quarum] quare *G A* quando] quin *Pal.* **157** pondera] ponderas *A*, an simplicia *G A* **157/158** simplicia sint pondera siue composita] siue sint pondera simplicia siue composita *B* **158** composita] compositionem *P G B Sch.*

tres, lesquelles sont écrites sur des lignes et lesquelles ne le sont pas[72]. Puis elle met en évidence, pour celles qui sont écrites sur des lignes, quelle est la manière de les écrire [convenablement].

(F. *La science de la correction de la lecture*) La science de la correction de la lecture[73] fait connaître les emplacements des points[74] et des signes qui, pour les lettres, sont placés auprès d'elles[75], à savoir ceux qui ne sont pas écrits sur les lignes de [leurs] lettres, et (les emplacements) des signes par lesquels on distingue entre les lettres communes (à un même phonème) et les signes qui sont utilisés pour les lettres qui, lorsqu'elles se rencontrent, s'assimilent les unes aux autres ou s'effacent les unes au profit des autres. (Elle fait) également (connaître) les signes qui, pour les césures[76] des énoncés, sont placés auprès d'elles. Elle distingue aussi les signes des césures brèves des signes des césures moyennes et longues. Enfin, elle met en évidence les signes des méchancetés[77] des mots et des expressions reliés (les uns aux autres) et de ceux qui sont éloignés les uns des autres, en particulier lorsque est distendu (le lien) qui existe entre eux[78].

(G. *La science de la poésie*) Il a trois parties dans la science a65
des règles des vers, conformément au mode qui convient à la
science de la langue. L'une d'elles recense les rythmes[79] utilisés dans les vers des (versificateurs), que ces rythmes soient
simples ou agencés; elle recense ensuite | les agencements des p127

[72] DG ajoute à cet endroit: «hec dicitur orthographia» (Alonso Alonso, p. 64,6).

[73] *M* dit ici: «*La science* des règles (*qānūn*) *de correction de la lecture*».

[74] *Punctum* rend *nuqṭa* («point de ponctuation»), qui signifie ici «point diacritique». Le substantif latin (que nous avons hésité à traduire par «prescription»), peut apparaître insuffisant pour rendre la connotation de «ce qui est prescrit», c'est-à-dire «noté avec précision».

[75] Le latin donnant *apud eos*, nous traduisons d'après le sens: *apud eas*.

[76] *Cesura* rend exactement l'un des sens de *maqṭa'*; mais ce dernier signifie en l'occurrence «scansion» (voir plus loin p. 176,161).

[77] *Malicia* reprend ici la leçon *radā'a* («mauvaiseté», «laideur» – voir p. 288,21), qui est elle aussi sans signification dans ce contexte, bien que commune à la majorité des mss. arabes. La bonne lecture est en fait *adā'* («liaison»), qui rend évidente la raison de la méprise morphologique.

[78] DG substitue à ce dernier énoncé le suivant: «scientia uero regularum ad recte legendum docet distinctiones, subdistinctiones, medias distinctiones, et accentus graues, acutas et circumflexos» (Alonso Alonso, p. 64,7-9).

[79] *Pondus* rend ici *wazn* (cfr. plus bas, p. 254,261) et signifie l'élément de mesure du vers.

alfabeti ex unaquaque specie, quarum, peruenit unumquodque ponderum eorum et sunt que dicuntur apud arabes cause et radices, et apud grecos cesure et pedes. Deinde inquirit de quantitatibus uersuum, et imnorum, et ex quantis litteris, et cesuris completur metrum in unoquoque pondere; deinde discernit pondera completa a diminutis et que pondera sunt pulcriora, et meliora, et delectabiliora ad audiendum.

Et pars quidem secunda, est aspectus in finibus uersuum, scilicet, in unoquoque pondere, quis eorum sit secundum modum unum, et qui eorum sint secundum modos plures. Et de istis, quis sit completus, et quis additus, et quis diminutus, et qui fines seruentur cum una et eadem littera in uersibus omnibus, et qui

159 alfabeti] almuagemmati *P Sch.*, aluina gemmiati *G*, *lac.* gemuati *A* peruenit] prouenit *G A B Sch.* **162** quantitatibus] quantitate *G* uersuum et imnorum] uersuum ymnorum et ritmorum *G*, uersuum ymnorum et rithmorum *A*, uersuum et metrorum *B*, uersuum et unnorum *Pal.* **163** pondere] pondum *ante corr.* G deinde] *om. A* **164** sunt] sint *G* **168** et qui eorum sint] et quod eorum sunt *G*, et qua eorum sint *A* ipsis] illis *G* **169** et quis] et quis sit *G A* **170** omnibus] *om. B* qui] quod *G*

let|tres de l'alphabet[80] {en fonction de chaque espèce à laquelle se ramène chacun de leurs rythmes}[81] – ce sont ceux qui sont dits chez les Arabes 'causes'[82] et 'origines'[83], et chez les Grecs 'césures'[84] et 'pieds'. Puis elle examine les quantités[85] des vers et des hymnes[86], et par combien de lettres et de césures le mètre se trouve achevé dans chaque rythme[87]. Puis elle distingue les rythmes parfaits des (rythmes) imparfaits, et (montre) quels rythmes sont plus sublimes, meilleurs et plus délectables à entendre. s20

La deuxième partie est l'examen des terminaisons de vers, dans chaque rythme: laquelle se présente (dans certaine langue) selon un mode unique, et lesquelles se présentent selon plusieurs modes; et parmi celles-ci laquelle est parfaite, laquelle l'emporte (sur d'autres), laquelle est imparfaite, quelles terminaisons sont conservées avec une seule et même lettre dans tous les vers, lesquelles (comportant) plusieurs lettres (se font) sur une seule (conservée) | dans (tout) l'hymne[88], et quelles sont les lettres les a66

[80] *Litterae alfabeti* ici, *litterae communis* plus haut (p. 166,63), pour traduire la même expression arabe, qui joue sur la bisémie du mot *ḥarf* («lettre» et «élément»): *al-ḥurūf al-mu'ǧama*, laquelle signifie en l'occurrence «les éléments phonétiques». GC paraît avoir mal compris la nuance, dès lors que *litterae alfabeti* aurait mieux convenu à la première occurrence (p. 166,63), où *litterae communis* n'a pas de véritable pertinence.

[81] *Ex unaquaque specie, quarum peruenit unumquodque ponderum eorum*: GC traduit mal l'arabe: «qui [les agencements] résultent de chaque sorte de poésie et de chacun des mètres en usage chez eux».

[82] *Causa* est le sens philosophique de *sabab;* mais en prosodie, c'est-à-dire ici, il signifie «corde» (voir *EI*², VIII, pp. 686-687).

[83] *Watid* en arabe («pieu»), que GC (*radix*) a sans doute pris au sens de «racine» ou «point d'ancrage».

[84] *Cesura* (*id.* DG, ALONSO ALONSO, p. 64,12), on l'a vu plus haut (p. 174,151), traduit littéralement *maqṭa'*, signifiant: «ce qui comporte une coupure». En prosodie arabe, son sens est double: il désigne soit la «syllabe», comme ici, soit «le plus petit élément métrique». En l'occurrence, c'est-à-dire dans le cas du grec, le refus quasi systématique de l'hellénisme a poussé un peu abusivement GC à préférer *cesura* à *syllaba* (συλλαβή).

[85] *Quantitas* ici, mais *pondus* partout ailleurs dans le paragraphe, pour rendre respectivement *miqdār* («quantité (prosodique)») et *wazn* («rythme»). Quant à *uersus*, il équivaut ici même à *bayt*, que GC traduit aussi par *metrum* (ligne suivante).

[86] *Imnus*, c'est-à-dire *hymnus*: le terme arabe (*miṣrā'*), que GC n'a pas compris, signifie «hémistiche». Voir plus bas, où *imnus* traduira bien *qaṣīda*.

[87] GC ne paraît pas avoir maîtrisé le vocabulaire de cette partie du texte. En vérité, pour *et ex quantis litteris et cesuris completur metrum in unoquoque pondere* il convient d'entendre, d'après le contexte: «*et par combien de lettres et de syllabes* le vers *se trouve achevé* dans chaque mètre».

[88] Ici, *imnus* traduit correctement *qaṣīda*, au sens de «poème» – voir ci-dessus, n. 87.

eorum cum litteris pluribus una | in imnis, et quot plures littere a66
sunt qui sunt fines uersuum apud eos; deinde docet de illis qui sunt cum litteris pluribus, an liceat ut permutentur de loco quarumdam litterarum, alie equales eis in tempore que proferuntur, aut non. Et declarat in istis, quarum litterarum est uia ut seruentur cedem in imno toto, et de quibus earum licet ut permutentur cum litteris equalibus eis in tempore. Et pars quidem tercia inquirit de eo quod est conueniens ut utatur in uersibus ex dictionibus apud eos de illis quibus non est conueniens uti in oratione que non est uersus.

Haec est ergo summa eius quod est in unaquaque partium scientie lingue.

CAPITVLVM SECVNDVM a67, p128, s22

De scientia dialectice

Enunciabimus itaque summatim quod est in ea, deinde eius utilitatem, postea ipsius subiecta, deinde intentionem ethimologie nominis eius, postea comprehendemus partes ipsius, et summam que unaquaque earum existit.

Ars igitur dialectice in summa dat canones quorum est proprietas est rectificare rationem et dirigere hominem ad uiam rectitudinis, et ad ueritatem in omni in quo est possibile ut error

171 pluribus et una *G A* imnis] *om. B*, unnis *Pal.* quot] qui *G A*, quod *B* **172** qui[1]] que *Sch.* **174** eis] quales ei *G* que] quo *P G Sch.*, in quo *B* **174/175** alie ... est] *om. A*, est *om. G* **175** declarat] declaratur *B* **176** imno] uno *B*, unno *Pal.* earum] eorum *B* **179** non] nod *Pal.* oratione] dictione *G*, orationem *Pal.* **181** ergo] *om. B*

0/0 *rub. P*, *om. G A*, liber secundus *B* **II**. **2** *rub. P*, *om. G A*, de scientia logices *B* **3** enunciabimus] enunciemus *G*, enuntiemus *A*, adnunciabimus *B* summatim] summam eius *B* ea] ipsa *B* **4** intentionem] intentione *G* intentionem et *B* ethimologie] et ethimologiam *B* **5** ipsius] illius *B* et summam] et summa eius *B* **6** unaquaque] in unaquaque *G A B Sch.* **7** ars] quod *G* dialectice in summa] in dyaletice summa *G* est] *om. G B Sch.* **7/8** proprietas est rectificare rationem et] proprietas inuenire rationem et *G* **8** est rectificare] *om. A* **9** in omni

plus nombreuses qui se trouvent aux terminaisons des vers chez les (versificateurs). Elle fait connaître ensuite, à propos des (terminaisons) qui comportent plusieurs lettres, s'il est permis ou non, quant à la place de certaines lettres, que soient échangées d'autres (lettres) qui leur sont équivalentes quant à la durée de leur prononciation. [Elle met également en évidence les lettres dont il existe un moyen de conserver l'emplacement dans tout l'hymne], et celles qu'il est permis d'échanger avec des lettres (qui leur sont) équivalentes quant à la durée (de leur prononciation). La troisième partie examine ce qu'il convient d'utiliser (dans le discours) en vers chez les (versificateurs, et) ce qu'il ne convient pas d'utiliser dans le discours qui n'est pas en vers.

Telle est donc la totalité de ce qui est en chacune des parties de la science de la langue.

CHAPITRE 2

De la science de la dialectique a67, p128, s22

*Nous exposerons successivement la totalité de ce qu'elle renferme, son utilité, ses sujets, à quoi renvoie l'étymologie de son nom; puis nous recenserons ses parties et la totalité de ce qui se manifeste en chacune d'elles.

(A. *Son intention*) (1. *Les règles de direction, de préservation et de mise à l'épreuve*) L'art de la dialectique[89], au total, donne les règles dont la propriété est de rectifier la raison et de diriger l'homme sur la voie de la rectitude[90] et vers la vérité dans tout ce en quoi il

* DG commence ce chapitre par cette précision: «Ars autem logice intendit dare regulas, quibus deprehendimus orationis ueritatem uel intra nos uel apud alios, uel alii apud nos uel alios» (Alonso Alonso, p. 67,3-5).

[89] (*Ars logice* DG, Alonso Alonso, p. 67,3). Elle était appelée «science» dans le préambule (p. 154,6). Nous avons traduit *dialectica* (*manṭiq*) par «dialectique», et non point par «logique», sans tenir compte des occurrences du substantif *logica* dans les mss., une seule en *P* (p. 212,365), mais plusieurs en *B*. AF semble ici avoir voulu être fidèle à Aristote (*Analytiques seconds*, 77a29 seqq.). À ses yeux, la dialectique n'est ni l'art de la controverse argumentée (réservé au *ǧadal* – *topica* chez GC), ni celui qui permet de démontrer les principes généraux ou premiers de toute science, mais bien celui qui permet de les analyser (voir Hugonnard-Roche, 1992, p. 54).

[90] GC paraît avoir tenu à la parenté entre *rectificare* et *rectitudo* (*dirigere ad uiam rectitudinis*), qui ne figure pas en arabe (*qawwama* et *saddada naḥū ṭarīq al-ṣawāb*).

cadat ex rationatis, et canones qui custodiant ipsum et defendant ab errore qui prouenit ignoranter, et errore qui fit cum industria in rationatis, et canones quibus experitur in rationatis illud de quo non sit securitas quin iam aliquis in ipso errauerit. Et illud est quoniam de rationatis sunt res in quibus nunquam est possibile rationi errare, et sunt ille super quarum cognitionem et uerificationem, homo inuenit animam suam quasi creatam, sicut quod totum est maius suis partibus, et quod omnis ternarius est numerus impar, et res alie in quibus est ut erret et auertatur | a ueritate, ad illud quod non est uerum, et sunt illa quorum a68 proprietas est ut comprehendantur cogitatione et consideratione uehementi et a ratiocinatione, et significatione, in istis ergo sine illis indiget homo qui querit stare super ueritatem certam in omnibus suis inquisitionibus regulis dialectice. | Et hec quidem s24

in quo est possibile] modi que atque possibile est *G* error] errat *A* **11** et errore] et ab errore *B* fit] sit *Pal.* **12** rationatis[1]] ratiocinatis *B* **15** rationi] rationem *G* cognitionem] cogitationem *A* **15/16** cognitione et uerificatione *G* **16** inuenit] inueniet *G* **17** suis partibus] sua parte *G* **18** impar] in parte *A* et res alie] et sunt res alie *B* in quibus est] in quibus possibile est *B* et[2]] ut *A* **19** a ueritate, et est ad illud] *ante corr. P Pal. sic* **19** illud] id *G B* sunt] est *G* illa quorum] illa de quorum *B* **20** comprehendantur] comprehendatur *G* **21** uehementi et a ratiocinatione] ratiocinatione uehementi *ante corr. A*, uehementi et ratiocinatione *B* **21** in] et in *B* ergo sine illis] *om. B* **23** suis inquisitionibus] *inv. G*

est possible que l'erreur provienne des intelligibles[91], et les règles
qui le protègent lui-même {et le mettent à l'abri de l'erreur qui
se produit par ignorance et de l'erreur qui se trouve de propos
délibéré dans les intelligibles}[92], ainsi que les règles par lesquelles
il met à l'épreuve, dans le cas des intelligibles, ce pour quoi on
n'est point sûr que quelqu'un ne se soit pas en lui-même déjà
trompé. Et il en est ainsi parce qu'il y a, dans le cas des intelligibles, des choses pour lesquelles il n'est absolument pas possible
à la raison de se tromper – ce sont celles sur la connaissance et la
vérification desquelles l'homme trouve son âme pour ainsi dire
telle qu'elle a été créée[93], comme (dans les énoncés) 'le tout est
plus grand que sa partie' et 'tout ternaire est un nombre impair' –,
et d'autres choses sur lesquelles il est possible que l'on se trompe
et dévie de la | vérité vers ce qui n'est pas vrai – ce sont celles a68
dont la propriété est d'être comprise par la pensée (discursive) et
la considération attentive, par la ratiocination[94] et la signification.
C'est donc pour celles-ci et non pour celles-là que l'homme qui
cherche à s'arrêter sur[95] la vérité certaine dans toutes les directions de sa recherche a besoin des règles de la dialectique.

(2. *Analogie avec la grammaire, la prosodie, les poids et mesures, la
règle et le compas*) | Cet art est en rapport avec l'art de la grammai- s24
re. Et il en est ainsi parce que le rapport de l'art de la dialectique
à | la raison et aux intelligibles est comme le rapport de l'art de p129

[91] On pourrait se demander si, comme le montrent les leçons de *G* et de *B* quelques lignes plus loin, le terme *rationatum* (*ma'qūl*), qui n'existe pas en latin classique, ne serait pas qu'une syncope de *ratiocinatum*. Mais à la p. 180,21, *ratiocinatio* traduira *qiyās*, alors qu'il n'y a pas de parenté en arabe entre *ma'qūl* et *qiyās*. Sur notre traduction de *ratio*, voir plus bas (p. 302,166).

[92] Ce passage entre accolades (*et defendant ab errore qui prouenit ignoranter et errore qui sit cum industria in rationatis*), accuse quelques décalages avec le texte arabe: «et le mettent à l'abri du risque de ne pas viser juste, du dérapage et de l'erreur relativement aux intelligibles».

[93] L'arabe est ici plus clair, car plus explicite: «ce sont celles au sujet desquelles l'homme trouve que son âme les connaît et en est certain pour ainsi dire par nature».

[94] *Ratiocinatio* (*qiyās*): ce substantif, aujourd'hui péjoratif, est à prendre ici dans son acception étymologique: «ensemble de raisonnements». Plus loin, *qiyās* sera d'ailleurs traduit par *syllogismus*.

[95] *Stare super* est un néologisme qui traduit *al-wuqūf 'alā* en son sens littéral. Il convient d'entendre ici: «connaître à fond».

ars proportionatur arti grammatice. Et illud est quia proportio artis dialectice ad | rationem et rationata est sicut proportio artis p129 grammatice ad linguam et dictiones. Totum igitur quod dat nobis scientia grammatice ex canonibus in dictionibus, scientia dialectice dat nobis eius compar in rationatis. Et proportionatur iterum scientie *alhorod*: proportio enim scientie dialectice ad rationata, est sicut proportio *alhorod* ad pondera uersuum. Et totum quod nobis dat scientia *alhorod* ex canonibus in ponderibus uersuum, eius compar dat nobis scientia dialectice in rationatis. Et iterum canones dialectice, qui sunt instrumenta quibus experitur in rationatis de quibus non est securitas quin ratio iam errauerit in eis et defecerit in comprehensione ueritatis eorum, sunt similes ponderibus et mensuris que sunt instrumenta cum quibus experitur in pluribus corporum de quibus non est securitas quin sensus iam errauerit aut defecerit in comprehensione mensurationis eorum; et sicut regule quibus experitur in lineis de quibus non existit securitas quin sensus iam errauerit aut defecerit in comprehensione rectitudinis earum. Et sicut circinus quo experitur in lineis de quibus non est securitas | quin sensus iam errauerit a69 aut defecerit in comprehensione rotunditatis earum. Hec est er-

24 illud] istud *A* quia] *om. A* **25** rationata] ratiocinationem *G* ad rationem *B* artis] *om. B* **26** dictiones] ad dictionem *B* **27** scientia[1]] scientiam *G* scientia grammatice] *inv. B* scientia[2]] scientiam *G* **27/28** scientia dialectice dat nobis] at nobis scientia dialectice *B* **28** rationatis] ratiocinatis *B* et proportionatur iterum] proportionatur igitur iterum] *G ante corr.*, et iterum proportionatur *B* **29** scientie alhorod] scientie ponderum metri *B* scientie dialectice ad rationata] dialectica scientie ad rationata *B* **29/31** proportio enim ... alhorod] *om. G A* proportio alhorod] proportio ponderum metri *B* **31** dat scientia alhorod] dat scientiam alhorod *G*, dat scientia ponderum metri *B* alhorod] alhahorod *Pal.* uersuum] metri *B* ponderibus] ponderantibus *G* **32** scientia] scientiam *G* rationatis] ratiocinatis *B* **33** dialectice] dialectici *P* instrumenta cum quibus *G A* rationatis] ratiocinatis *B* **34** quin] quibus *B* errauerit in] errauerit aut in *A* **35** in comprehensione] in comparatione comprehensione *B*, in comprehensionem *Pal.* **39** lineis] harenis *G A* **40/41** in comprehensione mensurationis rectitudinis *ante corr. P* **41** rectitudinis] rectitudines *Pal.* **42** lineis] harenis *G A* **43** rotunditatis] rectitudinis *G*

la grammaire à la langue et aux mots[96]. Car de toutes les règles que la science de la grammaire nous donne dans (le domaine des) mots, la science de la dialectique nous donne l'équivalent dans (le domaine des) intelligibles. (Cet art) est aussi en rapport avec la science du *alhorod*[97]. En effet, le rapport de la science de la dialectique aux intelligibles est comme le rapport du *alhorod* aux rythmes des vers. De toutes les règles que la science du *alhorod* nous donne dans (le domaine des) quantités des vers, la science de la dialectique nous donne l'équivalent dans (le domaine des) intelligibles. En outre, les règles de la dialectique, qui sont des instruments au moyen desquels on met à l'épreuve, dans le cas des intelligibles, ceux pour lesquels il n'est point sûr que la raison ne s'y soit pas déjà trompée et n'ait pas (déjà) été déficiente quant à la compréhension de leur vérité, ressemblent aux poids et aux mesures, qui sont des instruments par lesquels on met à l'épreuve, dans le cas de nombreux corps, ceux pour lesquels il n'est point sûr que le sens ne se soit pas déjà trompé, ou n'ait pas (déjà) été déficient quant à la compréhension de leur mesure. Ces règles sont aussi comme celles par lesquelles on met à l'épreuve, dans le cas des lignes, ce pour quoi il n'est point sûr que le sens ne se soit pas déjà trompé, ou n'ait pas (déjà) été déficient quant à la compréhension de leur rectitude, et (elle sont) comme le compas par lequel on met à l'épreuve, dans (le cas des) lignes[98], ce pour quoi il n'est point sûr | que le sens ne se soit pas trompé ou n'ait pas a69
été déficient quant à la compréhension de leur rotondité. Telle est donc la totalité de (ce qui constitue) le but de la dialectique, et c'est à partir de ce but que sa très grande utilité devient évidente.

[96] Sur cette analogie et les réserves qu'il faut y apporter, voir A. HASNAWI, *La théorie du langage dans la pensée arabo-musulmane*, dans *Aristote aujourd'hui*, éd. par M. A. Sinaceur, Paris 1988, p. 220.

[97] Lire en arabe ***al-'arūḍ***, c'est-à-dire «la prosodie». GC aurait de nouveau renoncé au mot *prosodia* parce qu'il n'est qu'un calque du grec; voir Introduction, pp. 70-71. Reste que plus loin (p. 256,264), GC le traduira par *ordinatio*.

[98] La leçon *harena* («arène») de *G* et *A* traduirait mieux ici l'arabe *dā'ira* («ce dont on cherche à déterminer la circularité») que l'autre leçon: *linea*. Dans sa traduction des *Météorologiques* d'Aristote (version de *al-Biṭrīq*), GC rendra d'ailleurs *dā'ira* par *circulus*; voir P. L. SCHOONHEIM, *Aristotle's Meteorology in the Arabico-Latin Translation. A Critical Edition of both Texts, with Introduction, Index, and Registers*, Leiden 2000.

go summa intentionis dialectice, et declaratur ex intentione eius, maxima utilitas. Et illud, in omni cuius ueri | ficationem querimus s26 apud nos et in eo cuius uerificationem querimus apud alios, et in eo cuius uerificationem querunt alii apud nos. Nam cum fuerint apud nos canones illi et quesiuerimus inuenire illud quod quesitum est et uerificationem eius apud nos, non absoluemus mentes nostras in inquisitione eius quod uerificamus solute procedentes in res indefinitas, et conantes incedere ad illas undecumque accidat, et ex partibus que forsitan facient nos errare et estimare in eo quod non est uerum quod est uerum, et non per | cipiemus p130 illud, immo oportet ut iam sciamus qua uia oporteat nos ire ad illud et secundum quam rerum incedemus, et unde incipiemus in incessu, et qualiter ultime procedemus cum mentibus nostris super unamquamque rem ex eis usque quo perueniamus procul dubio | ad nostrum inquisitum. Et cum hoc erimus iam scientes a70 omnes res facientes nos errare et regentes super nos, et cauebimus ab illis apud nostram incessionem. Et tunc quidem uerificabitur in eo quod inuenimus, quod inuenimus in eo ueritatem, et non errauimus. Et cum uiderimus rem aliquam quam inuenimus, et imaginabitur nobis quod iam errauimus in ea, experiemur eam

45/46 querimus ... uerificationem] *om.* *G A* **47** querunt alii] *inv.* *G* **48** illi] alii *P A* quaesiuerimus inuenire] quesiuerimus absolute procedentes inuenire *B* **50** in] *om.* *G A* solute] absolute *B* **51** indefinitas] definitas *B* undecumque] unumcumque *Pal.* **52/53** in eo quod non est uerum, quod est uerum] in eo quod censetur uerum, quod ipsum est uerum *G*, in eo quod non sit uerum *A* **53** est[2]] sit *B* **54** oporteat] oportet *B* **55** unde] unum *Pal.* Incipiemus in] in *om.* *G A*, incipiamus *iter.* *B* **57** quo] *om.* *B* perueniamus] perueniremus *G* procul dubio] sine dubio *A* **58** cum hoc erimus iam scientes] cum hoc sciuerimus iam erimus scientes *G*, cum hoc erimus iam sciemus scientes *A* **59** et regentes super] et regentes scilicet ueritatem super *B* **60** quidem] *om.* *G* **61** quod inuenimus] *om.* *B* quod inuenimus in eo] *om.* *G A* **62** uiderimus] uidemus *G B* **62/63** et cum ... errauimus] *om.* *A*

(B. *Son utilité*) Et cela en tout ce dont nous cherchons la
véri | fication[99] en nous-mêmes, en ce dont nous cherchons la s26
vérification chez autrui, et en ce dont autrui cherche la vérification en nous.

(1. *Établir quelque chose pour soi-même*) De fait, lorsque nous disposons d'autres règles, et que nous avons cherché à découvrir ce qui est en question et sa vérification en nous, nous ne laissons pas nos esprits[100] libres dans la recherche de ce que nous vérifions de manière indéterminée, avançant[101] dans les choses indéfinies et faisant effort pour progresser vers elles[102] de quelque endroit que cela provienne, et selon des choix qui peut-être nous feront nous tromper et estimer qu'il y a du vrai en ce qui n'est pas
vrai, sans que nous | l'apercevions. Il importe plutôt que nous p130
sachions déjà sur quelle voie il nous faut aller pour cela, selon quelles choses progresser et par où commencer dans le progrès[103], de quelle manière [enfin] avancer, à partir d'elles, avec nos esprits
sur chaque chose, jusqu'à atteindre immanquablement | l'objet a70
de notre recherche. Et lorsque nous connaîtrons déjà, avec cela, toutes les choses susceptibles de nous tromper et de nous dominer, nous y prendrons aussi garde dans notre progression. Et assurément, il devient alors certain que dans ce que nous avons découvert, nous avons bien découvert la vérité et que nous ne nous sommes pas trompés. Et lorsque, voyant une chose quelconque que nous avons découverte, nous imaginerons dans l'instant nous être trompés[104] sur elle, nous la mettrons aussitôt à l'épreuve: si elle comporte une erreur, nous l'apercevrons elle-même, et corrigerons facilement ce qui est cause d'erreur.

[99] *Verificatio*: «vérification» au lieu de «validité» nous a paru mieux rendre l'idée d'un contrôle de la cohérence interne que permettent de réaliser les règles de la dialectique. Voir déjà p. 164,49.

[100] *Mentes nostrae*: GC traduit littéralement (ici et quelques lignes plus loin) le pluriel arabe *aḏhānunā*, qu'il convient néanmoins de comprendre au singulier («notre esprit»).

[101] *Procedere* semble en retrait eu égard à l'arabe *sabaḥa* («nager»). Cfr. p. 282,236.

[102] *Ad illas*, c'est-à-dire «vers les choses indéfinies»: GC a très vraisemblablement lu ***ilayhā*** («jusqu'à ces choses») au lieu d'*ilayhi* («jusqu'à cela»), autrement dit l'objet de la recherche.

[103] Entre *incessu* et *et qualiter* l'arabe ajoute une rubrique: «comment s'arrêter une fois la certitude obtenue par notre esprit».

[104] *Errare*: l'arabe, plus nuancé, dit: *sahā*, c'est-à-dire «s'écarter par négligence».

statim. Et si fuerit in ea error, percipiemus ipsum, et rectificabimus locum erroris facile. Et illa quidem erit dispositio nostra in eo cuius uerificationem querimus apud alios, nam nos non uerificamus sententiam apud alios, nisi cum rebus et uiis similibus illis quibus uerificamus eam apud nos. Quod si | aliquis s28 infestauerit nos in argumentationibus et orationibus quibus loquimur in uerificatione illius sententie apud eum, et quesiuerit a nobis modum uerificationis illius ei, et quomodo facte sunt ad uerificandum illam sententiam non ad uerificandum contrarium ipsius, et quare facte sunt digniores aliis ad uerificandam illam sententiam, poterimus declarare illi omnia illa. Et similiter quando uoluerint alii uerificare apud nos sententiam aliquam, erit nobiscum quo experiamur orationes et argumentationes eorum quibus conantur uerificare illam sententiam. Quod si fuerint in ueritate uerificantes, declarabitur ex quo modo uerificetur per eas. Quare recipiemus illud quod inde recipiemus a scientia | et a71 prouisione. Et si aliquis errare fecerit aut errauerit, declarabitur ex quo modo errare fe|cit aut errauit. Quare destruemus quod p131 destruemus inde a scientia et prouisione. Et si nos ignorauerimus dialecticam, erit nostra dispositio in omnibus istis rebus e conuerso, et secundum contrarium. Et maius toto illo et turpius et magis horrendum et dignius ad cauendum et timendum est illud quod comitatur nos cum uolumus considerare in sententiis contrariis,

66 uerificationem] ueritatem *B* **68** quod si] si *om. G* **69** in argumentationibus et] in arrogationibus *G* **69** in] et *G* **71** ei] *om. G* **73** ipsius] illius *G* facte] per facte *G* aliis] *om. B* **75** quando] quum *Pal.* **76/77** nobiscum quo experiantur orationes et argumentationes eorum] a nobis quo experiamur et orationes et argumenta ei eorum *G* **78** in ueritate illam urificantes *B* ex] ac *GA* quare] quare est *B* **80/81** declarabitur ... errauit] *om. G* **81** errare fecit aut errauit] errauit aut errare fecit *B* **81/82** quare ... inde] quare destruemus inde quod distinguimus inde *G* quod destruemus inde] *om. B* **80/82** fecerit ... et si nos] *om. A* **83/84** in omnibus istis rebus e conuerso] in istis rebus e conuerso *G*, in omnibus illis rebus conuerso *B* **84** et maius toto] et melius toto *G*, et quod maius *B* **86** considerare] considerare uel speculari *B*

(2. *Établir quelque chose pour autrui*) Telle sera aussi notre disposition à l'égard de ce dont nous cherchons la vérification chez autrui. En effet, nous ne vérifions un point de vue[105] chez autrui qu'à l'aide des choses et en suivant des voies pareilles à celles par lesquelles nous le vérifions en nous-mêmes. En conséquence, dans
l'hypothèse où | quelqu'un nous conteste les arguments et les s28
énoncés au moyen desquels nous lui parlons pour vérifier en lui ce point de vue, qu'il nous en demande le mode de vérification, (qu'il nous demande) comment ils se trouvent vérifier ce point de vue (et) non pas vérifier son contraire même, et pourquoi ils se trouvent plus aptes que d'autres à vérifier ce point de vue, nous serons capables de lui montrer tout cela avec évidence.

(3. *Mettre à l'épreuve les arguments d'autrui*) Et de même, lorsque d'autres voudront vérifier en nous un certain point de vue, il y aura en nous de quoi mettre à l'épreuve les énoncés et les arguments au moyen desquels ils entreprennent de vérifier ce point de vue. Que s'ils ont été vérifiés en vérité[106], le mode selon lequel on vérifie par eux sera rendu évident. C'est pourquoi, ce que nous accepterons à ce sujet, nous (l')accepterons avec science
| et anticipation. Et si quelqu'un induit en erreur ou se trompe, a71
le mode selon lequel il induit en erreur | ou se trompe sera rendu p131
évident. C'est pourquoi, ce que nous rejetterons à ce sujet nous (le) rejetterons avec science et anticipation.

(4. *Effet pervers de l'ignorance de la dialectique*) Mais si nous avons ignoré la dialectique, notre situation en toutes ces choses sera à l'inverse et selon le contraire. Et plus grave que tout cela, plus regrettable, de manière plus effrayante et plus propre à ce que l'on s'en garde et l'évite, est ce qui nous arrive lorsque nous voulons examiner des points de vue contraires ou trancher, à leur sujet, entre des disputeurs, dans les énoncés et les arguments qu'avance

[105] *Sententia* restitue ici ***ra'y***, à distinguer de *ẓann* (*opinio*) que l'on trouvera plus loin (p. 204,276), et qui traduira un *waham* («opinion») mal compris (p. 200,252). Sur la controverse qu'a fait naître la compréhension des deux derniers substantifs arabes, voir CH. E. BUTTERWORTH, *Opinion, point de vue, croyance et supposition*, dans *Perspectives arabes et médiévales* cit. (chap. Ier, à la note 58), pp. 453-464, auquel GC semble ne pas donner raison.

[106] L'expression *in veritate verificantes* donne l'impression de jouer, en frôlant le pléonasme, sur la parenté étymologique entre *veritas* et *verificare* (*verus* + *facere*). La traduction par «vérifier», et non par «établir», permet de conserver cet effet, peut-être recherché, que l'arabe ne comporte toutefois pas.

aut iudicare inter disputantes in eis, et in orationibus et argumentationibus quas unusquisque affert ad uerificandam sententiam suam et destruendam sententiam aduersarii sui. Nam si nos ignorauerimus dialecticam, non erimus certi secundum ueritatem | s30 de aliquo eorum qui uere inuenit, quomodo uere inuenit, et ex qua parte uere inuenit, et qualiter facte sunt eius argumentationes facientes necessario uerificationem sententie sue, nec super errorem alicuius eorum qui errauit aut errare fecit qualiter et ex qua parte errare fecit, aut errauit, et qualiter facte sunt eius argumentationes non necessario uerificantes sententiam eius. Quare accidet nobis tunc aut ut hesitemus in sententiis omnibus, ita ut ignoremus que sit uera, et que sit corrupta, aut ut estimemus quod omnes quamuis sint contrarie, sint uere, aut ut estimemus quod in nulla earum sit ueritas, aut ut incipiamus uerificare quasdam earum, et quasdam destruere. Quare conabimus uerificare quod uerificatur, et des-truere quod destruitur, ita quod nesciemus ex quo modo est ita. | a72 Et si contradixerit nobis aliquis in eo quod uerificamus aut destruimus, non poterimus ostendere ei modos illius. Et si contingerit ut sit in eo quod uerificamus, aut destruimus aliquid quod sit in ueritate, ita non erimus certi in aliquo horum duorum quod in ueritate sit sicut est apud nos, immo credemus et estimabimus in omni | p132 quod est uerum apud nos, fortasse ut sit corruptum, et in eo quod est corruptum apud nos, fortasse quod est uerum, et fortasse redibimus ad contrarium eius super quod sumus in utrisque rebus simul, et fortasse super-

87 disputantes] disputationes *G A* et[2]] *om. B* et in orationibus et disputationibus et argumentationibus *ante corr. P* **89** nos] *om. A* **89/90** ignorauerimus scientiam dialecticam *A* **91** uere[2]] uero *A* quomodo uere inuenit] *om. G* **92/95** uere inuenit ... qua parte] *om. A* **92/93** et qualiter ... necessario] et qualiter facte sunt argumentationes necessario facientes *G* **94** errorem] errore *G* aut] autem *B* **94/95** qualiter ... fecit] *om. G* **95/96** eius argumentationes] orationes *GA* **96** sententiam eius] *inv. B* accidet] accidit *B* **97** aut ut] *inv. GA* **98** sit uera] sint uere *GA*, sit uera uel sana *B* sit corrupta] sint corrupte *GA* **99** omnes] omnis *B* sint uere] quod sint uere *B* estimemus] hesitemus *G A* **100** nulla] ulla *G A* ut] *om. G A* **101** conabimus] conabimur *Sch.* **100/101** quasdam[4] ... uerificare] *om. G* **104** uerificamus] uerificabimus *G A B* **105** ei] *om. B* contingeret *G* ut] quod *G A B* **106** ita] *om. G A* erimus tamen certi *A* **107** horum duorum] duorum horum iudiciorum *B* *post* nos *add.* forte ut sit corruptum et in eo quod est corruptum apud nos *A* **109** fortasse] forte *G A* ut] quod *G* **111** eius] illius *G A* utrisqui *Pal.*

chacun pour vérifier son point de vue et détruire le point de vue de son adversaire. Car si nous avons ignoré la dialectique, nous ne serons pas certains selon la vérité, | par la vérification[107] de s30
son point de vue, de ce que l'un d'eux a découvert le vrai, de la manière dont il a découvert le vrai, sur quel point il a découvert le vrai et de quelle façon ses argumentations se trouvent résulter nécessairement; (nous ne le serons) pas davantage, en vérifiant son point de vue, de l'erreur de l'un d'eux qui s'est trompé ou a induit en erreur, de quelle façon et sur quel point il a induit en erreur ou s'est trompé, et de quelle façon ses argumentations se trouvent (résulter) du non nécessaire. C'est pourquoi il nous arrivera, dans cette situation, ou bien d'hésiter à l'égard de tous les points de vue, en sorte que nous ignorerons ce qui sera vrai et ce qui sera corrompu, ou bien d'estimer que tous (ces points de vue), bien qu'ils soient contraires, sont vrais, ou bien (encore) d'estimer que la vérité ne se trouve en aucun d'eux, ou bien (enfin) de nous mettre à vérifier certains d'entre eux et à en rejeter d'autres. C'est pourquoi, nous nous efforcerons de vérifier ce qui doit être vérifié et de rejeter ce qui doit être rejeté, sans que nous sachions selon quel mode il en est ainsi. | Et si quelqu'un nous a72
contredit quant à ce que nous vérifions ou rejetons, il ne nous sera pas possible de lui montrer les modalités de ces (opérations). Et s'il arrive par hasard qu'il y ait, dans ce que nous avons vérifié ou rejeté, quelque chose qui se tienne dans la vérité, alors nous ne serons pas certains que, dans l'un des deux cas, il se tienne dans la vérité comme il s'y tient pour nous, mais nous croirons et estimerons plutôt, en tout | ce qui est vrai pour nous, que c'est p132
peut-être corrompu et, en ce qui est corrompu pour nous, que c'est peut-être vrai; peut-être aussi reviendrons-nous à son contraire, auquel nous nous sommes (arrêtés) dans l'un et l'autre cas à la fois, et peut-être (enfin) quelque chose d'extérieur nous atteindra-t-il, ou la pensée de certains naîtra-t-elle | dans nos âmes s32
et nous éloignera de ce qui, pour nous, est aujourd'hui vrai ou

[107] La leçon de deux mss. donne confirmation de l'emploi de l'accusatif, choisi aussi par PALENCIA, plutôt que de l'ablatif. Le parallélisme de la construction («verificatione sententie sue» ici – «verificantes sententiam eius» plus bas) nous oriente néanmoins vers le choix du second.

ueniet nobis aliquid de foris, aut cogitatio aliquorum orietur | in animabus nostris, et remouebit nos ab eo quod apud nos est s32 hodie uerum, aut corruptum ad contrarium eius. Quare erimus in omnibus illis sicut dicit prouerbium, ligneator noctis.

Et ista quidem accidunt nobis in hominibus qui iactant se apud nos integritatem habere in scientiis. Ergo si nos ignorauerimus dialecticam non erit apud nos quo experiamur eos; ergo aut bene opinabimur de eis omnibus, aut erimus ambigui in eis omnibus, aut incipiemus discernere inter eos. Et erit totum illud a nobis fortuitum et ita quod non erimus certi. | Quare a73 non erimus securi, quin sit in eis de quibus bonam habuimus opinionem deceptor et falsus. Erit ergo iam famosus apud nos destructor, et eligemus illum qui derisionem faciet de nobis, et nos non percipiemus, aut erit in eis quos spreuimus uerax, et nos iam repulimus eum, et nos non percepimus; hoc est ergo nocimentum ignorantie nostre in dialectica et iuuamentum si eam sciuerimus. Et manifestum est quod necessaria est illi qui uult ne sit contentus in suis credulitatibus et sententiis super opiniones, et sunt credulitates que non reddunt sibi securum illum cuius sunt, quin ab eis redeat ad earum contraria. Et non est necessaria ei qui eligit stare et contentus esse in suis sententiis super opinionem, et sufficit sibi cum eis. Ille autem qui estimat quod usus in orationibus et disputationibus topicis, aut usus in disciplinis, sicut scientia | geometrie et arithmetice excusat a | scientia canonum s34, p133 dialectice, aut stat loco eius, aut facit operationem ipsius, aut dat homini uirtutem ad experiendam omnem rationem et omnem disputationem et omnem sententiam, aut dirigit homi-

112 de foris] de foris cogitatem *B* aliquorum] quorum *G A* **113/114** quod apud nos est hodie] quod est aput nos hodie *G*, apud nos *A* **115** in omnibus illis] *om. B* **117** integritatem] *om. A* nos[2]] *om. B* **117/118** ignorauerimus] cognouerimus *G* **119** in] de *G A* de eis omnibus] in omnibus eis *B* **121** quod] quidem *B* **121/122** certi quare non erimus] *om. A* **123** erit ergo] *inv. B* **124** derisionem] decisionem *Pal.* faciet] † *G* **125** uerax] uerus *G A* **126** percepimus] percipimus *G A*, et non recepimus *B* **127** ignorantie † nostre *B* eam] eum *B* **128** est quod] *inv. B* necessaria] necesse *G* quod necessarium est necessaria est *ante corr. P* est[2]] *om. B* **129** et] *del. P* **130** credulitates] securitates *G* sibi] *om. B* securum illum] securrumrum illum *ante corr. P*, securum illud *G* **131** earum] eorum *G A* necessaria] necesse *G* **132** eligit] eligat *A* **135** scientia] *om. G B* **136** operationem] opinionem *G* **137** rationem] orationem *P Sch.* **137/139** ad experiendam ... ueritatem] *om. G B*

corrompu, (et nous conduira) vers son contraire. C'est pourquoi, nous serons en tout cela, comme dit le proverbe, (semblables à) 'celui qui va faire du bois la nuit'[108].

Cela peut nous arriver dans les rapports que nous avons avec les individus qui chez nous se targuent d'avoir la perfection dans les sciences. Si donc nous ignorons la dialectique, il n'y aura pas en nous de quoi les mettre à l'épreuve; donc ou bien nous aurons bonne opinion d'eux tous, ou bien nous les soupçonnerons[109] tous, ou bien nous nous mettrons à les distinguer les uns des autres. Et tout cela sera de notre côté fortuit et sans que nous
soyons certains. | C'est pourquoi nous ne serons pas assurés que, a73
parmi ceux dont nous avons eu bonne opinion, il n'y en ait pas de trompeur et de falsificateur. Ainsi, celui qui ruine (les raisonnements) sera déjà célèbre chez nous, et nous aurons choisi celui qui, sans que nous nous en apercevions, se sera moqué de nous, ou bien, parmi ceux que nous avons écartés, il y en aura (un de) véridique, et nous l'aurons déjà repoussé sans nous en apercevoir. Tel est donc l'effet néfaste de notre ignorance de la dialectique, et (telle est son) assistance si nous la connaissons.

(5. *Elle permet de ne pas s'en tenir aux opinions*) Il est évident qu'elle est nécessaire à celui qui ne veut pas, dans ses croyances et ses points de vue, se contenter d'opinions – il s'agit des croyances qui ne rendent pas assuré en lui-même celui de qui elles émanent, au point qu'il passe d'elles à leurs contraires. Et elle n'est pas nécessaire à qui préfère en rester aux opinions et se satisfaire de ses points de vue.

(6. *L'exercice et le génie ne dispensent pas de la science des règles de la dialectique*) Quant à celui qui prétend que la pratique en matière d'énoncés et de topiques disputatives, ou la pratique en
mathématique, comme en science | de la géométrie et de l'a- s34
rithmétique, dispense de | la science des règles de la dialectique p133
ou en tient lieu, fait son travail, donne à l'homme la puissance de mettre à l'épreuve tout énoncé, toute dispute et tout point de vue, ou dirige l'homme vers la vérité et la certitude, si bien qu'il ne se trompe[110] plus en aucune des autres sciences – (celui-là)

[108] C'est-à-dire qui ne distingue pas le bon bois à ramasser du mauvais à laisser.

[109] *Esse ambiguus in* (littéralement pour GC: «être incertain à l'égard de») explicite le verbe arabe *ittahama*.

[110] *Errare* à trois reprises (ici et plus loin) alors que l'arabe use de deux termes:

nem ad ueritatem et certitudinem ita ut non erret in aliqua reliquarum scientiarum penitus, est sicut ille qui estimat quod usus et studium in memoria uersuum et epistolarum et multiplicatio reddendi eos sicut ab alio audiuit, excuset in rectificatione lingue, et in hoc ne erret homo a regulis grammatice, et stat loco eius, et facit | eius operationem, et quod dat homini uirtutem qua a74
experiatur declinationem omnis sermonis an recte inuenit in eo aut errauit. Et illud quidem quod est dignum respondere in esse grammatice hic est id quod respondetur in esse dialectice illic. Et similiter sermo illius qui estimat quod dialectica sit superflua nec sit necessaria, cum possibile sit in hora quidem aliqua inueniri hominem perfecte nature qui omnino ueritatem non pertransit, preter quod ipse iam sciat aliquid de regulis dialectice, est sicut sermo eius qui estimat quod grammatica sit superflua, cum in hominibus inueniatur aliquis qui omnino non erret, preter quod sciat aliquid de regulis grammatice. Nam responsio in utrisque sermonibus simul, est responsio una.

Subiecta autem dialectice, et sunt ea in quibus dat regulas, sunt rationata in quantum significant ea dictiones, et dictiones in quantum sunt significantes rationata. Et illud est quoniam nos | non uerificamus sententiam apud nos, nisi ita ut cogitemus et s36
consideremus multum et erigamus in nobis ipsis res et rationata quorum proprietas est uerificare illam sententiam. Et uerificamus eam apud alios ita ut loquamur eis sermonibus quibus facimus eos intelligere res et rationata quorum proprietas est uerificare

139 et ad certitudinem aliquam ita *G A* **140** scientiarum penitus] scientiarum harum penitus *G* **142** in rectificatione] in rectificationem *G A Sch.* **143** a] in *B* **144** operationem] operationes *G A* **145** declinationem] declarationem *G B* **145** in eo] in ea *G*, de eis *B* **146** et illum quidem] et omne id quidem *G*, et omnem illud quidem *A* **147** dialectice illic] *inv. B* **148** illius] illies *Pal.* sit] *om. Pal.* **149** necessaria] necesse *GB* cum in possibile *G* quidem] *om. G A B Sch.* **151** de] ex *B* **153** non erret preter] non erret in † preter *B* **154** nam] alia *B* utrisque] utrisqui *Pal.* **155** simul] similis *G A B* responsio] *om. B* **156** ea] eas *A* **157** rationata] ratiocinata *B* et] et in *A* **158** nos] *om. A* **161/164** et uerificamus ... illam sententiam] *om. A* **163** eos] eum *P Pal.*

est absolument pareil à celui qui prétend que la pratique et l'entraînement en matière de mémorisation des vers et des lettres, et la multiplication des moyens de les restituer tels qu'il les a entendu (prononcer) par d'autres, dispense, en (matière de) correction de la langue et de ce qui (permet) à l'homme de ne pas se tromper, des règles de la grammaire, en tient lieu, fait | son travail et a74
donne à l'homme une puissance par laquelle il met à l'épreuve la déclinaison de chaque terme[111], (sachant ainsi) s'il y a trouvé ce qui est correct ou s'il s'est trompé.

Assurément, ce qu'il convient de répondre ici, dans (ce qui relève de) la grammaire, c'est ce qu'il convient de répondre là, dans (ce qui relève de) la dialectique. De même, le propos de celui qui estime que la dialectique est superflue, voire n'est point nécessaire, puisqu'il est possible, à un moment quelconque, de trouver un homme au naturel parfait, qui ne manque jamais la vérité, sans qu'il sache lui-même déjà quelque chose des règles de la dialectique, est comme le propos de celui qui estime que la grammaire est superflue, puisqu'il peut se trouver quelqu'un, parmi les hommes, qui, sans rien savoir des règles de la grammaire, ne se trompe jamais. La réponse est effectivement une réponse unique pour les deux propos à la fois.

(C. *Ses thèmes*)

(1. *Les intelligibles et les mots qui les désignent*) Quant aux sujets de la dialectique, (qui) sont aussi ceux pour lesquels elle donne des règles, ce sont les intelligibles pour autant que les mots les signifient, et les mots pour autant que les intelligibles sont signifiants. Et il en est ainsi parce que | nous ne vérifions en nous- s36
mêmes un point de vue qu'en pensant (discursivement), qu'en délibérant [beaucoup] et qu'en construisant en nous-mêmes les choses et les intelligibles dont la propriété est de vérifier ce point de vue; et nous le vérifions chez les autres en leur parlant au moyen d'énoncés par lesquels nous leur faisons comprendre les choses et les intelligibles dont la propriété est de vérifier ce | point p134
de vue. | Et il n'est pas possible de vérifier n'importe quel point a75
de vue au moyen de n'importe quels intelligibles, ni que ces in-

ġaliṭa («se tromper») et *laḥana* («commettre une faute de langage»). Plus haut (p. 184,59 seqq.), il traduit aussi *sahā*.

[111] Notre traduction différenciée («propos» quatre lignes plus bas) ne doit pas faire perdre de vue que GC (*sermo*), comme AF (*qawl*), usent d'un seul terme.

illam | sententiam. | Et non est possibile ut uerificemus quamli- p134, a75 bet sententiam quibuslibet rationatis ne ut sumantur illa rationata quolibet numero, nec quibuslibet dispositionibus aut compositionibus aut ordinibus quibuslibet, immo indigemus in omni sententia cuius querimus uerificationem, rebus et rationatis terminatis, et ut sint cum numero aliquo noto et secundum dispositiones, et compositiones, et ordines notos. Et oportet ut illa sit dispositio dictionum eorum quibus fit interpretatio de eis cum uerificamus eam ad alios. Quapropter indigemus regulis defendentibus nos in rationatis et in interpretatione de eis, et custodientibus nos ab errore in eis utrisque. Et haec duo, scilicet, rationata et sermones quibus fit interpretatio de eis, nominauerunt antiqui *logos* et sermonem. Et nominauerunt rationata sermonem, et logos interiorem et fixum in anima. Et illud quo fit interpretatio de eis, sermonem et logos exteriorem cum uoce. Et illud quo homo uerificat sententiam apud se ipsum, est sermo fixus in anima. Et illud quo uerificat eam apud alium, est sermo exterior cum uoce. Sermonem igitur cuius pro|prietas est uerificare sententiam ali- s38 quam, nominauerunt antiqui sillogismum, siue sit sermo fixus in anima, siue exterior cum uoce. | Dialectica ergo dat regulas qua- a76 rum precessit rememoratio in utrisque sermonibus simul. Et ipsa quidem communicat grammatice communitate quadam per hoc quod dat de regulis dictionum, et differt ab ea in hoc, quod scientia grammatice non dat regulas nisi que sunt proprie dictionibus gentis alicuius, et scientia dialectice non dat regulas nisi communes que communicant dictionibus gentium omnium. In dictionibus enim sunt dispositiones in quibus communicant dictiones

165 sententiam quibuslibet] *om. A* ne ut] neque ut *A Sch.* **168/169** terminatis] *om. B* **170** ordines notos] ordinationes *G A* **171** eorum] earum *A* fit] sit *Pal.* cum *post corr. G*, *om. B* **172** ad] apud *B* alios] alias *G* **173** de eis] *om. G* **174** duo scilicet] *om. G* **173/175** et custodientibus ... de eis] *om. A* **177** illud] id *B* **178** *post* uoce: sermone igitur cuius proprietas est uerificare sententiam *ante corr. G* illud] id *G* **178/180** et illud quo homo ... exterior cum uoce] *om. ante corr. G* **180** sermo] sermone *G* **184** precessit] preces sit *Sch.* simul] *om. B* **187** non dat regulas] non regulas dat *A* **188/189** et scientia ... omnium] et scientia dialectice dat † † dictionibus omnium gentium *B* **189** gentium omnium] *inv. G A*

telligibles soient choisis selon n'importe quel nombre, n'importe quels états, compositions ou ordres. Mais nous avons besoin, pour tout point de vue que nous cherchons à vérifier, de choses et d'intelligibles finis[112] et qui soient en un certain nombre connu et selon des états, des compositions et des ordres connus. Il faut aussi que soit (fini) l'état des mots par lesquels se fait l'expression (des intelligibles), lorsque nous la vérifions chez autrui. Voilà pourquoi nous avons besoin de règles qui nous protègent relativement aux intelligibles et à leur expression, et qui nous préservent, à l'égard des uns et des autres, de l'erreur. Et ces deux-là, à savoir les intelligibles et les énoncés par lesquels se forge leur expression, furent appelés par les Anciens '*logos*'[113] et 'énoncé'. Et ils appelèrent les intelligibles 'énoncé' et '*logos* intérieur fixé dans l'âme'. Et ce par quoi se forge leur expression, 'énoncé' et '*logos* rendu extérieur par la voix'. Ce au moyen de quoi l'homme vérifie en lui-même un point de vue est l'énoncé fixé dans l'âme. Ce au moyen de quoi il le vérifie chez autrui est l'énoncé rendu extérieur par la voix. Voilà pourquoi l'énoncé dont la pro|priété est de vérifier s38
un certain point de vue fut appelé syllogisme par les Anciens, qu'il s'agisse d'un énoncé fixé dans l'âme ou rendu extérieur par la voix. | La dialectique donne donc, à l'un et l'autre énoncé à la a76
fois, les règles dont il a déjà été fait mention.

(2. *Différence entre dialectique et grammaire*) Et elle-même a, jus-qu'à un certain degré de communauté, quelque chose en commun[114] avec la grammaire en ce qu'elle donne les règles des mots, mais elle s'en écarte en ce que la science de la grammaire ne donne que des règles propres aux mots d'une certaine nation, alors que la science de la dialectique ne donne que des règles communes qui ont quelque chose en commun avec les mots de toutes les nations. Concernant les mots, en effet, il y a des états dans lesquels les mots de toutes les nations ont quelque chose en

[112] *Terminatus* traduit littéralement *maḥdūd*, qui a ici le sens de «défini»; cfr. *finitus* (p. 280,211).

[113] *Logos*, solution paresseuse pour *nuṭq* («parole») en arabe.

[114] Nous marquons ici, et marquerons plus loin, la parenté étymologique entre *communicare* et *communitas* (plus *communis* ci-après), bien que l'arabe n'en pratique aucune dans ce cas.

omnium gentium, sicut quod dictionum alie sunt simplices et alie composite, et simplices sunt nomen et uerbum et prepositio, et quod earum quedam sunt que sunt ponderate et quedam | que p135 non sunt ponderate, et his similia. Et hec sunt dispositiones que sunt proprie uni lingue et alii lingue non, sicut quod nominatiuus est *marfuha*, et accusatiuus *mansub*, et in genitiuo non ingreditur *lem, alif,* cognitionis. Ista enim et plura alia, sunt propria lingue arabice. Et similiter in lingua omnis gentis sunt dispositiones que proprie sunt ei. Et illud quod est in scientia grammatice de rebus communibus dictionibus gentium, non recipiunt grammatici nisi in quantum est inuentum in illa lingua, cui facta est grammatica, sicut sermo grammaticorum arabum quod partes orationis in arabico sunt nomen | a77 et uerbum et prepositio, et sicut sermo grammaticorum grecorum, partes | s40 orationis in greco sunt nomen, et uerbum, et prepositio. Et hec quidem diuisio non inuenitur in arabico tantum, aut in greco tantum, immo in omnibus linguis. Et acceperunt eam grammatici arabum, secundum quod ipsa est in arabico, et grammatici grecorum secundum quod ipsa est in greco. Scientia ergo grammatici in omni lingua non speculatur nisi in eo quod est proprium lingue illius gentis, et in eo quod est commune ei et alii, non in quantum est commune, set in quantum est inuentum in lingua eorum proprie. Iste ergo sunt differentie inter speculationem de grammatica in dictionibus et inter

191 dictionum] dictiones *G* **192/194** et uerbum et ... similia] et uerbum et syncathegorema et qua earum est ponderate et quedam non et hiis similia *B* **194** his] hiis *G A B* et hec] ecce hic *G*, ecce *A*, et hic *Pal.* **195** alii] alie *B* quod] *om. B* **195/196** nominativus est] *post corr. P* **196** est] *om. G A* **196** marfuha] mea sua *G*, manfua *A*, † *B* mansub] meam suam *G*, † *B* **196/197** et in genetiuo ... sunt propria] et quod casuali constructo cum genetiuo non preponitur articulus scilicet al qui in arabico dicitur eliflem cognitionis et plura alia eius lingue que sunt propria *B* alif] *om. P A* **197** cognitionis] cognitiones *Pal.* ista enim et] ista † et *A* propria] proprie *A* **198** in] *om. A* **199** et illud quod est in scientia] et id quod est proprie in scientia *B* in scientia grammatice lingue arabice] *ante corr. G* **200** nisi] non *G* **202** grammaticorum arabum] arabum *iter. ante corr. P*, grammaticorum grecorum partes orationis arabum *ante corr. A* quod] et *G* **202/203** in arabico sunt] sunt in arabico *G* **203** prepositio] sinkathegorema *B* **203/205** et sicut sermo ... et prepositio] *om. G* **204** grecorum] arabum] *ante corr. A* grecorum quod partes *A B* orationis] orationes *G* in greco] in arabico] *ante corr. A* **206** tantum[2]] tamen *Pal.* **207** ipsa] ipse *B* **208** grammatici] grammatice *P Sch.* **210** lingue] *om. B* **211** ei et alii] illa et alii *B*, ei et illii *Pal.* est] *om. B* **212** est inventum] est inuenta *P Pal.*, *inv. A B* **212/217** in lingua eorum proprie ... quantum est inuentum] *om. A* **213** speculationem] specula-

commun, par exemple: (dire) que 'parmi les mots, les uns sont simples, les autres composés', (que) 'les simples sont le nom, le verbe ou la préposition', (que) 'parmi eux il en est certains qui sont rythmés, d'autres | qui ne le sont pas', et d'autres semblables. p135
Il y a également des états qui sont propres à une seule langue et pas à une autre; par exemple (dire) que 'le nominatif est *marfuha*, l'accusatif *mansub* et (qu')au génitif le *lem alif* de connaissance n'est pas impliqué'[115]. En effet, ces (états), ainsi que beaucoup d'autres, sont propres à la langue arabe. De même, il y a, dans la langue de chaque nation, des états qui lui sont propres. Et ce qui, dans la science de la grammaire, relève des choses communes aux mots de (toutes les) nations, les grammairiens ne l'acceptent que pour autant qu'on le trouve dans la langue pour laquelle a été inventée la grammaire, comme l'énoncé des grammairiens arabes: 'les parties de l'expression sont en arabe le nom, | le verbe et a77
la préposition'[116], ou comme l'énoncé des grammairiens grecs: 'les parties | de l'expression sont en grec le nom, le verbe et la s40
préposition'[117]. Cette division ne se trouve pas seulement en arabe ou en grec, mais bien dans toutes les langues; les grammairiens arabes l'ont prise en tant qu'elle existe en arabe et les grammairiens grecs en tant qu'elle existe en grec. Dans toute langue, la science du grammairien n'étudie donc que ce qui est propre à la langue de la nation concernée et ce qui est commun à elle et à une autre, non pas pour autant que c'est commun, mais pour autant qu'on le trouve en propre dans leur langue[118]. Telles sont donc les différences entre l'examen des mots dans (le domaine de) la grammaire et l'examen de ces (mêmes mots) dans (le domaine de) la dialectique. C'est que la grammaire donne des règles qui

[115] La traduction sur l'arabe, qui échappe totalement à GC, donne ceci: «l'agent (*al-fā'il*) est au cas sujet (*marfū'*), l'objet de l'action (*al-māf 'ūl bihi*) est au cas direct (*manṣūb*), et à l'objet d'annexion ne peuvent s'adjoindre l'*alif* et le *lām* de détermination».

[116] La traduction sur l'arabe donne ceci: «les parties du discours (*kalām*) sont en arabe *ism* (nom), *fi'l* (verbe) et *ḥarf* (particule)». Sur *ḥarf* voir plus haut, p. 167, n. 53 et 177, n. 81.

[117] La traduction sur l'arabe donne ceci: «les parties de l'énoncé (*qawl*) sont en grec *ism* (nom), *kalima* (verbe) et *adāt* (particule)». Sur *adāt* voir plus haut, p. 165, n. 47. En ce passage, GC n'a distingué ni *ḥarf* de *adāt*, ni *fi'l* de *kalima*, ce que la langue française n'a pas non plus le moyen de faire.

[118] Par «leur langue» l'arabe donne à entendre qu'il s'agit de «la langue des nations». GC, lui, a compris: «la langue des grammairiens», en raison du *eorum* (l. 212) qui ne peut se rapporter à *gens*.

speculationem de dialectica in eis. Et est quod grammatica dat regulas que sunt proprie dictionibus gentis alicuius et accipit illud quod est commune ei et alii non in quantum est commune, inmo in quantum est inuentum in lingua, cui facta est illa grammatica. Et dialectica in eo quod dat regulas dictionum, non dat nisi regulas in quibus communicant dictiones gentium et | accipit eas in p136 quantum sunt communes, et neque considerat in aliquo eorum que communicant dictionibus gentis alicuius, immo precipit ut sumatur illud quod necessarium est inde ab illis qui habent illius lingue scientiam. | Eius autem ethimologia manifestum est quod a78 est edita a summa intentionis eius. Et illud est quoniam ipsa est deriuata a *logos*. Et hec quidem dictio dicta est apud antiquos secundum tres intentiones: quarum una est sermo exterior cum uoce, et est ille quo fit interpretatio lingue de eo quod est in mente. Et secunda est sermo fixus in anima, et est rationata que dictiones significant. Et tertia, est uirtus animalis creata in homine, qua | discernit discretione propria homini absque reliquis s42 animalibus, et est illa qua homini comprehenduntur rationata, et scientie et artes, et ea fit consideratio. Et ea discernit inter bona

tionem illorum *P Sch.*, speculationem eorum *G* de grammatica] grammaticorum *B* **213/214** de grammatica in dictionibus et inter speculationem] *om. G* **214** speculationem illorum] *iter. P*, speculationem illorum *Sch.* de dialectica] logicorum *B* **215** illud] id *G* **216** est[2]] *om. B* **217** illa grammatica] *inv. G* illa] *om. B* **218** dat regulas] dat de regulis *G A B* **220** neque] nec *Pal.* **222** illud] per *B* **224** a] et *G* illud] id *G* quoniam ipsa est] quin *G* **224/225** est deriuata] *inv. A* **225** est] *om. B* **226** est] *om. B* **227** ille] illa *G* de de eo *ante corr. P*, de (de) eo *Pal.* **230** qua] que *G A B* **231/232** et scientie et artes] et artes et scientie *G A*

sont propres aux mots d'une certaine nation, et prend ce qui lui est commun avec d'autres (nations), non pas dans la mesure où cela est commun, mais bien dans la mesure où on le trouve dans la langue pour laquelle cette grammaire a été inventée. Quant à la dialectique, en ce qu'elle donne les règles des mots, elle ne donne que les règles dans lesquelles les mots des nations ont quelque chose en commun, | les prend dans la mesure où elles sont p136
communes, et n'examine rien de celles qui ont quelque chose en commun[119] dans les mots d'une certaine nation, mais au contraire recommande que l'on tire ce qui est nécessaire sur ce plan de ceux qui possèdent la science de cette langue.

| (D. *Sa désignation*) Quant à son étymologie, il est évident a78
qu'elle est révélatrice de la totalité de son application, et il en est ainsi parce qu'elle-même est dérivée de *logos*[120]. Or, ce mot se dit chez les Anciens selon trois applications[121], dont la première est l'énoncé rendu extérieur par la voix: c'est celui au moyen duquel se produit l'expression linguistique de ce qui est dans la pensée. La deuxième est l'énoncé fixé dans l'âme: c'est (celui des) intelligibles que signifient les mots. La troisième est la puissance animée[122] créée[123] en l'homme, grâce | à laquelle il se distingue, s42
par une distinction propre à l'homme, de tous les autres animaux[124]: c'est celle par laquelle les intelligibles, les sciences et les arts sont compris par l'homme, et (celle) au moyen de laquelle se produit la délibération. Elle discerne les actes bons des (actes) mauvais. On la trouve en tout homme, y compris chez les en-

[119] *Communicare*: GC se méprend en comprenant ainsi; il faut entendre, d'après l'arabe et pour la cohérence du raisonnement: «*de celles qui ont quelque chose* en propre *dans les mots d'une certaine nation*». Cfr. p. 195, n. 115.

[120] L'arabe explique que *al-manṭiq* («la dialectique»») dérive de *al-nuṭq* («la parole»).

[121] GC conserve ici le substantif *intentio* qu'il a employé dans la phrase précédente, alors que l'arabe utilise deux termes différents: respectivement «but» (*ġaraḍ*) et «signification» (*ma'nā*), dont l'équivalence avec *intentio* est canonique dans les traductions de textes philosophiques médiévaux. Qui plus est, le même mot traduit également *qaṣd* («intention») (p. 154,1) et *'āriḍ* («événement») (p. 292,70).

[122] *Virtus animalis* rend l'arabe *quwwa nafsāniyya* («puissance de l'âme»). *Animalis* y a le sens étymologique de «ce qui se rapporte à l'âme».

[123] Avec l'équivalence *creatus* = *maftūr*, GC montre qu'il a bien perçu la connotation coranique du terme («créé selon le plan de Dieu»), lequel renvoie à la *fiṭra*, qui désigne tout «être créé selon le plan de Dieu» (C XXX, 29/30); voir *EI*², II, p. 953.

[124] *Animal* restitue *ḥayawān* («être animé»), en fonction du même critère sémantique que pour *animalis* à la note 123.

opera et mala. Et ipsa inuenitur in omni homine, ita quod in infantibus, set est parua nundum perueniens ad hoc ut suas efficiat operationes, sicut uirtus pedis infantis ad ambulandum, et sicut ignis paruus qui non peruenit ad hoc ut comburat ligna grossa, et in demoniacis, et ebriis, sicut oculus obliquus, et in dormiente sicut oculus clausus, et in eo cui inest occultatio, sicut oculus in quo est caligo ex uapore aut alio.

Hec ergo scientia propter ea quod dat regulas in *logos* exteriore, et regulas in | *logos* interiore, et rectificat cum eo quod dat a79
de regulis in utrisque rebus *logos* tertiam que inest homini cum creatione, et dirigit eum ita ut non faciat operationem suam in utrisque rebus nisi secundum illud quod est rectius, et perfectius et melius, nominatur nomine deriuato a *logos* que dicitur secundum tres modos, sicut plures librorum qui dant regulas in *logos* exteriore tantum de libris illorum qui sunt scientie grammatice tantum, | nominantur nomine dialectice. Et manifestum est quod p137
illud quod dirigit ad illud quod rectum est in omnibus modis *logos* est dignius hoc nomine.

Partes autem dialectice sunt octo. Et illud est, quoniam species syllogismi, et species sermonum quibus queritur uerificatio sen-

234 parua nundum] parua in eis nondum *B* ad hoc ut] ad hac ut *A*, ad hoc quod *B* **236** ligna grossa] ligna crossa *P Sch.*, lingna grossa *G*, lingua grossa *A* **237** et in ebriis *G* **238** sicut est oculus *G* **242** utriusque *A* utriusque partibus rebus *ante corr. P* rebus] *om. B* tertiam] tertia *Pal.* cum] *om. B* **243** ut] quod *GA* non] *om. G* operationem suam] operationes suas *GA* **244** nisi] *om. B* **247** exteriore] exteriorem *GA* **246/247** qui dant regulas in logos exteriore tamen de libris illorum] qui dant librorum regulas in logos tamen † exteriore tamen de libris illorum *B* **248** tantum] tamen *Pal.* est] *om. A* **249** est] *om. B* **252** in quibus *G*

fants, mais elle (y) est alors faible, n'étant pas encore parvenue à produire son action, pareille (en cela) à la capacité de marcher qu'a le pied de l'enfant, et pareille à un feu (de) faible (intensité) qui ne parvient pas à brûler de gros (morceaux de) bois[125]. (On la trouve) également chez les démoniaques et les ivrognes, pareille à l'œil oblique, et chez le dormeur, pareille à l'œil fermé, et chez celui en qui se fait l'obscurité[126], pareille à l'œil dans lequel se font les ténèbres par le brouillard ou autre chose.

Cette science, en raison de ce qu'elle donne des règles rela-
tives au *logos* extérieur et des règles relatives au | *logos* intérieur, a79
de ce qu'elle rectifie, au moyen des règles qu'elle donne dans ces deux cas, la troisième (sorte de) *logos*, (celle) qui est en l'homme par création, et de ce qu'elle la dirige de manière à ne plus produire son action, dans les deux cas, que de façon plus juste, plus parfaite et meilleure[127] – (cette science) donc est appelée d'un nom dérivé de *logos*, qui se dit selon trois modalités (différentes), au même titre que plusieurs des livres qui donnent les règles relatives au *logos* extérieur, parmi les livres qui concernent seulement
la science grammaticale, sont | appelés du nom de dialectique. p137
Or, il est évident que ce qui conduit à ce qui est juste dans toutes les modalités du *logos* est plus digne de ce nom.

(E. *Ses huit parties*) Quant aux parties de la dialectique, elles sont (au nombre de) huit. Et il en est ainsi parce que les (différentes) espèces de syllogismes et les (différentes) espèces d'énoncés par lesquels on cherche à vérifier des points de vue ou des objets de recherche, ‹sont› au total ‹(au nombre de) trois›[128], et (parce

[125] *Ligna grossa*: l'écart avec l'arabe *al-ǧiḏ'* («le tronc du palmier»), ne nous permet pas de trancher définitivement entre les deux leçons des mss. (*crossa* et *grossa*); si nous avons choisi la seconde, c'est uniquement faute d'avoir trouvé le premier mot attesté.

[126] *Is cui inest occultatio*: cette périphrase, que nous avons essayé de rendre mot à mot, traduit ***al-muġmā 'alayhi***, littéralement: «l'évanoui».

[127] L'arabe utilise ici trois superlatifs.

[128] *Sunt tres* est un ajout que nous faisons pour donner un sens au raisonnement en suivant le texte arabe, bien qu'assez incompréhensiblement aucun ms. latin ne le fasse figurer. La formulation n'en reste pas moins curieuse, car on ne sait à quoi renvoient ces trois espèces de syllogismes et d'énoncés (voir notre Introduction, p. 40). Plus loin (p. 216,388 seqq.), AF fera correspondre un livre de l'*Organon* élargi d'Aristote à chacune des huit parties de la dialectique, comme le firent avant lui les néoplatoniciens alexandrins du sixième siècle (voir notre Introduction, pp. 33, 35 et 36). Aux trois syllogismes et énoncés en question correspondront alors, quant à leur étude, les *Catégories*, le *Peri hermeneias* et

tentie aut quesiti in summo, et species artium quarum operationes
post ipsarum perfectionem, sunt uti sillogismis in loc | utionibus, s44
in summo sunt quinque: demonstratiua, et topica, et sophistica, et
rethorica, et poetica. Demonstratiui ergo sunt sermones quorum
proprietas est, ut acquirant scientiam certam in inquisito cuius
scientia queritur, siue utatur eis homo in eo quod est inter ipsum
et se ipsum in inuentione illius quesiti, aut eis loquatur alii, aut eis
loquatur ipsius alius in uerificando illud quesitum, ipsorum enim
in omnibus suis dispositionibus proprietas est ut acquirant scien-
tiam certam. Et est scientia cuius | contrarium non est possibile a80
penitus ut sit, nec est possibile ut homo ab ea auertatur, nec ut
credat in ea possibile esse ut ab ea auertatur, nec superuenit ei in
ipsa, similitudo faciens eum errare, neque error remouens ipsum
ab ea neque hesitatio, nec opinio aliquo modo nec per causam
aliquam. Et sermones quidem topici sunt quorum proprietas est
ut utantur in duabus rebus. Quarum una est in hoc ut querat inquisitor ex rebus famosis quas concedunt omnes homines uicto-

254/255 operationes post ipsarum perfectionem] ipsarum operationum perfectionem *B* **255** et in summo *G* in summo] *om. A* et^{1}] *om. B* et^{3}] *om. G A* **256** demonstratiui] denominative *P G A Pal. Sch.* **259** eis loquatur] elocuntur *G*, loquuntur *A* alii] alio *Sch.* **259/260** aut eis loquatur ipsius alius] aut utatur eis ad alium aut alius utatur eis ad ipsum *B* **260** ipsius alius] ipsi in aliis *G* illud] id *B* **262** certam] rectam *G A* **263** penitus ut sit nec] ut sit penitus non *G*, penitus ut sit nec nec *A* ut ... possibile] *om. A* homo ab ea] ab ea homo *G A* **264** ab in ea possibile *ante del. G* **265** similitudo] similitudine *ante corr. P*, sollicitudo *G Sch.* eum] ipsum *B* **266** neque] nec *A* causam] aliam *A* **267** est] est non *G* **268** in duabus rebus famosis *G* **269** ex rebus famosis quas] ex rebus famosis et eas quas *G*, ex rebus famosis et eas famosis quas *A*

que) les (différentes) espèces d'arts dont l'action, une fois leur perfection (atteinte), consiste à utiliser des syllogismes dans les pro | pos (adressés à quelqu'un), sont au total (au nombre de) s44
cinq: les (arts) démonstratif, topique[129], sophistique, rhétorique et poétique.

(1. *Les énoncés démonstratifs*) Les énoncés démonstratifs sont alors ceux dont la propriété est de procurer la science certaine à l'égard de l'objet de l'enquête[130] que l'on cherche (à connaître) [par la science], soit qu'un homme les utilise relativement à lui-même[131] dans sa découverte de l'objet de la recherche, soit qu'il parle à quelqu'un d'autre par leur moyen, soit que quelqu'un d'autre lui parle par leur moyen pour vérifier l'objet même de la recherche. Dans tous les cas, en effet, il est de la propriété de ces énoncés de procurer la science certaine, c'est-à-dire la science dont | le contraire n'est absolument pas possible, en sorte qu'il a80
n'est pas possible qu'un homme s'en écarte, ni qu'il croie qu'[en elle] il soit possible de s'en écarter, sans que survienne en [elle-même] une ressemblance[132] qui l'induise en erreur, ni une erreur qui l'en détourne lui-même, ni un doute, ni une opinion[133], en aucune manière ni pour aucune raison.

(2. *Les énoncés topiques*) Les énoncés topiques sont ceux dont la propriété est d'être utilisés dans deux cas. Dans le premier, celui qui interroge cherche, en partant des choses bien connues

les *Analytiques premiers*, c'est-à-dire les trois traités préparatoires à la théorie de la démonstration des *Analytiques seconds*, dont ils exposent les instruments: noms et verbes, propositions, syllogismes.

[129] *Topica* (*id.* DG, ALONSO ALONSO, p. 72,10) restitue *ǧadal*; voir plus haut, p. 179,90.

[130] L'*inquisitum* n'est point tout à fait, pour GC du moins, le *quaesitum* («objet de la recherche»), qui interviendra un peu plus bas; l'arabe use néanmoins du même mot (*maṭlūb*).

[131] «Relativement à lui-même»: la périphrase latine employée par GC est d'une lourdeur difficilement traduisible (*in eo quod est inter ipsum et se ipsum*, littéralement: «pour ce qui est entre soi et soi-même»), tout comme celle, arabe, qu'elle suit fidèlement: *fī mā baynahu wa bayna nafsihi* («pour ce qui est entre lui-même et son âme»). Plus loin (p. 204,277) GC rendra *'inda nafsihi* par *apud se*.

[132] Au lieu de *šubha* («confusion») GC a lu *šabha* («similitude»). *G* donne du reste *sollicitudo* au lieu de *similitudo*.

[133] *Opinio* pour *tuhma* («soupçon») en arabe. GC a sans doute confondu le terme avec *waham* («estimation, opinion»), qui a même racine; voir plus loin, p. 204,276, ainsi que plus haut, p. 187,106.

riam respondentis in positione, quam respondens nititur seruare aut defendere cum sermonibus iterum famosis. Et quando querit quesitor uictoriam respondentis expertibus, et cum sermonibus qui non sunt famosi, et querit respondens seruare illud quod posuit aut defendere cum sermonibus qui non sunt famosi, non est illa eius operatio, operatio secundum uiam topice. Et secunda est ut que | rat homo per eas casum opinionis fortis in sententia, cuius s46
uult uerificationem aut apud | se aut apud alium, donec faciat p138
imaginari quod sit certa preter quod sit certa.

Et sermones quidem sophistici sunt, quorum proprietas est ut errare faciant, et deuiare et occultent. Quare estimari faciunt in eo quod non est uerum quod est uerum et in eo quod est uerum quod non est uerum, et faciunt estimari | de eo qui non est sa- a81
piens quod est sapiens prouectus, et faciunt opinari de eo qui est sapiens, sciens quod non est ita. Et hoc quidem nomen, scilicet, sophistica, est nomen uirtutis qua homo potest facere errare et

271 quando] quoniam *Pal.* **271/272** sermonibus ... quaesitor] sermonibus et quoniam querit et famosis quesitor *B* **273** illud] id *G B* **273/274** et querit ... famosi] *om. A* **274/275** non est illa] non est et † non est illa *G* **275** operatio[2]] *om. B* **276** casum] rationem *G* fortis] foris *G* **278** quod sit[1]] que sunt *G* praeter ... certa] *om. G A* **280** estimari] estimare *B* **281/282** in eo quod non est uerum quod est uerum et in eo quod est uerum quod non est uerum] in eo quod non est uerum et in eo quod est uerum quod non est uerum *P*, in eo quod non est uerum quod non est uerum et in eo quod est uerum quod non est uerum *G*, in eo quod non est uerum quod non sit uerum et in eo quod est uerum quod non sit uerum *B*, in eo quod non est verum, ‹quod sit verum›, et in eo quod est verum, quod non est verum *Sch.* **283** de] in *B* est] sit *G B* sapiens et prouectus *A B Sch.* prouectus et faciunt] et prouectus et faciunt *G* **284** sapiens sciens] sapiens et prouectus *B*, sapiens ‹et› sciens *Sch.* **284/285** scilicet sophistica] *inv. G* **285** potest] *om. G*

qu'admettent tous les hommes, le succès de celui qui répond[134] dans une thèse, (thèse) que celui qui répond s'efforce de soutenir ou de défendre avec des énoncés également bien connus. Et quand celui qui questionne cherche le succès de celui qui répond par des reparties[135] et à l'aide d'énoncés qui ne sont pas bien connus, et que celui qui répond cherche à soutenir ce qu'il a (pro)posé ou à (le) défendre à l'aide d'énoncés qui ne sont pas bien connus, leur action n'est pas une action selon la voie de la topique. Le second (cas) est celui d'un homme | qui cherche, s46
par ces (choses bien connues), l'occasion d'(avancer)[136] une opinion[137] forte sur un point de vue dont il veut la vérification, soit relativement à | lui-même, soit relativement à quelqu'un d'autre, p138
en sorte qu'il imagine que le (point de vue) est certain sans qu'il le soit.

(3. *Les énoncés sophistiques*) Les énoncés sophistiques sont ceux dont la propriété est d'induire en erreur, ou de dérouter et d'occulter. C'est pourquoi[138] ils font estimer qu'il y a du vrai en ce qui n'est pas vrai et qu'il n'y a pas de vrai en ce qui est vrai, ils font estimer aussi | que celui qui n'est pas sage est un sage accompli, a81
et ils font juger, de celui qui est sage (et) savant, qu'il n'est pas tel. Et ce nom, à savoir 'sophistique', est le nom de la puissance par laquelle l'homme peut induire en erreur, abuser et occulter par la parole et la tromperie, soit qu'en soi-même on possède la sagesse, la science et la vertu, et qu'en autrui il y ait un amoindrissement,

[134] Dans ce raisonnement, tout comme dans le suivant qui lui est semblable, il s'agirait d'une méprise de GC, qui aurait lu le terme arabe *al-muǧīb* («le répondant») sous une mauvaise forme. Il convient d'entendre par deux fois, au lieu de: «le succès de celui qui répond» (*uictoria respondentis*), «le succès *sur* celui qui répond» (*uictoria ab respondente*). Sur *victoria*, voir plus loin, p. 288,16.

[135] *Expers*: en latin classique le mot est un adjectif signifiant «dénué» ou «privé de» (*ex* + *pars*). GC, sans que nous sachions comment ni pourquoi, s'en sert ici pour traduire le substantif arabe *ǧiha* («point de vue» – en l'occurrence). Cfr. DG (plus haut, p. 159, n. 24), et dans sa version du *Liber de anima* (II, IV) du *Shifā'* d'Avicenne, où *expers* traduit convenablement *'adim* («privé de») (voir VAN RIET, (et VERBEKE), *Avicenna Latinus*, 1972 cit., p. 143,80-81). Voir également *infra*, p. 247, n. 254. JEAN JOLIVET nous suggère, en l'occurrence, la leçon: *victoria respondentis ex partibus* (= le succès à partir des positions de celui qui répond»). Mais que faire dans ce cas du précédent *victoria respondentis* (l. 269-270)?

[136] *Casus* tente de restituer *īqā'* («faire surgir» ou «manifester»).

[137] *Opinio* de nouveau, mais cette fois-ci pour traduire l'arabe *ẓann*; voir plus haut, pp. 187,106 et 204,276.

[138] Cette transition par *quare* correspond à la leçon *fa* de *M*. Voir plus bas, p. 243, n. 234.

decipere, et occultare cum sermone et deceptione, aut in se ipso quod est habens sapientiam et scientiam et bonitatem, et in alio quod habet diminutionem preter quod sit ita in ueritate aut in sententia uera quod non est uera, et in ea que non est uera quod est uera. Et est compositum in greco ex *sophos*, et est sapientia, et *exestos*, et est deceptio. Quare intentio eius est sapientia deceptrix. Et omnis cui inest uirtus ad decipiendum aut ad faciendum errare cum sermone in qualibet re nominatur hoc nomine, et dicitur quod est *sophista.* Et non est quemadmodum opinantur quidam quod *sophista* fuit nomen hominis qui fuit in tempore antiquo, cuius intentio fuit destruere comprehensa et scientias, et secta illorum qui sequuntur sententiam illius et defendunt eius intentionem, est eorum qui nominantur *sophiste*, et omnis qui concedit sententiam illius hominis et defendit eam, nominatur hoc nomine: hec enim opinio ualde est feda, quoniam non fuit in | eo quod | preteriit homo cuius intentio fuerit destruere s48, a82
sententias et comprehensa, qui hoc nomine nuncupatus fuerit, nec antiqui nominauerunt hoc nomine aliquem ad hoc ut ipsum proportionarent homini qui nuncupatus fuerit sophista, immo non nominabant hominem hoc nomine nisi propter ea quod uirtus eius et modus locutionis ipsius et potentia eius erat secundum bonitatem faciendi errare, et decipiendi quicunque hominum esset, sicut nominabant hominem topicum | non quod propor- p139

287 quod est] quod sit *B* **288** quod habet] quidem habuit *G* sit ita] *inv. G* **289** sententia] scientia *G B* est[1]] sit *B* **290** et est hoc nomen compositum *B* in grecos *A* sophos] sophios *G* et est[2]] quod est *B* sapienentia *Sch.* **291** exestos] xestos *GA*, estos *B* et est] quod est *ante corr. G*, quod est *B* **293** rem *B* **294** quemadmodum] quem idem *G* **296** destruere comprehensa] *inv. G* **297** illorum] aliorum *A* **299** sententiam illius] scientiam *G* **301** intentio fuerit] *inv. B* fuerit] fuit *G* **303** nec] neque *B* hoc nomine aliquem] aliquem hoc nomine *B* **304** fuerit] fuit *G* **305** ea] *om. A* **306** ipsius] *om. G* erat] *om. B*

sans qu'il en soit ainsi en vérité, soit qu'en un point de vue vrai il
n'y ait pas du vrai, et qu'en celui qui n'est pas vrai il y ait du vrai.
Ce nom est composé en grec de *sophos*[139], c'est-à-dire 'sagesse',
et de *exestos*[140], c'est-à-dire 'tromperie'[141]. C'est pourquoi son intention est la sagesse qui trompe. Et tout (homme) qui a en lui le
pouvoir d'abuser ou d'induire en erreur par la parole sur quelque
sujet que ce soit, est appelé par ce nom, et l'on dit que c'est un
'sophiste'. Et il n'est pas (vrai), comme certains l'ont accordé, que
'sophiste'[142] ait été le nom d'un homme ayant existé dans les temps
anciens, dont intention était de rejeter les conceptions et les
sciences, que le parti de ceux qui suivirent le point de vue d'un
tel homme et défendirent son intention ait été (le parti) de ceux
qui furent appelés 'sophistes', et que tout (individu) partageant le
point de vue de cet homme et le défendant ait été appelé de ce
nom: cette opinion est tout à fait choquante, puisqu'il n'y | a pas s48
eu, par | le passé, d'homme dont l'intention eût été de rejeter les a82
points de vue[143] et les conceptions, et qui fût désigné par ce nom.
Et les Anciens n'appelaient personne par ce nom pour la raison
qu'ils l'auraient associé à un homme ayant été désigné comme
'sophiste': en fait, ils n'appelaient pas un homme par ce nom, un
homme quel qu'il pût être, si ce n'était en raison de son pouvoir
et du type de son propos même, et (en raison) de sa capacité relativement à la vertu (qu'il avait) d'induire en erreur et d'abuser.
De même, ils appelaient un homme topicien | non parce qu'il p139
était associé à un homme qui eût été appelé 'topicien': en fait, ils
l'appelaient topicien, quel qu'il pût être, en raison de son pouvoir
et du type de propos qu'il tenait lui-même, et en raison de sa

[139] *Sophia* eût été plus approprié, comme la translitération arabe y invitait (*ṣūfiā*).

[140] *Isṭis* («adultéré») en arabe.

[141] Cette étymologie, qui semble quelque peu fantaisiste, pourrait se justifier ainsi: *exestos* serait formé de ἐκ ἑστώς (de ἵστημι = «se tenir droit»), soit: «qui détourne (ἐκ) celui qui se tient dans le droit chemin». Par ailleurs, un adjectif autre que *deceptus* aurait mieux convenu pour traduire *exestos / isṭis*, vu que *deceptio* traduit déjà *tamwīh* (p. 158,29). Dans le domaine syllogistique, le terme désigne l'élément trompeur de la *fallacia*: voir A. GALONNIER, *Sur quelques aspects annonciateurs de la littérature sophismatique dans le* De grammatico, dans *Anselm. Aosta, Bec and Canterbury*, edd. D. E. Luscombe – G. R. Evans, Sheffield 1996, pp. 207-228.

[142] L'arabe translitère en *sūfisṭā*.

[143] Les différentes leçons donnent bien toutes ici *sententia* et non point *scientia*, comme on aurait pu le penser d'après le terme arabe (*'ilm*).

tionetur homini qui nominatus fuerit topicus, immo nominabant eum topicum propter uirtutem eius et modum locutionis ipsius et propter potentiam eius secundum bonitatem utendi arte sua quicumque hominum esset. Ille ergo cui inest hec uirtus, et ars, est *sophista*; et eius uirtus est *sophistica*; et operatio eius procedens ab ipsius uirtute est opus *sophiste*.

Et sermones quidem rethorici, sunt quorum proprietas est ut inquiratur cum eis sufficientia homini in qualibet sententia, et ut inclinetur eius sensus ad hoc ut acquiescat ei quod sibi dicitur, et credat per illud credulitate aliqua aut debiliore aut fortiore. Et credulitates quidem sufficientes sunt infra opinionem fortem, et superfluunt. Ergo sunt quedam magis addite quam quedam, secundum superfluitatem sermonum in uirtute et eorum que utuntur cum eis. Quidam enim sermones sufficientes sunt magis sufficientes et magis ultimi et firmiores quibusdam, sicut accidit in testimoniis. Ipsa enim quanto sunt plura, sunt magis ultima in sufficientia et in faciendo euenire credulitatem cum proposito, | magis sufficientia, et sunt magis facientia acquiescere animam ei a83
quod dicitur, quamuis cum superfluitate sufficientie | sue, nul- s50
lum eorum sit faciens euenire opinionem fortem proximam cer-

309 fuerit] fuit *G* **310** eum topicum] *om. G B* **311** eius secundum bonitatem] *om. GA* **312** hec] *om. G A* **313** est] *om. A* est sophistica] *om. G* **314** uirtute] uirtutis *A* **315** est] *om. B* **316** sententia] scientia *G* **317** acquiescat] ad quiescat *B* **318** per illud] *om. B* **320** superfluunt] superfluum *G* addite] audite *G* **322** cum] in *A* sunt secundum magis *B* **324** plura sunt] plures sunt *ante corr. A*, plura tanto sunt *B* **324/326** ultima ... sunt magis] *om. A* **325** euenire] *om. B* **326** facientia] sufficientia *G* acquiescere animam ei] animam eis *A*, animam acquiescere ei *B*

capacité concernant la vertu de bien user de son art. Donc, celui qui possède ce pouvoir et cet art est un sophiste, son pouvoir est la sophistique, et l'action procédant de son pouvoir même est un acte[144] sophistique.

(4. *Les énoncés rhétoriques*) Les énoncés rhétoriques sont ceux dont la propriété fait que l'on recherche, par leur moyen, la persuasion[145] d'un homme sur n'importe quel point de vue, et que l'on incline son intelligence[146] à se reposer sur ce qu'on lui a dit et à y croire par quelque croyance[147], soit de manière plus fragile, soit de manière plus forte. Et assurément, les croyances persuasives sont inférieures à l'opinion forte et suscitent l'inégalité. Certaines l'emportent donc sur d'autres en fonction de l'inégalité[148] des énoncés quant au pouvoir (persuasif), et en fonction de ceux qui sont utilisés avec eux. En effet, certains énoncés persuasifs sont plus persuasifs, plus efficaces[149] et plus fermes que d'autres, comme cela se produit dans les témoignages. Car plus ces derniers sont nombreux, plus ils sont efficaces pour (obtenir) la persuasion et faire naître une croyance sur ce qui est représenté, | a83
(et) plus (il y a) persuasion, plus il y a de choses qui portent l'âme à se reposer sur ce qui est dit, quoique, vu la très grande diversité
de | sa persuasion[150], il n'y ait aucun témoignage qui fasse naître s50

[144] Nous avons distingué avec GC *operatio* (l. précédente) d'*opus* (ici), bien que l'arabe utilise le même terme (*fi'l*). La matérialisation de cette nuance montre que le traducteur a bien perçu qu'il s'agit, dans une perspective aristotélicienne, de signifier que l'expert comme actant permet, par son action, de faire passer l'art de la puissance à l'acte. Cfr. pp. 286,10 et 288,18.

[145] *Sufficientia* traduit l'arabe ***al-iqnā'*** – c'est-à-dire, en l'occurrence, «la persuasion qui satisfait» –, dont l'un des sens est «contentement».

[146] *Sensus* rend ici *ḏihn*, traduit ailleurs par *mens* (par ex. p. 182,37).

[147] *Credulitas* forme un complément de moyen avec le *credere* qui précède, pour rendre cette fois-ci le même effet qu'en arabe: *ṣaddaqa taṣdīq* («être convaincu d'une certaine conviction»).

[148] *Superfluitas*, qui fait écho au *superfluere* précédent, et équivaudra plus loin (p. 226,23) à *non equalitas* en contexte mathématique, rend l'arabe *tafāḍul* («plus ou moins grande différence»).

[149] *Magis ultimus*, que nous traduirons aussi par «achevé» au sens d'«accompli» (voir p. 224,471), renvoie au mot arabe *ablaġ* dans son acception première: «ce qui atteint le mieux son but»; ici, il a le sens d'«éloquent», à savoir: «ce qui est le plus efficace dans le discours».

[150] L'arabe rapporte la persuasion (*iqnā'*) non à l'âme mais aux énoncés, par l'emploi du pronom *hā*. GC a probablement compris ainsi pour deux raisons: d'un côté parce qu'en arabe *hā* peut renvoyer aussi bien à l'âme qu'aux énoncés, de l'autre parce qu'il a pris ici, nous l'avons dit plus haut (n. 146), *iqnā'* avec le sens de «contentement»; d'où *sufficientia*.

titudini. Per ista ergo diuersificantur rethorici a topicis in hoc capitulo.

Et poetici quidem sermones, sunt qui componuntur ex rebus quarum proprietas est, ut imaginari faciant in re in qua est locutio, dispositionem aliquam, aut aliquid melius, aut deterius, et illud aut erit pulcritudo, aut feditas, aut altitudo, aut uilitas, aut aliud de illis que simillantur istis. Et accidit nobis cum audimus sermones poeticos de imaginatione que per eos cadit in animabus nostris, simile ei quod accidit nobis cum aspicimus ad rem que similis est ei quod abhorretur. Nam statim imaginatur nobis in illa re, quod est ex eis que abhorrentur. Eriguntur ergo anime nostre ex | ea et alienant eam, licet certi simus quod in ueri- p140
tate non est sicut imaginatur nobis; | facimus ergo in eo quod a84
imaginari nobis faciunt sermones poetici, quamuis sciamus quod res non est ita, sicut esset nostra operatio in eo si certi essemus quod res esset sicut imaginari nobis facit ille sermo hominis enim operationes, multociens plus secuntur eius imaginationem, quam sequantur eius opinionem, aut ipsius scientiam. Nam sepe est eius scientia aut ipsius opinio contraria eius imaginationi. Quare est eius operatio in re secundum eius imaginationem non secundum eius opinionem aut ipsius scientiam, sicut accidit nobis cum aspicimus ad imagines representantes nobis rem, et ad res similes

331 sunt] *om.* *G* **332** est] *om.* *B* ut] *om.* *G* in re in qua] in esse quo *GA* **333** aut[1]] ut *B* **334** aut uilitas] *om.* *P* **336** sermones poeticos] *inv.* *B* **337** ad] *om.* *G* **338/339** nam ... abhorrentur] *om.* *GA* **340** ex ea et alienant eam] et repudiant eam *B* **341** et facimus *B* **342** nobis] nos *B* **343** est] *om.* *B* in eo si certi essemus] in ea essemus certi ea *ante corr.* *B* **344** nobis] nos *B* ille sermo] *inv.* *B* enim] ergo *GA* **345** plus secuntur] plus sequuntur *A*, sequuntur plus *B* quam] *om.* *G* **347** aut] ad *A* ipsius] eius *B* est] *om.* *B* **347/348** quare est eius operatio] quare operatio eius *GA* **348** eius[2]] cuius *P* **349** aut ipsius] aut secundum eius *B* nobis] *om.* *GA* **350** et] *om.* *B*

une opinion forte proche de la certitude. C'est donc par cela que les rhétoriciens se différencient des topiciens sur ce chapitre.

(5. *Les énoncés poétiques*) Les énoncés poétiques sont ceux qui sont composés d'éléments dont la propriété est de donner à imaginer une certaine disposition dans l'objet sur lequel porte le discours, ou quelque chose de meilleur ou de pire, et cela sera beauté, laideur, noblesse ou bassesse, ou une autre des (qualités) qui leur sont semblables. Lorsque nous entendons des énoncés poétiques, il advient en nous, du fait de la (puissance) d'imagination qui en résulte dans nos âmes, (quelque chose) de semblable à ce qui se produit en nous lorsque nous regardons une chose qui ressemble à ce qui répugne. En effet, nous imaginons immédiatement cette chose en fonction de celles qui répugnent, et alors nos âmes sont soulevées[151] par | celles-ci et se détachent de cel- p140
le-là, bien que nous soyons certains qu'elle n'est pas en vérité comme nous l'imaginons. | Nous agissons donc, à l'égard de ce a84
que les énoncés poétiques nous font imaginer, et quoique nous sachions que la chose n'est pas ainsi, comme nous devrions agir en cela si nous étions certains que la chose était pareille à ce que l'énoncé particulier d'un homme nous laisse imaginer; en effet, les actions (de l'homme) obéissent davantage à son imagination qu'à son opinion ou à sa propre science. Car il arrive souvent que sa science ou son opinion même soient contraires à ce qu'il imagine. C'est pourquoi son action s'applique à la chose selon son imagination, non selon son opinion ou sa science même, comme il advient en nous lorsque nous regardons des images[152] représentant pour nous une chose ou des choses semblables aux réalités. {Elles ne sont employées par les énoncés poétiques qu'en parlant}[153] à un homme que l'on veut pousser à faire quelque chose en l'y incitant et en l'y amenant graduellement. Et il en

[151] *Erigere* suit la leçon de *M*, qui donne *qāma* («s'élever»), et que GC rend par un passif. Son acception est ici très forte, en latin comme en arabe: «excités contre, révoltés».

[152] *Imago* en réfère à *imaginatio*, deux lignes plus haut (qui renvoie lui-même à *imaginare*), comme le produit relativement à son pouvoir, alors que l'arabe n'établit point de parenté étymologique (*taḫayyul* = «imagination» et *timṯāl* = «statue»).

[153] *Non utuntur sermonibus poeticis nisi in loquendo*. L'arabe porte ici: «les énoncés poétiques ne sont employés qu'en parlant (...)».

rei. Et non utuntur sermonibus poeticis, nisi in loquendo homini
quem faciant procedere ad faciendum aliquid cum intentione ad
illud, et gradatione ad ipsum. Et illud est, aut ut homini gradato
non sit prouisio diri | gens ipsum, quare uadit ad operationem | s52
que queritur ab eo cum imaginatione et erigitur ei imaginatio a85
loco prouisionis, aut sit homo cui fit prouisio a quo queritur operatio et non est securitas cum prouiderit in ea quin prohibeatur
ab ipsa, quare festinandus est sermonibus poeticis, ut preueniatur
eius prouisio cum imaginatione, ita ut properet ad illam actionem
et erit ex eo cum euasione, antequam succurrat cum sua proui-
sione ei quod est in fine illius operationis, quare prohibeatur ab ea
penitus, aut succedat ei et uideat ne properet cum ea, et postpo-
nat ipsam ad horam aliam. Et propter illud facti sunt sermones
poetici absque aliis pulcri et decentes, et sublimes, et ponuntur
eis decor et declaratio cum rebus que dicte sunt in scientia loice.

Iste ergo sunt species sillogismorum et artium sillogisticarum,
et species locutionum quibus utuntur ad uerificandum aliquid in
rebus omnibus. Et sunt in summa | quinque: certificatiua, et opi- p141
natiua, et erratiua, et sufficiens, et imaginatiua. Et unicuique harum quinque artium, insunt res sibi proprie, et insunt eis res alie in
quibus comunicant. | Et sermones quidem sillogistici fixi sint in a86
anima aut extra cum uoce, sunt compositi, in anima quidem fixi,

352 faciant] faciunt *G A* **356** aut sit] aut ut sit *G A* fit] sit *Pal.* **358** est et in sermonibus *B* **359** actionem] in actione *G A* **359/360** ad illam actionem et erit] ad illam actionem et scilicet illa actio erit *B* **360** euasione] euasionem *A* succurat] succuratur *B* sua] *om. B* **361** quod non est *A* **362/363** postponat] post ponat *Pal.* **367** species] *om. G* locutionum cuius quibus *ante corr. P*, locutionum (cuius) quibus *Pal.* utuntur] locuntur *G* utuntur ad uerificandum] ad uerificandum utuntur *B* **369/370** et[2,3,4]] *om. B* **369** uniquique *Pal.* **370** quinque] *om. B* **371** sint] sunt *G Sch.* **371/372** sillogistici ... extra] sillogistici siue fixi sunt in anima sive sunt extra *B*

est ainsi soit que l'anticipation[154] manque à l'homme amené gra-
duellement (à agir) pour le mettre sur la bonne voie | – si bien s52
qu'il passe à l'action | qu'on lui demande par l'imagination, en a85
lui l'imagination étant stimulée au lieu de l'anticipation –, soit
qu'il s'agisse d'un homme chez qui la réflexion conditionne l'action en vue de ce qui lui est demandé, et il n'est pas sûr que,
lorsqu'il y réfléchira, il ne s'en abstienne pas – si bien qu'il faut
se dépêcher, à l'aide d'énoncés poétiques, de devancer son anticipation par l'imagination, afin qu'il se précipite dans l'action et se
libère d'elle, avant qu'il ne saisisse par son anticipation ce qui est
au terme de cette action et ne s'en abstienne tout à fait, ou qu'il
ne le suive[155] et juge opportun de ne pas s'y précipiter, la remet-
tant à un autre moment. Et c'est pour cela qu'on rend les énoncés
poétiques, à la différence de tous les autres, beaux, harmonieux et
sublimes, et qu'on les revêt de splendeur et d'éclat au moyen des
éléments mentionnés dans la science de la logique.

(6. *Déduction des huit parties*) Telles sont les (différentes) espèces
de syllogismes et d'arts syllogistiques, et les (différentes) espèces
de discours qui sont utilisés pour vérifier quelque chose sur
n'importe quel sujet. Ils sont cinq au total, | (produisant) soit p141
la certitude, soit l'opinion[156], soit l'erreur, soit la satisfaction, soit
la (représentation) imaginative. Chacun des cinq arts possède en
propre des caractères[157], et en possède d'autres par lesquels ils ont
quelque chose de commun.

| Les énoncés syllogistiques, qu'ils soient fixés dans l'âme ou a86
qu'ils en soient extraits[158] par la voix, sont composés: ceux qui

[154] *Prouisio*, qui rendait jusqu'à présent *baṣīra* («anticipation, clairvoyance») (p. 186,82), ne peut plus du coup exprimer l'idée qu'il faut comprendre ici de «ce par quoi quelque chose est effectué en vue de», contenue dans l'arabe *rawiyya* («réflexion délibératoire»).

[155] Avec *succedere* GC s'en est tenu au sens littéral du verbe *ta'aqqaba* («succéder, suivre»), alors qu'il signifie ici «examiner». D'autre part, *ei* renverrait au «terme de l'action».

[156] *Opinatiua* (*ẓannī*) devient *putatiua* chez DG, Alonso Alonso, p. 76,7.

[157] *Res*: le terme est également employé trois lignes plus haut (*in rebus omnibus*), où nous le rendons par «sujet» en fonction du contexte, l'arabe usant de deux termes de sens équivalent mais morphologiquement très différents (là: *al-umūr kulluhā* = «toutes les choses»; ici: *ašyā'* = «choses»).

[158] Bien qu'elle ne se retrouve en arabe que partiellement, nous avons essayé de respecter la *variatio sermonis* apparemment voulue par GC (*id.* DG, Alonso Alonso, pp. 72, 76, 77), dans la désignation du second type d'énoncé: *exterior* jusqu'à présent (par ex. p. 198,226), *extra* ici, *extrinsecus* plus bas (p. 214,374). AF, lui,

ex rationatis pluribus ligatis, ordinatis, adiuuantibus se ad uerificandum rem unam, et extrinseci cum uoce ex dictio | nibus pluri- s54
bus ligatis, ordinatis, significantibus illa rationata, et sunt compares illis, quare facti sunt cum sua comparitate ad illos comitantes, et aiuuantes se ad uerificandum aliquid apud auditum. Et minores sermones extrinseci, sunt compositi ex duabus dictionibus; et minores sermones fixi in anima, sunt compositi ex duabus rationatis simplicibus. Et isti quidem sunt sermones simplices, et sermones sillogistici, non componuntur nisi a sermonibus simplicibus, quare fiunt sermones compositi. Et minores sermones compositi sunt qui sunt compositi a duobus sermonibus simplicibus. Et plures eorum sunt indefiniti, indeterminati. Omnis ergo sermonis sillogistici partes magne sunt sermones simplices, et partes eius parue, et sunt partes partium eius, sunt simplicia rationatorum et dictionum significantium ea.

373 ex] et *G A* **373/374** uerificandum] uerificandam *G* **374** rem unam] rem una *P*, *inv. B*, remunam *Pal.* **376** quare] † *B* comparitate] paritate *G A* **376/377** et aiuuantes] et ad iuuantes *G* **377** se ad] se et ad *A* **378** sunt compositi] composita sunt *B* duabus] duobus *B* **378/379** extrinseci ... sermones] *om. G A* **379** sunt compositi] *inv. B* **380** sunt] *om. G* **380/381** et isti ... simplicibus] *om. B* **381** a] ex *G A* **382** fiunt] *om. G* **382/383** et minores sermones compositi sunt] et minores sermones compositi et minores. sermones compositi sunt *A* **384** indeterminati] indeterminati supra indefiniti *P*, *om. G A Sch.*, et indeterminati *B* **384/385** sermonis sillogistici] *inv. B* **386** sunt[1]] *om. G A*

sont fixés dans l'âme (sont composés) de plusieurs intelligibles liés et ordonnés, qui se complètent pour vérifier une seule chose, et ceux (qui sont) extériorisés par la voix (sont composés) de plusieurs mots | liés et ordonnés, qui signifient ces intelligibles et s54
leur sont équivalents, car ils sont formés en fonction de leur équivalence[159] avec ceux qui (les) accompagnent, et se complètent pour vérifier quelque chose chez l'auditeur[160]. Les plus petits énoncés extériorisés sont composés de deux mots; les plus petits énoncés fixés dans l'âme sont composés de deux intelligibles simples; ce sont là des énoncés simples. Les énoncés syllogistiques ne sont composés[161] que d'énoncés simples; c'est pourquoi, (une fois réunis) ils deviennent des énoncés composés. Les plus petits énoncés composés sont ceux qui sont composés de deux énoncés simples, et plusieurs de ceux qui sont indéfinis (sont) indéterminés. Donc, toutes les parties majeures de l'énoncé syllogistique sont les énoncés simples et ses parties mineures, qui sont aussi les parties de ses parties, sont les (parties) simples des intelligibles et des énoncés qui les signifient[162].

joue sur la différence entre l'adjectif *ḫāriǧi* («qui est au-dehors») (ici et pp. 198,226 et 200,240) et le participe présent adjectivé *ḫāriǧi bi* («sortant») (p. 214,374 et 378).

[159] Il ne paraît pas douteux que GC ait ici cherché la parenté étymologique: *compar* + datif (plus haut) – *comparitas* (ici), quoiqu'il n'y en ait point en arabe: *tusāwīhā* = «correspondre rigoureusement» et *iqtirān* = «connexion»). Sur *compar*, voir plus loin, p. 259, n. 290.

[160] La leçon *auditus*, bien que commune à tous les mss, nous paraît fautive.

[161] *Componere*: GC ne tient apparemment pas compte du changement de verbe en arabe (*ullifa* = «être constitué» ici, *murrakab* = «être composé» pour les autres occurrences du paragraphe).

[162] DG intercale ici ce long passage, assez éclairant: «Sed, quia ueritatis certa cognitio non habetur, nisi per demonstrationem, ideo necessarium fuit librum componi, qui docet qualiter et ex quibus demonstratio fieret. Et de hoc compositus est liber qui *Posteriores Analytica*, siue *Liber demonstrationis*, dicitur. – Sed, quia demonstratio non fit nisi per syllogismum, syllogismus uero constat ex propositionibus, idcirco fuit necessarius liber in quo doceretur ex quot et qualibus propositionibus, et qualiter secundum modos et figuras, syllogismus contexeretur. Et propter hoc facta sunt *Analytica Priora*. – Sed, quia propositiones syllogismum componere non possunt nisi ipse prius a suis terminis componantur, idcirco necessarius fuit liber qui doceret ex quibus et ex quot terminis propositio consisteret. Quod quidem plene docetur in libro qui dicitur *Liber perihermeneias*. – Sed, quia propositio ex terminis numquam bene componitur, nisi prius significatio cuiusque termini cognoscatur, ideo institutus est *Liber Cathegoriarum* ad docendum quot sunt genera terminorum et que sit significatio cuiusque eorum» (ALONSO ALONSO, pp. 77,14-79,8) («Mais, parce qu'on ne possède la connaissance certaine de la vérité que par la démonstration, il fut en cela nécessaire de composer un livre qui montrât comment et à partir de quoi la démonstration

Fiunt ergo partes dialectice necessario octo, quarum unaqueque pars est in libro. In primo quidem sunt regule simplicium ex
rationatis et dictionibus significantibus ea. | Et sunt in libro no- a87
minato arabice quidem *almaculet*, et grece *cathegorie*. Et in secundo
sunt regule sermonum simplicium rationatorum qui sunt compositi ex duobus sermonibus simplicibus, et dictionum significantium ea compositarum ex duabus dictionibus, et sunt in libro
nominato arabice quidem *alhibar* et grece *periermeneias*. Et in ter-
tio sunt ser|mones quibus experiuntur sillogismi comunes arti- p142
bus quinque. Et sunt in libro nominato arabice quidem sillogismi,
et grece *analetica prima*. | Et in quarto sunt regule quibus expe- s56
riuntur sermones demonstratiui, et regule rerum quibus compo-

388 dialectice] logice *B* necessario octo] *inv.* *G* **389** pars est in libro] est in libro uno *B* sunt regule] *inv.* *B* **390/391** et sunt in libro nominato] et est liber nominatus *B* **391** quidem] *om.* *G B* almaculet] de almanibus *G*, aaculetum *B* cathegorice *A* **394** dictionibus] dictionum *P* **395** quidem] *om.* *B* alhibar] interpretatio *P Sch.*, interpretatio alhibar *G A*, ybanarum *B* periermeneias] pergermenias *P*, periarmeneias *G B* **395/396** et in tertio libro *G* **397** et sunt ... sillogismi] et est liber nominatus in arabico libro de sillogismo *B* **398** et grece] et grece quidem *G A*, et in greco *B* analetica prima] analitica prima *P*, analoloca prima *G*, analetici priores *B* quarto] quarta *G* **399** rerum] earum rerum *B*

Il s'ensuit que les parties de la dialectique sont nécessairement (au nombre de) huit, dont chacune se trouve dans un livre.

(a. *Les* Catégories) Dans le premier, se trouvent les règles des a87
(énoncés) simples (composés) d'intelligibles et des mots les signifiant; elles se trouvent dans le livre appelé en arabe *Almaculet*[163] et en grec *Cathegorie*[164].

(b. *L'*Interprétation) Dans le deuxième (livre), se trouvent les règles des énoncés simples intelligibles qui sont composés (chacun) de deux énoncés simples, et des mots [les signifiant], composés (chacun) de deux mots[165]; elles se trouvent dans le livre appelé en arabe *Alhibar*[166] et en grec *Periermenias*[167].

(c. *Le* Syllogisme) Dans le troisième (livre), se trouvent | les
énoncés par lesquels on met à l'épreuve les syllogismes communs p142
aux cinq arts; ils se trouvent dans le livre appelé en arabe *Les syllogismes*[168] et en grec *Analetica prima*[169].

(d. *La* Démonstration) Dans le quatrième (livre), se trouvent s56
les règles par lesquelles sont mis à l'épreuve les énoncés démonstratifs et les règles des éléments constitutifs de la philosophie, et tout ce par quoi (ses) opérations deviennent plus achevées, meil-

était obtenue. Et c'est en raison de cela que le livre composé fut appelé *Analytiques postérieurs*, soit *Livre de la démonstration*. Mais, parce que la démonstration ne s'obtient que par le syllogisme, et que le syllogisme se constitue de propositions, pour cela un livre fut nécessaire, dans lequel on montrerait à partir de combien de propositions et desquelles le syllogisme est formé, et de quelle manière selon les modes et les figures. Et les *Analytiques premiers* ont été produits à cette fin. Mais, parce que les propositions ne peuvent (servir à) composer (un syllogisme) que si elles-mêmes sont d'abord composées par leurs termes, pour cela un livre fut nécessaire, afin de montrer à partir de quels termes et de combien se compose une proposition. Ce qui est pleinement montré par le livre qui est appelé *Livre de l'interprétation*. Mais, parce qu'une proposition ne peut jamais être bien composée par des termes que lorsque la signification de chaque terme est d'abord connue, en cela le *Livre des catégories* a été entrepris, pour montrer combien il y a de genres de termes et quelle est la signification de chacun d'eux»).

[163] *Al-maqūlāt* en arabe.

[164] L'arabe translitère en *Qāṭīġūriyas*.

[165] GC n'a, semble-t-il, pas compris convenablement la définition du contenu du *Peri hermeneias*; l'arabe énonce ceci: «*Dans le deuxième (livre) se trouvent les règles des énoncés simples*, qui sont les intelligibles *composés (chacun) de deux* intelligibles *simples et* les énoncés *composés (chacun) de deux mots*».

[166] *Al-'ibāra* en arabe. Assez curieusement, GC n'a pas su traduire ici, alors que plus bas (p. 246,185) il rendra correctement *'ibāra* par *interpretatio*.

[167] L'arabe translitère en *Bārī irmīniyās*.

[168] *Kitāb al-qiyās* en arabe.

[169] L'arabe translitère puis traduit: *Anālūṭiqā al-ūlā uāl*.

nitur philosofia et totum quo fiunt operationes magis complete, et melius, et perfectius. Et est arabice *liber demonstrationis*, et grece *analetica secunda*. Et in quinto sunt regule quibus experiuntur sermones topici, et qualiter est questio topica et responsio topica | et ad summum regule rerum quibus componitur ars topica, et a88 quibus fiunt operationes eius melius et perfectius et penetrabilius. Et est arabice *liber locorum topicorum*, et grece *topica*. Et in sexto in primis sunt regule rerum quarum proprietas est ut errare faciant a ueritate et occultent, et hesitare faciant, et comprehensio omnium rerum quibus utitur ille cuius intentio est decipere et fraudari in scientiis et sermonibus. Deinde post ista comprehensio eius quo oportet obuiari sermonibus errare facientibus quibus utitur iactator et deceptor, et qualiter destruantur, et quibus rebus expellantur, et qualiter sibi caueat homo ab hoc ut erret in questione sua, aut errare faciat. Et iste liber nominatur grece *sophistica*. Et est eius intentio sapientia deceptrix. Et in septimo quidem sunt regule quibus experiuntur et quibus probantur sermones rethorici et species prosarum, et sermones beneloquentis, et rethorici, et faciunt scire an sint secundum intentionem rethorice aut non, et comprehenduntur omnes res quibus componitur ars rethorice; et docet qualiter sit ars sermo|num rethoricorum, et prosarum, s58 in unoquoque tractatu rerum, et quibus rebus fiant meliores et perfectiores et sint eorum operationes penetrabiliores et magis

401 et est arabice liber] et est liber nominatus arabice liber *B* **402** analetica secunda] analyata secunda *G*, analetici posteriores *B* et] uerum *G* **403** et[1]] *om. G A* **406** et est arabice liber] et est liber nominatus arabice *B* liber locorum topicorum] locorum liber topicorum *B* **407** est ut errare] et errare *B* **408** et comprehensio] aueritate *G A* **409** omnium rerum] *inv. A* utitur ille cuius] utitur cuius alias et comprehensio rerum omnium quibus utitur cuius *A*, et de *B* **410** fraudari] defraudare *B*, fraudare *Sch.* et deinde *B* **413** ut] ne *G* **413/414** questione] quesitione *G A*, † *B*, questatione *Pal.* **414** sua] *om. A* errare] errore *A* nominatur grece sophistica] nominatur grece sophistice *G*, nominatus sophistica grece *B* **415** est] *om. G* **416** et quibus probantur] in quibus probantur *G*, regulae in quibus probantur *A*, et probantur *om. B* **417** et species ... rethorici] *om. G* **418** an sint] res ut sint *G*, ut sit *A* rethorice] rethoricem *A*, *om. B* **420** et[1]] *om. B* **421** in] *om. B* fiant] fiunt *G A* **422** sint] sicut *A* eorum] horum *G*, earum *B*

leures et plus parfaites. C'est en arabe le *Livre de la démonstration*[170] et en grec *Analetica secunda*[171].

(e. *Les* Lieux topiques) Dans le cinquième (livre), se trouvent les règles par lesquelles sont mis à l'épreuve les énoncés topiques, (qui déterminent) aussi de quelle manière la question est topique et la réponse topique, | et de façon générale les règles des
éléments par lesquels est constitué l'art topique, et par lesquels ses a88
actions (le rendent) meilleur, plus parfait et plus efficace. C'est en arabe le *Livre des lieux topiques*[172] et en grec les *Topica*[173].

(f. *La* Sophistique) Dans le sixième (livre), se trouvent d'abord les règles des procédés dont la propriété est d'induire en erreur, loin de la vérité, d'occulter et de faire hésiter, ainsi que le recensement de tous les moyens employés par celui dont l'intention est d'abuser et de frauder dans les sciences et les énoncés; tout de suite après cela vient le recensement de ceux (des procédés) par lesquels il convient d'éviter les énoncés induisant en erreur, qu'utilisent le vantard et celui qui abuse, comment les rejeter, par quels moyens les expulser, et comment l'homme, à partir de là, se garde de (se) tromper relativement à sa problématique[174] ou d'induire en erreur. Ce livre est appelé en grec *Sophistica*[175] et son intention est la sagesse qui abuse.

(g. *La* Rhétorique) Dans le septième (livre), se trouvent les règles par lesquelles sont expérimentés et éprouvés les énoncés du rhéteur, les (diverses) espèces de proses et les énoncés du puriste et du rhétoricien[176], et elles font savoir s'ils sont ou non selon l'intention de la rhétorique, et (si y) sont recensés tous les éléments par lesquels est composé l'art de la rhétorique; ce (livre) fait connaître aussi de quelle nature est l'art des énoncés | rhéto-
riques et prosaïques dans n'importe quel traité des procédés, par s58
quels procédés (les) rendre meilleurs et plus parfaits, et faire en

[170] *Kitāb al-burhān* en arabe.
[171] L'arabe translitère puis traduit: *Anālūṭiqā al-ṯānīya*.
[172] *Kitāb al-mawāḍi' al-ğadaliyya* en arabe.
[173] L'arabe translitère en *Ṭūbīqā*.
[174] *Questio* pour *maṭlūbāt* en arabe («objets de recherche»).
[175] L'arabe translitère en *Sūfisṭīqā*.
[176] *Beneloquens et rhetoricus*, quand l'arabe donne: «des rhéteurs et des orateurs».

ultime. Et iste liber, nominatur grece *rethorica*, et est *alchatabati*. Et
in octauo sunt regule quibus experiuntur uersus, et species ser-
monum metricorum facti et illi qui fient | in unoquoque trac- p143
tatu rerum, et comprehendit omnes res | quibus completur ars a89
uersuum, et quot sint species eius, et quot sint species uersuum et sermonum metricorum, et qualiter sit ars omnis speciei earum, in quibus rebus fiant, et in quibus rebus componantur, et fiant melius, et sublimius, et manifestius, et delectabilius, et cum quibus oportet ut sint donec fiant magis ultimi et penetrabiliores. Et iste liber nominatur grece *sumica*, et est liber uersuum.

Iste ergo sunt partes dialectice et summa quam unaqueque earum comprehendit. Et pars quidem quarta, est uehementioris et antecessioris earum in sublimitate et dignitate. Et per dialecticam quidem non queritur secundum intentionem primam, nisi pars quarta. Et relique partes non sunt facte, nisi propter quartam. Et tres antecedunt eam in ordine doctrine, cum sint preparamenta et introductiones et uie ad ipsam. Et relique quatuor que eam sequuntur, sunt propter duas res. Quarum una est quia in unaquaque

423 et est alchatabati] et est arabice alkataban *G*, et est arabice altacabati *A*, et nominatur arabice alchatubati *B* **425** fient] fiunt *G A B Sch.* **427** sint[1]] *om. B* **428** earum] eorum *A* earum et in *G B Sch.* **429** et[1]] *om. P B Sch.* **430** et manifestius] *om. G A* **432** sumica] sumica id est poetica *B* **433** partes dialetice] partes logices *B* **434** et[1]] *om. P G Sch.* **435** antecessioris] antecessionis *Sch.* in] cum *A* per] propter *G* dialecticam] logicam *B* **436** primam] propriam *G A* **437** facte] *om. B* **439** uia *B* **440** quarum] quare *G B*

sorte que leurs actions soient plus efficaces et plus achevées. Et ce livre, appelé en grec *Rethorica*[177], est aussi *Alchatubati*[178].

(h. *La* Poétique) Dans le huitième (livre), se trouvent les règles par lesquelles sont mis à l'épreuve les vers et les (diverses) espèces d'énoncés métriques qui ont été produits, et ceux qui le seront
| dans chaque traité des procédés; ce (livre) recense aussi tous les p143
procédés | par lesquels est parachevé l'art des vers (et les points a89
suivants): combien sont leurs espèces, combien sont les (différentes) espèces de vers et d'énoncés métriques, de quelle nature est l'art de chacune de leurs (différentes) espèces, par quels procédés elles produisent[179], par quels procédés elles sont composées et deviennent meilleures, plus majestueuses, plus brillantes et plus délectables, et au moyen desquels il faut qu'elles soient (formées) pour devenir plus achevées et plus pénétrantes[180]. Et ce livre, appelé en grec *Sumica*[181], est aussi le *Livre des vers*[182].

Telles sont les parties de la dialectique, et la totalité de ce que recense chacune d'elles.

(7. *Antériorité de la démonstration*) La quatrième partie est plus rigoureuse et passe avant les autres en élévation et en prestige. Et de fait, par la dialectique on ne cherche, selon l'intention première, que (ce qui relève de) la quatrième partie, et toutes les autres parties n'ont été élaborées qu'en vue de la quatrième[183]. (En effet), trois la précèdent selon l'ordre de l'enseignement, puisque ce sont des préliminaires, des introductions et des voies (d'accès jusqu')à elle. Les quatre restantes qui la suivent sont dans cette situation pour deux raisons. La première est qu'en chacune d'elles on

177 L'arabe translitère en *Rīṭūrīqā*.

178 *Al-ḥaṭāba* en arabe.

179 À partir de ce verbe, et jusqu'à la fin de l'énumération, AF use du singulier parce qu'il renvoie à chaque espèce.

180 *Penetrabilior* réussit assez à traduire *anfaḏa*.

181 On explique ce barbarisme par le fait qu'un copiste, à la suite d'une lègère altération de la graphie sur le terme arabe qui se transcrit *Būyūṭīqā* (pour Ποιητική), a donné un autre terme qui se transcrit *Sumica*, mais ne signifie rien.

182 *Kitāb al-ši'r* en arabe.

183 Il semblerait qu'ici AF vise davantage que les 8 parties de la dialectique, comme le suggère un peu plus loin l'allusion à celui qui connaît les aliments et les médicaments (p. 222,458 seqq.), et suive ainsi Aristote, lorsque celui-ci déclare (*Seconds Analytiques*, 77a29-30): «La dialectique (communique) avec toutes (les sciences), ainsi que (fera) toute (science) qui tenterait de démontrer d'une façon générale les principes» (trad. J. Tricot, Paris 1986, p. 62).

earum est substentamentum aliquod et adiutorium, licet ipse sint sicut instrumentum parti quarte. Et adiutorium quarundam est maius et quarundam minus. | Et secunda est se | cundum modum a90, s60
cautele. Et illud est quoniam si non discernerentur iste artes ab inuicem in effectu ita ut scirentur regule uniuscuiusque earum secundum suam singularitatem discrete a regulis alterius, non esset homo securus cum ipse inquireret ueritatem et certitudinem, quin uteretur rebus topicis ita quod non perciperet quod essent topice, quare remoueretur per illud a certitudine ad opinionem fortem aut uteretur ita quod non perciperet rebus rethoricis et remoueretur per id ad sufficientiam aut uteretur illis que errare faciunt ita quod non perciperet, et aut facerent ipsum esti | mare p144
in eo quod non est uerum quod est uerum, et credere illud, aut facerent ipsum hesitare aut uteretur rebus metricis ita quod non perciperet quod essent metrice et ageret iam in credulitate sua secundum imaginationes et apud se ipsum quod ipse incederet in omnibus istis dispositionibus uia ad ueritatem et inueniret questionem suam et non inueniret secundum ueritatem; sicut ille qui cognoscit cibos et medicinas nisi discernantur ei uenena ab istis actu donec certificetur cognitio eorum signis suis, non erit securus quin summat ea secundum quod ipsa sint cibus aut medicina ita quod non perciperet, quare morietur. Secundum intentionem uero secundam quam ipsa dat iterum opificibus cuiusque | qua- a91
tuor artium totum quo completur ars illa, ita ut sciat homo quan-

441 aliquod] aliquid *Pal.* **441/442** licet ... adiutorium] *om. G* **442** parti quarte] *inv. A* **442/443** quarundam est maius et quarundam minus] quarundam que maius est et quarundam que minus est *G*, quarundam maius est et quarundam minus *A* **445** iste regule *G* **447** inquiret *P Pal.* et ad certitudinem *G* ueritatem et certitudinem] *inv. B* **448** quin *post corr. P* quod ei essent *ante corr. P*, quod (ei) essent *Pal.* **449** ad] per *ante corr. G* **450** non perciperet rebus] non perciperet et que faceret eum estimare in eo quod non est uerum quod est uerum rebus *ante corr. G* **451** id ad sufficientiam] illud a sufficientia *G*, id a sufficientia *A* **452** et aut] et que *G*, aut *B* facerent ipsum] faceret eum *G*, facerent eum *A* **454** facerent ipsum] faceret ipsum *G*, faceret *A*, facerent primum *B* rebus metricis] *inv. G A* **455** in] *om. G*, ea in *B* sua] *om. P* **456** quod] et *G* incederet] *om. B*, in cederet *Pal.* **459** nisi] et *G* ei] eis *G* **461** sint] sunt *B* **462** morietur] remouetur *G*, non morietur *B* **462/463** secundum uero intentionem *G B* **463** quam ipsa dat iterum] ipsa iterum dat *B* cuiusque] quarumque *G*, quarumcumque *A* **463/464** quatuor] *om. A* **464** totum] *om. B* homo] *om. G*

trouve quelque soutien et assistance, bien que[184] celles-ci soient pour ainsi dire des instruments de la quatrième partie, l'assistan-
ce[185] des unes étant plus grande et (celle) des autres moindre. | La a90
seconde (raison) est (qu'elles sont) selon | le mode de la mise en s60
garde. Il en est ainsi parce que si ces arts ne se distinguaient pas les uns des autres par leur effet, en sorte qu'on connaisse les règles de chacun d'eux selon sa singularité, en les distinguant des règles des autres, l'homme ne serait pas sûr, lorsque lui-même chercherait la vérité et la certitude, de ne pas utiliser des procédés topiques sans s'apercevoir qu'ils sont topiques, et de s'orienter par cela de la certitude vers l'opinion forte; ou bien il pourrait utiliser, sans s'en apercevoir, des procédés rhétoriques, et s'orienter ainsi vers la satisfaction; ou bien il pourrait utiliser, sans s'en apercevoir, ceux qui induisent en erreur, et (alors) ou bien ils lui feraient estimer
| qu'il y a du vrai en ce qui n'est pas vrai et le (lui feraient) croi- p144
re, ou bien ils le feraient hésiter; ou bien il (pourrait) employer des procédés métriques sans s'apercevoir qu'ils sont métriques, et alors il évoluerait dans sa (propre) croyance selon les produits de son imagination[186]. En lui-même (il penserait) dans tous (les cas) s'être avancé, par ces dispositions-ci, sur la voie (menant) à la vérité, et avoir trouvé ce qu'il cherchait, mais sans l'avoir trouvé selon la vérité. De même, celui qui connaîtrait les aliments et les médicaments, mais ne saurait les distinguer en acte des poisons, jusqu'à ce qu'il soit assuré de leur connaissance par leurs signes (caractéristiques), ne serait pas sûr de les choisir en fonction de ce qu'ils sont eux-mêmes un aliment ou un médicament, pour la raison qu'il ne s'en apercevrait pas, (et) de fait périrait.

Selon l'intention seconde, (la dialectique) donne encore aux
spécialistes, dans chacun | des quatre arts (qui suivent la démons- a91
tration), tout ce par quoi cet art se parachève, en sorte que

[184] *Licet*: la nuance adversative introduite par GC montre qu'il a commis un faux-sens en prenant la locution arabe *'alā anna* dans son acception la plus classique: «bien que», alors qu'elle revêt ici une valeur causale et signifie «étant donné que».

[185] La reprise du substantif *adiutorium* (voir l. précédente) atteste que GC utilise ici une autre leçon que celle de *M*, qu'il suit pourtant le plus fréquemment.

[186] *In credulitate sua secundum immaginationes*: le latin met le premier substantif au singulier, alors que l'arabe use d'un pluriel (*fī i'tiqādātihi 'alā al-taḫayyulāt* = «dans ses croyances selon les imaginations»).

do uult fieri topicus ultimus quot res oporteat eum scire, et sciat quibus rebus experiatur in se aut in alio sermones eius, ut sciat an incedat in eis uia topice an non. | Et similiter sciat quando uult s62 fieri rethoricus ultimus quot res oporteat eum scire, et sciat quibus rebus experiatur in se et in alio an incedat in sermonibus suis secundum uiam rethorice, aut secundum uiam aliam. Et similiter sciat quando uoluerit ut fiat uersificator ultimus quot res oporteat eum scire, et sciat quibus rebus experiatur in se et in alio uersificatorum an incedat in sermonibus suis uia uersuum, aut auertatur ab ea et permisceat cum ea uias alias. Et similiter sciat cum uoluerit ut insit ei uirtus ad hoc ut errare faciat alium, et non faciat ipsum errare aliquos, quot res oporteat ipsum scire et sciat quibus rebus prius sit experiri omnem sermonem et omnem sententiam et sciat an errauit in ea, an fecit errare et quomodo sit illud.

CAPITVLVM TERTIVM a93, p145, s64

De scientia doctrinarum

Hec scientia diuiditur in septem partes magnas quas comprehendimus in principio libri. In arithmetica quidem, uerum illud

465 quot] quod *G A B*, quod res quot oporteat *B* **467** topica *G* **468** quot] quod *G A B* **469** *post* in alio *add.* sermones eius ut sciat ... in se et in alio *(i. e. l. 466/469) iter. G* an] et *G* **470** rethorice] rethoricum *A* **471** ut] *om. B* fiat] sciat *G* quot] quod *G A B* **472** et sciat quot rebus *B* rebus] *om. G* **472/473** uersificatorum] uersificator *G Sch.*, *om. B* **473** an incedat] aut incedit *G*, an incedat et omnia an incedat *A* suis] *om. G* **475** ut[1]] quod *G* alium] aliquis *Sch.* **476/477** oporteat ... prius sit] oporteat eum scire ipsum et sciat quibus rebus possit *B* **477** prius sit] possit *Sch.* **478** sciat] scias *P* illud] istud *G A*

0/0 *rub. om. G A B* **III.** **2** *om. G A B* **3** hec] et *G A B* magnas] maximas *G* **4** quidem uerum illud] † *B*

l'homme sache, lorsqu'il veut être un topicien achevé[187], combien de procédés il lui faut savoir*, et sache* par quels procédés mettre à l'épreuve, sur soi ou sur autrui, ses énoncés, pour savoir* si l'on y progresse ou non selon la voie de la topique; et semblablement qu'il sache, lorsqu'il voudra devenir un rhétoricien achevé, combien de procédés il lui faudra connaître, et qu'il sache par quels procédés mettre à l'épreuve, sur soi ou sur autrui, (ses énoncés, pour savoir) s'il y progresse selon la voie de la rhétorique ou selon une autre voie. | Et semblablement, qu'il sache, lorsqu'il s62
voudra devenir un versificateur achevé, combien de procédés il lui faudra connaître, et qu'il sache par quels procédés mettre à l'épreuve, sur soi et sur les autres versificateurs, ses énoncés, (pour savoir) s'il y progresse selon la voie de la poésie, ou s'il s'en écarte et la confond avec d'autres voies. De même qu'il sache, lorsqu'il voudra se doter de la capacité d'induire autrui en erreur et de ne pas être lui-même induit en erreur par d'autres, combien de procédés il lui faudra connaître lui-même, et qu'il sache par quels procédés mettre à l'épreuve d'abord tout énoncé et tout point de vue, et qu'il sache s'il s'est trompé (de point de vue) ou s'il a induit[188] (autrui) en erreur, et de quelle manière cela s'est produit.

CHAPITRE 3 a93, p145, s64

De la science des mathématiques[189]

Cette science se divise en sept grandes parties, que nous avons recensées au début du livre.

(A. *La science des nombres*) En arithmétique[190], ce que l'on entend [véritablement] par cette science, ce sont deux sciences: l'u-

[187] *Ultimus* a ici, comme plus bas, pour équivalent arabe *bāriʿ* («éminent»), alors qu'il traduisait plus haut (p. 208,323) *ablaġ*.

* *Scire* à trois reprises, quand l'arabe fait intervenir deux verbes différents de même racine: *taʿallama* («s'instruire») et *ʿalima* («connaître»), dont *taʿallama* est la cinquième forme.

[188] L'emploi de la voix active renvoie ici à la leçon dont témoigne *M*.

[189] Comme nous le notions en son lieu (p. 155, n. 7), la *scientia doctrinarum* a remplacé les *scientiae doctrinales* (p. 154,7).

[190] *Arithmetica*, alors que l'arabe emploie une périphrase: *al-ʿilm al-ʿadad* («la science du nombre»), que l'on retrouvera d'ailleurs en latin quelques lignes plus loin (*scientia numeri*).

quod per hanc scientiam scitur est due scientie. Quarum una est scientia numeri actiua et altera numeri speculatiua. Et actiua quidem inquirit de numeris in quantum sunt numeri numeratorum, quorum numerum tenere oportet, scilicet, corporum et aliorum, sicut hominum, aut equorum, aut solidorum, aut dragmarum aut aliarum rerum habentium numerum. Et est illa qua uulgus utitur in commerciis negotiatoriis, et commerciis ciuilibus. Speculatiua uero non inquirit de numeris nisi absolute, secundum quod ipsi sunt denudati in mente a corporibus et ab omni quod eis numeratur. Et non speculatur in eis nisi denudatis ab omni quod possibile est eis numerari ex sensatis et ex parte que comunicat omnibus | numeris, qui sunt numeri sensatorum a94 et insensatorum. Et hec quidem scientia est illa que ingreditur in summam scientiarum.

Et scientia quidem numeri speculatiua inquirit in numeris absolute de omnibus que accidunt eis in essentiis suis simplicibus preter quod comparentur ad inuicem. Et sunt sicut par et impar, et de omnibus que accidunt eis cum ad inuicem comparantur. Et sunt equalitas et superfluitas, et ut numerus sit pars numeri, aut partes aut duplum | eius aut equalis ei et addens partem, aut | p146 partes, et ut sit proportionalis aut improportionalis et similis aut s66 dissimilis, et communicans aut seiunctus. Deinde inquirit de illis

5 quod] *om. G* **6** scientia numeri actiua et altera numeri] scientia numeri et est actiua et altera est scientia numeri *G*, scientia numeri et est actiua et altera scientia numeri *A*, altera scientia *P B* et actiua] et actiua altera *G A* **7** sunt] *om. B* **8** scilicet *post corr. P* **11** commerciis et *G A* **11/12** ciuilibus] ciuibus *B* **15/16** ex[2] ... numeri] *om. G* **17** et insensatorum] *om. B* et[1]] *om. G* illa] *om. G* **20** absolute] *iter. G* **20/22** in essentiis ... eis] *om. G* **21** ad inuicem] a diminutione *Pal.* **22** ad inuicem] a diminutione *Pal.* **23** equalitas] inequalitas *G* et[1] *add. G post corr.* ut] an *B* numerus] numeris *Pal.* sit] sunt *Pal.* **24** et] aut *B* partem] partes *G* **25** ut] an *B* aut improportionalis] *om. G* et[2]] aut *B* **26** et] aut *B*

ne d'elles est la science pratique du nombre, l'autre est la science théorique du nombre. La (science) pratique examine les nombres en tant que nombres des (choses) nombrées dont il faut contrôler le nombre, à savoir des corps et d'autres, comme des hommes, des chevaux, des sous, des drachmes[191] ou d'autres choses ayant un nombre, et dont usent les gens à la fois dans les échanges marchands et dans les échanges civils. La (science) théorique, elle, n'examine les nombres qu'absolument, selon qu'ils sont eux-mêmes, dans l'esprit, dépouillés[192] des corps, et de tout ce qui, de ces derniers, est nombré. Elle ne les étudie qu'en tant que dépouillés[193] de tous les (objets) sensibles[194] qu'il est possible de nombrer grâce à eux, et de la partie qui est commune à tous |
les nombres, que ce soient les nombres des (objets) sensibles ou a94
(ceux) des non-sensibles. Et cette science est celle qui fait partie de la totalité des sciences.

La science théorique du nombre examine, dans les nombres pris absolument, tout ce qui les affecte dans leurs essences simples[195], sans qu'ils soient comparés les uns aux autres[196], comme le sont le pair et l'impair; (elle examine) aussi tout ce qui les affecte quand ils sont comparés les uns aux autres: ce sont l'égalité, l'inégalité[197], le fait qu'un nombre soit une partie ou des parties
d'un nombre, ou double | de lui, ou égal à lui, ou | (lui) ajoutant p146, s66
une partie ou des parties, en sorte qu'il soit proportionnel ou non-proportionnel, semblable ou non-semblable, communicant (par la mesure) ou distinct (par elle)[198]. Elle examine ensuite ce

[191] *Dinars* et *dirhams* en arabe.

[192] L'adjectif *denudatus* (*id.* DG, ALONSO ALONSO, p. 86,5) s'en tient au sens premier du mot arabe: *muǧarrad*; il signifie ici «abstrait».

[193] *Denudatus* de nouveau, mais *muḫallaṣ* («épuré») en arabe (*abstractus* DG, ALONSO ALONSO, p. 86,7).

[194] Sur *sensatus* voir plus loin, p. 233, n. 213.

[195] Si *simplicibus* ne se rapporte pas à *numeris* mais bien à *essentiis*, ainsi que nous l'avons supposé dans notre traduction, il faut envisager ici comme un contresens, dans la mesure où en arabe c'est le nombre, et non point son essence, qui est considéré dans sa «simplicité»: «*tout ce qui les affecte dans leur essence*, isolément, *sans* (...)».

[196] *Comparare ad inuicem* (*id.* DG, ALONSO ALONSO, p. 86,10), rend bien l'arabe: *yuḍāf baǵḍuhā ilā baǵḍ* («rapporter les uns aux autres»).

[197] La *superfluitas*, qui traduit de nouveau l'arabe *tafāḍul*, désigne ici, nous y avons déjà fait allusion, l'état de *non equalitas* (cfr. p. 208,321), ce qui explique la leçon de G (*superfluus-diminutus* DG, ALONSO ALONSO, p. 87,1-2).

[198] *Communicans-seiunctus* (*mutašārik* = «qui est associé» et *mutabāyin* = «qui

que accidunt ipsis cum quidam adduntur aliis et apud agregationem eorum, et apud diminutionem aliorum ab aliis et eorum separationem et ex multiplicatione numeri per numerationem unorum numeri alterius, et ex diuisione numeri in partes per numerationem unorum numeri alterius. Et illud est sicut ut sit numeris quadratus, aut superficialis, aut solidus, aut perfectus, aut imperfectus. Nam ipsa inquirit de his omnibus et de illis que accidunt eis cum comparantur iterum ad inuicem, | et docebit a95
qualis modus sit in extrahendo numerum ex numero noto, et ad summum in extrahendo omne cuius uia est ut extrahatur ex numeris.

28 diminutionem *post corr. P* **29** ex] *om. B* **30** ex] *om. B*, per *A* **30/31** per ... alterius] *om. G* **33** aut imperfectus] *om. G A* his] hiis *G*, huius *A B* que] qui *Pal.* **34** cum *post corr. P* comparantur] componuntur *G*, comparentur *A* ad inuicem] a diminutione *Pal.* **35** ex] a *B*

qui les affecte eux-mêmes quand on les ajoute[199] à d'autres au moment de[200] leur addition, puis au moment de la soustraction des uns à partir des autres, et (donc au moment) de leur séparation[201]; (elle examine en outre ce qui les affecte) à la suite de la multiplication d'un nombre par le dénombrement des unités d'un autre nombre, de la division d'un nombre en parties par le dénombrement des unités d'un autre nombre[202]; et il en est de même à supposer que le nombre soit carré, plan, solide, parfait ou non-parfait. Car elle-même examine à nouveau, concernant les uns et les autres, tout ce qui les affecte quand ils sont comparés les uns aux autres, | et fait connaître la manière de dégager un
nombre à partir d'un nombre connu et, de façon générale, (la a95
manière) de dégager tout ce qui est susceptible d'être dégagé à partir des nombres[203].

est distinct»): il convient d'entendre en l'occurrence «commensurable» et «incommensurable». Le nombre commensurable a effectivement, avec un autre nombre, une mesure commune; il «communique» donc avec lui ou ne s'en distingue pas sur le plan de la mesure. DG résume ici l'ensemble du chapitre en signalant: «et omnia alia que in *Arithmetica Nicomachi* plene possunt inueniri» (ALONSO ALONSO, p. 87,2-3).

[199] Dans le raisonnement, *addere* (*zīyāda* – qui est un nom) se rapporte à *agregatio* (*jam'*) comme *separatio* se rapportera tout de suite après à *diminutio* (voir ci-dessous, n. 202).

[200] *Apud* (2) suit à la lettre l'arabe *'inda* = («chez, au moment où»).

[201] La *separatio* (*naqṣ*) est un cas particulier de la *diminutio* (*tafrīq*).

[202] DG comprend un peu différemment ce passage sur les quatre opérations arithmétiques: «Unaquaque istarum [*scil.* practicae et theoricae scientiae] habet partes. Nam partes practice due sunt, scilicet scientia coniungendi numeros, et scientia disiungendi. Que uero docet numeros coniungere, alia est scientia aggregandi, alia duplicandi, alia multiplicandi. Illa uero que docet disiungere, alia est scientia minuendi, alia mediandi, alia diuidendi (ALONSO ALONSO, p. 87,4-10 = Chacune d'elles possède des parties. Car les parties de la (science) pratique sont deux, à savoir la science de l'association des nombres et la science de (leur) dissociation. (Celle) qui enseigne à associer les nombres est tantôt la science de l'addition, tantôt celle de la duplication, tantôt (celle) de la multiplication. Celle qui enseigne (à les) dissocier est tantôt la science de la soustraction, tantôt (celle) de la partition, tantôt (celle) de la division».

[203] Chez DG, cette partie sur l'arithmétique se termine par le passage suivant: «Scientia uero radices inueniendi sub utraque continetur [*scil.* scientia coniugendi numeros et scientia disiungendi], et radix diuidendo et multiplicando inuenitur. Huius autem practice multe sunt species: alia est scientia uendendi et emendi; et alia mutuandi et accomodandi. Alia conducendi et locandi. Alia expendendi et conseruandi. Alia est scientia profunditatis et altitudinis siue spatia inueniendi. Et alie multe, de quibus plenissime habetur in libro qui apud Arabes *mahamalech* dicitur (ALONSO ALONSO, pp. 87-88) = La science de la découverte des racines renferme l'une et l'autre [*scil.* la science de l'association des nombres et celle de

Geometria autem est scientia per cuius uiam intelliguntur due res: geometria actiua, et geometria speculatiua. Actiua igitur earum considerat in lineis et superficiebus in corpore ligni si ille qui eis utitur fuerit carpentarius, aut in corpore ferri si fuerit ferrarius, aut in corpore parietis, si fuerit cementarius, aut in superficiebus terrenis, et cultis si fuerit mensurator. Et similiter omnis opifex geometrie actiue. Nam ipse format in seipso lineas et superficies et quadraturam, et rotunditatem et trinitatem in corpore materiei que subiecta est illi arti actiue. Et speculatiua non considerat in

38/39 geometria autem est scientia per cuius uiam intelliguntur due res] est scientia geometrie. nam illud quod scitur per hoc nomen, est due res *P* set scientia geometrie nam illud quod scitur per hoc nomen est due res *A* nam] *om.* *G* **39/40** earum] eorum *GA* **40** in *lac.* superficiebus *B* ligni] lingni *G* in corpore] in *om.* *P*, in compositione *G* **44** nam ... seipso] considerat quidem *B* **45** corpore] corde *G* **46** et speculatiua non considerat] speculatiua uero considerat quidem *B*

(B. *La science de la géométrie*) La géométrie[204] est la science au moyen de laquelle sont comprises deux choses: la géométrie pratique et la géométrie théorique.

La (géométrie) pratique examine les lignes et les surfaces[205] dans un corps en bois, si celui qui l'utilise est menuisier; dans un corps en fer, s'il est forgeron; dans un corps en pierre, s'il est maçon; dans les surfaces de terre et les champs, s'il est arpenteur. Et il en est de même de tout expert en géométrie[206] pratique, car il forme spontanément en lui-même des lignes, des surfaces et des tracés carré, circulaire et triangulaire[207], (qui sont) dans un corps dont la matière est sujet de cet art pratique[208].

leur dissociation], et l'on découvre la racine en divisant et en multipliant. Beaucoup de (sciences) pratiques en sont les espèces: il y a la science de la vente et de l'achat, et celle de l'échange et de l'octroi, celle de l'emprunt et du prêt, et celle de l'investissement et de l'épargne. Il y a (aussi) la science de la profondeur et de la hauteur, ou (science) de la découverte des étendues. Et (il y en a) beaucoup d'autres, que l'on trouve exhaustivement dans le livre qui est appelé chez les Arabes *mahamalech* [*scil.* ***Kitāb** al-mu'āmalāt*, c'est-à-dire: «Livre des transactions (financières ou commerciales)»]».

[204] En arabe: *'ilm al-handasa* = «science de la géométrie».

[205] DG intercale ici une précision probablement inspirée du *Didascalicon* de Hugues de Saint-Victor (II, 13): «[Actiua considerat lineas, superficies, corpora,] tribus modis: quia uel in altum et hec scientia dicitur *Altimetria*; uel in planum, et hec dicitur *Planimetria*; uel in profundum, et hec dicitur *Profundimetria*. Unaquaeque uero istarum habet materiam et instrumenta propria et opifices proprios, qui sunt mensores et fabri. Mensores sunt qui terre superficiem quamlibet mensurant. Quorum instrumenta sunt palmus, pes, cubitus, stadium, et pertica, et leuca, et multa alia (88-89) = [La (géométrie) pratique considère les lignes, les surfaces et les corps] de trois manières (différentes), parce qu'(elle considère) soit ce qui est haut, et cette science est dite *altimétrie*, soit ce qui est plane, et elle est dite *planimétrie*, soit ce qui est profond, et elle est dite *profondimétrie*. Chacune d'elles possède une matière, des instruments propres et des experts propres. Les arpenteurs sont ceux qui mesurent toute surface de terre, (et) dont les instruments sont la palme, le pied, le coude, le stade, la perche, la lieue et beaucoup d'autres».

[206] *Opifex geometrie* (*opifex mechanicarum* DG, ALONSO ALONSO, pp. 89-90) équivaut sans décalage à l'arabe *ṣāḥib al-handasa*.

[207] *Trinitas* (au sens strict: «triangularité») traduit *taṯlīṯ*, qui ne signifie «trinité» qu'en second lieu. De son côté, il semblerait que DG (ALONSO ALONSO, p. 90,1-4) ait omis ou évité de désigner le concept.

[208] DG termine ce paragraphe de la manière suivante: «Horum autem fabrorum multe species esse dicuntur secundum diuersitates materiarum, ex quibus operantur. Et instrumenta eorum diuersa sunt, ut linea, trulla, perpendiculum, et multa alia» (ALONSO ALONSO, p. 90,4-7) («De nombreuses catégories d'artisans sont dites exister en fonction des diverses matières à partir desquelles ils travaillent. Leurs instruments sont divers, comme le cordeau, la truelle, le fil à plomb et bien d'autres»).

lineis et superficiebus in corporibus nisi absolute et secundum
communitatem et secundum modum communicantem omnibus
superficiebus corporum, et format in anima sua lineas cum modo
communi qui non curat in quo corpore sit et format superficies
et quadraturam et | rotunditatem et trinitatem cum communi s68
qui non curat in quo corpore sit, et format corpora cum modo
communi, qui non curat in qua | materia sit et in quo sensato p147
sit, immo absolute propter quod erigat | in anima sua corpus ens a96
lignum, aut corpus ens paries, aut corpus ens ferrum, set corpus
commune istis. Et hec quidem scientia est illa que ingreditur in
summam scientiarum. Et ipsa inquirit in lineis et superficiebus,
et in corporibus absolute de figuris ipsorum et quantitatibus eorum et equalitate et superfluitate eorum et de speciebus situum
ipsorum et ordinum eorum et de de omnibus que accidunt eis
sicut punctis et angulis et aliis, et inquirit de proportionalibus et
improportionalibus, et de illis que ex eis sunt data, et que non
sunt data, et de comunicantibus ex eis, et seiunctis, et de rationalibus ex eis, et surdis, et speciebus harum duarum, et docet qualis

47 lineies *Sch.* in corporibus] *om. G*, et superficiebus et in corporibus *B Sch.* secundum] *om. B* **48** et secundum modum communicantem] *om. G* in omnibus *G A* **50** in quo corpore] in qua materia *B* **50/52** et format superficies at quadraturam ... corpore sit] *om. G B* **51** et in quadraturam *A* cum] cum modo *P Sch.* **52** et sunt format *ante corr. B* **54** in anima sua] *om. B* **54/55** ens lignum] quod sit lignum *B* **55** corpus ens] *om. B* paries aut corpus ens] *om. G* corpus ens] *om. B* **56** istis] *om. A*, eis *B* **58** absolute et *G A* **58/59** eorum] earum *A*, ipsorum *B* **59** eorum] earum *G A* **60** ipsorum] ipsarum *G A*, *om. B* et ordinum eorum] et ordinem earum *G A*, et ordinum ipsorum *B* **62** et improportionalibus] *om. A* **62/63** et que non sunt data] *om. G* **63** et de seiunctis *A* **64** et surdis et] et de surdis *G* et[2,3]] *om. B*

La (géométrie) théorique n'examine les lignes et les surfaces dans des corps qu'absolument, selon ce qu'ils ont en commun et selon ce qu'il y a de commun[209] à toutes les surfaces des corps. (L'expert en géométrie théorique) forme en son âme[210] les lignes d'une manière commune (à toutes)[211], sans se soucier du corps dans lequel (cela) se trouve; il forme (en son âme) les surfaces et les tracés carré, | circulaire et triangulaire d'une manière s68
commune (à tous), sans se soucier du corps dans lequel (cela) se trouve; il forme (en son âme) les corps d'une manière commune (à tous), sans se soucier de | la matière dans laquelle (cela) p147
se trouve, et dans quel (objet) sensible[212] (cela) se trouve, mais absolument, sans construire | en son âme un corps qui soit en a96
bois, en pierre ou en fer, mais un corps commun à tous. Et cette science est bien celle qui entre dans le tout des sciences. Dans les lignes, dans les surfaces et dans les corps elle examine elle-même absolument leur figure, leur grandeur, leur égalité et leur inégalité, les (diverses) espèces de leur position et de leur ordre, et tout ce qui s'y rapporte, comme les points, les angles et autres. Elle examine les proportionnels et les non-proportionnels, ceux d'entre eux qui sont donnés et ceux qui ne sont pas donnés, ceux d'entre eux qui sont communicants (par la mesure) et ceux qui sont distincts (par elle), ceux qui sont rationnels et ceux qui sont inconnus[213], et les (différentes) espèces de ces deux derniers; elle

[209] *Secundum modum communicantem*: *communicans* est le terme par lequel GC désignait plus haut (p. 226,26) le «commensurable» (*mutašārik*); ici il rend *alā wafihin ya'ammu* («d'une manière qui embrasse»). Voir aussi plus haut, p. 227, n. 199, et ci-après, n. 212.

[210] *In anima sua* s'attache au sens littéral de l'arabe, que l'on peut aussi traduire par «en lui-même».

[211] *Cum modo communi* pour *bī al-wafihin al-'a'arun*. L'expression a partie liée avec celle intervenant un peu avant: *secundum communitatem* (voir aussi plus bas, p. 253, n. 270), elle-même étant à distinguer, dans les termes au moins, de celle qui la suit: *secundum modum communicantem* (voir ci-dessus, n. 210).

[212] *Sensatus* (voir aussi plus haut, p. 226,15), qui traduit l'arabe *maḥsūs*, signifie communément «sensé»; il semble avoir été détourné de son usage courant pour renvoyer ici, comme participe passé de *sentire* (qui est en vérité *sensus*), à l'idée de «senti» ou «perçu par les sens». *Sensibilis* eût peut-être mieux convenu.

[213] Il faut entendre: «inconnu de la raison» ou ignoré d'elle, donc «irrationnel». *Surdus*, qui forme couple avec *rationalis* (*rationalis – surdus sive irrationalis* DG, ALONSO ALONSO, p. 91,4-5), s'en tient au sens littéral de *ṣamm*, lui-même traduisant le grec ἄλογος ou ἄρρητος. GC l'emploie également dans sa traduction de l'*Algèbre* de Ḫawārizmī: «scias itaque quod cum quamlibet census radicem notam siue surdam duplicare uolueris» (= Hughes, 1986, p. 243,10-11), et DG l'adopte

sit modus in arte cuiuscumque earum est uia ut agat, et qualis sit modus in extrahendo totum cuius uia est ut extrahatur, et docet causas horum omnium, et quare sunt ita cum demonstrationibus dantibus nobis scientiam certam, in qua non est possibile cadere ambiguitatem. Hec est ergo summa eius in quo contemplatur geometria.

Et hec quidem scientia, habet duas partes, scilicet, partem speculantem in lineis et superficiebus et partem in corporibus. Et que speculatur in corporibus, diuiditur secundum species corporum sicut cubus, et piramis, et sphera, et columna, et seratilia, et pinealia. Et speculatio in omnibus istis est secundum duos modos:
| unus eorum est ut consideret in unoquoque secundum se, | a97,
sicut speculatio in lineis secundum se, et superficiebus secundum s70
se, et cubo secundum se et piramide secundum se. Et alter est ut consideret in eis et in ipsorum accidentibus cum comparantur

65 earum est] eorum est *G*, earum et que est *B Sch.* agat] fiat *B* sit modus] modus sit *G* **67** sunt] sit *GA* **69** est] *om. B* summa] summo *B* **71** scientia] *om. A* scilicet *post corr. P* **72** et superficiebus et partem] et partem speculantem *B* **72/73** et illa que *G B* et que speculatur in corporibus] *om. A* **73** in corporibus] *iter. G* **73/74** secundum species corporum] *om. B* **74** et[1]] *om. B* et columna et seratilia] et seracilia et columna *G*, et seratilia et columna *A*, et columna et serracilia *post corr. B* **75** duos modos] *inv. A* **76** consideret] consideretur *B* **77** et sicut *A* et in *B* **77/78** et superficiebus secundum se] *om. G* **78** et cubo] et in cubo *B* et piramido] et in piramide *B*, paramide *A* est ut] est *om. G* **79** consideretur *B* ipsorum] ipsarum *A* eorum *B* cum comparantur] comparatis *B*

enseigne quelle est la manière de maîtriser tout ce qui, en eux, est susceptible d'être accompli, quelle est la manière de dégager tout ce qui, en eux, est susceptible d'être dégagé, et elle enseigne les causes de tout cela et pourquoi ils sont ainsi, par des démonstrations qui nous donnent la science certaine avec laquelle il n'est pas possible de tomber dans l'ambiguïté. C'est donc là la totalité de ce que scrute la géométrie.

Cette science comporte deux parties: la partie théorique sur les lignes et les surfaces, et la partie sur les corps. Celle qui étudie les corps se partage en fonction des (différentes) espèces de corps, comme le cube, la pyramide, la sphère, la colonne[214], les prismes et le cône[215]. L'étude de toutes ces (espèces) se fait de
deux manières: | l'une consiste à examiner chacune d'elles à part, a97
| comme l'étude des lignes à part, celle des surfaces à part, (celle) s70
du cube à part et de la pyramide à part. {L'autre consiste à examiner chacune d'elles et leurs accidents lorsqu'elles sont comparées les unes aux autres; et il en est ainsi parce que soit elles sont comparées les unes aux autres – et on examine (alors)}[216] leur

dans le *De divisione philosophiae* aux chapitres ‹*de geometria*› et ‹*de ingeniis*› (BAUR, *Dominicus Gundissalinus* cit. [chap. II, à la note 19], pp. 102-112 et 122-124). Contre toute attente, le terme semble avoir suppléé *irrationalis* dès cette époque. Voir les *Addita* à la traduction (1145) du même ouvrage par Robert de Chester (*Addita quaedam pro declaratione algebrae*, dans *Robert of Chester's Latin Translation of the Algebra of Al-Khowarizmi*, ed. L.Ch. Karpinski, New york 1915, p. 140,73), qui, lui, ne traduit pas l'équivalence: «nam et si radicem duplicare uolueris» (*Robert of Chester's Latin Translation of Al-Khwārizmī's* Al-Jabr, ed. B. Hughes, Stuttgart 1989, p. 49,21), ainsi que l'une des adaptations latines du traité sur le calcul indien, également de Ḫawārizmī, où l'on rencontre le substantif *aṣamm* (*Die ältere lateinische Schrift über das indische Rechnen nach al-Ḫwārizmī*, hrsg. von M. Folkerts – P. Kunitzsch, München 1997, p. 104,1469). Rappelons enfin qu'au XVIIe s. le «nombre sourd» désignera couramment le nombre irrationnel.

[214] Il faut y voir le cylindre: *columna* traduit l'arabe *usṭuwān*, en son sens premier, qui signifie effectivement «colonne». *Cylindrus* paraît avoir été délaissé par GC, peut-être parce qu'il n'est qu'un calque du grec.

[215] La stéréométrie, ou géométrie des solides, est ici devenue une partie intégrante de la géométrie, comme l'avait souhaité Platon (voir *République*, VII, III, 528a-d). On notera également les deux néologismes, *seratilia* (lequel serait un pluriel, celui de *seratilium*, puisque le terme arabe est lui-même au pluriel) – formé sur *serra* («scie») (pour *manšūr* (pl. *manšūrāt*), dont l'un des sens est: «qui est scié»), et qui signifie ici «prisme» –, et *pinealia* (pour *ṣanawbarī*), qui a donné en français «pinéal» («qui a la forme d'une pomme de pin [ou pigne, plus proche quoique régional]»), alors que GC avait à sa disposition *prisma* et *conus*. Nous y voyons le même refus d'utiliser de simples calques du grec.

[216] Le texte arabe correspondant au passage entre accolades équivaut à ceci: «l'autre les examine chacun et examine leurs attributs lorsqu'on les rapporte les

ad inuicem. Et illud est, quoniam aut comparantur ad inuicem et consideratur in equalitate eorum et ipsorum superfluitate aut in aliis ab | istis duobus suorum accidentium, aut ponuntur quedam p148 eorum cum quibusdam et ordinantur, sicut ut ponatur et ordinetur linea in superficie, aut superficies in corpore, aut superficies in superficie, aut corpus in corpore. Et oportet ut sciatur quod geometrie et aritmetice sunt elementa et radices, et res alie quae declarantur ab illis radicibus. Radices ergo sunt definite set illa que declarantur a radicibus sunt indefinita. Et in libro quidem comparato Euclidi pithagorico sunt radices geometrie, et arithmetice, et est liber nominatus *Liber elementorum*. Et consideratio in eis, est duabus uiis: uia resolutionis et uia compositionis. Et antiqui quidem de illis qui fuerunt huius scientie agregauerunt in libris suis inter ambas uias, | nisi Euclides. Nam ipse considerat in a98 libro suo secundum uiam compositionis solum.

Et scientia aspectuum inquirit de eo de quo inquirit scientia geometrie, scilicet, ex figuris et magnitudinibus et sitibus et ordine et equalitate, et superfluitate et aliis, set ita ut sint in lineis et superficiebus, et corporibus, absolute. Est ergo speculatio geome-

80 ad inuicem[2]] a diminutione *Pal.* aut] *om. G* **81** consideratur] considerantur *G* eorum et ipsorum] ipsorum et eorum *G A* **82** ab istis duobus] *om. B* **83** cum] in *A* ordinatur *G* sicut ponatur *Sch.* **85** superficies *G* **85/86** a geometrie *A* **86** alie] *om. B* **87** ab illis radicibus] a radicibus illis *G*, radicibus ab illis *A* sunt] *om. G* definite] finite *B* **88** a] ab illis *B* indefinita] infinita *B* **89** pitagorico *G A*, pytagorico *B* sunt] set esse *B* **91** duabus uiis uia] duabus uiis scilicet uia *G A* **92** de illis] *om. B* fuerunt] fiunt *B* **93** ambas] alias *B* **95** et est] *ante corr. A* **96** ex] de *B* **97** set ita ut sint] sed illud non ita *A*, sed non ita ut sint *Sch.*

égalité et leur inégalité], ou leurs autres | accidents en dehors p148
de ces deux-là –, soit elles sont placées les unes avec les autres et ordonnées, comme on place et on ordonne une ligne dans une surface, ou une surface dans un corps, ou une surface dans une surface, ou un corps dans un corps.

Il faut savoir aussi que la géométrie et l'arithmétique comportent des éléments[217] et des fondements, et d'autres choses exprimées à partir de ces principes. Les fondements sont (en nombre) limité, et les choses exprimées à partir des principes sont (en nombre) illimité. Dans le livre attribué à Euclide le pythagoricien – livre appelé *Liber elementorum*[218] –, on trouve les fondements de la géométrie et de l'arithmétique; et on les examine par deux voies: la voie de la résolution et la voie de la combinaison[219]. Les Anciens, parmi ceux qui possédaient cette science, réunissaient les deux voies dans leurs livres, | à l'exception d'Euclide, a98
car lui-même a procédé dans son livre à un examen suivant la seule voie de la combinaison.

(C. *La science de la vision*) La science des aspects[220] examine ce qu'examine la science de la géométrie, à savoir les figures, les étendues[221], les positions, l'ordre[222], l'égalité, l'inégalité et autres, en tant qu'elles se trouvent dans des lignes, des surfaces et

uns aux autres; cela, soit en les mesurant les uns par les autres – et on examine ainsi (...)».

217 *Elementum* (*rukn*) traduira plus loin aussi *usṭuqus* (p. 274,135).

218 *Kitāb al-ustuqusāt* en arabe.

219 *Resolutio* et *compositio* (*id.* DG, ALONSO ALONSO, p. 93,5) traduisent littéralement *taḥlīl* et *tarkīb*. Il convient d'entendre «analyse» et «synthèse». AF écrivit un *Kitāb al-taḥlīl* ou *Traité de la résolution*, qui est un commentaire des *Analytiques premiers* d'Aristote. Voir D. MALLET, *Le* Kitāb al-taḥlīl *d'Alfarabi*, dans «Arabic Sciences and Philosophy», 4.2 (1994), pp. 317-336.

220 *Scientia aspectuum*, qui traduit littéralement l'arabe *al-'ilm al-manāẓir*, doit être entendu au sens de «perspective», et correspond à l'«optique» ou science de la vision (*scientia de aspectibus* DG, ALONSO ALONSO, p. 93,9). Plus bas (p. 260,317), GC usera de l'adjectif *aspectualis* avec la même signification.

221 *Magnitudo* (*'iẓm*) diffère, du moins dans les termes, de *quantitas* (*maqādīr*) que nous avons traduit, en contexte géométrique, par «grandeur» (p. 232,58).

222 *Situs* et *ordo*: l'arabe inverse les deux termes: *tartīb* («ordonnance») et *waḍ'* («position»); cfr. *infra*, p. 255, n. 275. Au sujet de *tartīb*, il faut comprendre, ici et ailleurs (p. 262,327), «disposition», c'est-à-dire la manière dont on ordonne des choses entre elles.

trie communior. Et non est necessarium ut singularis fiat scientia aspectuum licet ista ingrediantur in summam eius de quo inquirit geometria, nisi quia plurimum eorum que geometria necessario facit, quod sint secundum dispositionem aliquam figure: aut situs, aut ordinis, aut alterius fiunt dispositio | nes cum ad ea aspicitur s72 secundum contrarium illius. Et illud est quoniam illa que in ueritate sunt quadrata cum ad ea aspicitur ex longitudine aliqua, uidentur rotunda. Et plurima eorum que sunt equidistantia, uidentur concurrentia et equalia superfluentia, et superfluentia, equalia. Et plurima eorum que sunt posita in superficie una apparent, quedam eorum inferiora, et quedam altiora. Et plurima eorum que sunt priora, apparent posteriora, et similia istis plurima.

Discernitur ergo per hanc scientiam inter illud quod ap | paret p149 in uisu diuerso modo, ab eo quod est in ipso in ueritate, et inter illud quod apparet secundum quod est in ipso in ueritate, et dat causas horum omnium, et quare sunt ita per demonstrationes certificatiuas et docet in omni in quo est possibile uisum errare, et modos ingeniorum ab hoc ut non erret, immo inueniat secundum ueritatem in eo ad quod aspicit ex re et quantitate eius et ipsius figura, et eius situ, et ordine ipsius, et reliquis, illud in quo possibile est errare uisum.

Et per hanc quidem artem est possibile homini ut stet super a99 mensuram eius quod elongatur ex magnitudinibus postquam difficile sit in eo peruenire ad ipsum, et super quantitates elongationum earum a nobis et elongationum earum ab inuicem. Et illud est sicut altitudines arborum longarum et parietum et latitudines

100 ingrediatur *G Sch.* **101** eorum] *om. G* geometria necessario] *inv. G* **103** dispositiones cum ad] dispositionis ad *GB*, dispositionis cum ad *A* **104** contrarium] certium *Pal.* est] *om. B* illa] *om. B* **105** ad ea] *om. G*, ea *A* aspiciuntur *G* longitudine] longinquitate *B* **106/107** *post* uidentur *add.* cum ea aspicitur ex longitudine aliqua et plurima eorum que sunt equidistantibus uidentur *A* **107** et equalia superfluentia] et equalia et superfluentia] *ante corr. P*, *om. G* **108** posite *GA* superficie una apparent] superficientia aparet *B* **109** eorum que sunt *B* et[1]] *om. B* **111** discernitur ergo] et discernitur *G* illud] id *G* **112** in ipso est in veritate *GA* ipso] *om. B* **112/113** et inter illud ... in ipso] *om. GA* **114** sunt] sint *A* **115** certificatiuas] certificatas *G* **116** et] *om. B* **116/119** modos ingeniorum ... uisum] *om. G* **117** in eo ad quod aspicit ex re] in eo ad quod qui apicum ex re *A* **118** illud] id *B* **119** possibile est] *inv. A* **120** possibile] inpossibile *G* **121** elongantur *A* **122** in eo] *om. B* **123** ad inuicem] *ante corr. P*, *Pal. sic* **124** altitudines] longitudines *G* latitudines] altitudines *P*, longitudines *B*

des corps, mais non absolument[223]. Aussi, l'étude de la géométrie est-elle plus générale, sans qu'il soit nécessaire que la science des aspects soit rendue singulière[224] – il lui est permis d'aborder, dans sa totalité, ce qu'examine la géométrie –, si ce n'est parce que plusieurs d'entre les (lignes, les surfaces et les solides) qui, en géométrie, rendent nécessaire d'être selon un état quelconque de figure, de position, d'ordre ou autre, | deviennent des états selon s72
leur contraire[225] lorsqu'on les regarde. [Et il en est ainsi parce que] les [(figures) qui sont en vérité] carrées, lorsqu'on les regarde avec un certain éloignement, paraissent circulaires; [beaucoup de celles qui sont parallèles paraissent se rencontrer; beaucoup (de celles qui sont) égales (paraissent) inégales, alors que les inégales (paraissent) égales;] beaucoup (de celles) qui sont dans un même plan (paraissent) les unes plus basses et les autres plus hautes; beaucoup (de celles) qui sont à l'avant apparaissent à l'arrière; et il y a bien des analogues à cela.

Par cette science on distingue donc entre (l'objet) qui apparaît
| à l'œil d'une manière différente de ce qu'il est lui-même en p149
vérité, et (l'objet) qui apparaît comme il est lui-même en vérité, et de tout cela on donne des raisons et (on explique) pourquoi il en est ainsi au moyen de démonstrations certaines. Et pour tout ce en quoi l'œil peut se tromper, on enseigne les différents procédés ingénieux afin qu'il ne se trompe pas, et même découvre selon la vérité à la fois ce qu'il regarde d'une chose, sa grandeur, sa figure, sa position, son ordre et tout ce en quoi l'œil peut se tromper.

Grâce à cet art, il est possible à l'homme d'établir la mesure a99
de (l'objet) qui est distant par des étendues (et) alors même qu'il est difficile de l'atteindre lui-même, ainsi que (d'établir) les grandeurs de leurs distances[226] par rapport à nous et de leurs distances les unes par rapport aux autres; et il en est ainsi par exemple des hauteurs des grands arbres et des murs, des largeurs des rivières[227] et des fleuves et surtout des hauteurs des montagnes,

[223] Seul parmi les mss. arabes, *M*, porte ce «non», uniquement reproduit par *A* en latin.

[224] Comprenons: «soit dissociée».

[225] *Fiunt dispositiones* (...) *secundum contrarium illius*: il faut entendre, sous la lourdeur de l'expression, «apparaissent dans des états contraires».

[226] Comprenons: «les grandeurs des distances des étendues».

[227] L'arabe dit *wādī* (*awādiya* au pluriel), dont le premier sens est «vallée» et le deuxième «rivière».

riuulorum et fluuiorum, et super altitudines montium et profunditates aquarum postquam cadit uisus super fines eorum. Amplius
| elongationes nubium et aliorum ex loco in quo sumus et in s74
quo opposito loco terre fuerit; deinde elongationes corporum celestium, et quantitates eorum, et totum ad quod possibile est peruenire a reflexione aspicientis ipsum, et ad ultimum omnis magnitudo super cuius quantitatem aut longitudinem ab aliqua requeritur statione, postquam cadit uisus super eam. Quedam quidem cum instrumento facto ad dirigendum uisum ita ut non erret, et quedam eorum sine instrumento. Et omne quidem ad quod aspicitur et uidetur, non uidetur nisi cum radio penetrante in aerem et in omne corpus peruium tangens oculos nostros, usque quo cadat super rem ad quam aspicitur.

| Et radii quidem penetrantes in corpora peruia ad illud | ad a100,
quod aspicitur, aut sunt recti, aut reflexi, aut conuersi, aut frac- p150
ti. Recti igitur sunt qui cum egrediuntur a uisu, protenduntur secundum rectitudinem sunt uisus usquequo pertranseant et abscindantur. Et reflexi quidem sunt quorum cum incipit penetratio ex uisu, obuiat eis in uiis suis antequam pertranseant speculum prohibens eos a penetratione secundum rectitudinem, quare reflectuntur oblique ad partes laterum speculi, deinde extendun-

126 amplius super *B* **127** in quo] *om. B* **128** terre fuerit] terre fuit *A*, terre in quo fuerit *B*, terre fuerint *Sch.* **130** a reflexione] ad reflexionem *G* et] *om. G* **131** longitudinem] elongationem *B* **132** requeritur statione] requeritur statio *P Sch.*, re quere stat *G*, re queritur statione *A*, re queritur statio *B* postquam] priusquam *Pal.* **133** dirigendum] regendum *A* **135** et uidetur] *om. B* **136** in^{2}] *om. B* **137** quo] *om. B* **138** in] ad *B* illud] id *B* **139/140** aut conuersi aut fracti] aut conuersi aut confracti *A*, aut fracti aut conuersi aut fracti *B* **140** igitur] quidem *B* agrediuntur *A* a visu] *om. G* **141** sunt] sont *P*, *om. G* sunt visus] super rem uisam *B* **142** abscindantur] abscidantur *P* quidem] *om. B* **143** in] *om. B* **145** reflectantur *G*

des profondeurs des (cours) d'eau, une fois que l'œil est parvenu à (discerner) leurs limites. Qui plus est, | (il est possible d'établir) s74
les distances des nuages et autres par rapport au lieu dans lequel nous sommes ou dans lequel, relativement à un lieu opposé de la terre, on se trouvera. Puis, (il est possible d'établir) les distances des corps célestes et leurs grandeurs{, et tout ce à quoi il est possible de parvenir à partir de la réflexion (située) chez l'observateur même}[228], et en dernier lieu, toute étendue dont on cherche (à établir) la grandeur ou l'éloignement par rapport à un positionnement quelconque, après que l'œil eut tombé sur elle; les unes avec des instruments fabriqués pour diriger l'œil, afin qu'il ne se trompe pas; les autres, sans instrument.

Assurément, tout ce que l'on regarde et que l'on voit, on ne le voit que par un rayon qui pénètre l'air ou tout corps transparent qui atteint nos yeux, jusqu'à ce qu'il tombe sur la chose que l'on regarde. | Les rayons pénétrants les corps transparents a100
jusqu'à celui | que l'on regarde, sont ou rectilignes, ou réfléchis, p150
ou déviés[229], ou brisés. Les (rayons) rectilignes sont (ceux) qui, lorsqu'ils émanent de l'œil, sont propagés* suivant une (ligne)[230] droite issue de l'œil, jusqu'à ce qu'ils s'épuisent et soient exténués. Les (rayons) réfléchis sont ceux, lorsque commence (leur) propagation à partir de l'œil, qu'un miroir intercepte dans leur trajet avant qu'ils ne s'épuisent, les empêchant de pénétrer selon la (ligne) droite. C'est pourquoi ils sont réfléchis obliquement vers les parties latérales du miroir, puis sont prolongés* en direction des côtés vers lesquels ils sont réfléchis en allant sur ce qui est entre les mains de l'observateur[231]**, selon cette figure:

[228] Ce passage entre accolades («et totum ad quod possibile est peruenire a reflexione aspicientis ipsum») devient en arabe: «qu'on peut regarder, quels que soient ceux (*i. e.* les corps célestes) que l'on observe à partir de la divergence (*inḥirāf*) de leur perspective (par rapport à la droite)». GC, visiblement mal à l'aise pour traduire, a peut-être tenté de restituer le raisonnement en anticipant l'exemplification avec le miroir placé entre les mains de l'observateur (p. 240,142 seqq.).

[229] Le latin inverse les termes arabes: *mun'aṭaf* («dévié») et *mun'akas* («réfléchi»).

[230] Le mot arabe *samt* («chemin, ligne»), que GC avait peut-être translittéré, a été confondu avec *sunt* ou *sont* par les copistes.

* Le couple *protendere-extendere* rend un seul verbe en arabe (*imtadda*, ici «se propager»).

[231] Il faut comprendre ici que «le rayon réfracté se trouve dans le plan défini par le rayon incident et la normale au miroir».

tur in latera ad que reflectuntur eundo ad illud quod est inter manus aspicientis secundum hanc figuram:

Et conuersi quidem sunt illi qui redeunt a speculo in uiis suis s76
quibus incesserunt in primis | donec cadant super corpus uiden- a101
tis ex cuius uisu exierunt; quare uidet homo aspiciens se ipsum cum illo eodem radio. Et fracti quidem, sunt illi qui redeunt ex speculo ad partem aspicientis ex cuius uisu exierunt, et extenduntur flexuose ab eo ad unum laterum eius, et cadunt super rem aliam que est post aspicientem, aut a dextra eius, aut ab ipsius sinistra, aut supra ipsum; quare uidet homo illud quod est post ipsum, aut quod est in uno aliorum laterum eius. Et est reuersio eius secundum hanc figuram:

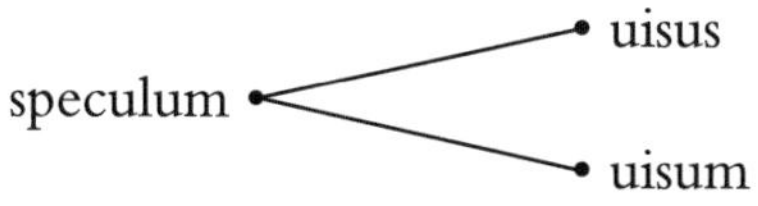

Et media quidem inter uisum et inter illud ad quod aspicitur
aut speculum, | omnino sunt corpora peruia, scilicet, aer | aut a102, p151

146 illud] id *G*, ad illud ad *A* **147** aspicientes *A* **148/150** *expl. om. G A*, uisus–∘speculum–∘uisum *B*,

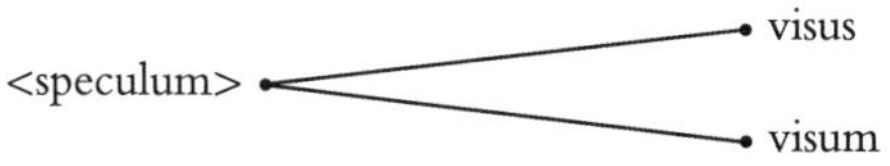

Sch.

151 in] et *B* **153** ex] de *B* **153/155** quare ... exierunt] *om. G* **155/156** et extenduntur] *om. A* **158** quare] qua re *Pal.* **159/160** reuersio eius] *inv. B* **161/163** *expl. om. G A B* **164** media] medio *P Pal.*, medium *G A Sch.* et inter illud ad quod] et inter id quod *B* **165** scilicet *post. corr. P*

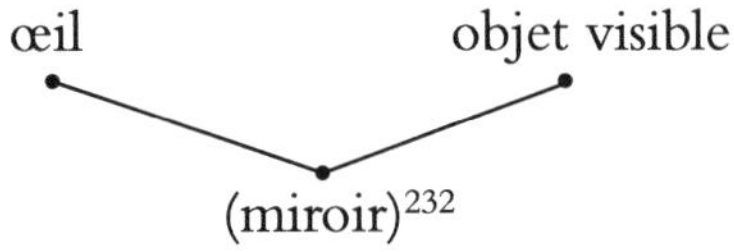

Les (rayons) réfractés sont (ceux) qui reviennent à partir du miroir, selon le trajet même qu'ils ont d'abord parcouru, | jus- s76
a101
qu'à ce qu'ils tombent sur le corps du spectateur**, de l'œil duquel ils sont issus; c'est pourquoi, l'homme qui observe se voit lui-même par ce même rayon. Les (rayons) brisés sont (ceux) qui sont renvoyés par le miroir dans la direction de l'observateur, de l'œil duquel ils sont issus, se prolongent en s'en écartant vers l'un de ses côtés, et tombent sur autre chose, soit derrière l'observateur, soit à sa droite, soit à sa gauche, soit au-dessus de lui. C'est pourquoi[233] l'homme voit ce qui est derrière lui, ou ce qui se trouve sur l'un de ses côtés: c'est (ce que l'on appelle) la réversion[234] (du rayon), conformément à cette figure:

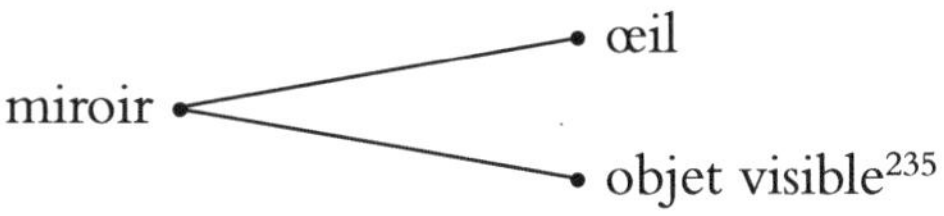

Ce qui est intermédiaire entre l'œil et ce qui est regardé ou le miroir, ce sont | en général les corps transparents: l'air, | l'eau, un a102, p151
corps céleste, ou certains corps qui, chez nous, sont composés de verre ou d'une (substance) de même nature que lui[236]. Les miroirs qui retournent[237] les rayons et qui les empêchent de pénétrer

** L'*aspiciens* («observateur») diffère apparemment, pour GC, du *uidens* («spectateur»), sans que le texte arabe, qui use du même mot (*nāẓir*), l'ait encouragé à penser ainsi.

[232] Nous complétons le schéma d'après le *De diuisione philosophiae* de DG (= BAUR, *Dominicus Gundissalinus* cit. [chap. II, à la note 19], p. 113).

[233] Ce *quare* introduit une forme d'insistance qui ne se trouve pas vraiment dans le mot arabe (*fa* = ainsi).

[234] *Reuersio* (*ruǧū'* en arabe, qui signifie d'abord «renvoi», ensuite «retour») vient de *reuertere*, non de *redire* ni de *reddere* (voir ci-dessous, n. 238); d'où notre traduction. D'autre part, dans sa latinisation des *Météorologiques* d'Aristote (version de al-Biṭrīq), GC rendra *ruǧū'* par *reditio* (qui, en latin classique, signifie aussi «retour») afin de restituer le grec ἀνάκλασις (voir SCHOONHEIM, *Aristotle's Meteorology* cit. [à la note 99]).

[235] Le doublement du schéma que l'on trouve en *P* étant sans signification à nos yeux, nous le supprimons, en accord avec le *De diuisione philosophiae* de Gundissalinus (BAUR, *Dominicus Gundissalinus* cit., p. 114).

[236] C'est-à-dire: «polie».

[237] Voir ci-dessus, n. 235. Nous traduisons par deux verbes différents *redire*

aqua, aut corpus celeste, aut quedam corpora composita apud nos, ex uitro, aut homogeneo ipsi. Et specula que reddunt radios et prohibent eos a penetratione secundum suam rectitudinem, aut sunt ex speculis notis que sunt apud nos de ferro aut aliis, aut sunt uapores grossi humidi, aut aqua, aut corpus aliud, si fuerit simile istis.

Scientia ergo aspectuum inquirit de omni quod uidetur et ad quod aspicitur cum istis quatuor radiis in unoquoque speculorum, et de omni quod accidit ei ad quod aspicitur. Et ipsa quidem diuiditur in duas partes. Prima quarum est inquisitio de eo ad quod aspicitur cum radiis rectis. Et secunda est inquisitio | de eo ad quod aspicitur cum radiis non rectis, et est appropriata s78
scientie speculorum.

Scientia autem stellarum est due scientie, quarum una est scientia significationum stellarum | super illud quod erit in futu- a103
ro, et super plurimum eius quod est nunc inuentum, et super plurimum eius quod preteriit. Et secunda est scientia stellarum doctrinalis: hec ergo est illa que numeratur in scientiis et in doctrinis;

166 corpora] *om. G* **166/167** apud nos ex uitro] apud nos ut † † *B* **167** homogeneo] homo gelica *G*, homogenea *A*, homogenium *B*, homogenea ipsius *Pal.*, et speculo *G* **169** ex] de *B* que sunt] *om. B* **170** grossi] crossi *P Sch.* **170/171** aut corpus aliud si fuerit simile istis] aut corpus aut aliud simile illis *B* **173** ad quod] *om. B* cum istis *iter. G* quatuor † radiis *B* **174** omni] *om. B* et ipsa quidem] cum radiis rectis *A* **174/176** et ipsa ... aspicitur] *om. G* **176** radiis] non rectis *G A* **176/177** et secunda ... non rectis] *om. G A* **178** scientie speculorum] scientia de speculis *B* **178** astrologia *rub. B* **180** significationum] signorum *G* illud] id *B* **181/182** est nunc ... eius quod] *om. G A B* **182** est] *om. A* **183** ergo est] *inv. G B* illa] *om. G A* in[2]] *om. G A B*

suivant la (ligne) droite, sont soit les miroirs fabriqués, comme ceux que nous possédons en fer ou autre, soit des vapeurs denses et humides[238], soit de l'eau, ou bien un autre corps pourvu qu'il fût semblable à ceux-ci[239].

La science de la vision examine donc tout ce que l'on voit et tout ce que l'on regarde par ces quatre rayons et dans chacun de ces miroirs, et tout ce qui se rapporte à ce qui est regardé. Et elle-même se divise en deux parties: la première est l'examen de ce que l'on regarde par le rayon droit; la seconde est l'examen | s78
de ce que l'on regarde par le rayon non droit, (examen) qui appartient en propre à la science des miroirs[240].

(D. *La science des étoiles*) La science des étoiles[241] comporte deux sciences, dont {l'une est la science des significations des étoiles}[242] | concernant ce qui arrivera dans le futur[243], une bon- a103
ne part de ce que l'on découvre à présent et une bonne part de ce qui s'est passé[244]. La seconde est la science mathématique des étoiles[245]: c'est donc celle qui est comptée parmi les sciences et parmi les mathématiques; quant à la première, c'est celle qui n'est comptée que parmi les pouvoirs et les savoir-faire[246], grâce auxquels l'homme peut juger de ce qui arrivera, comme l'inter-

(plus haut – «revenir») et *reddere* (ici). L'arabe opère la même distinction (*rağa'a*, qui a cependant racine commune avec *rugū'* [voir ci-dessus, p. 243,235], et *radda*).

238 AF use ici d'un singulier.

239 Autrement dit, tout corps poli.

240 Par «science des miroirs» il faut entendre la «catoptrique».

241 *Scientia stellarum* traduit l'arabe ***al-'ilm al-nuğūm***. GC utilise *stella* ici et tout de suite après, alors qu'AF emploie deux substantifs différents: ***nağm*** («étoile») et ***kawkab*** («astre»).

242 Le texte latin est lacuneux. On lit en arabe: «*l'une est la science du jugement des étoiles* (*al-'ilm aḥkām al-nuğūm*), c'est la science *des indications* (*dalālat*) *données par les astres*». Il faut y voir l'astrologie judiciaire.

243 «Illud quod erit in futuro». L'expression reste redondante, voire pléonastique, en français, même s'il est question d'astrologie.

244 DG ajoute ici: «et hec dicitur astronomia» (ALONSO ALONSO, p. 99,10-11). Il s'agit en fait de l'*astrologia* (voir plus bas, p. 151, n. 263). L'inversion des deux disciplines est chez lui habituelle (voir BURNETT, *Dialectic and Mathematics* cit. [chap. II, à la note 53], p. 84). Cfr. M. ALONSO ALONSO, *Coincidencias verbales típicas en las obras y traducciones de Gundisalvo»*, dans «Al-Andalus», 20 (1955), [pp. 129-152 et 345-379], pp. 353-354, et LEJBOWICZ, *Le choc des traductions* cit. (chap. II, à la note 97).

245 «Scientia stellarum doctrinalis» traduit fidèlement *al-'ilm al-nuğūm al-ta'līmī*: il faut y voir désignée l'astronomie.

246 *Virtus* et *potentia* restituent ici les deux substantifs arabes: *quwwa* et *mihna*.

illa uero, non numeratur nisi in uirtutibus et potentiis quibus potest homo iudicare illud quod erit, sicut interpretatio uisionis, et
augurium in auibus et strenutationibus et similia istis uirtutibus.
Scientia autem stellarum doctrinalis, inquirit in corporibus cele-
stibus et in terra, de tribus summis: prima est de numeris eorum
et ipsorum figuris et sitibus eorum ad inuicem, et ordinibus eorum in mundo, et quantitatibus corporum eorum, et proportio-
nibus eorum ad inuicem, et quantitatibus elongationum ipsorum
ad inuicem, et quod terre totalitati non est motus localis nec a
loco suo nec in suo loco. Et secunda est de motibus corporum
celestium, quot sint, et quot motus eorum omnes | sunt spheri- a104
ci, et quis eorum comunicet omnibus eis, scilicet, stellis eorum
et non stellis, et quis comunicet stellis omnibus; deinde motibus
qui sunt pro|prii unicuique stellarum, et quot species motuum p152
sint unicuique earum, et partes ad quas mouentur, et secundum
quam partem aduenit unicuique earum iste motus. Et docet uiam

184 illa] alia *B* **185** illud] id *B* erit] erat *P* sicut est interpretatio *B* **186** auibus] anibus *G* et[2]] *om. B* **186** uirtutibus] *om. B* **187** autem] ergo *P G A Pal. Sch.* **188** de[1]] et in *G*, et de *A* **189** et de sitibus *G* ad] ab *P* **189/190** et ordinibus ... eorum et] *om. A* eorum] eorum ad inuicem *G* **191** ipsorum] eorum *G A B* ad] ab *P Sch.* **192** non est motus] *om. B* a] in *B* **193** nec in suo loco] nec a loco alio *B* **193/194** corporum celestium] *inv. B* **194** quod[1]] quod *G A* sint] sunt *Sch.* et quot motus eorum omnes] et omnes motus eorum *G*, et quod motus omnes eorum *A*, et quod motus eorum omnes *Sch.* **194/195** sperici *Pal.* **195** omnibus] *om. B* **196** et quis comunicet stellis] *om. A* **197** unicuique stellarum] unicuique eorum *A* (unicuique corporibus eis † eorum *ante corr.*) quot] quod *A* **197/198** et quot ... earum] *om. G* earum] stellarum *A* **198** et[1]] in *G A* **199** earum] eorum *G* iste] ille *B*

prétation du songe, des augures aviaires[247] et des présages[248], et ce qui ressemble à ces pouvoirs. Ainsi, la science mathématique des étoiles examine, pour les corps célestes et la terre, trois ensembles (de questions).

Le premier concerne [leur nombre], leurs figures et leurs positions les uns par rapport aux autres, leur étagement dans le monde, les grandeurs de leurs corps**, leur rapport les uns aux autres, les grandeurs de leurs distances les uns aux autres et le fait qu'il n'y a pour la terre, dans sa totalité, aucun mouvement[249] local, ni hors de son lieu ni en son lieu[250].

Le deuxième est celui (qui concerne) les mouvements des corps** célestes: combien il y en a, combien, parmi tous leurs mouvements, | sont sphériques, lequel d'entre eux est commun a104
à tous[251], qu'il s'agisse d'étoiles ou de non-étoiles, et lequel est commun à toutes les étoiles[252]; (il concerne) ensuite les mouvements qui sont propres | à chacune des étoiles: combien il y a, p152
pour chacune d'elles, d'espèces (différentes) de mouvements, les parties (de l'espace)[253] vers lesquels elles se meuvent et en fonction de quel point (de l'espace) se produira tel mouvement pour chacune d'elles. (On y) fait connaître le moyen d'obtenir

[247] Entendons par ces deux dernières expressions l'«oniromancie» (*'ibārat al-ru'yā*) et l'«ornithomancie» (*zaǧr*).

[248] Pour traduire *'irāfa* («art divinatoire»), GC recourt au néologisme *strenutatio* (sans doute formé sur *strena*: «signe, présage, augure»), qui n'est en vérité qu'un barbarisme ou un néologisme gérardien. DG (ALONSO ALONSO, p. 103,9) opte pour *sternutatio*, qui désigne l'action d'éternuer (sur la divination par l'éternuement (ptarmomancie), considérée comme signe de la volonté des dieux, voir entre autres CICERO, *De divinatione*, II, 40).

** GC ne pouvait que faire appel au seul *corpus* pour traduire les deux substantifs arabes (*ǧirm* et *ǧism*), sachant qu'ils ne sont pas sémantiquement différenciables. Il en ira de même dans la traduction des *Météorologiques* (version arabe de al-Biṭrīq) (voir SCHOONHEIM, *Aristotle's Meteorology* cit. [à la note 99]). Al-Biṭrīq, lui, réservera *ǧirm* à σῶμα et *ǧism* à σῶμα ou à στοιχεῖον.

[249] *Motus* pour *intiqāl* («déplacement»), alors que quelques lignes plus bas, il traduira deux fois *ḥaraka* («mouvement»). Cfr. aussi p. 170,104.

[250] Entendons ici: «ni de son mouvement de translation ni de sa rotation sur elle-même».

[251] *Communicare* (*id.* DG 100, 11) traduit l'arabe *'amma* («être commun à»); il a ici le sens d'«englober», dans la mesure où il est question du «mouvement de précession», qui affecte toute sphère, pourvue d'astres ou non.

[252] Il convient de voir exprimer là le «mouvement diurne».

[253] *Pars* pour rendre *ǧiha* («direction» – ici) ressemble à un faux-sens. Le même mot arabe, qui paraît poser un problème à GC, a été traduit plus haut (p. 204,272) par *expers*, formé de *ex* + *pars*.

ad comprehendendum locum cuiusque stelle ex partibus signorum in unaquaque hora cum omnibus speciebus motuum eius. Et inquirit iterum de omnibus que accidunt corporibus celestibus, et de motibus qui sunt unicuique | eorum in signis, et s80 quid accidat eis cum ad inuicem comparantur ex coniunctione et separatione et diuersitate situum ad inuicem, et ad ultimum omnia que accidunt eis a motibus ipsorum absque comparatione eorum ad terram, sicut eclipsis solis, et de omnibus que accidunt eis iterum propter situm terre ab eis in loco mundi in quo sunt, sicut eclipsis lune. Et declarat illa accidentia, et quot sint in qua dispositione, et in qua hora accidat illud, et in quanto tempore, sicut orientalitates, et occidentalitates, et alia. | Et tertia inquirit a105 in terra de eo quod ex ipsa habitatur et quod non habitatur, et declaratur quantum est illud quod habitatur, et quot sunt partes eius magne, et sunt climata, et comprehendit habitationes quas contingit esse in unaquaque illarum, in illa hora, et ubi sit locus cuiusque habitationis, et ordinem eius ex mundo; et inquirit de eo quod sequitur necessario ut accidat unicuique climatum et habitationum a reuolutione mundi communi toti, et est reuolutio

200 cuisque] illius *G* **200/201** signorum] figurarum *B* **202** et inquirit] inquirit *Pal.* **204** quid] quod *G* ad] ab *P* coniuntione *Pal.* **205** et[1]] *om. B* **207** eorum] earum *G* **209** et quot] quot *Sch.* et quot sint in] et quod sint in *G*, quot sint et in *B* **210** in[2]] *om. B* **211** orientales et occidentales *B* **212** eo] ea *B* et quod non habitatur] *om. G* et[2]] *om. B* **212/213** et quod ... quod habitatur] *om. A* **213** declarat *G B* quot] quod *G* **214** in climata *G* et[1]] *om. A* **215** et ubi] ut *G* **216** cuiusque] *om. G* **218** toti] toti [uniuerso?] *Pal.*

l'emplacement de chacune des étoiles sur les degrés des signes (du zodiaque)[254], à chaque moment, avec toutes les espèces de son mouvement. (On y) examine encore tout ce qui affecte les corps célestes et, pour chacun d'eux, les mouvements qui sont | s80
sur les signes (du zodiaque), et (tout) ce qui les affecte lorsqu'ils sont reliés les uns aux autres en fait de conjonction, de séparation et de diversité de positions les uns par rapport aux autres; et enfin[255], pour tout ce qui les affecte* de par leur mouvement indépendamment de leur relation à la terre, comme les éclipses de soleil, et tout ce qui les affecte* encore en raison de la position de la terre par rapport à eux, à l'emplacement du monde où ils se trouvent[256], comme les éclipses de lune. (On y) met en évidence les choses qui les affectent, combien il y en a, selon quelle disposition et à quel moment cela les affectent et en combien de temps, comme les orientalités et les occidentalités[257], et autres (phénomènes).

(Dans) le troisième (on) examine, pour la terre, ce qui en est a105
habité et ce qui ne l'est pas; il (y) est mis en évidence quelle est la portion habitée et combien sont ses grandes divisions – ce sont les zones climatiques; on (y) recense les zones habitées[258] qui se trouvent exister pour chacune d'entre elles à un moment donné, où se trouve l'emplacement de chaque zone habitée et sa situation dans le monde; on (y) examine ce qui résulte nécessairement de ce qui se produit sous chacune des zones climatiques et (chacune) des zones habitées du fait de la révolution du monde commune à tout (l'univers) – c'est la révolution du jour

[254] *Ex partibus signorum* (*id.* DG 101, 4-5) restitue littéralement *min aǧzā' al-burūǧ*, qui signifient en l'occurrence «sur les degrés de l'écliptique», vu que l'écliptique est aussi appelé «orbe des signes».

[255] *Ad ultimum* traduit *bi-l-ǧumla* («en général»), apparemment sans nuance de globalisation. Cfr. *in ultimitate*, p. 256,267.

* L'emploi d'*accidere* dans l'un et l'autre cas annule la nuance voulue par l'arabe: *laḥiqa* = «se rattacher à» (ici: «tout ce qui se rattache à eux») et *'araḍa* = «arriver accidentellement» (ici: «tout ce qui intervient pour eux»). Voir plus bas, p. 253, n. 271.

[256] *In quo sunt* (*id.* DG, Alonso Alonso, pp. 101-102): GC a compris, peut-être de manière plus cohérente, qu'il s'agissait de la position des astres par rapport à la terre, alors que pour l'arabe il est question de la position de la terre par rapport au monde («*à l'emplacement du monde où* elle se trouve»). Cfr. plus bas, n. 261.

[257] Il s'agit des «levers» et des «couchers» héliaques (*tašārīq wa taġārīb*).

[258] «Zone habitée»: nous traduisons *habitatio* (*maskan*) par une périphrase, tout comme *clima* (*iqlīm*) un peu plus haut («zone climatique»).

diei et noctis propter situm terre in loco in quo sunt, sicut ortus, et occasus, et longitudo dierum et noctium, et breuitas eorum, et que sunt illis similia.

Hec est ergo summa quam comprehendit hec scientia.

Scientia uero musice, comprehendit in summa, cognitionem specierum armoniarum, et illud ex quo componuntur, | et illud p153
ad quod componuntur, et qualiter componuntur, et quibus modis
| oportet ut sint donec faciant operationem suam penetrabilio- s82
rem et magis ultimam. Et illud quidem quod hoc nomine cognoscitur, est due scientie. Quarum una est scientia musice actiua, et secunda scientia musice speculatiua. Musica igitur actiua est illa cuius proprietas est ut inueniat species armoniarum sensatarum in instrumentis que preparata sunt eis aut per naturam aut per artem; instrumenta igitur naturalia sunt epiglotis, et uuula, et que sunt in eis, deinde nasus. Et artificialia, sunt sicut fistule, et cithare,
et alia. | Et opifex quidem musice actiue, non format neumas, et a106
armonias, et omnia accidentia earum, nisi secundum quod sunt in

219 propter] super *G* **222** est ergo] *inv. G B* **224/225** et illud ad quod componuntur] *om. G* **226** oportet ut sint] ut sint oportet *G A* **226/227** penetrabiliorem] penetrabilia *B* **227/228** cognoscitur] nominatur *B* **228** est scientia] *inv. G A*, una scientia est musice *A* **228/229** et secunda scientia musice speculatiua] et alia speculatiua *G*, et alia scientie speculatiua *A* **229** igitur] ergo *B* est] *om. G* **230** inueniant *G* armonicarum *G* **231** in] *om. B* per[2]] *om. B* **232** igitur] *om. G* epiglotis] epiglotis et gula et uuula *G*, epiglota et gula *A* **233** in] *om. A* et[2]] *om. G A* **235** earum] eorum *G B* **235/236** sunt in instrumentis] in instrumentis sunt *G A*

et de la nuit[259] –, en raison de la position de la terre à l'emplacement où elles se trouvent[260], comme les amplitudes ortives et occases[261], l'allongement des jours et des nuits et leur brièveté, et ce qui leur est semblable.

Voilà la totalité de ce que recense cette science[262].

(E. *La science de la musique*) La science de la musique[263], elle, recense au total la connaissance[264] des (différentes) espèces d'accords[265], ce à partir de quoi ils sont composés, | ce pour quoi ils p153
sont composés, comment ils sont composés et sous quelles formes
| ils doivent (l')être pour faire que son effet soit plus pénétrant et s82
plus achevé. Ce que l'on connaît sous ce nom s'applique à deux sciences: l'une des deux est la science pratique de la musique, la seconde la science théorique de la musique. La musique pratique est celle dont la propriété est de faire découvrir les (différentes) espèces d'accords rendus sensibles dans les instruments qui ont été apprêtés pour eux, (que ce soit) par la nature ou par l'art. Les instruments naturels sont l'épiglotte, l'uvule et ce qui s'y rapporte, puis le nez; les (instruments) artificiels sont par exemple les flûtes,
les cithares et autres. | L'expert en musique pratique n'organise a106
les unités mélodiques[266] et les accords et tout ce qui les concerne,

[259] Le latin (*revolutio diei et noctis*) et l'arabe (*dawrāt al-yawm wa-l-layla*) sont plus précis que le français, qui ne parle que d'une «révolution diurne».

[260] *In loco in quo sunt* (*id.* DG, ALONSO ALONSO, p. 102,14): ce pluriel montre que GC a compris, là encore d'une manière qui semble cohérente, qu'il s'agissait des zones habitées, tandis qu'en arabe, il s'agit, selon R. MORELON, de la terre, ce qui conduit à comprendre: («*à l'emplacement où* elle se trouve») (cfr. plus haut, n. 257). Le différend est impossible à trancher, car le pronom arabe *hiya* peut être aussi bien un pluriel qu'un féminin singulier.

[261] Autrement dit: «les arcs d'équateur correspondant aux levers (*maṭāli'*) et aux couchers (*maġārib*) des signes du zodiaque».

[262] DG ajoute: «et uocatur astrologia» (ALONSO ALONSO, p. 103,4). Voir p. 244,179 seqq. et n. 245.

[263] En arabe: *al-'ilm al-mūsīqā*.

[264] *Cognitio* pour rendre *ta'arruf*, tandis qu'antérieurement (pp. 156,20 et 170,98) il traduisait *ma'rifa* et *ta'ārif*.

[265] *Armonia* traduit *alḥān*.

[266] *Pneuma* (DG, ALONSO ALONSO, p. 104,10). Le choix de *neuma* (*naġm* en arabe) peut surprendre, vu qu'il est le calque acéphale du mot grec (πνεῦμα), type d'équivalence à laquelle GC a jusqu'à présent, pour autant que l'on puisse en juger, refusé de recourir (voir notre Introduction). La critique a toutefois moins de prise si l'on envisage que *neuma*, et par là même son calque arabe, n'équivaudrait point en l'occurrence à *nota*, pas davantage du reste qu'à *uox* ou à *sonus*, mais qualifierait un ensemble ou un groupe de sons formant une unité. Selon M. HAAS, *Les sciences mathématiques (astronomie, géométrie, arithmétique, musique) comme parties*

instrumentis quorum acceptio consueta est in eis. Et speculatiua quidem dat scientiam eorum, et sunt rationata, et dat causas totius ex quo componuntur armonie, non secundum quod sunt in materia, immo absolute, et secundum quod sunt remota ab omni instrumento et materia, et accipit ea secundum quod sunt audita secundum communitatem ex quocumque instrumento accidat, et ex quocumque corpore accidat.

Et diuiditur scientia musice speculatiua, in partes magnas quinque. Prima earum, est sermo de principiis, et primis quorum proprietas est ut administrentur in inuentione eius quod est in hac scientia, et qualiter sit modus in anministratione illorum principiorum, et qua uia inuenta sit hec ars, et ex quibus rebus, et ex quot rebus componatur, et qualiter oportet ut sit inquisitor de eo quod est in ea. Et secunda est sermo de dispositionibus huius artis, et est sermo in inueniendo neumas, et cognitionem

236/237 speculatiua quidem] *inv. A* **238/239** in materia et materia *P Sch.* **240** instrumento] *om. G* et materia et accipit ea] et † † † † † ea *P* **241** instrumento] *om. GA* **243** musice *post corr. P* musice speculatiua] *inv. B* **244** quinque] *om. GA*, quinque quarum *B* earum] eorum *A*, *om. B* **246** illorum] illarum *G* **247** hec] *om. B* et[2]] *om. GA* **248** et ex quot rebus] *om. G* **249** est[1]] sit *B* **250** cognitione *PB*

que dans la mesure où ils sont (exécutés) sur les instruments par lesquels il est habituel de les obtenir[267]. La (musique) théorique donne la science de ces (phénomènes) et (dit lesquels) sont intelligibles; elle donne aussi les raisons de tout ce à partir de quoi sont composés les accords, non pas en tant qu'ils sont dans une matière, mais absolument, et en tant qu'ils sont dégagés[268] de tout instrument et de toute matière, et elle les prend en tant qu'ils sont entendus de manière globale[269], quel que soit l'instrument dont ils proviennent et quel que soit le corps dont il proviennent[270].

La science théorique de la musique se divise en cinq grandes parties. La première est le discours sur les principes et les bases[271] dont la propriété est d'être utilisés pour découvrir ce qui est dans cette science, et (pour déterminer) de quel type est l'utilisation de ces principes, par quelle voie découvrir cet art, à partir de quelles choses et de combien d'entre elles il est composé, et comment il convient que se présente celui qui examine ce qu'il renferme. La deuxième est le discours sur les normes[272] de cet art; c'est le discours sur (ce qui touche à) la mise au point des unités mélodiques, à la connaissance du nombre des unités mélodiques, (c'est-à-dire) combien elles sont et combien (sont) leurs (différentes) espèces, à la mise en évidence des rapports des unes aux autres et des démonstrations | (qui se rapportent) à tout cela; (c'est) aussi le s84
discours sur leurs (différentes) espèces d'ordres et de positions[273],

de la philosophie, dans *L'enseignement de la philosophie* cit. (chap. Ier, à la note 45), [pp. 89-107], p. 106, *naġm* désigne le ton comme objet défini mathématiquement et physiquement. Il ajoute que cette manière de représenter une donnée physique à l'aide d'un objet calculable restera inconnue des Latins jusqu'au XIIIe siècle.

[267] *Quorum acceptio consueta est in eis* (*id.* DG, ALONSO ALONSO, p. 105,2) – littéralement: «dont l'obtention en eux est habituelle», alors que l'arabe renvoie à l'expert: «*à partir desquels* [*instruments*] il est habitué (*ta'awwada*) à *les produire*».

[268] Sur *removere ab*, voir plus haut, p. 161, n. 31.

[269] *Secundum communitatem*: GC rend ainsi *'alā-l-'umūm* («de façon générale»). Cfr. le *secundum modum communicantem* de la p. 242,48.

[270] *Accidere* traduit cette fois-ci l'arabe *ittafaqa* («se présenter au hasard»). Voir plus haut, p. 249,*.

[271] *Principium* (*mabda'*) et *primus* (*awwal*), *dispositio* (*aṣl*) quelques lignes après: GC a bien respecté la distinction, du moins morphologique, voulue par AF. Il est plus difficile d'obtenir une différenciation quant au sens.

[272] *Dispositio* (*id.* DG, ALONSO ALONSO, p. 106,6): le terme paraît un peu en retrait par rapport à l'arabe: *aṣl* («racine, fondement»), traduit plus haut (p. 236,86 seqq.) par *radix*.

[273] *Ordo* et *situs*: l'arabe inverse les deux termes (*waḍ'* et *tartīb*). Cfr. plus haut, p. 237, n. 223.

numeri neumarum quot sint, et quot species earum, et declaratione proportionum quarundam ad alias, et demonstrationum
| super omnia illa, et sermo de speciebus ordinis earum, et si- s84
tuum ipsarum quibus fuerint preparate ut accipiat acceptor ex
eis quod uult, et componat ex eis armonias. | Et tertia est sermo a107
de conue|nientia que declaratur in radicibus cum sermonibus p154
et demonstrationibus super species instrumentorum artificialium que preparantur eis et acceptione eorum omnium in ea, et situ ipsorum in ea secundum mensurationem et ordinem qui declaratur in radicibus. Et quarta est sermo de speciebus casuum naturalium qui sunt pondera neumarum. Et quinta, est de compositione armoniarum in summa; deinde de compositione armoniarum

251 quot[1]] quod *GA* quot[2]] quod *G* **252** quarundam et ad *G* **253/254** situum] situs *G* **254** accipiat acceptor] *inv.* *GA* **256** que declarantur *G*, quidem declaratur *A* **258** eorum] earum *G* omnium] omnia *A* ipsorum] eorum *B* **260** casuum] cantuum *G* **261** neumarum] neumorum *B* **262** in summa ... armoniarum] *om.* *A*

grâce auxquels elles seront apprêtées, afin que celui qui (les) recevra en reçoive ce qu'il veut, et compose à partir d'elles des accords. | La troisième est le discours sur la conformité | de ce qui a107, p154
a été expliqué dans les principes par discours et démonstrations aux (différentes) espèces d'instruments artificiels apprêtés pour (les unités mélodiques), à la façon de toutes les obtenir sur les (instruments) et à leur emplacement sur ces derniers, selon la mesure et l'ordre[274] que l'on a mis en évidence dans les principes. La quatrième est le discours sur les (différentes) espèces d'accidents naturels[275] qui sont les proportions[276] des unités mélodiques[277]. La cinquième est (le discours) sur la composition des accords en général, puis sur la composition des accords entiers – ce sont ceux qui sont mis sur les énoncés métriques composés selon un ordre et un arrangement[278] –, et sur la qualité de leur art selon chacune des applications visées par les accords; il fait connaître aussi les

[274] *Ordo* encore, mais ici pour rendre *intiẓam*.

[275] *De speciebus casuum naturalium* (*id.* DG, ALONSO ALONSO, p. 107,6-7). Nous traduisons cette fois-ci (voir plus haut, p. 205, n. 137) *casus*, qui rend de nouveau l'arabe *īqāʿ* (littéralement: «chute»), en lui donnant le sens induit, semble-t-il, à la fois par l'étymologie et par le contexte, de ce qui affecte la matière des sons, en l'occurrence les paramètres physiques mesurables de la hauteur et de la durée, et celui non mesurable de l'intensité. Pour HAAS, *Les sciences mathématiques* cit. (à la note 267), p. 251, il correspond à ce que nous appelons aujourd'hui «rythme». Voir également H. G. FARMER, *The arabian influence on musical theory*, London 1925 (*Journal of the Royal Asiatic Society*, extr. I/1925), p. 17.

[276] *Pondus* (*id.* DG, ALONSO ALONSO, p. 107,7) traduit de nouveau l'arabe *wazn*, cette fois-ci au sens de «rythme» (cfr. *supra*, p. 172, n. 80, et *infra*, p. 261, n. 293). Il serait à prendre dans ce cas comme ce qui régit les consonances et les rapports de durée. Le *pondus neumae* renverrait alors soit à l'organisation temporelle, par longues et brèves, des notes constitutives d'une unité mélodique, soit à leurs rapports de hauteur.

[277] Touchant l'énoncé de cette quatrième partie de la science de la musique, voir M. HAAS, *Studien zur mittelalterlischen Musiklehre. I. Eine übersicht über die Musiklehre im Kontext der Philosophie*», in «Forum Musicologicum», 3 (1982), pp. 323-456, et notamment les pp. 420-423. Il y soutient entre autres que les substantifs *casus* et *pondus* ne correspondent pas aux termes arabes, montrant ainsi que le contexte philosophique dans lequel s'inscrit la pensée d'AF était étranger aux traducteurs du XIIe siècle. Nous devons les précisions des deux notes précédentes, celles de cette note-ci, ainsi que la traduction proposée pour cette *pars quarta*, au très aimable concours de notre collègue Christian Meyer, qui nous a généreusement permis d'utiliser sa tentative d'exégèse.

[278] *Secundum ordinem et ordinationem* (*id.* DG, 107, 10). Il faut entendre par *ordinatio* «la prosodie» (*al-ʿarūḍ*), terme que tout à l'heure (voir p. 182,29 seqq.) GC s'était contenté de translittérer (*alhorod*).

integrarum, et sunt ille que sunt posite in sermonibus metricis, compositis secundum ordinem, et ordinationem, et qualitate artis earum secundum unamquamque intentionum armoniarum, et docet dispositiones quibus fiunt penetrabiliores, et magis ultime in ultimitate intentionis ad quam facte sunt.

Verum scientia ponderosorum comprehendit de re scientie grauium duas res: aut speculationem in ponderosis in quantum mensurantur aut mensuratur cum eis; et est inquisitio de radicibus sermonis in ponderibus; aut considerationem in ponderosis que mouentur aut cum quibus mouetur; | et est inquisitio de a108
radicibus instrumentorum quibus eleuantur res graues, et super que permutantur de loco ad locum.

Ingeniorum uero scientia est scientia modi preparationis ad faciendum conuenire omnia quorum modi demonstrantur in doctrinis quarum narratio preteriit cum sermone et demonstratione, super corpora naturalia, et in acceptione eorum et situ ip|sorum in eis actu. Et illud est, quoniam ille scientie omnes s86
non considerant in lineis et superficiebus et corporibus et numeris et reliquis in quibus contemplantur, nisi secundum quod sunt rationata solum, separata a corporibus naturalibus. Et indigemus apud acceptionem istorum et faciendo apparere ea cum uoluntate et arte in corporibus naturalibus et sensatis, ingenio

264 compositis] *om.* *G A* qualitate] qualitatem *G*, de qualitate *B* **265** intentionum armoniarum] intentionem *B* **266** fiunt] fuerint *Pal.* **266/267** ultime et in *G* **267** *post* sunt *add.* de scientia ponderum *B* **268** uerum scientia ponderosorum] ueram scientiam ponderum *G*, uerum scientia ponderum *iter.* *A*, uerum scientia ponderum *Sch.* (*qui legit* ponderosarum *in P*) **271** consideratione *G*, aut in considerationem *B* in^{2}] et *A* **272** aut cum quibus mouetur] an cum quibus mouetur que ea quibus mouetur *A* **275** ad] id *G* **277** quarum narratio preteriit] quarum narratio propter quarum narratio preteriit *G* **278** corpora naturalia] *inv.* *G* eorum et situ ipsorum] earum in situ ipsarum *G* **279** illud] id *G* **281** in] *om.* *G* **283** istorum] numerorum *G* et in faciendo *B*

normes par lesquelles (les accords) deviendront plus efficaces et plus achevés en vue d'obtenir[279] l'application[280] pour laquelle ils ont été créés.

(F. *La science des corps pesants*) La science des corps pesants[281] renferme deux données concernant la matière de la science des (choses) graves[282]: ou bien l'étude* des corps pesants, pour autant qu'ils sont mesurables ou que l'on mesure grâce à eux – c'est l'examen des principes du discours sur les poids[283]; ou bien la considération* des corps pesants qui se meuvent ou grâce auxquels on meut – | c'est l'examen des principes des instruments par a108
lesquels sont élevées les choses graves, et sur lesquels[284] elles sont déplacées d'un lieu à un autre.

(G. *La science des procédés ingénieux*) La science des procédés ingénieux[285] est la science du mode de préparation destiné à faire que tout ce dont on a démontré mathématiquement les modalités (d'existence) par le discours et la démonstration, (et) qui a été présenté antérieurement, soit conforme aux corps naturels, et quant à la réception des uns et quant à la position des autres
| dans ceux (qui sont) en acte. Et il en est ainsi parce que tou- s86
tes les sciences (mathématiques) n'étudient les lignes, les surfaces, les corps, les nombres et les autres (choses) dans lesquelles ils sont considérés, qu'en tant qu'ils sont seulement intelligibles (et) séparés des corps naturels. Nous avons (donc) besoin, pour leur réception et pour les faire apparaître, par la volonté et par l'art, dans les corps naturels et sensibles, d'un procédé ingénieux[286] au

[279] *In ultimitate* vise à restituer le verbe *balaġa* («atteindre»), avec sa nuance d'intention: «pour atteindre». Cfr. *ad ultimum* à la p. 248,205.

[280] Sur l'équivalence *intentio* = *ġaraḍ*, voir plus haut, p. 199, n. 22.

[281] *Scientia ponderosorum* (*ponderum* à la p. 156,10) équivaut à l'arabe *'ilm al-aṯqāl*. Il convient d'y voir la statique. Voir les deux notes suivantes.

[282] Nous avons essayé de respecter l'emploi de deux termes – *ponderosus* et *gravis* – par GC, là où l'arabe n'en utilise pourtant qu'un seul (*ṯiql*) (*pondus* et *ponderosus* DG, ALONSO ALONSO, p. 108,1).

[283] *Pondus* encore (*id.* DG, ALONSO ALONSO, p. 108,4), mais pour traduire de nouveau *mīzān* («balance»), comme plus haut (p. 163, n. 40).

* *Speculatio* et *consideratio* pour un seul mot en arabe: *naẓar*, qui peut toutefois avoir deux sens: «examen critique» et «simple considération».

[284] *Super que* fait pendant au *quibus* qui précède (*id.* DG, ALONSO ALONSO, p. 108,7-8), et ne paraît correspondre à aucune nuance d'insistance en arabe.

[285] *Ingenii* traduit l'arabe *ḥiyal*, et leur science (*'ilm al-ḥiyal*) est celle des techniques industrieuses, ou ingénierie, c'est-à-dire la mécanique.

[286] «Force» en arabe (*quwwa*).

quo preparetur eorum accep | tio in eis, et ipsorum conuenientia p155 super ea propter ea, quod materiis et corporibus sensatis insunt dispositiones et accidentia prohibentia ab hoc ut ponantur in eis illa que declarata sunt cum demonstrationibus cum queritur ut ponantur in eis qualiter conuenit, et eo modo quo conuenit, immo oportet ut preparentur corpora naturalia ad suscipiendum illud quod queritur de acceptione eorum in ipsis, et ut subtilietur in remouendo prohibentia.

Scientie ergo ingeniorum sunt que dant modos cognitionis preparationis et uias in subtiliando | ad inueniendum ista per a109 artem et faciendum apparere ea actu in corporibus naturalibus, et sensatis. Ex eis itaque sunt ingenia numerorum et sunt secundum modos plures, sicut scientia nominata apud illos nostri temporis *algebra* et *almucabala*, et que sunt illi similia, quamuis hec scientia sit communis numero et geometrie. Et ipsa quidem comprehendit modos preparationis in inueniendo numeros quorum uia est ut administrentur in eis quorum radices dedit Euclides ex rationalibus et surdis in tractatu decimo libri sui *de elementis* et in eo quod non rememoratur ex eis in illo tractatu. Et illud est, quoniam propterea quod proportio rationalium et surdarum

287 ab hoc] *om. B* **289** eo modo quo] quomodo *B* **290** ut] quod *A* **291** illud] id *G* acceptione ipsorum in eis *A* **293** cognitionis] *om. B* **294** uias] scientiis *A* **295** artem] artes *B* naturalibus] rationalibus *G*, *om. A* **296** ingenia] scientia *B* **296/297** secundum modos] sermones *G* **297** illos] illud *P* **298** almucabala] almuchalaba *P Pal. Sch.*, alnu kalabra *B* quamuis uero hec *A* **299** ipsa] ipse *A* **300** in] *om. G* **301** administrantur *Pal.* in eis quorum] dicitur eorum quorum *G*, in eis ea in *B* **302** ex] et *G*, de *B* surdis sententiis *G* **303** eis] illis *GA* **304** quoniam propterea quod] quoniam *om. G*, propterea quoniam quod *A* rationalium et surdarum] rationabilium et surdorum *G Sch.*

moyen duquel soit préparée leur réception en eux | et (obtenue) p155
leur conformité vis-à-vis d'eux, pour autant que les matières et les corps sensibles sont dotés d'états [et d'accidents], qui [de fait] empêchent de leur appliquer ce qui est mis en évidence par les démonstrations, lorsqu'on cherche à le leur appliquer comme il convient et de la manière dont cela convient; il faut plutôt préparer les corps naturels à accueillir ce que l'on cherche (à manifester) de la réception des intelligibles en eux et s'ingénier à éliminer ce qui l'empêche.

Les sciences des procédés ingénieux sont donc (celles) qui donnent les modalités de connaissance de (leur) préparation et les
moyens pour s'ingénier | à les découvrir** par l'art, et à les faire a109
apparaître en acte dans les corps naturels et sensibles.

Parmi eux il y a aussi les procédés ingénieux des nombres, qui existent aussi sous plusieurs formes, comme la science appelée chez nos contemporains algèbre et *almucabala*[287], et celles qui lui sont semblables, bien que cette science soit commune au nombre et à la géométrie. Elle recense d'ailleurs les modalités de préparation pour découvrir** les nombres dont la destination est d'être appliqués, ceux, parmi les rationnels et les inconnus[288], dont Euclide a donné les principes dans le traité X de son livre *De elementiis*, et ce qui n'en est pas mentionné dans ce traité. Et il en est ainsi parce que, le rapport des rationnels et des inconnus les uns aux autres étant comparable au rapport des nombres aux nombres, tout | nombre est équivalent à[289] une certaine grandeur rationnelle ou inconnue. Donc, lorsqu'on découvre des nombres qui sont équivalents aux rapports des grandeurs, alors d'une certaine manière on découvre déjà ces grandeurs. On pose donc

[287] *Al-muqābala* en arabe, qui signifie approximativement «la mise en face», désigne le second volet de la procédure mathématique, dont la première est l'«algèbre». Ce dernier mot est la transposition de l'arabe *al-ǧabr* («la remise en place»), que GC connaissait pour avoir traduit, ou se disposant à le faire, le traité du même nom d'*al-Ḫawārizmī* (*Liber alchoarismi de iebra et almucabula tractatus I*, d'après le titre de la *Commemoratio librorum*) (*algebra* et *mucabala* DG, ALONSO ALONSO, p. 110,1-2). Cfr. BURNETT, *The Coherence of the Arabic-Latin Translation Programm* cit. (chap. Ier, à la note 6), p. 277

** *Inuenire* dans les deux cas, quand l'arabe use de deux termes: *īǧād* («faire exister» ou «réaliser») et *istiḫrāǧ* («déterminer», ici).

[288] Concernant *surdus* voir plus haut, p. 233, n. 214.

[289] *Compar* avec le datif traduisait tout à l'heure, en contexte dialectique, l'arabe *tusāwī* (voir p. 215, n. 160). Ici, il rend *naẓīr*, et signifie «homologue à».

est ad inuicem sicut proportio numeri ad numerum, est | omnis s88
numerus compar magnitudini alicui rationali aut surde. Cum ergo inueniuntur numeri qui sunt compares proportionibus magnitudinum, tunc iam inueniuntur ille magnitudines modo aliquo. Propter illud ergo ponuntur quidam numeri rationales, ut sint compares magnitudinibus rationalibus, et quidam numeri surdi ut sint compares magnitudinibus surdis. Et ex eis sunt ingenia geometrica que sunt plura, de quibus est pars principatus fabricandi cementarie. Et de eis est ingenium geometricum in mensura-tione specierum corporum; et de eis est ingenium in arte instrumen|torum eleuandi. Et in instrumentis musicis; et p156
preparatio instrumentorum artibus pluribus actiuis, sicut arcus, et species armorum. Et de eis est ingenium aspectuale in arte que dirigit uisus ad comprehensionem | ueritatis rerum ad quas a110
aspicitur elongatas a nobis, et in arte speculorum et in scientia speculorum secundum loca que reddunt radios ita ut flectant eos, aut conuertant ipsos, aut frangant eos. Et hinc iterum sciuntur loca que reddunt radios solis corporibus aliis, et prouenit inde ars speculorum adurentium, et ingenium in eis. Et ex eis est ingenium in arte ponderum mirabilium, et instrumentorum ad artes plurimas. Iste ergo et cause earum sunt scientie ingeniorum, et sunt principia artium ciuilium actiuarum que administrantur in corporibus, et figuris, et ordine, et sitibus, et mensuratione sicut ars in fabricatione cementaria, et carpentaria et aliis.

305/306 est omnis] est *A*, cum omnis *B* **306** numerus] numeris *Pal.* **306** magnitudini alicui rationali aut surde] magnitudini aliter rationalia surde] *dub. G* **307/308** magnitudinum tunc] magnitudinum alicui rationali aut surde tunc *A* **308** tunc] *om. B* ille] illa *A* **308/309** modo aliquo] alio modo *A* **309** illud] id *G B* ponuntur] *om. G* **309/310** ut sint] ut sicut *G*, est sicut *B* **310/311** rationalibus ... magnitudinibus] *om. GA* **311** surdis] surde *G* **312** pars] ars *G B Sch.* principatus] principalis *B* **313** de] *om. A* **314** de] *om. A* **315** in] *om. A* **317** de] *om. A* arte] artes *A* **320** speculorum] *om. A* et in scientia speculorum] *om. B* **321** ipsos] eos *GA* eos] ipsos *GA* **322** radios solis corporibus aliis] aliis corporibus radios solis *GA* inde] *om. B* **323** adburentium *P* in[1]] cum *G* est] *om. GA* **324** artes] arte *G* **325** cause earum] similes eorum *dub. B* sunt] *om. B*

à cet effet certains nombres rationnels pour qu'ils soient équiva- s88
lents aux grandeurs rationnelles, et certains nombres inconnus
pour qu'ils soient équivalents aux grandeurs inconnues.

D'entre les procédés ingénieux il y a les géométriques, qui sont nombreux, et dont la partie la plus importante est (celle) qui concerne ce que l'on fabrique par maçonnerie. Il y a le procédé ingénieux géométrique touchant la mesure des (différentes) espèces de corps; il y a des procédés ingénieux touchant l'art des
instruments | d'élévation[290], touchant les instruments de musique p156
et la confection d'instruments destinés à de multiples arts pratiques, comme les arcs et les (différentes) espèces d'armes.

Parmi eux, il y a le procédé ingénieux visuel[291] concernant
l'art de diriger l'œil, afin de comprendre | la vérité des choses a110
que l'on regarde loin de nous, concernant aussi l'art[292] des miroirs et la science des miroirs, selon que les lieux renvoient les rayons en les (ré)fléchissant, en les déviant ou en les brisant. Ainsi encore sont connus les lieux qui renvoient les rayons du soleil sur d'autres corps, suscitant en cela l'art des miroirs ardents[293] et les procédés ingénieux qui y (conduisent). Il y a des procédés ingénieux concernant l'art des poids[294] merveilleux et des instruments (destinés) à de multiples arts. Ces (sciences) et leurs causes[295] sont donc les sciences des procédés ingénieux et sont les principes des arts civils pratiques, qui sont appliqués aux corps, aux figures, à l'ordre[296], aux positions, aux mesures, comme l'art (appliqué) dans la fabrication par maçonnerie, par menuiserie et autres.

[290] *(In arte) instrumentum eleuandi* traduit l'arabe *āla nuǧūmiyya* («instrument pour les étoiles», c'est-à-dire «instrument astronomique») (*instrumentum de arte eleuandi* DG, Alonso Alonso, p. 111,4).

[291] *Ingenium aspectuale* équivaut à un pluriel en arabe: *ḥiyal munāẓiriyya* («procédés ingénieux optiques»).

[292] *Ars* est ici, comme plus bas, à entendre au sens d'«art appliqué».

[293] *Ardurens* (*id.* DG, Alonso Alonso, p. 111,13-14): *muḥriq* («qui brûle») en arabe.

[294] *Pondera* suit la leçon de *M* (*awāzin*), les autres mss. donnant *awānin* («ustensiles»). Par *pondera mirabilia* il faut entendre les «mécanismes hydrauliques», qui étaient confectionnés à l'aide de contre-poids.

[295] *Causa* est probablement le résultat d'une transcription fautive de copiste, qui a lu *wa-asbābuhā* («et leurs causes») au lieu de *wa-ašbāhuhā* («et leurs semblables») (*hee ergo sunt cause et scientie ingeniorum* DG, Alonso Alonso, p. 112,1).

[296] Sur *ordo* pour *tartīb* voir p. 237, n. 223.

Iste ergo sunt doctrine et earum species.

CAPITVLVM QVARTVM a111, s90

De scientia naturali et scientia diuina

Scientia itaque naturalis contemplatur de corporibus naturalibus p157
et de accidentibus quorum essentie sunt per ista corpora, et docet res quibus et per quas et ad quas existunt ista corpora, et accidentia quorum essentie sunt per ea. Et corporum quidem quedam sunt artificialia, et quedam naturalia: artificialia igitur sunt, sicut uitrum et ensis, et lectus, et pannus, et ad ultimum omne cuius esse est per artem et per uoluntatem hominis. Et naturalia sunt, quorum esse non est per artem, nec per uoluntatem hominis, sicut celum et terra et que sunt inter utraque, et plante, et anima-

327 ordine] *om.* *G* **329** doctrine et earum species] doctrinales scientie et eorum species *B*

0/0 *rub.* *om.* *G A B* **IV**. **2** de scientia naturali] *om.* *G B* et scientia divina] *om.* *G A B* **5** res a quibus *G A B* et ad quas] *om.* *G A* ista] *om.* *B* **6** per ea] per ista corpora *B* quidem] *om.* *B* **7** igitur] *om.* *B*

Telles sont donc les mathématiques[297] et leurs (différentes) espèces.

CHAPITRE 4

De la science naturelle[298] *(et de la science divine)*

(A. *La science naturelle*) a111, s90

(1. *Son objet*) La science naturelle scrute les corps naturels et les accidents dont les essences[299] sont par[300] ces corps, et fait connaître les choses[301] à partir desquelles, par lesquelles et en vue desquelles existent ces corps et les accidents dont les essences sont par ces (corps). p157

(a. *Les principes et les accidents, plus manifestes dans les artefacts que dans les corps naturels*) Parmi les corps, les uns sont artificiels[302], les autres naturels. Les (corps) artificiels sont les (corps) tels que le verre, le glaive, le lit, le vêtement et en définitive tout ce dont l'être est par l'art et par la volonté de l'homme. Les (corps) naturels sont ceux dont l'être n'est ni par l'art ni par la volonté de l'homme, tels que le ciel, la terre et ce qui est entre eux, les plantes

[297] Rappelons que *doctrine* (*ta'ālīm* en arabe), est l'équivalent latin traditionnel du grec μαθήματα (voir *supra*, pp. 155, n. 7 et 225,190).

[298] *Scientia naturalis* traduit *al-'ilm al-tabī'ī* («la science de la nature»). Il s'agit bien entendu de la physique, au sens aristotélicien du terme. Voir cependant *infra*, p. 278,186.

[299] *Essentia*, alors que plus bas (p. 266,46) le même substantif traduira *māhiyya* («essence»), restitue ici *qiwām;* il faut entendre «subsistance» (*que habent esse* DG, ALONSO ALONSO, p. 113,4). Cfr. M. ALONSO ALONSO, Al-Qiwām y al-Anniyya *en las traducciones de Gundisalvo*, in «Al-Andalus», 22 (1957), pp. 377-405.

[300] *Per* (*passim*), là où l'arabe dit *fī* («dans»).

[301] Comme c'est souvent le cas, le terme *res* affiche une polysémie difficile à traduire. Le petit paragraphe sur la science des corps pesants (p. 256,268-274) en présente à lui seul trois acceptions différentes («élément, matière, chose»). Dans le présent chapitre, il pourrait être rendu par «réalité», quoique parfois ce sens lui convienne mal, notamment lorsqu'il sera question un peu plus loin du lustre du vêtement, de l'éclat du glaive et de la transparence du verre.

[302] Le fait que les corps artificiels soient objets du discours physique excède pour le moins le champ d'analyse de cette science d'un point de vue aristotélicien. Selon Aristote, en effet, la physique n'a pour domaine d'investigation que l'étant naturel, c'est-à-dire celui qui a en lui-même le principe de son mouvement. Or, le corps artificiel n'a en lui-même ni le principe de sa fabrication ni celui de sa reproduction (voir *Physique*, II, 1).

lia. Et dispositio quidem corporum naturalium in istis rebus, est
sicut dispositio artificialium. Et illud est quoniam in corporibus
artificialibus inueniuntur res quorum essentie sunt per corpora
artificialia, et inueniuntur eis res a quibus | esse corporum artifi- a112
cialium existit et res per quas est eorum esse, et res ad quas existit
ipsorum esse. Et ista quidem in artificialibus magis sunt apparentia
quam in naturalibus. Illa ergo quorum essentie sunt per corpora
artificialia, sunt sicut lixatura in panno, et splendor in ense, et peruietas in uitro, et sculptura in lecto. Et res ad quas sunt corpora
artificialia, sunt in finibus et intentionibus ad quas facta sunt, sicut
pannus factus est ut cooperiat, et ensis ut expugnetur cum eo ini-
micus, et lectus ut prohibeatur per | ipsum ros terre, aut propter p158
rem aliam ex eis ad quas fit lectus, et propter quas; et uitrum ut in
eo reponatur illud | in quo non est securitas quin exsuccet ipsum s92
aliud ex uasibus. Fines uero et intentiones ad quas sunt accidentia,
quorum essentie sunt per corpora artificialia, sunt sicut lixatura
panni, ut per eam fiat pulcher, et splendor ensis, ut per ipsum
terreatur inimicus, et sculptura lecti ut per eam aspectus eius sit
bonus, et peruietas uitri, ut sit illud quod in eo ponitur uisibile.

Et res a quibus sunt corpora artificialia sunt facientes et ge-
nerantes ea, sicut carpentarius a quo est lectus, et tersor a quo est
ensis. | Et res per quas existunt corpora artificialia sunt in omni a113

8/9 ad ultimum omne cuius esse] ad utimum esse cuius esse *B* per artem est *B* **9** et[2]] *om. G* **9/10** sunt ... hominis] *om. G* **10** nec ... hominis] *om. A* **11** et[1]] ut *G A B* **13** quoniam] quod *G*, *om. A* **14** quorum] quarum *Sch.* **14/15** res ... inueniuntur] *om. G* **15** res] *om. G* eis res a quibus] a quibus res eis *A* **16** eorum esse] *inv. B* **16/17** et res ad ... esse] *om. GA* **17** ipsorum esse] *inv. B* ista] ita *PA* magis sunt] *inv. G* **18** ergo] *om. B* sunt] *om. B* **19** sunt] *om. GA* lixatura] ligatura *G* **20** pervictas *Sch.* in[2]] et *B* **21** et] *om. A* **22** cooperiat corpus et *B* **22** ut expugnetur cum eo] ut per eum expugnetur *B* **23** ut] quod *B* ros] res *GA B* **24** aliam] aliquam *GA* ex eis ad] ex eis † ad *G* **25** reponatur illud] reponatur † et id *G* in quo non est] de quo si est *B* exsuccet] exuet *GA*, exsiccet *B* **26** uasibus] vasis *GA B Sch.* **27/28** sunt sicut lixatura panni ut] ut lixatura panni sicut ut *B* **28** eam] ipsam *GA* **29/30** ut per eam aspectus eius sit bonus] ut per eam delectabilis fiat aspectus *B* **30** pervictas *Sch.* **32** *post* sunt[2] *add.* in omni corpori artificiali *ante corr. G* sunt[2]] sunt res *B* **33** a carpentarius *B* est] sit *B*

et les animaux. La disposition des corps naturels dans ces choses est à l'égal de la disposition des (corps) artificiels. Et il en est ainsi parce que dans les corps artificiels se trouvent les choses dont les essences sont par les corps artificiels, et (aussi parce que) s'y trouvent les choses à partir desquelles | [l'être des corps artificiels a112
existe], les choses par lesquelles [leur être est] et les choses en vue desquelles leur être même existe[303]. Et assurément, ces (choses) sont plus manifestes dans les (corps) artificiels que dans les (corps) naturels. Celles dont les essences sont par les corps artificiels sont (les choses) telles que le lustre dans le vêtement[304], l'éclat dans le glaive, la transparence dans le verre et la sculpture dans le lit. Les choses en vue desquelles sont les corps artificiels sont dans les fins et (dans) les intentions en vue desquelles ces (corps) sont fabriqués: par exemple le vêtement, qui est fabriqué pour couvrir entièrement (des parties du corps), le glaive pour anéantir par lui l'ennemi, le lit pour se préserver par | lui de la rosée de la terre p158
ou pour une autre chose que celles en vue desquelles [et pour lesquelles] il est fabriqué, et le verre pour y déposer ce | dont on s92
n'est pas sûr que des vases d'une autre (matière) ne le déshydrateront[305] pas. Quant aux fins et aux intentions pour lesquelles existent les accidents dont les essences sont par les corps artificiels, ce sont, par exemple, pour le lustre du vêtement, s'en parer; pour l'éclat du glaive, terroriser par lui l'ennemi; pour la sculpture du lit, qu'il ait par elle un bel aspect; pour la transparence du verre, que soit visible ce qui s'y trouve placé.

Les choses à partir desquelles existent les corps artificiels sont celles qui en sont agentes et génerantes; par exemple le menuisier à partir duquel est le lit et le polisseur à partir duquel est le glaive[306]. | Les choses par lesquelles les corps artificiels existent a113

[303] Dans cette longue phrase GC a peut-être eu tendance, comme le manifestent les crochets droits, à trop expliciter le texte arabe.

[304] *Lixatura in panno* (*ṣiqāl fī al-ṯawb*): étrange expression, traduite en fonction de l'arabe, que GC n'a probablement pas saisi, composée d'un semi-néologisme (en latin classique *elixatura* signifie «décoction») et d'un substantif (*pannus*) qui désigne plutôt un morceau d'étoffe ou un lambeau qu'un vêtement.

[305] La notion attachée au verbe *exsuccare* (*exsiccare* DG, ALONSO ALONSO, p. 115,5-6), qui rend l'arabe *šaffa*, exprime un effet dont le substantif *peruietas* («transparence»), qui apparaît quelques lignes plus haut et plus bas, et qui restitue *išfāf*, désigne la cause.

[306] En vérité, le *tersor* (*ṣayqal*) ne fait exister que l'éclat du glaive. C'est le *ferrarius* (*ḥaddād*) (p. 230,41) qui crée le glaive; mais, en bon traducteur, GC

corpore artificiali due res, sicut in ense. Esse namque eius per duas existit res, scilicet, per acuitatem et ferrum; acuitas ergo est cons-titutio et forma eius per quam suam efficit operationem, et ferrum est materia subiecta et est sicut deferens formam et constitutionem eius. Et panni esse est per duas res: per fila et per connexionem corporis eius cum textura. Connexio ergo est forma eius et ipsius constitutio, et fila sunt sicut deferens connexionem et sunt subiectum eius et materia ipsius. Et lecti iterum esse est per duas res: per quadraturam et lignum; quadratura ergo est eius forma et ipsius constitutio, et lignum materia eius, et est sicut deferens quadraturam. Et similiter sunt reliqua corpora artificialia, et per agregationem horum et ipsorum unitionem aduenit esse unicuique eorum actu, et perfectio, et ipsius essentia.

Et unumquodque istorum non agit aut fit per ipsum aut anministratur, aut per ipsum prouenit iuuamentum nisi in rem
pro | pter quam factum est per formam suam, cum aduenit in ma- s94
teria sua. Ensis enim non efficit suam operationem, | nisi sua acui- p159
tate. Et per pannum non prouenit iuuamentum, nisi per corpus suum cum est connexum per suam texturam. Et similiter reliqua corpora artificialia. Et illa est dispositio, corporum naturalium.

36 ergo est] *inv. A* **38** panni] ipsam *A* esse similiter est *B* **38/39** contexionem *G B* **39** cum textura] *om. B* contexio *B* **40** sicut] *om. A* deferens connexionem] deferentes connexiones *G*, deferens contexionem *B* **42** res scilicet per *G A* et quadratura *G* **43/44** eius forma] *inv. G A* est] ens *G* **45** et[2]] *om. G* ipsorum ad unitionem *G A*, ipsorum unionem *B* **46** eorum] horum *G* **47** aut fit per ipsum] aut est per seipsum *G A* **47/48** aut anministratur, aut per ipsum] *om. A* **48** per ipsum] per seipsum *G* nisi] *om. G A B* **49** propter quam] per quam *B* per] in *G A* cum] *om. G* **50** suam operationem] *inv. B* **51** iuuamentum suum *A* **52** cum est connexum] quod est contextum *B* per suam texturam] *om. B* **52/53** reliqua corpora] *om. B*

sont, dans tout corps artificiel, deux choses, comme dans le glaive. Son être existe en effet par deux choses, à savoir par le tranchant et (par) le fer. Le tranchant est alors sa constitution[307] et sa forme[308], par laquelle il produit son action; le fer est sa matière (et son) substrat, et ce qui manifeste[309] pour ainsi dire sa forme et sa constitution. L'être du vêtement aussi est par deux choses: par les fils et par l'entrelacement de son corps[310] avec (sa) chaîne[311]. L'entrelacement est donc la forme et la constitution du (vêtement), et les fils sont pour ainsi dire ce qui manifeste l'entrelacement, et ils sont le substrat et la matière du (vêtement). L'être du lit est encore par deux choses: le tracé carré et le bois. Le tracé carré est alors sa forme et sa constitution; le bois (est) sa matière et ce qui manifeste pour ainsi dire le tracé carré. Et semblablement en est-il de tous les autres corps artificiels. Par l'assemblage de ces deux (choses) et leur réunion se réalisent l'être en acte de chacun d'eux, ainsi que sa perfection et son essence[312]. Chacun de ces (corps) n'agit ou ne génère par lui-même, n'est utilisé ou ne
suscite par lui-même un avantage que relativement à la chose | s94
en vue de laquelle il a été fabriqué, par sa forme une fois advenue
dans sa matière. Le glaive, en effet, ne produit son action | que p159
grâce à son tranchant, et par le vêtement on ne tire avantage que par son corps lorsqu'il est entrelacé avec sa chaîne. Et semblablement en est-il de tous les autres corps artificiels.

(b. *Analogie entre corps naturel et artefact*) Telle est aussi la disposition des corps naturels. Car chacun d'eux n'est qu'en vue d'une intention et d'une certaine fin[313]. Et de même, toute chose et tout
accident dont l'essence est par les corps naturels | n'existe qu'en a114

respecte les choix d'AF, et traduit les deux mots, sans parenté morphologique ni sémantique, au prix d'une légère incohérence.

[307] *Constitutio* équivaut à *ṣīġa*, et pourrait correspondre au σχῆμα d'Aristote.

[308] *Forma* a été choisi pour rendre *hay'a* («disposition») – à ne pas confondre avec *tartīb* (*ordo*) –, qui pourrait équivaloir à la μορφή d'Aristote.

[309] *Deferens* (*id.* DG, ALONSO ALONSO, p. 116,6) ne semble pas adapté, car trop abstrait, pour rendre *ḥāmil* («ce qui porte»), à entendre ici au sens de «support».

[310] *Corpus*: GC a probablement commis, ici et plus loin (p. 277,87), un faux sens en confondant *laḥma* («trame»), utilisé en l'occurrence par AF, et *laḥm* (lequel signifie d'abord «chair», ensuite «corps»), qui ont même racine en arabe.

[311] *Esse vero panni similiter est ex duobus, scilicet materia, que sunt fila, et forma, que est contextio* DG, ALONSO ALONSO, p. 116,7-9.

[312] *Essentia* rend ici non plus *qiwām* (p. 262,4) mais *māhiyya*.

[313] DG ajoute ici: *ut in quarto* Metheorum (ALONSO ALONSO, p. 117,5).

Nam unumquodque eorum, non est nisi ad intentionem et finem aliquem. Et similiter omnis res et accidens cuius essentia est per corpora naturalia, | non existit nisi ad intentionem et ad finem a114 aliquem. Et omni corpori, et omni accidenti in ipso, inest agens et generans a quo est. Et uniuscuiusque corporum naturalium esse et ipsius substantia, est per duas res, quarum unius comparatio ad ipsum est comparatio acuitatis ensis ad ensem, et est constitutio illius corporis naturalis, et secunda comparatio ad ipsum, est comparatio ferri ensis ad ensem, et illa est materia corporis naturalis, et subiectum eius, et est sicut deferens constitutionem eius iterum; uerumtamen ensis et lecti, et panni et reliquorum corporum artificialium testificantur uisu, et sensu, constitutiones et materie, sicut acuitas ensis et ferrum ipsius, et quadraturam lecti, et ipsius lignum.

Corporum uero naturalium constitutiones plurium, et materie, sunt non sensate, et ipsorum esse non uerificatur apud nos nisi per ratiocinationem et demonstrationes certificatas, licet inueniantur in pluribus corporum ar|tificialium, corpora quo- s96 rum constitutiones non sunt sensate, sicut uinum. Nam ipsum est corpus existens per artem. Et uirtus qua inebriat non est sensata. Et non cognoscitur eius esse, nisi per ipsius operationem. Et illa quidem uirtus est forma uini et eius constitutio, et comparatio eius ad uinum, est comparatio acuitatis ensis ad ensem, cum sit illa | uirtus illud quo uinum suam efficit operationem. Et similiter p160 medicine composite per artem medicine sicut tiriaca, et alie, non operantur in corporibus nisi per uirtutes euenientes in eis per compositionem. Et ille uirtutes non sunt sensate, et neque testi-

56 ad[2]] *om.* *G A B* **57** agens] genus *G* **59** ipsius] *om.* *A* unius est *G A* **60** acuitatis] *om.* *G* **60/61** constitutio uel forma illius *B* **61** naturalis] *om.* *A* et secunda] et secunde *P Sch.*, alterius *B* **62** illa est] *inv.* *B* **63/64** constitutionem uel formam eius *B* **64** et panni] ipsam *A* **66** et materie] *om.* *G B* **66/67** et quadraturam lecti et ipsius] *om.* *A* **67** quadratura *B Sch.* **69** sunt non] *inv.* *G* uerificatur] certificatur *B* **70** certificatas] verificatas *G*, certificantes *B* **72** constitutiones] constitutiones uel forme *B* nam ipsum] quod *B* **73** et uirtus eius *B* **74** nisi] nam *A* **75** est fortitudini forma *ante corr.* *P* **76** est] est sicut *G Sch.*, sicut *A* est sicut comparatio *G* acuitas *P B* **77** illud] in *G A*, illud in *B* suam efficit] *inv.* *B* **78** medicine[2]] *om.* *G A* sicut ex tiriaca *A* **79** in corporibus] *om.* *G A* **80** compositionem] comparationem *G B* et neque] neque *B* **80/81** testificantur per sensum] testificate sensum neque *B*

vue d'une intention et d'une certaine fin. Tout corps et tout accident possède en lui-même un agent et un générant à partir duquel il est. L'être de chacun des corps naturels et de sa substance[314] est par deux choses: le rapport du premier à lui-même(, qui) est (comme) le rapport du tranchant du glaive au glaive, et c'est la constitution de ce corps naturel (et) le rapport du second à lui-même(, qui) est (comme) le rapport du fer du glaive au glaive, celui-là étant la matière du corps naturel et son substrat, qui pour ainsi dire manifeste de nouveau sa constitution; et pourtant, (dans le cas) du glaive, du lit, du vêtement et de tous les autres corps artificiels, les constitutions et les matières sont identifiées par la vue et la sensation: par exemple le tranchant du sabre et son fer, le tracé carré du lit et son bois.

Quant aux corps naturels, les constitutions et les matières de la plupart d'entre eux ne sont pas perçues, et leur être n'est vérifié chez nous que grâce à la ratiocination et aux démonstrations certaines. Cependant, il arrive[315] que dans beaucoup de corps ar-
tificiels | il y en ait dont les constitutions ne sont pas perçues[316], s96
comme le vin: c'est un corps existant par l'art, et la vertu par laquelle il enivre n'est pas perçue, son être n'étant connu que par son action. Cette vertu[317] est bien la forme du vin et sa constitution; son rapport au vin est (comme) le rapport du tranchant du
glaive au glaive, puisque c'est par cette | vertu que le vin produit p160
son action. Il en va de même des médicaments composés grâce à l'art de la médecine, comme la thériaque et d'autres: ils n'agissent dans les corps que par les vertus qui s'engendrent en eux par composition; ces vertus ne sont pas perçues et on n'identifie
par la sensation que | les actions qui se produisent à partir de ces a115
vertus. Car tout médicament ne serait médicament que par deux choses: les ingrédients[318] à partir desquelles il est composé et la

[314] AF maintient le terme *qiwām* (voir plus haut, p. 262,6), alors que GC délaisse *essentia* pour *substantia*. Qui plus est, nous traduisons, contre tous les mss. (*substantia*) qui suivent pourtant le texte arabe, en lisant: *et ipsius substantie est*.

[315] L'arabe ajoute «aussi».

[316] En arabe, ce pluriel ne se trouve qu'en *M*.

[317] *Qūwwa* est rendu ici par *virtus*, alors qu'il a déjà été traduit par *ingenium* (p. 256,284).

[318] *Species* (*id.* DG, ALONSO ALONSO, p. 118,9) est utilisé ici pour *aḫlāṭ* («mélanges»), terme consacré dans la terminologie pharmacologique arabe.

ficantur per sensum, nisi | operationes facte ab illis uirtutibus. Et a115
omnis quidem medicina non sit medicina, nisi per duas res: per
species ex quibus componitur et per uirtutem qua suam peragit
operationem. Species ergo sunt eius materia. Et uirtus qua suam
efficit operationem, est eius forma. Et si destruatur illa uirtus eius,
non erit medicina, sicut si destruatur acuitas ensis non erit ensis,
et sicut si destruatur panni, connexio per texturam cum corpore
suo, non erit tunc pannus. Secundum hanc ergo similitudinem
oportet ut intelligantur forme corporum naturalium, et materie
ipsorum. Ipse enim cum non testificentur sensu, fiunt sicut materie et forme que non testificantur sensu ex materiis corporum
artificialium, et formis ipsorum. Et illud est sicut corpus | oculi, s98
et uirtus qua fit uisus, et sicut corpus manus, et uirtus qua fit agilitas. Et similiter unumquodque membrorum. Nam uirtus oculi
non est uisa nec testificatur iterum per aliquem aliorum sensuum,
immo non ratiocinatur nisi ratione. Et nominantur uirtutes alie
que sunt in corporibus naturalibus, forme et constitutiones secundum uiam assimilationis cum formis corporum artificialium.
Et constitutio et forma et creatio, fortasse sunt nomina sinonima
significantia apud uulgus figuras animalium et corporum arti-
ficialium et permutantur, et posita sunt | nomina uirtutibus et a116
rebus quarum comparatio | in corporibus naturalibus est com- p161
paratio creationum et constitutionum et formarum in corporibus
artificialibus secundum uiam assimilationis, quoniam consuetudo
est in artibus ut permutentur ad res que sunt in eis nomina que

81 nisi operationes] nisi per operationes *G A Sch.*, nisi per comperationes *B* facte] factas *G B* **83** species] medicinas *P A G Sch.* ex quibus] *iter. A* componitur] est *B* peragat *G* **84/85** qua suam peragit operationem] per quam fit operationem eius *B* **85** forma uel constitutio *G A* eius] *om. B* **85/86** et si destruatur illa uirtus eius non erit medicina] et si destruatur illa uirtus eius non erit medicina, sicut destruatur illa uirtus eius non erit medicina *A* **86** non erit medicina] non erit forma medicina *B* ensis] medicina *A* **87** et] *om. A* **87/88** connexio ... suo] contexio et corpus eius *B* **88** tunc] *om. B* hanc ergo] *inv. G* **89** materia *B* **90** non] *om. A* fiunt] *om. G* **90/91** materie et forme] *inv. B* **93/94** agilitas] agilitas, scilicet, ad pugnandum uel aliud *B* **95** testificatur] testificuntur *G*, testificata *B* per aliquem] aliquem *P A Pal*, alie *G* **99** creatio fortasse] creatio idest forma que uidetur in creato fortasse *B* **101** posita sunt] ponuntur *B* **104** assimilationis] similitudinis *B* **105** ad res] *om. G*

vertu par laquelle il exerce pleinement son action; les ingrédients
sont alors sa matière et la vertu par laquelle il produit son action
est sa forme[319]. Si cette vertu y était supprimée, ce ne serait plus
un médicament, au même titre que si le tranchant du glaive était
supprimé, ce ne serait plus un glaive, et que si l'entrelacement
du vêtement entre la chaîne et son corps était supprimé, ce ne
serait alors plus un vêtement. C'est donc selon cette similitude
qu'il importe de se représenter les formes des corps naturels et
leurs matières. En effet, puisqu'elles ne sont pas identifiables par
la sensation, elles deviendront comme les matières et les formes
qui ne sont pas identifiables par la sensation[, conformément aux
matières des corps artificiels et à leurs formes]: c'est par exemple
le corps | de l'œil et la vertu par laquelle se produit la vision, ou s98
le corps de la main et la vertu par laquelle se produit l'agilité, et
ainsi en est-il de chacun des membres. Car la vertu de l'œil n'est
pas visible, ni identifiable non plus par aucun des autres sens, mais
elle n'est intelligible que par la raison. On appelle formes[320] et
constitutions les autres vertus qui sont dans les corps naturels par
l'effet d'une assimilation aux formes des corps artificiels: constitution, forme et création[321] sont presque des noms synonymes,
signifiant auprès du vulgaire les figures [des animaux et] des corps
artificiels et sont interchangeables, | et des noms ont été attribués a116
aux vertus et aux choses, dont la comparaison | dans les corps na- p161
turels est la comparaison des états, des constitutions et des formes
dans les corps artificiels (obtenus) par l'effet d'une assimilation,
puisque l'habitude a cours dans les arts de transposer aux choses
qui sont dans ces (arts) les noms que le vulgaire applique aux
choses qui leur sont semblables. Les matières des corps, leurs formes, leurs agents et les fins par lesquelles ils existent s'appellent les

[319] Dans ce chapitre, la traduction de *ṣīġa* («configuration») semble poser problème à GC. Certaines fois, il le rend par *constitutio* (par ex. p. 267, n. 308), d'autres, comme ici, par *forma*, qui y est elle-même traduite aussi par *ṣūra*.

[320] *Forma* de nouveau, pour rendre *ḫilqa*, alors qu'il traduisait *hay'a* quelques pages auparavant (p. 267, n. 309), ainsi que *ṣīġa* et *ṣūra*.

[321] *Creatio*, qui semble correspondre à la ἕξις d'Aristote, traduit ici l'arabe *ḫilqa*, que GC prend en son sens premier, puisque le mot signifie successivement «création», «caractère inné» et «construction». Sur l'association des trois termes («constitution, forme et état»), voir ARISTOTELES, *Physica*, 245b[7] seqq.

uulgus facit cadere super similia illis rebus. Et materie quidem corporum et eorum forme et ipsorum actores et fines propter quos existunt, nominantur principia corporum. Et si sunt accidentibus corporum, nominantur principia accidentium que sunt in corporibus. Et scientia quidem naturalis, facit sciri corpora naturalia ita quod ponit illud quod ex eis est apparentis esse positione et demonstratione probat esse illius quod ex eis est non apparentis esse. Et docet cuiusque corporis naturalis materiam et formam et actorem, et finem propter quem est illud corpus. Et similiter in accidentibus eius. Nam ipsa docet illud quod eorum existunt essentie, et res facientes ea, et fines propter quos facta sunt illa accidentia.

Hec ergo scientia dat principia | corporum naturalium et s100
principia accidentium eorum.

Et corporum quidem naturalium, alia sunt simplicia, alia composita. Simplicia igitur corpora sunt quorum esse non est a corporibus aliis ab eis. Et composita sunt corpora quorum esse est a corporibus aliis ab eis, sicut animalia et plante.

Et diuiditur scientia naturalis in octo partes magnas. Quarum a117
prima est inquisitio de eo in quo comunicant corpora naturalia omnia, simplicia eorum et composita ex principiis et accidentibus consequentibus illa principia. Et hoc totum est in *auditu naturali*. Et secunda est inquisitio de corporibus simplicibus an sint inuenta, et si sunt inuenta tunc que corpora sunt et quantus sit eorum numerus. Et hec est consideratio in mundo quid est et que sint partes eius et quot sint, et quot ipse sint in summa tres aut quinque. Et hoc est in consideratione in celo et discretione

106 fecit *G* **107** actores] actione *G* et fines] *om. A* **107/108** fines propter quos existunt] propter quos existunt fines *G*, propter quas existunt fines *A* **108** nominantur principia corporum] nominantur ipsorum principia *G* corporum] eorum *A* **110** sciri] scire *G B* **111** illud] id *G* est] *om. B* **112** demonstratione probat] *inv. B* **113** corporis] corporis esse *ante corr. P* **114** illud] id *G* **115** illud] id *G* quod] quo *P* **116** ea] *om. A* **118** dat principia] *inv. B* **120/121** alia sunt ... composita] illa sunt simplicia et alia composita simplicia et alia composita *A* **121** igitur] ergo *G A*, *om. B* corpora sunt] *inv. B* **122** et alia composita *Sch.* **122/123** et composita ... ab eis] *om. G A B* **124** magnas] *om. G A* **125** eo] eis *ante corr. G* **125/126** comunicant corpora naturalia omnia] corpora naturalia omnia comunicant *B* **127** et hoc totum] et totum hoc *G A* **127/128** auditu naturali] *inv. G* **128** de] *om. B* an] aut *G* **130** consideratio quidem in *B* est] *om. G* quid est] *om. B* **131** sint] sunt *B* quot sint] quod sint *G*, quot sunt *B* quot ipse] quot proprie *G*, quod ipse *Sch.* sint[3]] sunt *Sch.* **132** aut] uel *G* in] de *G*

principes[322] des corps. S'ils se rapportent aux accidents des corps, ils s'appellent les principes des accidents [qui sont] dans les corps.

La science de la nature fait connaître les corps naturels en ce qu'elle postule, en le posant, ce qui existe en eux comme être manifeste[, et prouve, en le démontrant, l'être de ce qui existe en eux comme être non manifeste]; elle fait connaître, de l'être de chaque corps naturel, la matière, la forme, l'agent et la fin par laquelle est ce corps; de même à propos de leurs accidents, car elle fait connaître ce en quoi existent leurs essences, leurs causes agissantes et les fins par lesquelles ces accidents sont produits. Cette science donne donc les principes | des corps naturels et les principes de leurs accidents. Parmi les corps naturels les uns
sont simples, les autres composés. Les corps simples sont alors s100
ceux dont l'être n'est pas à partir de corps autres qu'eux; les corps composés sont ceux dont l'être est à partir de corps autres qu'eux, comme les animaux et les plantes.

(2. *Ses divisions*) La science de la nature se divise en huit grandes parties[323]. La première est l'examen de ce que tous les corps
naturels ont en commun, qu'ils soient simples ou composés, en a117
fait de principes et d'accidents conséquents à ces principes. Tout cela se trouve dans la *Leçon sur la nature*. La deuxième (partie) est l'examen (portant) sur les corps simples: sont-ils trouvés[324] et, s'ils sont trouvés, alors quelle sorte de corps sont-ils et quel est leur nombre? C'est là considérer le monde, ce qu'il est, quelles sont ses parties premières, combien elles sont: sont-elles au total trois ou cinq? Tel est aussi ce qui entre dans la considération du ciel et de sa distinction d'avec les autres parties du monde, et ce (qui
fait) que la matière qui est en lui est unique. | Cela se trouve dans p162

[322] *Principium* traduit l'arabe *mabda'*, et diffère, au moins dans les termes, d'*elementum* (*usṭuqus*) et de *radix* (*aṣl*) (p. 236,86).

[323] *Inquisitio* rend *faḥṣ*, qui signifie ici «enquête».

[324] *Inventus* serait un littéralisme de la part de GC pour rendre l'arabe *mawǧūd*, qui, en son sens premier, signifie «qui est trouvé», mais a ici le sens d'«existant» (*an sint* DG, Alonso Alonso, p. 121,2).

eius a reliquiis partibus mundi, et quod materia que est in eo est una. | Et est in parte prima tractatus primi libri *celi et mundi*; deinde p162 inquisitio post illud de elementis corporum compositorum, an sit in istis simplicibus, quorum esse declaratur, an sint corpora alia extra ea. Quod si sunt in istis et non est possibile ut sint extra ea, an sint omnia ea, aut quedam ipsorum. Quod si fuerint quedam eorum, tunc que sunt ex eis hoc est inquisitio de eis an sint testificata aut non testificata, et reliqua que inquiruntur de eis usque ad finem tractatus primi libri *celi et mundi*. Deinde consideratio post illud in eo in quo communicant simplicia omnia, que ex eis sunt elementa et radices corporum compositorum, et que ex eis non sunt elementa ipsis; | hoc est inquisitio de celo et partibus s102 eius. Et est in principio tractatus secundi libri | *celi et mundi* usque a118 circiter duas tertias eius. Deinde consideratio in eo appropriatur eis que non sunt elementa, deinde in eo quod appropriatur eis que ex eis sunt elementa ex principiis et accidentibus communicantibus ea: hoc est illud in quo consideratur in fine tractatus secundi et tertii et quarti libri *celi et mundi*.

Et tertia est inquisitio de generatione corporum, naturalium, et eorum corruptione siue conmutatione, et de omnibus quibus componitur illud, et inquisitio de qualitate generationis elementorum et ipsorum corruptione, et qualiter generentur quedam a quibusdam, et qualiter generentur ab eis corpora composita in

133 eius] *om. G A* partibus et mundi *A* quod materia] quidem *B* in eo] in eo una *A* **134** tractatus primi] *om. B* **135/136** an sit] an sint *P Sch.*, aut sit *G* **136** declarantur *B* an sint] aut sint *G*, an fit *B* **136/137** corpora alia alia extra ea ea *A* **137** ea quod si] *lac.* si *B* **138** an] aut *G* ea aut] ea an *A*, ea *om. B post* ipsorum *add.* aut quedam ipsorum *A* quod] et *G* **139** eorum] ipsorum *G B* est] *om. G* an] aut *G* de eis an sint] de eis hiis an sint *B* **140** aut] an *B*, aut non testificata] *om. A* eis] hiis *B* **140/141** usque ad finem] usque *iter.* finem *A* **141** ad] in *G* primi] *om. G*, libri primi *A* **144** ipsis] ipsius *G*, *om. B* hec *Pal.* **145** principio tractatus] primo tractatus *G* tractatus secundi] *inv. AB* **146** in eo quod *G A B* **147** eis[1]] hiis *B* in eo] in ea *A*, de eo *B* eis[2]] esse eis *B* **148** elementa ex principiis et accidentibus] elementa et principiis accidentibus *B* **149** illud in] illud *om. G A*, illud de *B* **149/150** tractatus secundi ... mundi] tractatus celi et mundi et tercii et quarti *B* **152** eorum corruptione] *inv. B* siue conmutatione] secundum commutationem *B Sch.* **153** illud] id *G* **153/154** elementorum] eorum *G A* **154/155** quedam uel ex quibusdam *G*, quedam uel ex quibus in quibusdam *A* **155** generantur *G*

la première partie du premier traité du *Livre du ciel et du monde*. (C'est) tout de suite après cela l'examen des éléments des corps composés: entrent-ils dans ces (corps) simples dont l'être est mis en évidence, ou entrent-ils dans d'autres (corps) en dehors de (ces corps simples)? Et s'ils entrent dans ces derniers, et qu'ils ne peuvent être en dehors d'eux, s'agit-il de tous ou de certains d'entre eux? Et s'ils s'agit de certains d'entre eux, alors lesquels d'entre eux sont-ils? C'est là l'examen de (la question de) savoir si ces (éléments) sont ou non identifiables, et de toutes les autres (questions) examinées à leur propos, jusqu'à la fin du premier traité du *Livre du ciel et du monde*. C'est tout de suite après cela l'étude de ce qui est commun à tous (les corps) simples, qu'ils soient les éléments et les fondements des corps composés ou qu'ils n'en soient pas les éléments. | C'est là l'examen du ciel et de ses par- s102
ties, qui se trouve au commencement du deuxième traité du *Livre*
| *du ciel et du monde*, jusqu'à ses deux tiers environ. C'est ensuite a118
l'étude de ce qui est propre aux (corps simples) qui ne sont pas des éléments, puis (l'étude) de ce qui est propre à ceux d'entre eux qui sont des éléments[, (c'est-à-dire) d'entre les principes et les accidents par lesquels ils ont quelque chose en commun]. C'est là ce qui est étudié à la fin du deuxième traité, et aux troisième et quatrième traités du *Livre du ciel et du monde*.

La troisième (partie) est l'examen de la génération des corps naturels et de leur corruption [ou changement][325], et de tout ce à partir de quoi cela[326] se constitue. (C'est) aussi l'examen de la qualité de la génération des éléments et de leur corruption, de la façon dont les uns sont produits à partir des autres et de la façon dont les corps composés sont produits à partir d'eux dans leur ensemble, et (c'est) donner les principes de tout cela. Cet (examen) se situe dans le *Livre de la génération et de la corruption*.

[325] GC use de trois substantifs (*generatio* + *corruptio* ou *commutatio*), là où l'arabe, comme DG (Alonso Alonso, p. 123,3-4: *permixtio* + *corruptio*), n'en utilise que deux (*kawn* + *fasād*).

[326] *Componitur illud* quand l'arabe use d'un pluriel: *talta'im* («ils se constituent», c'est-à-dire les corps naturels), comme DG: *de hiis componuntur* (Alonso Alonso, p. 123,4-5).

summa, et dare principia omnium illorum. Et hoc est in libro *de generatione et corruptione.*

Et quarta, est inquisitio de principiis accidentium et passionum que propria sunt elementis solum sine compositis ab eis. Et est in primis tribus tractatibus libri *impressionum superiorum.*

Et quinta, est consideratio in corporibus compositis ab elementis et quod ex eis sunt que sunt similium partium, et ex eis que sunt diuersarum partium; et quod ex eis que sunt similium partium, sunt que sunt partes ex quibus compo|nuntur ea que p163 sunt diuersarum partium sicut caro et os, et ex eis sunt que penitus non sunt partes corporis naturalis diuersarum partium, sicut sal, et aurum et argentum. Deinde consideratio in eo in quo com|municant corpora composita | omnia. Deinde consideratio s104, a119 in eo in quo communicant composita similium partium omnia, siue sint partes corporis compositi diuersarum partium, aut non partes: hoc est in tractatu quarto libri *impressionum superiorum.*

Et sexta et est in libro *mineralium*, est consideratio in eo in quo comunicant corpora composita similium partium que non sunt

156 dare] dant *G* in summa et dare] et in summa dare *B* **158** et quarta] et quinta *B* accidentium] actionum *G* **159** ab] ex *ante corr. G* **160** tribus tractatibus] *inv. B* impressionum superiorum] impressionum inferiorum *G*, metheorum *B* **161** compositi *P A* **161/162** elementis] eis *G A B* **162** et[1]] *om. A* ex eis[2]] *om. B* **163** sunt[1]] *om. B* diuersarum ... que sunt] *om. A* **163/164** et quod ex eis que sunt similium partium, sunt que sunt partes ex quibus componuntur ea que sunt diuersarum partium] *om. G B* et ex eis que sunt ... sicut caro et os] et quod ex eis que sunt similium partium sunt que sunt partes ex quibus componuntur et que sunt diversarum partium, et ex eis que sunt diversarum partium, sicut caro et os *Sch.* **164** sunt que sunt] *om. A* **165** sicut caro et os] sicut ex quibus composita † caro et os *A* sunt[2]] *om. G* **165/166** penitus non sunt] non sunt penitus *B* **166** diuersarum partium sicut] que non sunt partes corporis naturalis sicut *B* **168** corpora composita] corpora *om. G*, *inv. A* **168/169** corpora ... communicant] *om. G B* **170** aut] an *A* partes *post corr. G* **171** partes hoc] partes et hoc *B* superiorum] superiorum scilicet metheorum *B* **172** et[2]] *om. G A B* mineralium est] mineralium et est *G A B* in quo] *om. G*

La quatrième (partie) est l'examen des principes des accidents et des passions propres aux seuls éléments, à l'exclusion des (corps) composés de ces (éléments). Cet (examen) se trouve dans les trois premiers traités du *Livre des événements supérieurs*[327].

La cinquième (partie) est l'étude des corps composés
d'éléments; (elle établit) que parmi eux il y en a qui sont (composés) de parties semblables[328] et d'autres qui sont (composés)
de parties différentes, et que parmi ceux qui sont (composés) de
parties semblables il y en a, comme la chair et les os, qui sont des
parties à partir desquelles se composent | ceux qui sont (compo- p163
sés) de parties différentes, et il y en a, comme le sel, l'or et l'argent,
qui ne sont absolument pas des parties d'un corps naturel (com-
posé) de parties différentes[329]. (Vient) ensuite l'étude de ce que | s104
tous les corps composés | ont en commun, puis l'étude de ce que a119
tous les (corps) composés de parties semblables ont en commun,
qu'ils soient des parties de corps composés de parties différentes
ou non. Cette (étude) se trouve dans le quatrième traité du *Livre
des événements supérieurs*.

La sixième (partie) – et c'est le *Livre des minéraux* – est l'étude de ce que les corps composés de parties semblables qui ne sont pas des parties de corps (composés) de parties différentes ont en commun, à savoir les corps minéraux et leurs espèces, et

[327] *Liber impressionum superiorum* (*id.* DG, Alonso Alonso, p. 124,1-2) pour *Livre des météores* ou *Météorologiques*, rend littéralement l'arabe ***Kitāb al-āṯār al-'ulwiyya***, soit: «Livre des traces supérieures». Ce sera aussi le cas dans la traduction gérardienne des mêmes *Météorologiques* (version arabe de Yaḥyā ibn al-Biṭrīq – voir Schoonheim, *Aristotle's Meteorology* cit. [à la note 99]). Alfred de Sareshel (*fl.* 1200), élève de GC, dans son commentaire au même traité aristotélicien, citera ce passage sous la forme suivante: «Quarta inquisitio est de principiis actionum et passionum et que prima sunt elementa solum sine compositis ab eis, et est in primis ‹tribus› tractatibus *Libri impressionum superiorum*» (*Commentary on the* Metheora *of Aristotle*, ed. J. K. Otte, Leiden 1988, p. 37). Cfr. Burnett, *The Coherence of the Arabic-Latin Translation Programm* cit. (chap. Ier, à la note 6), pp. 261-262.

[328] Bien qu'ils soient beaucoup plus maniables, nous avons renoncé à user des néologismes «homéomères – anhoméomères», proposés par A. Hasnawi, pour rendre *ea que sunt similium partium* et *ea que sunt diuersarum partium*. Les lourdes périphrases que nous avons utilisées ont l'avantage d'être fidèles à l'arabe: ***mutašābihat al-afizā'*** («aux parties semblables») et ***muḫtalifat al-afizā'*** («aux parties différentes») – (*ea quae sunt similium uel dissimilium partium* DG, Alonso Alonso, p. 124,4-5).

[329] Pour éditer ce passage, qui a posé beaucoup de problèmes au traducteur et/ou à ses copistes successifs, nous nous sommes aligné sur le texte arabe.

partes compositi diuersarum partium, et sunt corpora mineralia et species eorum et species rerum mineralium, et in eo quod apropriatur omni speciei eorum.

Et septima, et est in libro *plantarum*, est consideratio in eo in quo communicant species plantarum. Et quod apropriatur unicuique earum, est una duarum partium speculationis in compositis diuersarum partium.

Et octaua, et est in libro *animalium*, et libro *anime* et qui sunt post utrosque usque ad postremum librorum *naturalium*, est consideratio in eo in quo communicant species animalium et quod propriatur omni speciei eorum. Et est pars secunda speculationis in compositis diuersarum partium.

| Dat ergo scientia naturalis in omni specie horum corporum a120
principia quatuor, et accidentia eorum conmunicantia illa principia. Hec est ergo summa eius quod est in scientia naturali, et partium eius, et summa que est in unaquaque partium eius.

Sermo in scientia diuina. Et est totus in libro suo de *metaphisicis*. Et scientia quidem diuina diuiditur in tres partes: pars prima inquirit de existentibus | et rebus que accidunt eis | per hoc s106, p164
quod sunt existentia. Et secunda inquirit de principiis demonstrationum in scientiis speculatiuis particularibus. Et sunt ille que

174 corpora] composita *ante corr.* *G* **175** in eo quod] in eo est quod *G* **176** speciei] *om.* *G A* **177** et est] est *G A*, que est *B* plantarum est] de plantis siue uegetalibus est *B* est^2] et est *G A* **179** earum est] eorum est *G*, earum et est *B* **181** et^2] *om.* *G A B* et in libro *G A B* qui] *om.* *G A* **182** post utrosque] *om.* *G* **184** propriatur] apropriatur *G A B Sch.* **186** horum corporum] *inv.* *B* **188/189** et partium eius et summa] et summa partium eius et summa *B* **190/191** methaphisicis *G A B* **191** diuina] *iter.* *A* pars prima] *inv.* *B* **192** existentibus] entibus *B* **192/193** per hoc quod] in quantum *B* **193** existentia] entia *B* inquirit] querit *G* **194** in scientiis] et scientiis *G*, in scientia *A* ille] illa *G A B*

les espèces des choses minérales, et (l'étude) de ce qui est propre à toutes leurs espèces.

La septième (partie) – qui se trouve dans le *Livre des plantes* – est l'étude de ce que les (différentes) espèces de plantes ont en commun et de ce qui est propre à chacune de (ces espèces). C'est là l'une des deux parties de l'étude des (corps) composés de parties différentes.

La huitième (partie) – qui se trouve à la fois dans le *Livre des animaux* et le *Livre de l'âme*[, et (dans ceux) qui sont après l'un et l'autre, jusqu'au dernier des *Livres naturels*[330]], est l'étude de ce que les (différentes) espèces d'animaux ont en commun et de ce qui est propre à chacune de ces espèces; et c'est là la seconde partie de l'étude des (corps) composés de parties différentes.

| Ainsi la science de la nature donne-t-elle pour chaque espèce a120
de ces corps leurs quatre principes et les accidents communs à ces principes. C'est là la totalité de ce qu'il y a dans la science de la nature, et (ce sont là) les parties de cette science et la totalité de ce qu'il y a en chacune de ces parties.

(B. *De la science divine*)

L'exposé sur la science divine[331] se trouve tout entier dans le livre *Des choses métaphysiques* (d'Aristote)[332].

La science divine se divise en trois parties. (Dans) la première
partie, (on) examine les existants[333] | et les choses qui leur advien- s106
nent | en tant qu'ils sont des existants. p164

(Dans) la deuxième, (on) examine** les principes des démonstrations dans les sciences théoriques particulières[334]: ce sont les sciences dont chacune se singularise par la considération d'un être propre, comme la dialectique, la géométrie, l'arithmétique et tou-

[330] Il faut y voir les *Parva naturalia* d'Aristote (*De naturalibus* DG, Alonso Alonso, p. 126,12).

[331] La *scientia diuina* (*al-'ilm al-ilāhī* = «science divine») est ici conçue comme la science d'une théologie philosophique, par contraste avec l'art de la théologie révélée (*al-ṣinā'at al-kalām – ars elocutionis*), abordée plus loin (p. 300,151 seqq.).

[332] *De metaphysicis*: AF emploie le singulier (*Mā ba'da l-ṭabī'a*).

[333] La distinction entre *existens* (*hic et illic*), *esse* (*passim*) et *ens* (p. 282,231) est commune à tous les mss. GC y exploite la polysémie du substantif arabe *mawǧūd*, qui peut les signifier tous trois.

** *Inquirere* dans les deux cas, mais deux verbes en arabe: *faḥaṣa* et *iltamasa*.

[334] *Particularis* ici et trois lignes plus bas, alors qu'AF emploie deux adjectifs différents: *ǧuz'ī* et *ḫāṣṣī*.

omnis scientia earum singularia facit per considerationem in esse proprie sicut dialectica et geometria, et arithmetica, et relique scientie particulares que simillantur istis scientiis. Inquirit ergo de principiis scientie dialectice, et principiis scientiarum doctrinalium, et principiis scientie naturalis, et inquirit uerificationem eorum, et docet eorum substantias, et ipsorum proprietates, et comprehendit estimationes corruptas que acciderunt antiquis in principiis harum scientiarum, sicut estimatio eius qui estimauit in puncto et uno et lineis et superficiebus, quod sunt substantie et quod sunt separata, et opiniones que simillantur istis in principiis | reliquarum scientiarum: destruit ergo eas, et ostendit, quod sunt a121 corrupte.

Et in parte tertia inquiritur de existentibus que non sunt corpora nec in corporibus. Inquirit ergo de eis in primis, an sint existentia an non, et demonstratione probat quod sunt existentia. Deinde inquirit de eis an sint plura an non, et demonstrat quod sunt plura. Postea inquirit an sint finita in numero an non. Et demonstrat quod sunt finita; deinde inquirit an ordines eorum in perfectione sint uni an ordines ipsorum sint superfluentes. Et demonstratione probat quod sunt superfluentes in perfectione; deinde demonstrat quod ipsa quamuis sint multa, tamen surgunt ex minore ipsorum ad perfectius, et perfectius usque quo perueniunt in postremo illius, ad perfectum quo perfectius non | est possibile s108 aliquid esse, nec est possibile ut sit aliquid penitus in similitudine

195 earum] eorum *G A B* **196** proprie] proprio *G Sch.* **197** et[1]] *om. G A* inquirit] in parte *G* **198/199** scientiarum doctrinalium] *inv. B* scientiarum doctrinalium et principiis] *om. G* **199** *post* scientie *add.* particulares que simillantur istis scientiis. inquirit ergo de principiis sciente dyalectice et principiis scientie *A* **200** ipsorum] eorum *G A* **204** separata] separate *B* **205** quod sint sunt *ante corr. P* **207** et in parte] † in parte *post corr. G*, in *om. B* inquiritur] inquirit *G A B* existentibus] entibus *B* **208/210** an sint ... de eis] *om. G* **211** et postea *B* inquirit an sint finita in numero] querit an sit in finita numero *G* finita] in finita *A* in] *om. G B* **212** quod sint finita finita *A* **212/213** an ordines eorum in perfectione sint uni] an sint ordines eorum in perfectione uni *B* in perfectione sint uni an ordines] *om. G A* ipsorum] eorum ipsorum *G*, eorum *B* **213** sint superfluentes] sint super † fluentes *G*, sint in ea superfluentes *B* **214** in † perfectione *G* **215** sint] sit *G* tamen] tunc *Pal.* **216** quo] *om. B* **218** esse, nec est possibile] *om. G*, est possibile] possibile est *B* aliquid] ad *A* similitudine] similitudinem *G*

tes les autres sciences particulières qui sont semblables à ces sciences. (On y) examine** donc les principes de la science de la dialectique, les principes des sciences mathématiques et les principes
de la science physique; (on y) cherche leur vérification, et à faire
connaître leurs substances et leurs propriétés mêmes. (Cette partie)
recense les appréciations fausses qui étaient venues (à l'esprit des)
Anciens concernant les principes de ces sciences: ainsi l'appréciation de celui qui a estimé que le point, l'un[335], les lignes et les surfaces sont des substances[336] et sont séparés, et les opinions qui sont
semblables à celle-ci concernant les principes | de toutes les autres a121
sciences; elle les rejette[337] donc et montre* qu'elles sont fausses.

Dans la troisième partie on examine les existants qui ne sont
pas des corps et ne sont pas dans des corps. Elle examine donc d'a-
bord si ce sont des existants ou non, et elle prouve par la démonstration* que ce sont des existants. Elle examine ensuite s'ils sont
plusieurs ou non, et démontre* qu'ils sont plusieurs. Puis elle
examine s'ils sont en nombre fini[338] ou non, et démontre qu'ils
sont finis. Ensuite elle examine si leurs rangs sont équivalents
en perfection ou si leurs rangs sont inégaux[339], et prouve par la
démonstration qu'ils sont inégaux en perfection. Elle démontre
ensuite que, bien qu'ils soient eux-mêmes nombreux, ils s'élèvent
pourtant du moindre d'entre eux et de plus parfait en plus parfait
jusqu'à ce qu'ils parviennent, au bout (de cette hiérarchie), à un
parfait – pour lequel il n'est pas | possible qu'il y ait quelque s108
chose de plus parfait que lui, et (pour lequel) il n'est radicalement
pas possible qu'il y ait quelque chose qui soit semblable au rang
de son être et lui soit comparable ou contraire –, à un tout pre-

[335] *Unus* ou *unum* (*numerus* DG, Alonso Alonso, p. 128,5): le texte arabe porte *waḥda* («unité»).

* *Ostendere, probare demonstratione, demonstrare*: trois verbes en latin pour deux en arabe (*bayyana* [1 et 3] et *barhana*).

[336] *Substantia* pour *ǧawhar*, qui traduisait tout à l'heure *qiwām* (p. 262,4), lequel a été également rendu par *essentia* (p. 264,14), qui à son tour a traduit aussi *māhiyya* (p. 266,46).

[337] Sur *destruere*, trop en retrait par rapport à l'arabe: *qabbaḥa* (ici «dire ce qu'il y a de monstrueux»), voir *infra*, p. 310,242.

[338] *Finitus in numero* rend l'arabe *mutanāhī* (= «fini»); cfr. *terminatus* à la p. 194,168-169.

[339] Concernant *superfluens* / *mutafāḍil* (*inequalis* DG, Alonso Alonso, p. 129,1), qui s'oppose ici à *in perfectione unus*, voir plus haut (p. 226,23), où le substantif correspondant (*superfluitas*) s'opposait à *equalitas*.

ordinis esse eius, neque sit ei compar, neque contrarius, et ad primum ante quod non est possibile inueniri prius, et ad precedens quo nichil est possibile magis esse precedens, | et ad esse quod p165 non est possibile acquisiuisse suum esse a re alia penitus, et quod illud esse est unum, et primum, et precedens, absolute solum.

Et demonstrat quod reliqua esse posteriora sunt eo in esse, et a122 quod ipsum est esse primum quod acquirit omni existenti quod est preter ipsum esse, et quod est unum primum quod acquirit omni rei uni preter ipsum, unitatem, et quod est uerum primum quod acquirit omni habenti ueritatem preter ipsum, ueritatem, et secundum quem modum acquirit illud, et quod penitus non est possibile in ipso esse multitudinem nec aliquo modorum, immo est dignius nomine unius et eius intentione et nomine entis et eius intentione, et nomine ueri, et eius intentione omni re de qua dicitur quod est una, et ens, aut uera preter ipsum. Deinde declarat quod illud quod est cum istis proprietatibus, est illud de quo oportet credi quod est deus cuius est fama sublimis; postea procedit post illud in reliquis quibus narratur deus gloriosus et sublimis, ut compleat ea omnia. Deinde docet qualiter prouenerunt existentia ab eo, et qualiter adepta sunt ab eo esse. Postea inquirit de ordinibus existentium, et qualiter aduenerunt eis illi ordines, et qua re meretur unumquodque ut sit in ordine suo in quo est, et declarat qualis ligatura eorum ad inuicem, et eorum connexio, et quibus rebus fit earum ligatura et ipsorum | con- s110 nexio; deinde procedit ad comprehendendas reliquas operationes eius cuius sublimis est fama, et in existentibus usque quo com-

219 contrarius] contrarium *G Sch.*, certius *Pal.* ad] aliquid *G* **220** ante] ante? *Pal.* inueniri] reperire *B*, invenire *Sch.* et] *om. A* **221** quo] quod *G* ad] aliquid *B* **222** adquisisse *B* alia] aliqua *G* **224** sunt eo] *om. B* **225** quod[2]] et quod *A* quod[3]] et quod *B* **225/226** omni existendi ... acquirit] *om. A* **226** ipsum in esse *B* **227** rei] re *G* et] *om. G* **228** ipsum] ipsam *G* **229** penitus non est] non est penitus *B* **230** ipso] eo *B* **232** nomine ueri entis *G* **233** est] *om. A* et] aut *B* **234** cum] *om. A*, in *B* **235** est fama] *inv. B* postea] et *B* **236** post illud] postea *B* **237** ut] aut *G* ea omnia] *inv. GA* docet] doceat *B* **237/238** prouenerunt] peruenerunt *Pal.* **238** existentia] entia *B* adepta] ad epta *GA* eo[2]] *om. G* **239** ordinibus existentium] ordine entium *B* aduenerunt] affixerunt *GA*, advenit *B* **239/240** eis illi ordines] illis ille ordo *B* **240** unumquidque *Pal.* suo *post corr. P* **241** qualis est ligatura *A B Sch.* **241/242** eorum ad inuicem et eorum connexio et quibus] eorum et connexio et quibus *GA* **242** fit eorum *GA B Sch.*, sit eorum *Pal.* et ipsorum connexio] *om. A* **243** reliquas] *om. B* **244** et] *om. G B* existentibus et *G*, entibus *B* **244/245** quo compleat] quo compleatur *G*, compleat *B*

mier – avant lequel il n'est pas possible de trouver un premier –,
à un antérieur – tel qu'il n'est pas possible que (quelque chose)
soit plus antérieur –, | et à un être pour lequel il n'est radica- p165
lement pas possible qu'il ait reçu son être d'une autre chose, cet
être étant un, premier et seul absolument antérieur.

Elle démontre aussi que tous les autres êtres lui sont pos- a122
térieurs dans l'être, et qu'il est lui-même l'être premier qui procure l'être à tout existant qui est autre que lui-même, qu'il est aussi l'un premier qui procure l'unité à toute chose-une autre que lui-même, et qu'il est encore le vrai premier qui procure la vérité à tout ce qui possède la vérité (et est) autre que lui-même. (Elle démontre) de quelle manière il procure cela, et qu'il n'est radicalement pas possible qu'il y ait en lui-même de la multitude, et (ce) sous aucun rapport, mais au contraire qu'il est le plus digne du nom d'un et de son application[340], du nom d'étant et de son application, du nom de vrai et de son application, (plus digne) que toute chose autre que lui-même dont on dit qu'elle est une, (qu'elle est) un étant, ou (qu'elle est) vraie. Ensuite elle fait voir clairement que celui qui possède ces propriétés est celui dont on doit croire qu'il est Dieu, dont la renommée est sublime[341]. À la suite de quoi elle continue[342] avec toutes les autres (propriétés) au moyen desquelles on parle de Dieu, [glorieux et sublime,] de manière à toutes les passer en revue. Ensuite elle fait connaître comment les (existants) accèdent à l'existence à partir de lui, et comment ils ont reçu de lui l'être. Puis elle examine les rangs des existants, comment ces rangs leur sont advenus et en quoi chacun d'eux mérite d'être au rang où il est; elle fait voir clairement quel est leur lien réciproque et leur rapport, et en
quoi réside leur lien et leur | rapport. Elle continue en recensant s110
aussi toutes les autres actions dans les existants de celui dont la renommée est sublime[343], jusqu'à ce qu'elle les ait tous passés en revue; et elle montre qu'il n'est pas permis qu'en l'un d'eux

[340] Sur l'équivalence *intentio* = ***ma'nā***, voir *supra*, p. 199, n. 122.

[341] *Eius est fama sublimis*. L'eulogie est plus expansive en arabe: «puissant et sublime, que ses noms soient sanctifiés».

[342] *Procedere* traduit mal *am'ana*, qui signifie ici «s'appliquer à». Cfr. *supra*, p. 185, n. 102.

[343] À l'inverse de ce que nous relevions à la n. 342, AF ne reprend ici que la première partie de la formule eulogique: *'azza wā-ǧalla* («puissant et sublime»).

pleat eas omnes. Et ostendit quod non licet in aliqua earum ut
sit falsitas | neque error nec effugatio, nec malicia ordinis, nec a123
malicia compositionis, et ad ultimum, non est diminutio penitus
in aliqua earum, neque additio manifesta omnino; deinde uadit
post illud, ad destruendum opiniones corruptas que estimantur
de deo cuius sublimis est fama, et de operatio|nibus eius ex illis p166
que intromittunt diminutionem in eo et in operationibus eius, et
in existentiis que creauit, et destruit eas omnes per demonstrationes que faciunt adipisci scientiam certam in qua non est possibile
ut homini ingrediatur hesitatio neque alteratio in ipsa, et neque
est possibile ut reddeat ab ea penitus.

246/247 error nec ... non est] *om. A* **247** malicia] *om. B* penitus est *G* **248** earum] *om. GA* **249** destruendum] destruendat *G* **249/250** post illud ... et de] *om. A* **250** deo] eo *B* **251** que] quod *G*, quo *A* diminutione *G* in operationibus] in operibus *G B* eius] *om. A* **252** existentiis] entibus *B* destruit eas] destruit qua non est possibile eas *A* eas] eos *B* **253** que] et *G* scientias *G* **254** neque] non *G* **255** reddeat] recedat *GA*, recedit *B*

il y ait ni fausseté, | ni erreur, ni incompatibilité[344], ni mauvaise ordonnance[345], ni mauvaise combinaison, et jusqu'au dernier (elle montre) qu'il n'y a radicalement pas d'amoindrissement en aucun d'eux, ni en général d'augmentation[346] manifeste[347]. À la suite de quoi elle entreprend de rejeter les opinions corruptrices exprimées sur Dieu, dont la renommée est sublime, et sur ses actions, | dont celles qui introduiraient un amoindrissement en lui, en ses actions et dans les existants qu'il a créés. Elle les rejette toutes au moyen de démonstrations qui font atteindre à la science certaine, touchant laquelle il n'est pas possible que s'insinue l'incertitude[348] en l'homme ni un changement vis-à-vis d'elle[349], et sur laquelle il n'est radicalement pas possible de revenir.

a123 p166

[344] Avec *effugatio* GC viserait à se rapprocher au plus près du terme arabe (*tanāfur*), qui exprime littéralement l'idée de «ce qui fait se fuir l'un l'autre».

[345] *Niẓām* ici, mais trois fois *martaba* («rang») quelques lignes auparavant, pour un seul nom latin: *ordo*.

[346] GC se montre ici plus cohérent qu'AF en choisissant *additio* en fonction non pas du sens (il n'en a pas de commun avec *šarr*) mais du balancement antithétique avec *diminutio* (*tafrīq*).

[347] Pour cette longue énumération, nous laissons au lecteur le soin d'apprécier les équivalences trouvées par GC: *jawr* («injustice») = *falsitas* («fausseté»), *ḫalal* («imperfection») = *error*, *tanāfur* («conflit») = *effugatio*, *niẓām* («ordonnance») = *ordo*, *ta'līf* («combinaison») = *compositio*, *naqṣ* («défaut») = *diminutio* (lequel traduisait plus haut *tafrīq* («soustraction»), alors que *naqṣ* y était aussi rendu par *separatio* (p. 228,29), *šarr* («mal») = *additio* («augmentation»). Voir: «ostendit etiam quod in nulla earum est defectus neque discordia, neque malitia ordinis sive compositionis, nec diminutio, nec superfluitas» (DG, Alonso Alonso, p. 131,9-11).

[348] Il faut donner à *hesitatio* un sens fort pour qu'il rende *irtiyāb*, qui signifierait ici «suspicion». À moins que GC ait une fois encore inversé les deux termes arabes – le second, celui que nous avons traduit par «changement», est *alteratio* –, *hesitatio* traduisant alors *šakk* («doute»).

[349] L'arabe renvoie ici non à la science mais à l'homme: «ni que le doute le trouble».

CAPITVLVM QVINTVM

a124, p167, s112

De scientia ciuili et scientia legis et scientia elocutionis

Scientia quidem ciuilis inquirit de speciebus operationum, et consuetudinum uoluntariarum, et de habitibus, et moribus, et *segea*, et gestibus, a quibus sunt ille actiones et consuetudines, et de finibus propter quos fiunt, et qualiter oportet ut sint illa inuenta in homine, et qualis sit modus ad comprehendendum et ordinandum ea in eis, secundum modum qui est necessarius ut sit eorum inuentio in eo, et modus ad conseruandum ea super ipsum. Et distinguit ex finibus propter quos fiunt operationes et sunt in usu consuetudines. Et declarat quod ex eis sunt qui sunt in ueritate beatitudo et quod ex eis sunt qui sunt estimati quod

0/0 *rub. om.* *G A B* **V**. **2** *om.* *G*, † scientie ciuilis *A*, de scientia ciuili *B* **3/4** et consuetudinum] et actionum uel consuetudinum *B* **4/5** et moribus, et segea, et gestibus] et de moribus et de usibus gestiendi et de modis uiuendi *B* (et de usibus vestiendi et de modis induendi *legit Sch. in B*) **5** et de gestibus *G A* a quibus sunt] a quibus procedunt *B* **6** fiunt] fecit *G* **8** eis] eas *G* **9** eorum inuentio in eo] inuentio eorum in ea *G* **11** qui sunt] que sunt *G*, *om. A* **12/13** quod sunt] sunt *A*

CHAPITRE 5

a124, p167, s112

De la science du citoyen, de la scientie du droit et de la science de la parole (divine)

(A. *La science du citoyen*)[350]

(1. *Ses tâches*) La science civile[351], elle, examine les (différentes) sortes d'actions[352] et de conduites[353] volontaires, ainsi que les habitus[354], les traits de caractère[355], les *segea*[356] et les comportements acquis dont proviennent ces actions et ces conduites, de même que les fins en fonction desquelles elles se produisent; (elle examine) comment elles doivent être acquises par l'homme, selon quel mode elles doivent être [comprises et] ordonnées en lui[357], conformément à ce que nécessite chez lui leur acquisition[358], et de quelle manière elles doivent être conservées par devers[359] lui. Elle distingue aussi les fins en fonction desquelles les actions se produisent et les conduites sont suivies. Elle fait voir clairement que, parmi ces (fins), certaines sont le bonheur véritable[360], et

[350] Signalons, sans pouvoir les mentionner, que dans ce chapitre plusieurs passages ne se trouvent pas en *M*, mais figurent dans les autres témoins arabes, ainsi qu'en *P* et dans les autres témoins latins.

[351] *Scientia ciuilis* restitue l'arabe *al-'ilm al-madanī*, «la science du citoyen»; il faut entendre la philosophie politique, dépendante à divers titres de Platon et d'Aristote.

[352] Nous avons traduit par «action» à la fois *operatio*, comme ici, et *actio*, comme à la l. 5 (*et passim*), l'arabe n'utilisant qu'un seul terme (*fi'l*). Cfr. p. 209, n. 145.

[353] *Consuetudo* a en l'occurrence le sens de «passage à l'acte», et montre que GC suit *M*, qui porte *sīra* («conduite»), les autres mss. portant *sunna* («loi, coutume»).

[354] Au sens de «puissance stable» (*malaka*).

[355] *Mos* doit être ici entendu conformément à la signification du mot arabe (*ḫulq*), c'est-à-dire au sens de «disposition innée».

[356] *Segea* est la translitération maladroite de l'arabe *sağāyā* («inclinations naturelles»), que GC n'a pas su traduire.

[357] Sans caution manuscrite, nous traduisons ce pluriel (*eis*) par un singulier parce qu'il est probablement la reprise du terme générique *homo*.

[358] Nous avons dû alléger l'expression dans notre traduction, le latin («secundum modum qui est necessarius ut sit eorum inuentio in eo»), qui a la même lourdeur que l'arabe, signifiant littéralement: «selon le mode qui est nécessaire pour que leur acquisition soit en lui».

[359] Nous traduisons mot à mot *super ipsum* (*ab eo* DG, ALONSO ALONSO, p. 134,3), qui restitue littéralement *'alayhi* («sur lui»).

[360] C'est ainsi que nous rendons l'expression *in ueritate*, qui colle à l'arabe (*fī al-ḥaqīqa*).

sunt beatitudo preter quod sit ita; et quod illi qui sunt in ueritate beatitudo, non est possibile ut sint in hac uita, immo in uita alia post istam, et est uita postrema. Et opinati quod sunt felicitas, sunt sicut uictoria, et gloria, et delectationes cum ponuntur ipse fines tantum in hac uita.

Et discernit | operationes et consuetudines. Et declarat quod a125
illa quibus acquiritur illud quod est in ueritate felicitas, sunt bo-
nitates, et decora, et optima, et quod illa que sunt | preter ea, sunt p168
malicie, et feda, et diminuta, et quod modus inuentionis eorum
in homine, est ut sint operationes et consue | tudines optime sepa- s114
rate in ciuitatibus et gentibus secundum ordinem, et utantur usu communi. Et declarat quod illa non adueniunt uel preparantur nisi per regnatum stabilientem illas actiones et consuetudines, et gestus, et habitus, et mores in ciuitatibus et gentibus, et studeat ut seruet ea super eas ita ut non remoueantur. Et quod regnatus ille non preparatur nisi per uirtutem et habitum a quibus sunt operationes stabilitatis, in eis, et operationes seruantes quod stabilitum est in eis super ipsos. Et illa quidem uirtus est regnatus et regnum, aut quod uoluerit homo nominare eam. Et ethica, est operatio huius uirtutis. Et quod regnatus duo sunt modi: regnatus stabiliens actiones et consuetudines et habitus uoluntarios, quorum proprietas est ut eis acquiratur illud quod in ueritate est beatitu-

13 preter quod sit ita] preter et ita est in apparentia sola siue existentia quod sit ita *A*, preter quod sunt ita *B* **14** immo in uita] *om.* *G A* **15** et opinati quod sunt] et quod oppinati sunt *G A*, et opinati quidem quod sint *B*, et opinati quidem sunt *Sch.* **15/16** felicitas sunt sicut] felicitas siue habitudo sunt sicut *A* **16** cum ponuntur ipse fines] componuntur ipsum fines *G*, et ponuntur fines quidem *B* **17** tantum] tamen *Pal.* **18** et discernit quidem *B* **19/20** sunt sicut bonitates *B* **20** ea] illa *G A B* **20/21** sunt malicie et feda] malicie et fedosa *G*, sunt malicia et feda *B* **22** operationes] operati omnes *G* **22/23** separate distribute in ciuibus *B* **23/24** usu non communi *G B* **24** uel preparantur] *om. B Sch.* **24/25** uel preparantur nisi per regnatum] nisi per regentem *G* **26** et[4]] qui *B* **28** sunt] *om. A* **29** stabilitatis in eis] stabilitatis et in eis quod *ante corr. P Pal. sic*, stabilitas in eis *G B*, stabilitas † eis *A* **30** et[2]] aut *B* **31** aut quod uoluerit homo] aut secundum quod homo uoluerit *B* **32** et quod regnatus duo sunt modi] et quod regnatus est duobus modi *B* **33** actiones] *om. G A* uoluntarius *G* **34** illud] id *G*

qu'il y en a parmi elles qui sont estimées[361] comme étant un bonheur sans que ce le soit, et que celles qui sont le bonheur véritable il n'est pas possible qu'elles se réalisent dans cette vie, mais dans une autre vie qui lui fait suite, et c'est la vie dernière. Et ce qui, suivant l'opinion, est considéré comme un bonheur, c'est, par exemple, le triomphe[362], la gloire et les jouissances, quand on en fait les seules fins dans cette vie.

(Cette science) opère des distinctions | entre les (différentes) a125
actions et conduites et met en évidence que celles par lesquelles on acquiert ce qu'est le bonheur véritable sont les vertus à la fois belles et excellentes, et que celles qui n'en sont | pas sont les p168
mauvaisetés à la fois honteuses et avilissantes, et que la modalité de leur acquisition chez l'homme est fonction de la manière dont les actions et les conduites | excellentes sont réparties selon un s114
(certain) ordre dans les cités et les nations, et sont pratiquées en commun.

(Cette science) met aussi en évidence que ces (actions et conduites) ne sont concrétisées [ou planifiées] que par un gouvernement[363] qui stabilise ces actions, ces conduites, ces inclinations, ces habitus et ces mœurs dans les cités et les nations, et s'applique à les préserver pour elles afin qu'ils ne se perdent pas. (Elle met) également (en évidence) que ce gouvernement n'est planifié que par une vertu et un habitus d'où proviennent les actions de stabilisation (menées) auprès de ses (habitants), et les actions préservant pour eux ce qui a été stabilisé en eux. Cette vertu est le gouvernement[364] ou le règne, ou comme l'on voudra la nommer, l'éthique[365] étant l'action de cette vertu. Elle (met) encore (en évidence) que le gouvernement est de deux sortes:

– le gouvernement qui stabilise les actions, conduites et habitus volontaires, dont la nature est de procurer par eux ce qui est

[361] *Estimatus* ici, *opinatus* un peu plus loin, quand l'arabe dit *maẓnūn* («qui est objet d'opinion») par deux fois.

[362] *Victoria*: au lieu de *ṯarwa* («richesse, fortune, argent») GC a probablement lu *ṯawra* («victoire»).

[363] *Regnatus*, au sens de «manière de gouverner» (*riyāsa* en arabe).

[364] *Regnatus* de nouveau, mais pour rendre cette fois-ci *malakiyya* («art régalien»).

[365] *Ethica*, au sens de «pouvoir politique» (*siyāsa* en arabe), véhicule ici la même ambiguïté que celle qui se manifeste au début de l'*Éthique à Nicomaque* d'Aristote (I, II, 1-5), où celui-ci fait dépendre la morale de la politique.

do. Et est regnatus optimus, et ciuitates et gentes obedientes huic regnatui sunt ciuitates et gentes optime. | Et regnatus stabiliens in a126 ciuitatibus operationes et consuetudines, quibus non acquiritur nisi quod estimatum est quod ipsum sit beatitudo, preter quod sit ita. Et est regnatus stolidus. Et hic quidem regnatus diuiditur diuisionibus pluribus, et nominatur unaqueque earum cum intentione que intendit eam et uult eam. Et sunt secundum numerum rerum que sunt fines et intentiones ad quas inquirit iste regnatus. Nam si inquirit diuitias, nominatur regnatus uilitatis. Et si inquirit gloriam, nominatur regna|tus glorie. Et si est propter aliud ab s116 istis duobus, nominatur nomine finis illius. Et ostendit quod uirtus regia optima componitur per duas uirtutes. Quarum una est cum uirtute super canones uniuersales, | et altera est uirtus quam p169 acquirit homo per longitudinem assiduationis actionum ciuilium, et uisionis operationum in unis, et indiuiduis et ciuitatibus particularibus, et studii in eis per experimentum, et longitudinem testimonii, secundum similitudinem eius quod est in medicina. Medicus enim non fit medicator perfectus, nisi per duas uirtutes, quarum una est uirtus super uniuersalia et canones que acquirit ex libris medicine, et altera uirtus que aduenit ei per longitudinem frequentie actionum medicine in egris et studii in eis per longitudinem experimenti, et uisionis corporum indiuiduorum. Et per hanc uirtutem potest medicus mensurare medicinas et curationem secundum unumquodque corpus in quaque dispositione. | Similiter uirtuti regie non est possibile ut mensuret actiones a127 secundum unumquodque accidens et quamque dispositionem,

35/36 obedientes ... gentes] *om. G A* huic ... optime] *om. G A* **36** stabiliens *iter. A* **37** acquiritur] accipitur *G* **39** et[1]] *om. B* regnatus] *om. G A* **40** pluribus] *om. G A* **41** eam et] qui *B* **42** ad] *om. G A B* iste] ille *A* **43** uilitatis] üilitatis *P*, utilitatis *G*, diuitiarum *B* **44** propter aliud] propter illud *G*, propter ista aliud *B* **45** istis] illis *A* nominatur finus *ante corr. G* **48** per] propter *B* **49** operationum] opinionum *G* **52** medicator] mediator *P*, medicorum *G B*, medi[c]ator *Pal.* **53** acquirit] inquirit *G* **54** uirtus est *A B* **58** in quaque] in unaquaque *G A B Sch.* **60/61** quamque (2)] unamquamque *B*

véritablement le bonheur: c'est le gouvernement excellent, et les cités et nations se soumettant à ce gouvernement sont les cités et nations excellentes;

| – le gouvernement qui, dans les cités, stabilise les actions et les conduites par lesquelles n'est acquis que ce qui est présumé être à lui seul le bonheur[366], sans qu'il en soit ainsi: c'est le gouvernement inepte. Ce gouvernement se divise en plusieurs divisions[367]. Chacune d'elles porte le nom du but vers lequel elle tend et qu'elle désire. (Leurs dénominations respectives) sont fonction du nombre des choses qui sont les fins et les buts que ce gouvernement recherche. S'il recherche en effet les richesses, il est nommé gouvernement de la vilenie; s'il recherche la gloire, il est nommé gouvernement | de la gloire; et si c'est en vue d'une autre (chose) que ces deux-là, il est nommé du nom de cette (autre) fin. a126 s116

(Cette science) montre que la meilleure vertu régalienne est composée de deux vertus: l'une est la vertu (faisant accéder) à des règles universelles; | l'autre est la vertu que l'homme acquiert par une longue période de pratique des actions politiques et d'observation des actions concernant les choses singulières, les individus et les cités particulières, de même que les applications (mises à) les (exercer) par l'expérience, et par une longue période de vérifications[368], conformément à ce que l'on trouve en médecine. En effet, le médecin ne devient un parfait thérapeute que par deux vertus; l'une est la vertu (faisant accéder aux) universels et aux règles qu'il a acquis dans les livres de médecine; l'autre est la vertu qui se réalise chez lui par une longue pratique des actes médicaux sur les malades, et l'application ainsi (mise à) les (exercer) par une longue expérience et l'observation des corps des individus. Par cette (dernière) vertu, il est possible au médecin de déterminer les médicaments et le traitement en fonction de chaque corps (et) dans chaque situation. | De même, il n'est possible à la vertu régalienne de déterminer les actions en fonction de chaque p169 a127

[366] AF use ici d'un pluriel, dont GC n'a pas tenu compte, probablement parce qu'il envisage un bonheur pour chaque cité.

[367] *Diuidere diuisionibus*: nous conservons la parenté morpho-sémantique qui figure également en arabe: *inqasama aqsāman* («se diviser en divisions»).

[368] *Testimonium* est malaisé à traduire en ce contexte, dans la mesure où il n'est ni la «pratique» (*assiduatio*) ni l'«observation» (*uisio*) ni l'«expérience» (*experimentum*).

et quamque ciuitatem in quaque hora, nisi per hanc uirtutem, et est experimentum. Et philosophia quidem ciuilis contenta est in eo de quo inquirit ex actionibus et consuetudinibus et habitibus uoluntariis et reliquis de quibus inquirit, regulis uniuersalibus, et dat descriptiones in mensuratione eorum secundum dispositionem et dispositionem, et horam et horam, et qualiter et cum quot rebus, et cum quibus rebus mensurentur; deinde dimittit ea non men | surata, quoniam mensuratio actu est per uirtutem aliam sine s118 hac scientia, et est uia eius ut adiungatur ei. Et cum hoc, dispositiones et intentiones secundum quas fit mensuratio, sunt non definite, nec comprehenduntur.

Et hec quidem scientia, habet duas partes, scilicet, partem que continet cognitionem beatitudinis et discernit inter ueram ex eis, et estimatiuam, et comprehensionem operationum, et consuetudinum, et morum, et gestuum uoluntariorum uniuersalium quorum, proprietas est ut separentur in ciuitatibus, et qui gentibus, et discernit optimos eorum a non optimis; et partem que continet modum ordinis gestuum, et consuetudinum optimarum in ciuitatibus et gentibus, et | cognitionem operationum regalium p170 quibus stabiliuntur gestus et operationes optime, et ordinantur in illis qui sunt in ciuitatibus, et operationes | quibus seruatur a128 super eos illud quod ordinatum est et firmatum in eis; deinde comprehendit species uirtutum regalium non optimarum quot sunt, et que sit unaqueque earum, et comprehendit operationes quas unaqueque earum efficit, et quas consuetudines et habitus requirit unaqueque earum ut stabiliat in ciuitatibus et gentibus ita

61 in quaque] in unaquaque *B*, in qua *A* **61/62** et est experimentum] *om. G A*, et experimentum *B* **63** et[1]] *om. G* **64** uniuersalibus] uniuersalis *G* **65** descriptiones] distinctiones *G*, descripiones *Sch.* **65/66** dispositionem et dispositionem et horam et horam] dispositionem et horam *G A* **66** et dispositionem] *om. A* quot] quod *G* **67** rebus[2] uerum *A* **68** per uirtutem aliam] per virtutem aliquam *G*, per aliam uirtutem *B* **69** est uia eius ut adiungatur ei] est uia ut ei deinde adiungatur rei *B* **71** definite] diffinita *G* nec? *Pal.* **73** ueram] *om. G A* **74** operationum] actionum *B* **75** et morum] *om. B* gestuum] gentium *A* uoluntariarum *G* **76** qui] quod *G*, qui in *PA*, et in *Sch.* **77** et[1]] *om. G A* **78** consuetudinam *A* **79** et in ghentibus *B* **81** qui] que *G* **82** firmatum est *B* **84** sit] super *G B* **85/86** et quas ... earum] *om. G A* **86** earum] ipsarum *B*

événement, de chaque situation et de chaque cité, (et ce) à chaque moment, que par cette vertu qu'est l'expérience.

La philosophie politique s'en tient, dans ce qu'elle recherche
touchant les actions, les conduites, les habitus volontaires et les
autres (choses) [qu'elle recherche], aux règles universelles. Elle
donne des directives pour les déterminer suivant telle ou telle disposition et telle ou telle circonstance[369], et (nous dit) comment,
avec combien de choses et avec quelles choses ils sont détermi-
nables. Elle les laisse ensuite indéterminées | puisque la détermi- s118
nation en acte appartient à une vertu autre que (celles propres à)
cette science, (vertu) dont la destination est (précisément) de lui
être adjointe. De plus, les dispositions et les applications[370] suivant
lesquelles il y a détermination sont illimitées et non susceptibles
d'être recensées.

(2. *Ses divisions*) Cette science comporte deux parties, à savoir:

– une partie qui renferme ce qui fait connaître le bonheur et distinguer à son sujet entre ce qui est vrai et ce qui est présumé tel, et le recensement des actions, conduites, mœurs et inclinations volontaires et universelles, qui sont de nature à être réparties dans les cités et les nations, et distinguer dans toutes celles-là les meilleures de celles qui ne le sont pas

– l'autre partie renferme les modalités pour ordonner les
meilleures inclinations et les meilleures conduites dans les cités
et les nations, et | ce qui fait connaître les actions régaliennes par p170
lesquelles s'affermissent et s'ordonnent les meilleures inclinations
et les meilleures actions chez ceux qui se trouvent dans les cités,
ainsi que les actions | par lesquelles ce qui est ordonné et stabi- a128
lisé pour eux est préservé en eux. (Cette dernière partie) recense
ensuite les (différentes) sortes de vertus régaliennes qui ne sont
pas les meilleures, combien elles sont et ce qu'est chacune d'elles.
Elle recense les actions que chacune d'elles accomplit, et quelles
conduites et quels habitus chacun d'eux cherche à stabiliser dans

[369] *Dispositio et dispositio* et *hora et hora* (cfr. *in qua dispositione, et in qua hora* de la p. 248,209-210) traduisent littéralement deux sémitismes mal compris, constitués par un même doublement de mot: *ḥāl ḥāl* («chaque état») et *waqt waqt* («chaque moment») (*unumquodque accidens* et *unumquodque tempus* DG, ALONSO ALONSO, p. 137,7-8).

[370] *Intentiones*: l'arabe dit *'awāriḍ* («accidents»), que GC a certainement lu *ġawāriḍ*, en le prenant pour le pluriel de *ġaraḍ* («but, intention»).

ut acquirat per eas intentionem suam ex illis qui sunt in ciuitatibus et gentibus que sunt sub eius regnatu. Et hoc quidem est in libro qui *politica* dicitur, et est liber *ethice* Aristotilis. Et est iterum in libro *ethice* Platonis, et in libris Platonis et aliorum. Deinde demonstrat quod ille operationes et consuetudines, et habitus, omnes sunt sicut egritudines ciuitatibus bonis; set operationes
que | apropriantur uirtutibus regis ex eis, et consuetudines ea- s120
rum, sunt sicut egritudines uirtuti regie bone. Consuetudines uero et habitus qui appropriantur spacio earum, sunt sicut egritudines ciuitatibus bonis. Deinde comprehendit quot cause et partes sint, propter quas non est conueniens ut conuertantur regnatus boni, et consuetudines ciuitatum bonarum ad consuetudines et habitus stolidos, et comprehendit cum eis species operationum quibus tenentur ciuitates, et regnatus boni ut non corrumpantur
et conuertantur ad non bonos, et comprehendit iterum | modos a129
preparationis et ingeniorum et res quorum uia est ut admini-

87 qui sunt] *om.* *G A* **89** qui] que *G* **90** ethice] *om.* *A* et in libris platonis] *om.* *G A* platonis et] *om.* *B* **91** demonstrat] monstrat *A* habitus] *om.* *B* **92/93** egritudines ciuitatibus bonis set operationes que] egritudines uirtuti regie que *G* **93** regis] regibus *G*, regiis *A* **93/94** earum] ipsorum *G*, eorum *B* **94** sicut uirtutes egritudines *ante corr.* *B* **94** egritudines uirtuti regie bone] regie bone egritudines uirtuti *B* uirtuti] uirtutis *G* **95** spacio] spacio vel tempori *B* earum sunt] eorum sunt *G B*, eorum *A* **96** in ciuitatibus *B* quod *G* quot cause et quot partes *B* **97** conuertantur] reuertantur *G* **98** boni et] boni ut non corrumpuntur et *A* **100** tenentur ciuitates] *inv.* *G A* **101** et^{2}] *om.* *B*

les cités et les nations, en sorte d'atteindre par leur moyen son but chez ceux qui sont dans les cités et les nations qui se trouvent sous leur gouvernement. {Cela se trouve dans le livre que l'on appelle *Politique*[371], qui est le livre de l'*Éthique* d'Aristote, ainsi que dans le livre de l'*Éthique*[372] de Platon[373], dans les livres de Platon et d'autres}[374].

Elle démontre ensuite que ces actions, conduites et habitus sont tous, pour les bonnes cités, comme des maux[375]: alors que les actions qui | sont appropriées aux vertus régaliennes et à leurs s120
conduites sont comme[376] des maux pour la bonne vertu régalienne, les conduites et habitus qui sont appropriées à leur époque[377] sont comme des maux pour les bonnes cités.

Puis (cette partie) recense combien sont les causes et {les aspects par lesquels il ne convient pas que les bons gouvernements et les conduites des bonnes cités se transforment en}[378] conduites et habitus ineptes. Elle recense avec cela les (différentes) sortes d'actions par lesquelles les cités et les bons gouvernements sont maîtrisés, afin qu'ils ne se corrompent ni ne se transforment en (cités et gouvernements qui ne seraient) pas bons. Elle recense encore | les modalités de planification[379], les procédés ingénieux a129
et les choses susceptibles d'être utilisées quand ces (cités et gou-

[371] L'arabe translitère en ***Būlīṭīqā***.

[372] Par deux fois l'arabe dit *siyāsa* («manière de gouverner»), qui sert à désigner la *Politique* d'Aristote et la *République* de Platon.

[373] Il s'agit de la *République*.

[374] Ce passage ne figure que dans *M*. La mention de la *Politique* d'Aristote apparaît, plus que pour quelques autres mentions de traités du Stagirite, comme une glose interpolée, dès lors que l'ouvrage, n'ayant été redécouvert qu'au cours de la seconde moitié du XIIIe s., est resté inconnu des Arabes et de GC.

[375] Nous avons tenu à distinguer, peut-être par un excès de nuance, *egritudo* («mal») d'*egrotatio* («maladie»), ce dernier substantif n'intervenant pas dans ce traité.

[376] *Sunt sicut*: GC lit un peu différemment l'arabe («sont les maladies de l'art régalien vertueux»), en établissant un parallèle de construction avec les l. 92 et 95.

[377] *Spatium*: GC a probablement lu *muddatihā* («leur époque») au lieu de *mudunihā* («leur cité»).

[378] Dans ce passage entre accolades, malgré une signification d'ensemble préservée, GC paraît avoir mal saisi le raisonnement en arabe, vu que celui-ci utilise la formule *lā yu'man* («n'être pas assuré que»), que GC traduit par *non esse conueniens*. On entendra donc: «les aspects par lesquels *on n'est pas assuré que* les bons gouvernements et les conduites des bonnes cités ne se transforment en (...)».

[379] *Preparatio* traduit l'arabe *tadbīr* («organisation, direction»), ce qui donne: «les modes de diriger».

strentur quando, conuertuntur ad stolidos ita ut redeant ad illud secundum quod fuerunt. Deinde demonstrat cum quot rebus ordinetur uirtus regia bona, et quod ex eis sunt scientie speculatiue et actiue, et quod adiungatur eis uirtus adueniens ab experimento facto per longitudinem assiduationis operationum in ciuitatibus et gentibus, et est potens super inuentionem inue | niendi conditiones p171 quibus mensurantur actiones, et consuetudines et habitus secundum unumquemque populum aut quamque ciuitatem aut quamque gentem, aut secundum quamque dispositionem et quodque accidens. Et ostendit quod ciuitas bona non perdurat bona et non conuertitur, nisi quando fuerint reges eorum continui in temporibus secundum conditiones unas et easdem ita ut sit secundus qui succedit precedenti secundum dispositiones et conditiones secundum quas fuit precedens, et ut sit eorum continuitas absque abscisione et sine separatione.

Et docet quid | oporteat fieri ut non ingrediatur continuitatem s122 regum abscisio. Et declarat que conditiones et dispositiones naturales oportet ut obseruentur in filiis regum, et in aliis donec eligatur per eas ille in quo inueniuntur ille conditiones ad regnum post illum qui est hodie rex. Et ostendit qualiter oporteat illum morigerari in quo inueniuntur ille conditiones naturales, et cum quo oporteat ipsum doceri donec adueniat ei uirtus regia et fiat rex perfectus. Et declarat cum hoc | quod illi quorum regnatus a130 sunt stolidi, non oportet ut nominentur reges penitus, et quod ipsi non indigent in aliqua suarum preparationum et actionum suarum, philosophia, nec speculatiua nec actiua, immo possibile

103 quando] quin *Pal.* ut] non *ante corr. B* illud] id *G* **104** quot rebus] quibus *G*, quibus rebus *A* **105** regia bona] regitiua boni *G*, regitiua bona *A* **106** et[2]] *om. A* adiungatur eis] iungitur ex eis *GA* **108** inueniendi] *om. B* **110** unumquemque populum aut quamque] unumquemque † aut unamquamque *B* aut quamque] an quamque *A* **111** quamque[2]] quas *A*, unamquamque *B* **113** quando] quin *Pal.* reges eorum] *inv. B* **114** in] *om. B* **114/115** ita ut sit secundus qui succedit] ita non sit secundus qui precessit *G* **115** succedit] successit *A* dispositiones naturales *A* **115/118** et conditiones ... quid] *om. A* **118** quid] quod *G Sch.* **119** abscisio] incisio *B* **120** naturales] ales *B* oportet] oporteat *GA* **121** eligatur] eligantur *B* **121/123** ad regum ... ille conditiones] *om. G* **123/124** naturales et cum quo] naturales et †. naturales et cum quo *A* **124** oporteat] oportet *G* ipsum] illum *GA* ei] illi *B* **125** et declarat cum hoc quod] et declarat quid cum hoc et *G* **126** reges] *om. B* **127** ipsi] illi *G* suarum preparationum] *inv. B*

vernements) se transforment en (cités et gouvernements) ineptes, de telle manière qu'ils redeviennent ce qu'ils étaient auparavant.

Elle démontre ensuite avec combien de choses la bonne vertu régalienne se trouve organisée, que parmi elles il y a les sciences théoriques et les (sciences) pratiques, et qu'on leur[380] adjoint la vertu acquise par l'expérience résultant de la durée de la pratique des actions dans les cités et les nations. (Cette vertu) est la capacité d'en venir | à la découverte[381] des conditions par lesquelles sont déterminées les actions, conduites et habitus suivant chaque p171
peuple, chaque cité ou chaque nation, ou bien suivant chaque situation et chaque événement.

Elle montre que la bonne cité ne perdure bonne et ne se transforme point que lorsque ses rois se succèdent dans les temps selon des conditions uniques et identiques, en sorte qu'il y ait un héritier qui succède à un prédécesseur en fonction des situations et des conditions qui firent (de lui) un prédécesseur, et que la continuité des (rois) soit sans rupture ni séparation. Elle fait connaître ce qu'il | faut faire pour que la rupture n'affecte pas la continuité des rois. Elle fait voir clairement quelles conditions et s122
quelles situations naturelles il faut observer chez les fils de rois et les autres, de sorte qu'à terme soit choisi, grâce à elles, celui en qui l'on trouve les conditions pour régner après celui qui est roi aujourd'hui. Elle montre comment doit être complaisant[382] celui en qui l'on trouve ces conditions naturelles, et en quoi il lui faut être instruit, de sorte qu'à terme il acquière la vertu régalienne et devienne un roi accompli.

Avec cela, elle fait voir clairement aussi | que ceux dont les gouvernements sont des gouvernements ineptes ne peuvent ab- a130
solument pas être appelés rois, et qu'ils n'ont eux-mêmes besoin, dans aucun de leurs modalités de planification et de leurs actions, de la philosophie, ni théorique ni pratique. Chacun d'eux, au contraire, peut parvenir à son but dans la cité et la nation soumi-

[380] L'arabe use ici d'un singulier, qui renvoie à «cette partie», alors que GC renvoie à «choses».

[381] *Potens super inuentionem inueniendi*: seule la leçon fournie par *M* permet de retrouver cette tournure, les autres mss. donnant: «(cette vertu) est la capacité *de bien découvrir* les conditions».

[382] *Morigerari*: *M* porte *yasīr* («il marche»), que GC a sans doute lu *yussir* («il fait plaisir à») (*id.* DG, ALONSO ALONSO, p. 139,5). Les autres mss. arabes portent *naššaʾa*, ce qui donne: «elle montre comment *doit être élevé* celui en qui (...)».

est unicuique eorum ut perueniat ad suam intentionem in ciuitate et gente que sunt sub suo regnatu per potentiam experimentalem que aduenit ei per assiduationem generis actionum quibus acquirat intentionem suam et perueniat ad suam intentionem ex bonitatibus, quando accidit ei uirtus ingenii boni, bone preparationis ad inueniendum illud quo indiget in actionibus quibus acquirat bonum quod intendit ex delectatione aut gloria, aut alia re, adiungatur ad bonitatem successionis eius qui precessit ex regibus quorum intentio fuit intentio eius.

Et ars legis est illa qua potest homo inuenire mensura | tionem p172 cuiusque rei ex illis quas legis positor non propalauit. Determinatio ergo eius erit a rebus in quibus propalatio facta est cum determinatione et mensuratione. Et oportet ut subtilietur | ad a131 uerificandum illud secundum intentionem positoris cum secta quam posuit in gente cui statuta est.

130 que sunt sub suo regnatu] que sub suo regnatu sunt *B* **132** et perueniat ad suam intentionem] *om. G* **133** quando] quin *Pal.* **135** aut gloria] aut regula *G*, *iter. A* re] re et *G A B Sch.* **136** precessit] processit *Pal.* **138** et ars legis est illa qua] et est illa pars legis qua *B* **139/140** determinatio ergo eius erit a rebus in quibus] erit ergo determinatio eius per res illas in quibus alia *B* **140** ergo eius] *inv. G* **142** positoris] positionis *G*, conditoris *B* **143** in gente cui statua est] in gentem cui constituta est *G A* est *om. B*

ses à son gouvernement par la puissance de l'expérience qu'il acquiert en pratiquant le genre d'actions par lesquelles il atteint son but. Et il parvient à son but quant aux biens, lorsque lui échoit la vertu du bon procédé ingénieux et de la bonne planification, en vue de découvrir ce dont il a besoin concernant les actions qui lui font acquérir le bien auquel il tend par plaisir, gloire ou (toute) autre chose, {(à quoi) s'ajoute[383] la bienveillance de sa succession, qui progresse par les rois}[384] dont le but était le même que le sien.

(B. *La science du droit*)

L'art de la loi[385] est celui au moyen duquel l'homme peut découvrir la mesure[386] | de chaque chose parmi celles que l'instaurateur de la loi[387] n'a pas divulguées[. Sa détermination p172
s'opérera donc] à partir des choses dans lesquelles la divulgation s'est faite par la détermination et la mesure. Il faut aussi que l'on s'attache | à vérifier cela conformément à l'intention de l'instaurateur (de la loi), par comparaison avec la religion[388] qu'il a in- a131
staurée dans la nation[389] pour laquelle la (loi) a été instituée[390].

[383] GC n'a pas lu ou a délaissé *ḏālika* («*ajouté à* cela»).

[384] Le passage entre accolades («adiungatur ad bonitatem successionis eius qui processit ex regibus») donne ceci en arabe: «et que s'ajoute à cela la bonne imitation attentive (*i'tisā'*) des rois antérieurs». *Successio* se justifie relativement à la leçon de *N*, qui porte *intišār* («le fait d'être répandu») au lieu de *i'tisā*.

[385] *Ars legis* (*scientia legum* DG, Alonso Alonso, p. 139,7) – *scientia iudicii* en p. 156,13 –, tente de rendre *al-ṣinā'at al-fiqh*, que l'on peut se risquer à traduire ici par «la science de la jurisprudence religieuse» ou «la science du droit sacré».

[386] Dans l'expression *inuenire mensurationem* (*adinuenire modum* DG, Alonso Alonso, p. 139,8), *inuenire* traduit *istanbaṭa* («mettre en lumière») et *mensuratio* rend *taqdīr*. Elle doit s'entendre ici avec le sens d'«inférer la qualification», autrement dit «le statut légal».

[387] Le *legis positor* (*wāḍi' al-šarī'a*), désigne le Prophète Mahomet, qui a reçu révélation de Dieu.

[388] GC a eu raison de préférer *secta* à *religio* pour traduire l'arabe *milla*, dès lors que ce dernier signifie à la fois le message religieux et l'organisation de la communauté qui s'y conforme.

[389] *Gens*, au sens de «nation» (*umma*), rompt avec l'acception classique du terme («race»), qui dit plus que *natio* (absent du *De scientiis*), lui-même disant plus que *civitas* («cité»), apparaissant quelques lignes plus loin pour rendre ***madīna***.

[390] Sur ce parallèle, voir Mahdi, *Science, Philosophy* cit. (chap. Ier, à la note 33). *Statuere* pour traduire *šarra'a*, mais *lex* pour rendre *šarī'a* (un peu plus haut): la parenté morpho-sémantique n'a pas été respectée.

Et in omni quidem secta | sunt sententie et actiones. Senten- s124
tie ergo sunt sicut sententie que posite sunt de deo cuius sublimis est fama, et de eo quo ipso narratur, et de mundo et de aliis. Et actiones sunt sicut actiones quibus magnificatur deus et actiones quibus sunt ea que sunt statuta in ciuitatibus. Quapropter scientie legis sunt due partes, pars in sententiis, et pars in actionibus.

De scientia eloquationis

Et ars elocutionis, est uirtus qua homo potest defendere sententias et actiones determinatas quas secte positor propalauit, et reicere totum quod diuersificatur eis cum sermonibus. Et hec idem in duas diuiditur partes: partem in sententiis et partem in actionibus,
| et est preter legem, quoniam legista accipit sententias et actio- a132
nes quas propalauit positor secte absolute, et ponit eas radices per quas inuenit res consequentes ab eis. Et loquax defendit res qui-

144 secta] *om. B* **145** sicut sententie] ille *B* **146** ipso] ipse *P G B* **148** sunt[1]] fiunt *B* ea que sunt statuta] statuta *G*, ea que statuta sunt *B* **148/149** in ciuitatibus ... in actionibus] *om. A* **149** sunt due] *inv. B* sententiis] scientiis *G* **150** *tit. om. P G A* **152** secte positor declaravit uel propalauit *B* **153** diuersificatur] versificatur *P* quod diversificatur eis cum] quod est diuersificatur in eis *B* et hec idem] et item *G A*, et hec iterum *Sch.* **153/154** in duas diuiditur] diuiditur in duas *B* in[2]] *om. G* **157** loquax] eloquus *B (semper)*

Or, dans toute religion | il y a des préceptes[391] et des actions; s124
des préceptes – comme ceux qui sont instaurés concernant Dieu, dont la renommée est sublime[392], et ce que l'on enseigne sur lui[393], ou sur le monde et d'autres (choses); des actions – comme celles par lesquelles on magnifie Dieu[394] –, et des actions par lesquelles existe ce qui est institué[395] dans les cités. C'est pourquoi les sciences[396] du droit comportent deux parties: une partie sur les préceptes, une autre sur les actions.

(C.) *La science de la parole (divine)*[397]

L'art de la parole (divine)[398] est une vertu[399] par laquelle l'homme peut, par des mots, défendre les préceptes et les actions définies qu'a énoncés explicitement l'instaurateur de la religion[400], et rejeter tout ce qui en diverge. Cet (art) se divise lui aussi en deux parties: l'une sur les préceptes, l'autre sur les actions, | et il est a132
au-delà de la loi en ce que le législateur[401] prend pour admis les préceptes et les actions qu'a énoncés explicitement l'instaurateur de la religion, et en fait des principes à partir desquels il fonde[402]

[391] Comme tout à l'heure (p. 186,67), *sententia* rend *ra'y* (p. 206,299), littéralement: «vision, point de vue, conception».

[392] L'arabe porte: *subḥānuhu* («qu'il soit exalté»).

[393] Au lieu de *et de eo quo ipso narratur* (*et fide* DG 140 , 3), l'arabe énonce: «et les attributs qu'on lui reconnaît».

[394] L'arabe ajoute: «puissant et sublime».

[395] *Ea que sunt statuta*: nous ignorons ce que GC a lu ou compris pour rendre de la sorte, en reprenant le verbe *statuere* (voir plus haut, n. 391), les *mu'āmalāt* («échanges» – ici: «relations entre personnes»), qu'il a traduits pourtant auparavant par *commercia* (p. 226,11).

[396] L'arabe use ici d'un singulier.

[397] (*Scientia*) *eloquationis*: ce néologisme, présent uniquement en *B*, et dû peut-être à une main ultérieure, témoigne bien de la difficulté liée à la compréhension et à la traduction du terme arabe *kalām*; voir note suivante (*scientia eloquendi* DG, ALONSO ALONSO, p. 133,3).

[398] *Ars* (*scientia*, en p. 154,5 seqq.) *elocutionis*: ce choix trahit l'habituelle approximation propre à une certaine traduction de *al-'ilm al-kalām*. Celle qui fait appel à l'expression «théologie dialectique» pour rendre l'idée maîtresse d'un dialogue sur Dieu, paraît la plus convenable.

[399] *Virtus* en latin, quand l'arabe dit *malaka* («habitus») – voir plus haut, p. 198,229.

[400] *Secte positor* (*wāḍi' al-milla*) fait pendant à *legis positor* (voir plus haut, p. 298, n. 139), et désigne le fondateur de la communauté religieuse.

[401] *Legista* traduit *faqīh*, spécialiste du *fiqh*, qui veille au respect et à l'application de la loi religieuse au moyen de l'arsenal juridique.

[402] Sur *invenire* = *istanbaṭa*, voir plus haut, p. 299, n. 387.

bus usus est pro radicibus legista, preter quod ipse inueniat ab eis
res alias. Cum ergo contingit ut insit alicui homini potentia super
utramque rem simul, tunc est legista et loquax. Est ergo defensio
eius in illis per hoc quod est loquax, et inuentio eius per eas per
hoc quod est legista. Modi uero et sententie quibus oportet tueri
sectas, sunt isti. Nam quibusdam loquatium uidetur ut defendant
sectas, dicentes quod sectarum et tocius quod est in eis depositio-
nibus non est uia sua ut experiantur sententiis, et consideratione
multa, et | rationibus humanis, quoniam sunt altioris ordinis eis, s126
cum sint | assumpte ab inspiratione diuina, quoniam in eis sunt p173
secreta diuina a quorum comprehensione debilitantur rationes
humane, nec consequuntur ea. Et iterum hominis uia non est

158 radicibus eius] *ante corr.* *G* **160** tunc] ratio *G* **161** in] *om. A* per eas] in illas *B* **161/162** per hoc quod est loquax et inuentio eius per eas per hoc quod est legista] *om. A* legista est ergo defensio eius in illis] *add.* *G* **162** oportet] *om. G* **163** loquatium] loquatium sunt isti *P Pal. sic*, eloquatium *B* **164** est in eis] in eis est *B* **164/165** depositionibus] dispositionibus *G A* **167** eis] eius *G*, ex eis *A* **167** assumpte] absumpte *A* **168** secreta] secta *G A*

les choses qui en résultent; le théologien[403] défend[404] les choses dont le législateur s'est servie comme de principes, si ce n'est qu'il ne fonde pas lui-même d'autres choses. Donc, s'il arrive qu'un homme soit capable des deux opérations à la fois, il est alors et législateur et théologien: il défend les choses susdites en tant qu'il est théologien, il en fonde (de nouvelles) en tant qu'il est législateur.

Quant aux modalités et préceptes par lesquels il convient que les religions soient sauvegardées, les voici. C'est un fait que, concernant certains théologiens, il s'en trouve, semble-t-il, qui défendent les religions en disant que (les préceptes propres) aux religions et à tout ce qui appartient à leurs institutions[405] ne sont pas susceptibles d'être soumis à l'épreuve ni des préceptes, ni de
la considération poussée[406], ni | des intellects[407] humains, par- s126
ce qu'elles leur sont d'un niveau plus élevé, | étant reçues d'u- p173
ne révélation[408] divine, (et) parce qu'elles renferment des secrets divins que les intellects humains sont trop faibles pour percevoir et auxquels ils n'accèdent pas. En outre, il n'existe pas pour l'homme d('autre) moyen d'atteindre lui-même ce que réalise la

[403] *Loquax* (pour *mutakallim*, littéralement: «celui qui parle»): comme en arabe, le mot est à mettre en relation d'étymologie avec la *scientia* ou l'*ars elocutionis* (*kalām*), dont le *loquax* est le spécialiste. À la différence du *faqīh*, il explique, commente et défend la loi religieuse par l'argumentation raisonnée et la discussion.

[404] *Defendere* ici, *tueri* une dizaine de lignes plus loin: une *variatio sermonis* que ne pratique pas l'arabe, qui porte deux fois *naṣara*.

[405] *Depositio* pour *waḍ'*, rendu auparavant (p. 238,102) par *situs*: il est possible que GC ait donné à ce substantif l'un des sens attachés au verbe *deponere*, d'où il est issu, à savoir «rendre dépositaire de», ici des structures établies par l'autorité, que sont les institutions.

[406] *Consideratio multa*: une étrange périphrase pour traduire *ru'ya* («réflexion»).

[407] L'emploi de *ratio* pour rendre *'aql* est une particularité de GC, qui traduit le substantif de la même manière dans sa version du *Risāla fī l-'aql* d'*al-Kindī*, où ce dernier ne fait cependant jamais référence, parmi les quatre sens philosophiques du terme qu'il y énumère, au *kalām;* voir J. JOLIVET, *L'intellect selon al-Fārābī*, dans *Mélanges offerts à Henri Laoust*, Institut Français de Damas 1977 (Bulletin d'études orientales, 29), pp. 251-259, notes 1 et 2. En revanche, dans l'autre version du traité kindien que l'on possède, qui pourrait être de DG, le traducteur choisit *intellectus*, et le plus important des traités sur la question, le *Maqālāt fī ma'ānī l-'aql* d'AF, a été transmis aux latins, peut-être là aussi par DG, avec l'intitulé *De intellectu et intellecto*; voir GILSON, *Les sources gréco-arabes* cit. (chap. III, à la note 52). Le devenir de la question tend d'ailleurs à montrer que l'équivalence *'aql* = *ratio* est restée sans écho.

[408] *Inspiratio* pour traduire *waḥī*, est un choix curieux, qui écarte, on ne sait pourquoi, le traditionnel *revelatio*.

ut ipsum adhipisci faciat prophetia nisi illud cuius proprietas est ne ipsum comprehendat ratione sua et a quo ipsius ratio non pertransit. Et si non tunc inspirationi non esset intentio | nec a133 lucrum cum homo non lucraretur nisi illud quod scit et quod ei possibile est comprehendere sua ratione cum ipsum considerauerit. Et si esset ita dimittendi essent homines suis rationibus, et non esset eis necessitas prophetie neque inspirationis. Verum illud non est factum eis; quapropter oportet ut sit illud quod adhipisci facit secte ex scientiis et illud cuius comprehensio non est in potentia nostrarum rationum amplius non illud tantum, immo et quod nostre rationes negant et iam, nam totum quod uehementer est negatum apud nos, est ultimum in hoc ut sit adeptum. Et illud est, quoniam illa que suscipiuntur in sectis que negant rationes, et abhorrent mentes, non sunt in ueritate neganda nec inconuenientia immo sunt uera in rationibus diuinis, nam licet homo consequatur finem perfectionis in humanitate, tamen ordo eius apud habentem rationes diuinas, est ordo infantis et pueri apud homine perfectum. Sicut enim plures infantium et puerorum | negant suis rationibus res plures de illis que in ueritate non sunt s128 negande nec impossibiles, et uidetur istis | quod sint impossibiles, a134 similiter est ille qui est in fine perfectionis rationis humane, apud habentes rationes diuinas. Et sicut homo antequam erudiatur et exerceatur negat res plures et abhorret eas, et immaginatur ipsi in eis quod sunt impossibiles et quando eruditur in scientiis et

170 prophetia] prophetica *G A*, prophetia uel inspiratio *B* illud] id *A* illud cuius] id cum *G* est] *om.* *G A* **171/172** ipsius ratio non pertransit] ipsius ratio *inv.* *B*, ipsius non pertransit *A*, ‹ratio› ipsius non pertransit *Sch.* **172** et] nam *B* non[2]] *om.* *G A* **173** cum] ut *A* illud] id *G A* et quod] *sic post corr.* *G* **174/175** comprehendere sua ratione cum ipsum considerauit] apprehendere ratione sua cum ipsum considerauerit ratione sua *B* **175** et si esset ita] et si ei ita esset *B* suis rationibus] *inv.* *B* **176** eis] *om.* *B* inspirationis] inspiratione *B*, (in) inspiratione *Pal.* **176/177** illud non est] non est illud *B* **177** illud quod] id quod *A* **178** secte ex scientiis et] secte ex sententiis *G Sch.* comprehensio] inspiratio *B* **179** illud] id *G* tantum] tamen *Pal.* **180** rationes] actiones *G A* et] qua *G* **181** ut] quod *B* **183** abhorrent] abhorres *A* **184** in] *om.* *G* **185** tamen] *iter.* *A* **186** apud † † *B* **187** homine] hominem *G A* **189** istis] eis *B* **189/190** et uidetur ... est] similiter cum *G*, cum uidetur. est *A* **190** rationis *om.* *G A* **191** habentes] habentem *G Sch.* rationes diuinas] rationam diuinam *B* **192/193** eas et imaginatur ipsi in eis] eas et uidetur ei *B* **192** ipsi] ipse *G A* quando] quin *Pal.*

prophétie[409] que (d'accepter) ce dont la propriété est telle que lui-même ne le perçoive pas par son intellect, et au delà de quoi son intellect ne va pas; sans cela, il n'y aurait alors ni sens | ni profit pour la révélation si elle ne faisait profiter l'homme que a133
de ce qu'il sait et peut percevoir par son intellect en réfléchissant lui-même. S'il en était ainsi, il faudrait confier les hommes à leur intellect et il n'y aurait certes pas besoin de prophétie ni de révélation. {Mais il n'en a pas été ainsi pour eux; c'est pourquoi il faut que ce que font atteindre les religions par les sciences soit aussi ce dont la perception n'est pas du ressort de nos intellects et, bien plus encore, (soit) ce que nos intellects refusent aussi, car tout ce que nous refusons le plus vivement est ce qui vaut au plus haut point d'être acquis.} Et il en est ainsi puisque ce qu'offrent les religions (en fait de choses) que refusent les intellects et à quoi les esprits répugnent, n'est pas véritablement à refuser ni ne constitue une absurdité, mais au contraire est vrai pour les intellects divins. Car même si un homme a atteint l'idéal de la perfection dans l'humanité, cependant sa situation, en comparaison de celui qui possède des intellects divins, est la situation d'un enfant et d'un adolescent[410] en comparaison d'un homme accompli. En effet, de même que beaucoup d'enfants et d'adolescents | refusent, par leurs intellects, bien des choses qui ne sont pas véritablement à refuser ni impossibles, mais leur apparaissent s128
| comme étant impossibles, semblablement en est-il de celui qui est parvenu au point d'accomplissement de l'intellect humain en a134
comparaison [de ceux qui possèdent] des intellects divins[411]. Et de même qu'avant de devenir érudit et averti l'homme refuse de nombreuses choses, y répugne, s'imagine à leur propos qu'elles sont impossibles et quand il est devenu érudit par les sciences

[409] *Prophetia*, alors que le texte arabe répète «révélation» (*waḥī*), le terme «prophétie» (*nubuwwa*) n'y intervenant qu'une seule fois, quelques lignes plus loin.

[410] *Infans et puer*: deux termes seulement comme dans *M*, au lieu des trois que comportent, sans conjonction de coordination, plusieurs autres mss. arabes: *ṣabīyy*, *ḥadaṯ* et *ġirr* («garçon, jeune homme, novice»).

[411] *Habentes rationes diuinas*: la précision *habentes* ne se retrouve pas en arabe («en comparaison des intellects divins»), bien qu'elle fasse pendant avec celle qui intervient quelques lignes plus haut (*habentem rationes diuinas*), et qui figure en arabe, mais avec un sujet pluriel («ceux dont les intellects sont divins»).

exercetur experimentis, remouentur ab eo ille uie in eis, et conuertuntur que erant | apud eum impossibiles, et fiunt ipse ne- p174 cessarie et fit apud eum illud de quod mirabatur prius in ordine quod miratur de eius contrario, similiter non prohibetur homo perfecte humanitatis quin neget res et imaginetur ei quod sunt impossibiles preter quod in ueritate sint ita.

Ergo propter res istas uisum est istis ut ponant uerificationem sectarum, quod ille qui aduenit nobis per inspirationem ex deo, sit uerax, et non licet ut iam sit mendax. Et uerificatur quod est ita ex uno duorum modorum: aut per miracula que ipse facit aut apparent super manus eius, aut per testimonia eorum qui precesserunt ante ipsum ex ueridicis | quorum suscepti sunt sermones a135 super ueritatem huius, et ordinis ex deo glorioso et sublimi, aut per utrosque simul. Cum ergo uerificauerint ueritatem eius hoc modo, et quod non est possibile ut sit mentitus, tunc non oportebit ut remaneat post illud in rebus quas dicit impossibile rationibus nec perscrutatio nec preuisio nec consideratio. Per ista ergo et eis similia uisum est istis ut defendant sectas.

Et quibusdam aliis uidetur ut defendant sectas ita ut referant s130 in primis omnia que propalauit positor secte et iam per dictiones quibus interpretatus est de eis; deinde distinguendo sequuntur

194 in experimentis *G A B Sch.* remouentur] et mouentur *G* **195** ipse] ei *B* **196** illud] id *G* quod] quo *G Sch.* mirabatur] mirabantur *G A* **198/199** imaginetur ei quod sunt impossibiles] iudicatur ei impossibiles *B* **199** sunt] sint *G* **200/201** uerificationem sectarum quod ille] ad uerificationes sectarum quod ille *A* **202/203** est ita] *inv. G A* **204** super] inter *B* **205** ueridicis] indiciis *G* **206** ordinis eius ex *G A B* **207** uerificauerint] uerificauerimus *G A B Sch.* **208** ut sit] *om. A* **208/209** oportebit] apparebit *G* **209** dicit] dictum *A* **210** nec^{2} est *G* preuisio] peruisio *Pal.* **211** et ... sectas] *om. A* **212** uidetur ut defendant sectas] uisum est *B* **213** et iam *om. G*, et *Pal.*

et averti[412] par les expériences, se détourne de ses voies[413] propres – les (choses) qui a ses yeux étaient impossibles s'inversent
| et deviennent elles-mêmes nécessaires, et ce dont auparavant p174
il s'émerveillait relève (à présent) de ce dont le contraire l'éton-
ne –, de la même façon rien n'empêche qu'un homme d'une
humanité accomplie refuse (certaines) choses et s'imagine qu'elles sont impossibles sans qu'elles le soient en vérité. C'est donc
au moyen de ces choses que ces (théologiens) jugent bon d'établir l'authenticité des religions, parce que celui[414] qui est venu
à nous par une révélation émanant de Dieu était vérace, et il n'est
pas permis de (penser) qu'il ait été alors menteur. Et on vérifie
qu'il en est ainsi de l'une de ces deux manières: soit par les miracles que lui-même[415] accomplit ou qui se produisent par son
intermédiaire, soit par les témoignages véridiques d'(hommes)
qui se sont présentés antérieurement à lui, | (et) dont on doit a135
admettre les dires concernant sa vérité et (celle) de son rang relativement à Dieu, glorieux et sublime[416], soit par les deux à la
fois. Donc, une fois qu'ils auront, de cette façon, authentifié sa
vérité et (constaté) qu'il n'est pas possible qu'il ait menti, alors
il ne sera pas permis qu'après cela demeure, dans les choses qu'il
énonce, (quelque chose) d'impossible[417] pour les intellects, ni investigation, ni anticipation[418], ni considération. C'est donc par ces
(arguments) et d'autres semblables que ces (théologiens) jugent
bon de défendre les religions.

| Certains autres (théologiens) pensent renforcer les reli- s130
gions[419] en plaçant en premier lieu tout ce que l'instaurateur de
la religion a énoncé explicitement, et dans les termes par lesquels

412 *Exercere*, comme deux lignes plus haut, bien qu'en arabe il s'agisse de deux formes différentes du même verbe: *taḥannaka* («être averti») et *iḥtanaka* («être instruit»).

413 *Via*, qui traduisait précédemment (p. 252,247) *tarīq* («voie»), traduit ici *ẓann* («opinion»), rendu plus haut (p. 204,276) par *opinio*; cfr. aussi p. 187, n. 106. D'après M. Katouzian-Safadi, la graphie des deux termes arabes étant assez proche, GC a pu les confondre.

414 *Ille*: il s'agit du Prophète Mahomet.

415 Cet *ipse* reprend le *ille* précédent, et renvoie donc au même Prophète.

416 AF dit: *ǧalla wa-ʿazza* («sublime et puissant»).

417 GC, sans doute par une faute de lecture, a lu *maḥāl*, qu'il traduit convenablement par *impossibile* avec l'ablatif, là où l'arabe dit *maǧāl* («une place pour»).

418 *Perscrutatio* et *preuisio* traduisent respectivement *ta'ammul* et *rawiyya*.

419 Ce pluriel, quand AF use d'un singulier, montre qu'il s'agirait, pour GC, de toutes les religions, quelles qu'elles soient.

sensata, et famosa, et rationata, et per ea que inueniunt ex eis aut ex commitantibus ab eis quamuis elongetur testimonium alicuius ex eis que sunt in secta, defendunt illam rem; et que inueniunt ex eis contraria alicui ex eis que sunt in secta, et possibile est eis exponere dictiones quibus interpretatus est de ea positor secte secundum modum conuenientem illi contrarietati licet expositione longinqua exponunt super eam. Et si non est eis possibile illud, et est eis possibile respuere illud contrarium, et ut afferant illud secundum modum conuenientem ei quod est in secta, faciunt illud. Quod si contraria sunt famosa et sensata in testimo | niis, sicut p175 si sensata aut comitantia ab eis faciunt necessarium esse aliquid, et famosa aut comitantia ab eis faciunt necessarium esse contrarium illius, | considerant ad illud quod est fortioris testimonii ei quod a136 est in secta, et accipiunt illud et respiciunt aliud, et reiciunt. Si uero non possunt afferre dictionem secte secundum quod conuenit uni istorum, nec afferre aliquid istorum secundum quod conuenit secte et non est eis possibile ut respuant nec ut re | iciant s132 aliquid ex sensatis nec famosis, nec rationatis que contraria sunt testimoniis eorum, uidetur eis tunc ut defendant illam rem ita ut dicant quod est uerum, quoniam interpretatus est illud ille quem non fuit possibile mentiri nec errare. Et dicunt isti in hac parte

215 et[1]] in *G* per] propter *A* inueniunt] inueniuntur *B* **216** commitantibus] commutantibus *G* alicuius] alicui *G*, alieni *Pal.* **217/218** defendunt ... in secta] *om. B* **219** exponere] exponant *Pal.* **219** interpretatus est] interpretatur *G* (interpretantur *ante corr.*) **221/222** illud et est eis possibile] *om. G A* **222** et ut afferant] et afferunt *G*, et ut afferunt *A*, aut afferrant *Sch.* **224** contrarium] contrario *Pal.* **225** comitantia] commutantia *G*, commitancia *A* ab eis] ea *B* **225/226** aliquid ... esse] *om. B* **226** comitatia] commutantia *G A* esse] † *G* **226/227** contrarium illius] *inv. G A* ad] *om. B* **227** ei quod] ea † quod *B* **228** illud] id *G* respiciunt aliud] respiciunt respuunt aliud *B* **229** dictionem] dictione *G* **230** aliquid] aliud *B* nec affere aliquid istorum] *om. G* **229/230** conuenit ... quod] *om. A* **231** et nec *G A* **234** est uerum] *inv. B* ille] esse *G* quem] quod *G B*, qui *Pal.* **235** fuit possibile *inv. G A*

il l'a rapporté. Ensuite, ils se mettent à séparer[420] les choses sensibles, les (choses) notoires (et) les (choses) intelligibles, et quand ils trouvent, parmi elles ou dans ce qui y est impliqué, fût-ce de loin, un témoignage d'autrui sur les (articles) qui sont dans la religion, ils le renforcent; quand ils y trouvent (un point) qui contredit l'un (des articles) qui sont dans la religion, et qu'il leur est possible d'exposer les expressions par lesquelles l'instaurateur de la religion l'a rapporté d'une façon compatible avec le (point) contradictoire, et même si c'est par une interprétation éloignée, ils l'exposent[421]. Et si cela ne leur est pas possible, mais qu'il leur est possible de récuser le contraire et de l'admettre d'une façon compatible avec ce qu'il y a dans la religion, ils le font. Que si dans les témoignages les (choses) notoires et sensibles sont contraires, |
par exemple si les choses sensibles ou celles qui y sont impliquées, p175
font que quelque chose est nécessaire, et que les (choses) notoires, ou celles qui y sont impliquées, font que son contraire est néces-
saire, | ils considèrent laquelle de ces (choses) témoigne le plus a136
fortement en faveur de ce qu'il y a dans la religion et l'adoptent, et examinant l'autre ils la rejettent. Mais s'ils ne peuvent admettre l'expression (utilisée) dans la religion selon ce qui est compatible avec l'une des (choses susdites), ni admettre l'une d'elles selon ce qui est compatible avec la religion, et qu'il ne leur est pas
possible de récuser ni de rejeter | quelqu'une des (choses) sensi- s132
bles, ni des (choses) notoires, ni des (choses) intelligibles, qui sont contraires à leurs témoignages[422], ils pensent alors qu'ils doivent défendre cette chose en disant que c'est vrai, parce que cela a été rapporté[423] par celui qui ne peut ni avoir menti ni s'être trompé:

[420] *Distinguendo sequuntur* ici («ils se mettent à séparer») et plus bas (l. 240) *investigando sequantur* («ils se mettent à scruter»): à une traduction correcte de la cinquième forme du verbe arabe *tabiʿa* («scruter» – d'où *distinguere* et *investigare*) le traducteur a curieusement juxtaposé celle de la première, qui signifie «suivre» (d'où *sequi*).

[421] *Licet expositione longinqua exponunt super eam*: le *super eam* traduit *'alayhi*, qui peut signifier, comme l'a compris GC, «sur lui», mais aussi, et c'est ce qu'il convient d'entendre ici, «de cette façon» (*i. e.*: «*ils l'exposent* de cette façon»). La parenté morpho-sémantique entre *expositio* et *exponere* existe aussi en arabe: ***ta'wīl*** et *ta'wwala*.

[422] *Contraria sunt testimoniis eorum*, quand le texte arabe porte: «*qui sont contraires à* une chose qui se trouve dans la religion». GC a donc vraisemblablement lu *šahāda* («témoignage») au lieu de *šay'* («chose»).

[423] *Interpretari*: GC emploie le même verbe que plus haut (p. 306,214),

secte, quod dicunt illi primi in omnibus suis. Per hunc ergo modum uidetur istis, ut defendant sectas.

Et quibusdam istorum uidetur ut defendant huiusmodi res, scilicet, que immaginantur in eis quod sunt horribiles, ita ut inuestigando sequantur reliquas sectas, et colligant res horribiles que sunt in eis. Cum ergo uoluerit aliquis illorum qui sunt de illis sectis destruere | aliquid de illis que sunt in secta istorum, a137
opponunt isti per illud quod est in secta illorum de rebus horribilibus et expellunt ipsum per illud a secta sua. Et alii eorum propter ea quod uident quod in sermonibus quibus fit defensio huiusmodi rerum non est sufficientia ad hoc ut per eos uerificentur ille res uerificatione perfecta, ita ut sit silentium aduersarii eorum ab eis per uerificationem eorum ad plurimum, nec deficit resistere eis in ipsis per sermonem, indigent tunc ut utantur cum eis, rebus que refrenant illum ad hoc ut sileat a resistentia eorum aut uerecundando, aut stupendo, aut timendo ex malo quod ueniet ei. | Et aliis propter ea quod eorum secta est uera p176
apud illos nec ambigitur in eius ueritate, uidetur ut de|fendant s134
eam apud alios et faciant eam bonam et auferant horribilia ex ea et reiciant aduersarios suos ab ea cum quacumque re contingit, et non curant si utantur mendatio, et faciente errare et deceptione et tumultuatione, quoniam ipsi uident quod ille qui contrarius est | secte ipsorum, est unus duorum hominum: aut inimicus et licet a138

238 istorum] eorum *G A* huiusmodi] huius *G* **243** isti] sibi *G*, istis *B* illud] id *G* **244** ipsum] illud *G*, illum *A B* illud] id *G* **245** quod uident] euident *G* quibus] quidem *G* fit] sit *Pal.* **246** huiusmodi] huius *G* **247** uerificatione] ueritate *G* aduersarii] aduersariis *B* **248** ad plurimum] apud illud *P*, apud illum *B Sch.* **248/249** nec deficit] neque cessat *B* **249** eis in ipsis] in eis ipsis *G*, in eis in ipsis *A*, eis *B* **250** cum eis] *om. B* **250** rebus que] *om. G A* **252** propter ea] preterea *Pal.* **253** ambigitur] ambigetur *G A B* **254** eam] se *G* et^{3}] *om. A* **255** contingit] continget *G* et^{1}] *om. GA* **257** tumultuatione] tumulatione *G* qui contrarius est] *iter. ante corr. B* **258** ipsorum] eorum *B* **258/260** licet ut amministretur mendatium et quod errare facit inde reiciendo et in ipsum uincendo] † (tunc *Sch.*) licitum est ita † (contra *Sch.*) eum mendatio et deceptione ut resistatur ei aut uincatur *B*

ces (théologiens-)ci disent à propos de cette partie de la religion ce que disent ceux-là, les premiers (cités), à propos de toutes ses (parties). C'est de cette façon qu'ils pensent défendre les religions.

Et certains de ces (théologiens) pensent défendre de pareilles choses, à savoir (celles) dont on imagine qu'elles sont scandaleuses, en se mettant à scruter les autres religions pour recueillir les choses scandaleuses qui s'y trouvent. Si donc l'un de ceux qui appartiennent à ces (autres) religions veut éliminer[424] | quelqu'une a137
des (choses) qui se trouvent dans la religion des (théologiens), ceux-ci s'opposent à lui en évoquant ce qui, en matière de choses scandaleuses, se trouve dans la religion (de ceux auxquels ce dernier appartient), et écartent le (reproche) même par ce qui relève de sa propre religion[425].

D'autres encore, en cela qu'ils pensent que, dans les propos par lesquels se fait la défense de pareilles choses, il n'y a pas suffisamment de quoi vérifier ces choses d'une vérification parfaite, {en sorte que le silence de leur adversaire face à eux serait dû à une vérification de ces (choses) mêmes chez la plupart et non à ce qu'il aurait échoué à leur résister sur ces mêmes (choses) par (son) propos – (en ce qu'ils pensent cela)} ils sont alors contraints d'user avec eux[426] de moyens qui réfrènent l'(adversaire), afin qu'il se taise au lieu de leur résister, étant plein de honte ou de confusion, ou craignant un malheur qui pourrait lui arriver.

D'autres enfin, (considérant) que leur religion est vraie [dans p176
(l'opinion) des uns] sans qu'il y ait de doute sur sa vérité, pensent la défendre | dans (l'opinion) des autres, la présenter sous un bon s134
jour, en écarter le scandaleux, et repousser ses adversaires, par tout moyen qui peut se présenter. Ils n'ont cure d'user du mensonge et d'induire en erreur, à la fois par la tromperie et la contestation bruyante[427], parce qu'ils pensent que celui qui s'oppose | à leur a138
religion appartient à l'un de ces deux (types d')hommes: ou bien

à la différence de l'arabe qui en change: *'abbara 'an* («exprimer, formuler»), et ici *'abbara bi* («rapporter, raconter»).

[424] *Destruere*: seule la leçon adoptée par *M* présente un terme approchant: *fasaḥa* («détruire»), les autres mss. arabes portant ici: *qabbaḥa* («déclarer abominable») – voir plus haut, p. 281, n. 338.

[425] C'est ce qu'il convient d'appeler l'apologétique interreligieuse.

[426] *Cum eis*: l'arabe dit *ma'ahu* («avec lui»), que GC a dû lire *ma'ahum* («avec eux»).

[427] *Tumultuatio* tente de restituer l'arabe *mukābara* («insolence»).

ut amministretur mendatium et quod errare facit inde reiciendo et in ipsum uincendo, sicut fit in euntibus ad pugnam et in pugna; aut non est inimicus set ignorat quid pertineat sibi ipsi ex hac secta per debilitatem sue rationis et sue discretionis, et licet ut deducatur homo ad illud quod pertinet sibi ipsi cum mendatio et eo quod errare facit, sicut fit mulieribus et infantibus.

Completus est liber.

259 inde] in *G Sch.* reiciendo] indeiciendo *ante corr. P* **260** et in ipsum] eum et ipsum *A* et in ipsum uincendo] eum et ipsum iudicando *G* **261** set] si *B* est ... sibi] *rub. P* quid] quod *G* **262** per] propter *B* sue] *om. B* licet] liceat *GA*, licitus est *B* **262/263** et sue ... homo] *rub. P* **263** illud] id *B* ipsi] ex ea *B* **264** eo quod errare facit] deceptione *B* mulieribus et infantibus] in mulieribus et pueris siue infantulis *B* **263/264** mendatio ... mulieribus] *rub. P* **265** completus est liber] *rub. P*, completus est liber alfrabii uel albunazir de sentenciis *G*, completus est liber alpharabii uel albunazir de scientiis *A*, explicit *B*

c'est un ennemi, et il est permis d'user du mensonge[428] et de l'induire en erreur pour, à partir de là, le repousser et le vaincre en lui-même, comme cela se fait chez ceux qui vont au combat ou partent à la guerre[429]; ou bien ce n'est pas un ennemi mais, à cause de la faiblesse de son intellect et de son discernement, il ignore ce qui est important pour lui-même dans cette religion, et il est permis de pousser (cet) homme vers ce qui est important pour lui-même par le mensonge et par ce qui l'induira en erreur, comme on le fait pour les femmes et les enfants.

Le livre est achevé.

[428] *Mendatium* (*muġālaṭa*) serait à entendre ici au sens fort de «fait d'induire en erreur, sophisme». Mais il devient alors redondant avec la périphrase qui le suit (*quod errare facit*), et qui désigne précisément le sophisme chez GC (voir pp. 206,292-293 et 218,414).

[429] *In euntibus ad pugnam et in pugna*: la nuance, mal comprise, nous semble impossible à marquer en conservant le parallélisme nominal (on pourrait également traduire par «ceux qui vont au combat et y participent»); en arabe, elle est beaucoup plus nette: «comme cela se fait dans la guerre sainte (*al-fī al-ǧihād*) et la guerre profane (*al-ḥarb*)».

POSTFACE

MAX LEJBOWICZ

DU TRADUCTEUR À LA TRADUCTION
DU TACTICIEN DE LA DIVERSITÉ À LA STRATÉGIE DE L'UNIVERSEL*

À la mémoire
de Boris de Schloezer

1. *En guise de Postface*[1]

Je n'ai jamais ressenti le besoin de lire Victor Hugo en anglais, et surtout pas les *Misérables*, que, préadolescent, j'ai eu la chance de découvrir dans une édition intégrale du XIXe siècle, chez un instituteur retraité, ami de ma famille. Eh bien, j'ai eu tort! J'aurais appris qu'il en existait des versions anglaises où avaient été « supprimés des obscénités, des digressions, des métaphores, des excentricités, des développements hors sujet, des argots inaudibles, des adjectifs superflus », bref tout ce torrent impétueux qui m'avait jadis emporté et submergé, et qui, au-delà des rebondissements de l'intrigue et de l'attrait exercé par les personnages, m'avait installé au cœur d'un royaume enchanté, celui de la littérature. J'aurais été de surcroît privé « des références à l'esclavage jugées malvenues ou des évocations politiques inopportunes », grâce auxquelles l'Hugo original m'était apparu comme un grand frère

* L'acculturation médiévale arabo-latine au XIIe siècle relève de ces problématiques où l'on vérifie au mieux qu'un paysage intellectuel se précise toujours plus par le croisement des trajectoires qui le suscitent. La postface de Max Lejbowicz n'a point d'autre objectif: créer et enrichir le débat en proposant une idée concurrente de la nôtre, et laisser au lecteur l'initiative de les confronter, parce que nul volet de l'histoire de la pensée ne se borne à une interprétation qui aurait légitimité à se l'approprier. Le questionnement des textes et des contextes n'est jamais aussi conceptuellement fécond que lorsqu'il se nourrit de l'hétérogénéité de ses approches [A. G.].

[1] Je remercie Jean Celeyrette dont la lecture attentive d'une première version de ce texte m'a permis de préciser certains aspects de mon analyse.

en humanité, un homme capable de me servir de guide dans le labyrinthe du monde. Mais voilà que ce rétrécissement d'un des géants des lettres françaises imposé aux lecteurs d'outre-Manche vient d'être corrigé: la nouvelle traduction des *Misérables* due à Julie Rose et parue chez Vintage Classics comporte cent mille mots de plus que celle de Norman Denny, « la plus connue des Anglais car elle est publiée par Penguin Classics »; et, satisfaction suprême, cet « exploit » a reçu l'onction de l'hugolien, orthodoxe quoiqu'Anglais, Graham Robb[2].

Est-ce que, confronté à l'histoire de ces dommages finalement réparés, je dois, dans un premier temps, me répandre en invectives contre les méfaits trop longtemps perpétrés par la perfide Albion à l'encontre d'une gloire de notre Panthéon national? Et, dans un second, reconnaître, pour l'encenser, la récente conversion d'un sujet de sa Majesté à une francophilie de bon aloi – une conversion à mettre peut-être au compte des attaches australiennes de la traductrice et de son genre, peu respectueux, dit-on, de traditions trop rigides? C'est une voie d'approche possible ; et, avec le rebondissement qu'elle comporte, elle est tentante. Je préfère ne pas céder à ses charmes. Je choisis de m'interroger sur les penchants qui, sous toutes les latitudes et à toutes les époques, inclinent les traducteurs à être plus ou moins fidèles à leur source, indépendamment de leur sexe et de leur culture d'origine ; et je n'essaie pas de marquer une nette rupture entre les traductions qui seraient respectueuses de l'original et celles qui ne le seraient pas ; je les dispose tout au plus sur un continuum dépourvu de changement de nature. C'est en adoptant cette attitude systématique de compréhension, que je voudrais comparer la manière dont Dominique Gundisalvi d'une part et Gérard de Crémone de l'autre ont accueilli un traité du Xe siècle abbaside, l'*Énumération des sciences* d'al-Fārābī. Apparemment, tout rapproche les deux auteurs latins: ils travaillent durant la même période, grosso modo les années 50 à 80 du XIIe siècle, dans la ville frontière par excellence de l'époque, Tolède ; et ils manifestent le même intérêt pour les productions intellectuelles de l'aire arabo-islamique.

[2] J'emprunte ces informations à P. Assouline, *Nouvellement traduit du français*, in « Le Monde 2 », n° 256, 10-16 janvier 2009, p. 12; les parties mises entre guillemets sont extraites de cet article.

Les données documentaires qui rendent malgré tout si différent leur usage de l'*Énumération des sciences* ont fait l'objet, durant ces derniers cent ans, d'éditions de texte et de travaux qu'Alain Galonnier rappelle, commente et complète avec grand soin. Elles ne sont pas récusables. Une fois reconnu, le traitement différent que ces deux auteurs imposent au même texte demande à être expliqué ; plus précisément: peut-on cerner les motifs de chacun d'eux dans la réception du traité d'al-Fārābī?

Une première explication vient à l'esprit de manière quasiment réflexe. Elle consiste à ramener les différences relevées à l'événement politique majeur qui a marqué d'une empreinte indélébile la Péninsule ibérique médiévale. Il s'agit de ce que les historiens hispanisants appellent aujourd'hui à peu près unanimement la « Reconquista »[3]. Un tel phénomène historique pluriséculaire aurait agi différemment sur les deux auteurs: imprégnant en profondeur l'autochtone Gundisalvi, il aurait tout juste effleuré l'émigré crémonais. Nouveau venu Tolède, Gérard aurait jeté sur la richesse des bibliothèques arabes passées sous contrôle castillan le regard enthousiaste du néophyte que ne troublent guère le poids d'un héritage tumultueux et la crainte de menaces toujours présentes (les Almohades, on le sait, ne relâcheront leurs pressions qu'à partir de 1212, après la bataille de Las Navas de Tolosa). De son côté, Gundisalvi, issu des territoires disputés depuis des siècles par des régimes politico-religieux adverses, aurait fait passer son intérêt pour les écrits arabes au filtre d'une éducation reçue sur les lieux mêmes de la confrontation ; elle l'aurait porté à tempérer son attirance des bibliothèques arabes par une circonspection façonnée par des siècles de tension. De fait, le *De scientiis* de Gérard de Crémone (vers 1175-1180) témoigne d'une fidélité littérale à al-Fārābī, tandis que dans son propre *De scientiis* (vers 1150) et dans son *De divisione philosophiae*, Gundisalvi se détache de la lettre farabienne: il rassemble et ordonne divers extraits d'œuvres tant arabes que latines, et plus nettement encore dans le second que dans le premier traité[4]. Telle est la thèse déve-

[3] Voir la discussion dans J. F. O'Callaghan, *Reconquest and Crusade in Medieval Spain*, Philadelphia 2003, pp. 1-22 (chap. 1, « Reconquest, Holy War, and Crusade »).

[4] Le résultat de l'étude d'A. Rucquoi, *Gundisalvus ou Dominicus Gundisalvi?*, in « Bulletin de philosophie médiévale », 41 (1999), pp. 85-106 – il convient

loppée avec beaucoup d'érudition dans le présent ouvrage. Mais, je le redis, une autre voie est possible, qu'avec l'accord d'Alain Galonnier j'ai souhaité suivre dans cette Postface, afin de garder toujours à vif la question de l'interculturalité et des approches multiples qu'elle suscite.

2. *Au tamis de la lexicographie*

En y regardant d'un peu plus près, le mot de « Reconquista » recouvre sous une appellation unique bien des singularités historiques qu'elle uniformise en les conformant à une norme préétablie. Il est ignoré des langues vernaculaires de la Péninsule à l'époque médiévale et n'a pas d'équivalent en latin, classique ou médiéval ; de sorte que la « Reconquista » est un non-dit au moment même où elle est censée mobiliser les énergies nordistes. Le mot apparaît en castillan très tardivement et dans une conjoncture peu commune: pour l'un, « dans le contexte de la guerre acharnée que se livrent les Habsbourg et l'Empire ottoman »[5]; pour l'autre, lors de la guerre d'indépendance menée sur le sol espagnol contre le pouvoir et les armées napoléoniens[6]. Je n'ai pas les compétences pour trancher entre ces deux versions. Quels que soient leurs désaccords sur la date d'apparition du mot, les deux historiens cités s'accordent sur un fait: « Reconquista » a reçu son sens actuel au début du XXe siècle, avec « la génération de 1898 », celle qui dut affronter les conséquences de la guerre hispano-américaine, au terme de laquelle l'Espagne perdit Cuba, Guam, Puerto Rico et les Philippines. Tout se passe comme si le Moyen Âge avait servi à compenser la dureté des temps présents – un Moyen Âge conquérant dont, pour accepter de

de distinguer un Gundisalvus, traducteur, d'un Dominicus Gundisalvi, philosophe – a été récusé par A. Fidora et M. J. Soto Bruna, *'Gundisalvus ou Dominicus Gundisalvi?' – Algunas observaciones sobre un reciente articulo de Adeline Rucquoi*, in « Estudios Eclesiásticos », 76 (2001), pp. 467-473, comme le rappelle Alain Galonnier (*supra*, p. 44).

[5] P. Conrad, *Histoire de la Reconquista*, Paris 1999², pp. 5-7.

[6] Cfr. T. Deswarte, *De la destruction à la restauration. L'idéologie du royaume d'Oviedo-Léon (VIIIe-XIe siècles)*, Turnhout 2003, pp. 5-6 (ne parle pas de l'enquête de Conrad citée à la note précédente). Sur le débat que suscite en Espagne le passé arabe de la péninsule, voir M. García Arenal, *Al-Andalus et l'Espagne. La trajectoire d'un débat*, in *Construire un monde? Mondialisation, Pluralisme et Universalisme*, éd. par P. R. Baduel, Paris 2007, pp. 33-51.

récentes frustrations, il fallait réécrire l'histoire à la lumière d'une nouveauté lexicale surgie lors de victoires remportées bien plus tard. Comme le note Thomas Deswarte: « Ce mot de Reconquête ne s'impose pas *a priori* au médiéviste »[7]. À cette remarque iconoclaste, il faut ajouter l'apport de la sémantique.

« Reconquista », comme le français « reconquête », est un mot ambigu. Il signifie aussi bien « reprendre par conquête » que « conquérir à nouveau ». Manié sans précaution, il tend à estomper la réalité d'une première conquête en attribuant un droit de retour imprescriptible aux envahisseurs qui, ayant soumis un territoire et y ayant régné en maîtres, en ont été par la suite chassés. Ce cas de figure est celui de la Péninsule ibérique médiévale. Les royaumes refuges du Nord de l'Espagne des VIIIe-Xe siècles n'ont pas récupéré peu à peu le reste de la Péninsule que leurs ascendants auraient occupé depuis des temps immémoriaux. Ils ont cherché à conquérir des territoires que les ancêtres en qui ils se reconnaissaient avaient eux-mêmes conquis: les Romains à partir du IIIe siècle av. J.-C., qui avaient vaincu les Ibères et les Celtes[8], et les Wisigoths pendant les Ve et VIe siècle, qui avaient à leurs tours vaincu les émigrés vandales, suèves et alains et les indigènes vascons et cantabres laissés par les Romains invaincus[9]. Dans le grand tohu-bohu qui est l'ordinaire de l'histoire, et à plus d'un demi millénaire d'intervalle, les Romains et les Wisigoths prennent pied en Espagne en conquérants et s'unissent dans une culture romano-wisigothique, « fruit d'un métissage politique, social et culturel »[10]. Ces vainqueurs furent à leur tour vaincus au

[7] *Ibid.*, p. 6; voir également les réticences exprimées sur ce point par Alain Galonnier (*supra*, p. 59): « Cette volonté d'hybridation (celle que Gundisalvi pratique), peut-être unique dans le milieu des traducteurs tolédans, et plus largement arabo-latin, pourrait alors ouvrir, lors de sa mise en contexte historique, sur l'éventualité d'y voir opérer ce que l'on hasardera à associer, en évitant de parler sans précaution de reconquête et de polémiser massivement les antagonismes islamo-chrétiens, à une sorte de reprise d'ascendant culturel ».

[8] Cette phase de l'histoire de l'Espagne n'est pas mineure: une « ère espagnole », dont l'origine est la date du rattachement de la péninsule à l'empire romain (38 av. J.-C.), a prévalu jusqu'en 1180 en Catalogne, 1349 en Aragon, 1348 à Valence, etc.; voir A. CAPPELLI, *Cronologia, cronografia e calendario Perpetuo*, Milano 1983[15], p. 8.

[9] Je suis M.-C. GERBET, *L'Espagne au Moyen Âge, Ve siècle-XVe siècle*, Paris 2000, pp. 9-44 (chap. 1, « L'*Hispania* des Wisigoths ») et pp. 81-104 (chap. 3, « Préliminaires de la Reconquête »).

[10] J. FONTAINE, *Isidore de Séville. Genèse et originalité de la culture hispanique au*

VIIIe siècle par des Arabes alliés à des Berbères, avant de redevenir, à partir du Moyen Âge central, les maîtres du jeu. Ils se sont alors attribué une légitimité sur la Péninsule qu'ils ont évidemment refusé de reconnaître aux nouveaux vaincus que devinrent leurs anciens vainqueurs. Si l'on veut éviter le jeu de cache-cache entre le droit et la force et les revendications arbitraires qui se parent des oripeaux de la justice, mieux vaut parler de la volonté politique des monarchies chrétiennes nord-ibériques d'opérer un retour à un état initial préalablement sélectionné ; un retour, donc une restauration, avec toutes les indéterminations qui entourent ce mot en histoire.

L'analyse lexicographique est là encore d'un grand secours. Dans l'ensemble des chroniques et des actes des IXe-XIIe siècles ibériques, le verbe *restaurare* et ses dérivés s'accompagnent des verbes *renovare*, *restituere*, *resurgere*, *reedificare*, *reparare* et de leurs dérivés[11]. Mais renouer avec le passé, ce n'est dans ce cas que renouer avec une certaine période du passé, celle que les « restaurateurs » décrètent être l'âge d'or de leur histoire. Cette sélection d'un antérieur clairement circonscrit s'opère en fonction de ce que les agents politiques ressentent comme étant indispensable aux temps présents et à venir: le rapport que l'encadrement politique des populations entretient avec le passé n'est pas celui de l'historien, qui, de surcroît, n'a évidemment pas le ridicule de fixer des objectifs à la formation historique qu'il étudie. Le passé que les politiques valorisent est une création élaborée à l'articulation d'une conception du présent et d'une vision du futur. Il reste à l'historien de se dégager, autant que faire se peut, des pressions de son temps, pour déceler les forces créatrices qui travaillaient en profondeur la période du passé dont il a fait son thème d'étude et dont il cherche à restituer le présent en tant que tel. Ces forces façonnent cette période passé de deux manières, organiquement liées: elles agissent selon un modèle qu'elles empruntent à une période de leur propre passé, tout en l'orientant vers des formes

temps des Wisigoths, Turnhout 2000, p. 15; voir aussi S. TEILLET, *Des Goths à la nation gothique. Les origines de l'idée de nation en Occident du Ve au VIIe siècle*, Paris 1984, pp. 317-369 (Troisième partie, « Le nationalisme wisigothique au VIIe siècle »).

[11] Cfr. DESWARTE, *De la destruction à la restauration* cit. (à la note 6), pp. 304-318 (chap. VII, « Restaurer », avec ses subdivisions: « Reconstruire et rétablir les institutions », « Renouer avec le passé » et « Améliorer »).

idéalisées, qui sont à ce moment-là de l'ordre du projet[12]. Une récente étude, centrée sur un événement de l'histoire médiévale de l'Espagne, apporte une belle démonstration de cette plasticité du passé réécrit et réorienté selon les échéances présentes et une vision de l'avenir[13]. L'historien ne sait quasiment rien de très assuré sur cette bataille de Covadonga datée le plus souvent de 722, parfois de 737, si ce n'est que « quelque chose » de nature belliqueuse s'est progressivement transformé pour atteindre une valeur mythique, dont la postérité s'est emparée pour l'interpréter en fonction de ses intérêts, ou plus exactement d'une certaine conception de ses intérêts.

La notion de « Reconquista » étant récusée et remplacée par celle de « Restauratio », telle du moins qu'elle peut être comprise au moment même où elle se forme dans une société donnée, je peux préciser le point de vue que j'adopte pour analyser la différence de traitement réservée à la même source arabe par les deux auteurs latins. Il comporte deux aspects, l'un de récusation, l'autre d'orientation. Le premier rejette la « Reconquista » comme facteur explicatif. Si, dans son attitude vis-à-vis du traité d'al-Fārābī, Dominique Gundisalvi se démarque de Gérard de Crémone, ce n'est sans doute pas parce qu'il serait plus sensible que son collègue à cette aventure guerrière récrite par les médiévistes, quand bien même elle a été telle qu'elle fut. Le second aspect repose sur une hypothèse de travail qu'il convient de confronter avec les faits et les idées. Bien que Dominique Gundisalvi et Gérard de Crémone puisent ailleurs que dans la tradition où ils ont été formés de quoi nourrir leur passion de savoir, ils ne vivent pas de la même manière cette ouverture vers d'autres horizons, ni n'en font pas le même usage. Malheureusement, les textes qu'ils ont laissés ne parlent pas des mobiles qui les animaient ni des finalités

[12] Selon S. M. Adams, E. Bosch, P. L. Balaresque et al., *The genetic legacy of religious diversity and intolerance: paternal lineages of Christians, Jews, and Muslims in the Iberian Peninsula*, in « The American Journal of Human Genetics », 83, 6 (2008), pp. 725-736 (accessible sur le web), 10,60 % des Espagnols actuels ont des ascendances nord-africaines et 19,80 % juives séfarades.

[13] Cfr. P. Henriet, *Le jour où la « reconquête » commença: jeux d'écritures et glissement de sens autour de la bataille de Covadonga (VIIIe-XIIIe siècles)*, in *Faire l'événement au Moyen Âge*, éd. par C. Carozzi – H. Taviani-Carozzi, Aix-en-Provence 2008, pp. 41-58. Dans les sources citées, la notion de « restauration » joue un rôle majeur en dépit de la « reconquête » du titre.

qu'ils se proposaient d'atteindre. Tout au plus pourrais-je utiliser « l'*accessus ad auctorem* mis au point par les *socii* » de Gérard « dont le style hagiographique est loin de toujours conférer à l'ensemble une valeur documentaire »[14]; la restriction vaut surtout si l'on veut cerner la personnalité de Gérard, non l'image que ses proches en avaient. Quoiqu'il en soit, au regard du but que je poursuis, je préfère me passer d'un tel texte et choisis de recourir à d'autres, quitte à changer d'auteur.

3. *Un détour*

Adélard de Bath est un traducteur arabo-latin (je préciserai plus loin cette qualification), dont la génération suit celle de la conquête normande de l'Angleterre et précède celle de Gundisalvi et de Gérard de Crémone. Liée aux nouveaux maîtres du pays[15], sa famille est probablement originaire de ce haut-lieu de la culture carolingienne que fut la Lotharingie, marquée par les premiers contacts de la chrétienté latine avec la science arabe[16]. Il a laissé plusieurs indications autobiographiques dans son *Sur le Même et le Divers*[17] et ses *Questions naturelles*. La nature de ces textes, et plus spécialement celle des extraits sur lesquels je m'appuie, diffère de la nature de l'*accessus* des *sociis* de Gérard: avec

[14] GALONNIER, *supra*, p. 51.

[15] Cfr. M. GIBSON, *Adelard of Bath*, in *Adelard of Bath. An English scientist and a Arabist of the Early Twelfth Century*, éd. par Ch. Burnett, London 1987, [pp. 7-16], pp. 7-8.

[16] Cfr. W. BERGMANN, *Innovationen im Quadrivium des 10. und 11. Jahrhunderts: Studien zur Einführung von Astrolab und Abakus im lateinischen Mittelalter*, Stuttgart 1985, à compléter par P. KUNITZSCH, *Les relations scientifiques entre l'Occident et le monde arabe à l'époque de Gerbert*, in *Gerbert l'Européen*, Actes du colloque d'Aurillac (4-7 juin 1996), éd. par N. Charbonnel et J.-É. Iung, Aurillac 1997, pp. 193-203; C. BURNETT, *The Introduction of Arabic Learning into England*, London 1997, pp. 14-16.

[17] ADELARDUS BATHONIENSIS, *De eodem et diverso*, éd. et tr. anglais in ID., *Conversations with his Nephew: On the Same and the Different, Questions on Natural Science and On Birds*, edd. C. Burnett – I. Ronca – P. M. España – B. van den Abeele, Cambridge 1998, [pp. 1-79], pp. 4, 6, 52 et 70; et ID., *Quaestiones naturales*, *ibid.*, [pp. 81-235], pp. 82, 90, 102, 118 et 123. – Les raisons de traduire « diversum » par « le Divers » et non par « l'Autre », comme il est de tradition pour le texte platonicien, ou par « le Différent », comme le propose le plus récent éditeur de cette œuvre d'Adélard (voir la note suivante), apparaîtront par la suite. P. DUHEM, *Le système du monde*, Paris 1915, p. 170, avait fait le même choix, sans donner ses raisons.

eux, un traducteur parle directement de sa quête du savoir. Je fais le pari que, *mutatis mutandis*, ces informations éclairent les motivations et les objectifs de tous les traducteurs arabo-latins du XIIe siècle.

Le *Sur le Même et le Divers* d'Adélard s'ouvre en reconnaissant l'aptitude des Modernes à compléter l'apport des Anciens[18]. Il se termine peu après l'exhortation de « s'adresser aux maîtres de différents peuples ». Adélard précise à l'intention de son neveu: « Ce que l'enseignement gaulois ignore, l'autre côté des Alpes le dévoilera ; ce que tu n'apprends pas chez les Latins, la Grèce éloquente te l'enseignera »[19]. Même si cette distribution dissymétrique des enseignements de part et d'autre des Alpes est à l'époque contestable[20], l'important est de relever la conviction de l'auteur et de noter les mesures qu'il propose pour corriger le déséquilibre dont il parle. Ayant taxé les maîtres gaulois d'insuffisances, il refuse de se satisfaire de cet état de choses ; il exprime sa conviction qu'il existe de meilleurs maîtres à l'extérieur de la latinité et il exhorte son interlocuteur à les rejoindre[21]. Les *Questions naturelles* vont plus loin et élargissent cet horizon éducatif bien au-delà des Alpes: elles le place au-delà de la chrétienté. Adélard raconte, au début des *Questions*, qu'il retrouve son neveu après sept ans d'absence. Celui-ci a continué à fréquenter à Laon les écoles gauloises, tandis que son oncle a pratiqué les écoles arabes[22] (ce passage fait probablement allusion à un véritable voyage qui a conduit l'auteur jusqu'à la récente principauté nor-

[18] ADELARDUS BATHONIENSIS, *De eodem et diverso*, ed. Burnett et al. cit., p. 4; Adélard dit s'adresser à son neveu, sans qu'il soit possible de vérifier l'authenticité de son propos. Les spécialistes ne s'accordent pas sur les dates de cet écrit et des *Questions naturelles*: cfr. BURNETT, Introd., *ibid.*, p. XIV, note 16.

[19] ADELARDUS BATHONIENSIS, *ibid.*, pp. 68 et 70: « (...) Opere precium erit diversarum gentium doctores adire, quodque in singulis elegantius reperies, memorie mandare. Quod Gallica studia nesciunt, Transalpina reserabunt ; quod apud Latinos non addisces, Grecia facunda docebit ». Par *Grecia*, il faut évidemment entendre la Grande-Grèce.

[20] Cfr. B. LAWN, *The Salernitan Questions. An Introduction to the History of Medieval and Renaissance Problem Literature*, Oxford 1963, chap. 2, pp. 16-39.

[21] Il ajoute quelques lignes plus loin, *ibid.*, p. 70: « Et ego cum a Salerno veniens in Grecia Maiore quendam philosophum Grecum qui pre ceteris artem medicine naturasque rerum disserebat, sententiis pretemptarem ».

[22] Cfr. ADELARDUS BATHONIENSIS, *Quaestiones naturales*, ed. Burnett et al. cit. (à la note 17), p. 90.

mande d'Antioche[23]). Pour Adélard, les principes d'enseignement de ces deux types d'école sont différents, sinon antinomiques: les latines soumettent leurs élèves « au licou de l'autorité », alors que les arabes placent les leur « sous la conduite de la raison »[24]. Ces *Questions* s'accompagnent pourtant d'un paradoxe, au moins apparent: si les savoirs arabes y sont admirés, ils y sont peu présents en tant que tels. Les traités qui, au moment de leur rédaction, ont déjà été traduits en latin, comme le *Pantegni*, n'y sont pas utilisés alors que les sujets abordés dans certaines questions en rendaient l'utilisation souhaitable – ce que Guillaume de Conches n'a pas manqué de faire dans sa *Philosophie*[25]. Des traces de connaissances mathématiques et astronomiques d'origine arabe y sont cependant décelables, étant entendu que celles-ci ont transité par l'Espagne, et non par l'Italie comme ce fut le cas du *Pantegni*[26]. Il s'avère précisément qu'Adélard a joué un rôle essentiel dans la traduction latine de traités arabes d'origine espagnole ; soit, en m'en tenant à ceux qui ont bénéficié d'une édition critique, et en suivant, faute de mieux, la chronologie de leur parution: les tables astronomiques d'al-Khwārizmī, les *Éléments* d'Euclide, l'*Abrégé de l'introduction à l'astrologie* d'Abū Ma'shar[27]. Un fait parmi d'autres

[23] Cfr. C. Burnett, *Antioch as a Link between Arabic and Latin Culture in the Twelfth and Thirteenth Centuries*, in *Occident et Proche-Orient: Contacts scientifiques au temps des Croisades*, Actes du colloque de Louvain-la-Neuve (24 et 25 mars 1977), éd. par I. Draelants – A. Tihon – B. van den Abeele, Turnhout 2000, [pp. 1-78], pp. 2-4 et 18.

[24] Cfr. Adelardus Bathoniensis, *ibid.*, p. 102: « Ego aliud a magistris Arabicis ratione duce didici ; tu vero aliud, auctoritatis pictura captus, capistrum sequeris. Quid enim aliud auctoritas dicenda est quam capistrum ? ». Selon l'*Index* de cette édition, *s. v.*, le *Sur le même* utilise quatre fois l'expression *ratione duce*, tout comme les *Questions* ; on peut ajouter à ces huit occurrences, un *ratione iudice* et un *rationis luce*. En faisant des Arabes des maîtres de la raison, Adélard n'est pas à son époque un auteur isolé: Jean Jolivet lui adjoint Anselme de Cantorbéry, Pierre Abélard et Pierre le Vénérable, tout en reconnaissant qu'il occupe dans ce groupe une place singulière ; cfr. J. Jolivet, *L'Islam et la raison d'après quelques auteurs latins des XIe et XIIe siècles*, in *L'art des confins. Mélanges offerts à Maurice de Gandillac*, éd. par A. Cazenave – J.-F. Lyotard, Paris 1985, pp. 153-165 (repris in Id., *Philosophie médiévale arabe et latine*, Paris 1995, pp.155-167).

[25] Cfr. Burnett, Introd., *ibid.*, pp. XXIV-XXX ; pour Guillaume de Conches, voir *ibid.*, p. XXV.

[26] Cfr. Id., *Adelard of Bath and the Arabs*, in *Rencontres de cultures dans la philosophie médiévale. Traduction et traducteurs de l'Antiquité tardive au XIVe siècle*, Actes du colloque internationale de Cassino (15-17 juin 1989), éd. par J. Hamesse – M. Fattori, Louvain-la Neuve – Cassino 1990, [pp. 89-107], pp. 99-100.

[27] Cfr. H. Suter, *Die astronomischen Tafeln des Muhammed ibn Mūsā al-*

souligne la difficulté d'établir la paternité de ces traductions arabo-latines. L'un des meilleurs spécialistes de l'Euclide médiéval, Menso Folkerts, a procédé à cinq ans d'intervalle à une rectification. Après avoir soutenu que la version des *Éléments* éditée en 1983 par Hubert Busard (version dite d'Adélard I) n'était pas due à Adelard[28], il est revenu sur son jugement à la faveur de sa propre coédition d'une autre version des *Éléments* (dite d'Adélard II)[29]. Entre temps, Charles Burnett avait magistralement dénoué les fils de l'énigme par un patient travail de codicologie et de philologie[30]. La filiation des manuscrits et les particularités d'écriture l'ont conduit à montrer qu'Adélard, piètre arabisant, n'avait pas un accès direct aux textes qu'il était censé traduire et qu'il bénéficiait des compétences d'un arabisant d'origine espagnole, Pierre Alphonse. Sépharade converti au christianisme en 1106 alors qu'il vivait à Huesca, capitale de l'Aragon, Pierre Alphonse a été, à partir des années 1106-1110, actif à l'ouest de l'Angleterre[31]. Il était familier des cultures hébraïque, arabe et latine. Adélard, plus arabophile qu'arabisant, a donc baigné dans un milieu culturel dont Pierre Alphonse était la pièce maîtresse[32]; il en a tiré profit plus par l'intermédiaire d'échanges oraux que par l'accès direct et personnel à l'écrit. L'un des signes le plus notoire de cet environnement intellectuel est le traité d'arithmétique, écrit en latin

Khwārizmī in der Bearbeitung des Maslama ibn Ahmed al-Madjrītī und der lateinischen Übersetzung des Athelhard von Bath, auf Grund der Vorarbeiten von A. Bjørnbo und R. Besthorn, Copenhague 1914; H. L. L. BUSARD, *The First Latin Translation of Euclid's* Elements *Commonly Ascribed to Adelard of Bath,* Toronto 1983; et cfr. d'ABŪ MA'SHAR, *The Abbreviation of the Introduction to Astrology*, together with the Medieval Latin Translation of Adelard of Bath, ed. & transl. by Ch. BURNETT – K. Yamamoto – M. Yano, Leiden 1994.

28 Cfr. M. FOLKERTS, *Adelard's Versions of Euclid's* Elements, in *Adelard of Bath. An English scientist* cit. (à la note 15), pp. 55-68, spéc. p. 60.

29 Cfr. H. L. L. BUSARD – M. FOLKERTS, *Robert de Chester (?), Redaction of Euclid's* Elements, *the so-called Adelard II Version*, Bâle – Boston – Berlin 1992, 2 voll., I, pp. 7,18-22. La désignation de ces versions euclidiennes médiévales remonte à l'article fondateur de M. CLAGETT, *The Medieval Latin Translations from the Arabic of the* Elements *of Euclid, with Special Emphasis on the Versions of Adelard of Bath*, in « Isis », 44 (1953), pp. 16-42 (repris in ID., *Studies in Medieval Physics and Mathematics*, London 1979, ét. VIII).

30 Cfr. BURNETT, *Adelard of Bath and the Arabs* cit. (à la note 26).

31 Cfr. J. TOLAN, *Petrus Alfonsi and His Medieval Rearders*, Gainesville (Fl.) 1993, pp. 9-11.

32 Cfr. BURNETT, *The Introduction* cit. (à la note 16), Lecture II, « The Education of Henri II », pp. 31-60.

et titré *Helcep sarracenicum*, que son auteur, H. Ocreatus, un élève d'Adélard, dédicace à son maître. Il faut voir dans ce mystérieux « helcep » une translittération d'« al-ḥisāb », « l'arithmétique, le compte, le calcul »[33].

En nouant des rapports d'études avec Pierre Alphonse, Adélard accédait à l'intelligence des textes arabes, un peu comme à Tolède et un peu plus tard, Dominique Gundisalvi le fera avec Abraham Ibn Daud, un autre séfarade, et Gérard de Crémone avec Galib, cette fois un mozarabe[34]. En dépit de certaines similitudes, ces trois aventures intellectuelles se différencient dans le détail au point de n'être intelligibles qu'une fois leurs spécificités reconnues. Dans le cas d'Adélard de Bath, c'est l'arabisant Pierre Alphonse qui quitte sa région natale pour transmettre sous d'autres cieux ses connaissances linguistiques ; il devient en milieu chrétien, directement ou grâce à des tiers, le propagandiste d'un savoir arabe dont il a quitté l'une des terres d'élection. Dans le cas de Gérard de Crémone, c'est le Latin en quête de savoirs qui s'expatrie et qui, depuis l'une des zones où elles s'étaient formées, travaille, avec l'aide d'autochtones, à propager dans la chrétienté la science et la philosophie arabes. Dans le cas de Gundisalvi enfin, le Latin trouve un collaborateur arabisant sans quitter sa Castille en plein développement territorial. Il a acquis, de même que Gérard, une connaissance de la langue arabe bien supérieure à celle d'Adélard. Ce dernier n'a au mieux que traversé des régions marquées par la culture islamo-arabe. Il a rédigé ses textes dans le pays qui l'a vu naître et qui avait été conquis par une armée à laquelle son géniteur appartenait probablement. Gundisalvi et Gérard sont plus représentatifs qu'Adélard du milieu des traducteurs arabo-latins

[33] Id., Algorismi vel helcep decentior est diligentia*, the Arithmetic of Adelard of Bath and his Circle*, in *Mathematische Probleme im Mittelalter. Der lateinische und arabische Sprachbereich*, éd. par M. Folkerts, Wiesbaden 1996, pp. 221-260 (étude), 261-309 (édition du texte) et 310-331 (reproduction d'extraits de manuscrits); Id., *Ocreatus*, in *Vestigia mathematica. Studies in medieval and early moderns mathematics in honour of H. L. L. Busard*, éd. par M. Folkerts – J. P. Hogendijk, Amsterdam 1993, pp. 69-77.

[34] Cfr. J. S. Gil, *The Translators of the Period of D. Raymundo: their Personalities and Translations (1125-1187)*, in *Rencontres de cultures* cit. (à la note 26), pp. 109-119; plus largement, Rucquoi, *Gundisalvus* cit. (à la note 4), pp. 100-104; A. Fidora, *Abraham Ibn Daud und Dominicus Gundissalinus: Philosophie und religiöse Toleranz im Toledo des 12. Jahrhunderts*, in *Juden, Christen und Muslime: Religionsdialoge im Mittelalter*, hrsg. von M. Lutz-Bachman – A. Fidora, Darmstadt 2004, pp. 17-40.

du XIIe siècle[35]. Il reste que, tout en se différenciant d'Adélard, ils se différencient entre eux. Gérard est attiré par le savoir et colle aux textes où celui-ci s'exprime ; Dominique l'est par les enjeux philosophiques et, pour mieux les cerner, désarticule les textes qui en font état. Les deux traducteurs, en ne se plaçant pas dans les mêmes perspectives, ne peuvent évidemment pas fournir le même type de traduction: à l'un l'enthousiasme du perpétuel néophyte ; à l'autre la distance critique. Pour l'un le texte est une donnée première qui réclame spontanément un respect formel ; pour l'autre, il n'est qu'un moyen à utiliser pour essayer de saisir le fonctionnement de l'esprit.

Les différences qui viennent d'être relevées reposent cependant sur des mécanismes communs. Au XIIe siècle, les communautés fondées sur des identités à la fois religieuses et linguistiques ne vivent pas à l'intérieur de frontières étanches. Elles sont traversées par des formes variées de porosité, qui, favorables aux échanges, sont intellectuellement fructueuses. Les Latins ont ajouté les résultats de ces quelques ouvertures interculturelles aux facteurs grâce auxquels ils ont accédé à une période de forte croissance endogène. La conjonction de ces deux éléments, l'accès à une culture intellectuellement évoluée et un puissant développement interne, a produit une véritable révolution[36] – ce que, par un mimétisme quelque peu réducteur, les médiévistes se sont plu à appeler, depuis Charles Haskins, la Renaissance du XIIe siècle[37]. Si cette période devait recevoir « le doux nom de Renaissance », il conviendrait, pour bien marquer sa spécificité, de le retirer aux XVe et XVIe siècles. En raison de la position d'extériorité qu'il occupe dans le milieu des traducteurs arabo-latins, Adélard est sans

[35] Cfr. D. N. HASSE, *The Social Conditions of the Arabic-(Hebrew-)Latin translation Movements in Medieval Spain and in the Renaissance*, in *Wissen über Grenzen. Arabisches Wissen und lateinisches Mittelalter*, hrsg. von A. Speer – L. Wegener, Berlin – New York, 2006, pp. 68-86.

[36] Cfr. R. I. MOORE, *The first European revolution, c. 970-1215*, Oxford 2000 (tr. fr. *La première révolution européenne, Xe-XIIIe siècle*, Paris 2001).

[37] Ch. H. HASKINS, *The Renaissance of the Twelfth Century*, Cambridge (Mass.) 1927, plusieurs fois réédité depuis. Voir la mise au point lexicale de G. B. LADNER, *Terms and Ideas Renewal*, in *Renaissance and Renewal in the Twelfth Century*, ed. by R. L. Benson – G. Constable, Oxford 1982 (Toronto 1991[2]), pp. 1-33; et le panorama dressé par T. RICKLIN, *'Arabes contigit imitari'. Beobachtungen zum kulturellen Selbstverständnis der iberischen Übersetzer der ersten Hälfte des 2. Jahrhunderts*, in *Wissen über Grenzen* cit. (à la note 35), pp. 47-67.

doute celui d'entre eux qui a le mieux compris cette conquête des savoirs dont le XIIe siècle européen a été le théâtre et dont l'originalité rend cette période foncièrement unique dans l'histoire du continent.

4. *Le retour sous le signe du Même et du Divers*

Avec son titre et en dépit des apparences, *Sur le Même et le Divers* se place sous le patronage immédiat du *Timée*. En m'en tenant à un relevé quantitatif: il en donne à quatre reprises des extraits[38] et Platon lui-même est nommé trois fois[39], sinon il est désigné par antonomase « le Philosophe »[40] et plus encore, au début du texte, dans la dédicace à l'évêque de Syracuse, comme « le Prince des philosophes »[41]. L'auteur du *Timée* est « éminent par l'élévation de son esprit », alors qu'Aristote est simplement « habile en techniques (rhétoriques) »[42]. Ces références explicites demandent d'autant plus d'être rappelées qu'il est d'usage de parler, en traitant de la cosmogonie exposée dans le dialogue platonicien, du Même et de l'Autre. Adélard, s'il ne respecte pas la lettre platonicienne, est fidèle à celle de Chalcidius. Dans le passage le plus décisif pour la thématique en cause[43], celui-ci rend le couple « τόν αὐτόν / τόν ἕτερον » par « idem / diversum », et, dans le reste de sa traduction, il maintient son choix[44].

Une seconde source permet de mieux comprendre la manière de procéder d'Adélard. La *Consolation de Philosophie* de Boèce lui a probablement suggéré la personnification du Même sous les traits d'une femme, et, par entraînement, celle du Divers, sous les traits d'une seconde femme[45]. Chacune de ces figures métamorphose

[38] ADELARDUS BATHONIENSIS, *De eodem et diverso* ed. Burnett et al. cit., pp. 8 (PLATO, *Timaeus*, 18b), 26 (*ibid.*, 44a) et 30 (*ibid.*, 34c et 42a).

[39] *Ibid.*, pp. 10, 20 et 26 (« meus Plato »).

[40] *Ibid.*, pp. 30 (deux fois) et 54 (dans ce passage comme un nom commun).

[41] *Ibid.*, p. 2; mais il partage ce titre avec Aristote aux pp. 10 et 18.

[42] *Ibid.*, p. 20: « (...) mentis altitudine elatus (...) artificialiter callens (...) »; sur l'adjectif qui qualifie les techniques, voir, la note de l'éditeur aux pp. 75-76, note 17.

[43] PLATO, *Timaeus*, 37bc.

[44] CHALCIDIUS, tr. lat. de PLATO, *Timaeus*, ed. J. H. WASZINK, *Timaeus a Chalcidio translatus commentarioque instructus*, adjuv. P. J. Jensen, London 1962, p. 29; voir aussi, dans cette édition, l'*Index graeco-latinus*, *s. v.*

[45] Pour les autres sources, voir J. JOLIVET, *Religions et philosophies dans le chris-*

une abstraction en personnage réel[46]: pour le Même, Philosophie, dans la plus pure tradition boécienne ; pour le Divers, Philocosmie, étant entendu qu'il faut comprendre par ce mot, du moins en première approximation, non « l'amour du cosmos » mais « l'amour du monde » – « le monde » étant pris dans le sens qui, depuis le Nouveau Testament, alimente la réflexion patristique et la pratique monastique, c'est-à-dire « le monde profane ». Cependant, selon la dédicace de l'opuscule, c'est Platon lui-même qui appelle ces deux personnages féminins respectivement le Même et le Divers[47]. L'allégation est abusive. Adélard impute à Platon une association qui est de son fait entre, d'une part, le Même et le Divers platoniciens et, de l'autre, le couple Philosophie / Philocosmie obtenu par la disjonction de la Philosophie boécienne. Enfin, des traces boéciennes de Philocosmie se décèlent dans les servantes qui l'accompagnent. Chacune des deux femmes dispose en effet d'une suite. Celle de Philosophie est composée de sept jeunes filles, qui sont les incarnations des arts libéraux ; celle de Philocosmie, de cinq servantes, qui permettent d'accéder à la Richesse, à la Puissance, aux Honneurs, à la Renommée et à la Volupté: « Toutes les cinq sortent manifestement du passage de la *Consolation* de Boèce (III, pr. 2) où est esquissé 'le tableau de la félicité humaine': *opes*, *honores*, *potentiam*, *gloriam*, *voluptates* »[48]. Pour n'être pas une reprise directe de la *Consolation*, la personnification du Divers reste en relation avec elle, et à deux titres: par le double négatif de la Philosophie qu'elle incarne et par la désignation des servantes dont elle est pourvue. Les première et dernière phrases des propos que la Philosophie boécienne tient sur la félicité humaine comportent l'adjectif *diversus*[49]: Adélard

tianisme et l'islam au Moyen Âge, in « Annuaire de l'École pratique des Hautes Études », V[e] sect., 86 (1977-1978), pp. 379-386 (I), et 87 (1978-1979), pp. 364-367 (II).

[46] Cfr. P. Courcelle, *La Consolation de Philosophie dans la tradition littéraire. Antécédents et postérité de Boèce*, Paris 1967, pp. 52-53; et Id., *Adélard de Bath et la* Consolation *de Boèce*, in *Kyriakon: Festschrift Johannes Quasten*, hrsg. von P. Granfield – J. A. Jungmann, Münster i. W. 1970, 2 voll., II, pp. 572-575.

[47] Cfr. Adelardus Bathoniensis, *ibid.*, p. 2: « Hanc epistolam 'de eodem et diverso' intitulavi, quoniam videlicet maximam orationis partem duabus personis – Philosophie scilicet atque Philocosmie – attribui, una quarum 'eadem', altera vero 'diversa', a Principe Philosophorum appellatur ».

[48] Jolivet, *Religions et philosophies* cit. (à la note 45), (I) p. 381.

[49] Cfr. Anicius Manlius Severinus Boèce, *Consolatio Philosophiae*, III, pr.

a pu voir dans ces occurrences le prolongement du *diversum* de Chalcidius et, par voie de conséquence, trouver confirmé son syncrétisme platonico-boécien.

Les deux femmes vantent les valeurs qu'elles représentent et décrient celles de leur interlocutrice. Vaincue par les arguments qu'avance une Philosophie secondée par l'auteur, Philocosmie se retire, « muette de honte »[50]. Philosophie reste maîtresse du terrain: son adversaire incarne bien une réalité si négative, qu'il faut, non la convaincre et l'amener à résipiscence, mais l'éliminer. Au-delà des péripéties qu'Adélard prête à ses deux personnages, il reste qu'il a réuni dans un même ensemble deux textes majeurs de l'histoire de la philosophie médiévale. Un siècle plus tard, alors que les traités aristotéliciens jusqu'ici inconnus des Latins ont commencé leur lente conquête des esprits, la lecture du *Timée* et de la *Consolation* est toujours préconisée par le premier règlement conservé de l'université de Paris. Le maître en théologie et cardinal qui le promulgue en 1215[51], Robert de Courçon, meurt quatre ans après, pendant le siège de Damiette, où l'a conduit ses fonctions de prédicateur de la Cinquième Croisade et d'adjoint au chef religieux de celle-ci, Pélage d'Albano[52]. Étrange destin médiéval que celui de ces deux textes: ils inspirent l'un des grands arabophiles latins du XIIe siècle, tandis qu'au début du XIIIe, un artisan de la croisade, qui devait mourir dans un camp militaire installé dans le delta du Nil, le prescrit aux artiens de la jeune université de Paris. Si, par leurs faits et gestes, Adélard et Robert

2, 2 et 20, éd. C. MORESCHINI, München – Leipzig 2000, pp. 59-60 et 62: « Omnis mortalium cura, quam muliplicium studiorum labor exercet, diverso quidem calle procedit, sed ad unum tamen beatitudinis finem nititur pervenire. (...) Bonum est igitur quod tam diversis studiis homines petunt ; in quo quanta sit naturae vis facile monstratur, cum licet variae dissidentesque sententiae tamen in diligendo boni fine consentiunt ». Les deux adjectifs qui qualifient les *sententiae* ne peuvent que renforcer l'idée de la diversité humaine.

[50] ADELARDUS BATHONIENSIS, *ibid.*, p. 34: « pudore stupida ».

[51] Cfr. O. WEIJERS, *Le maniement du savoir. Pratiques intellectuelles à l'époque des premières universités (XIIIe-XIVe siècles)*, Turnhout 1996, pp. 9 et 14. Sur les tensions que ce règlement est censé apaiser, voir C. MEWS, *Communautés de savoirs. Écoles et collèges à Paris au XIIIe siècle*, in « Revue de synthèse », 129 (2008), [pp. 485-507], pp. 490-493.

[52] Cfr. M. et Ch. DICKSON, *Vie de Robert de Courson*, in « Archives d'histoire doctrinale et littéraire du Moyen Âge », 9 (1934), pp. 53-142; J. W. BALDWIN, *Masters Princes and Merchants. The Social Views of Peter the Chanter & his Circle*, 2 voll., Princeton 1970, I, pp. 19-25, et II, pp. 9-15.

se situent de part et d'autre d'une frontière invisible, ils n'en honorent pas moins les mêmes auteurs et n'en sacrifient pas moins aux mêmes dieux.

Pour Platon, on le sait, le Même se rapporte à l'intelligible et l'Autre au sensible. Quant aux rapports de subordination qu'entretiennent l'intelligible et le sensible platoniciens, ils ont été analysés ainsi par un des meilleurs spécialistes actuels du *Timée* et plus généralement de Platon:

> Platon affirme que la forme intelligible est le modèle (*archetypus, exemplar, exemplum, indicium*) sur lequel le démiurge fixe ses regards, lorsqu'il façonne le monde visible. Ainsi tout chose sensible, se trouvant dans le monde visible, lui ressemble-t-elle au plus haut degré (*similitudo*) et, de ce fait, reçoit-elle le même nom qu'elle (*appellationis parilitas*), car elle en est le *simulacrum*, l'image (*imago*), l'imitation (*imago*) ou la copie (*simulacrum*). Plus généralement, la forme intelligible est ce à la ressemblance de quoi (*ex quo similitudinem trahit mutuaturque*) toute chose sensible est façonnée ; c'est la raison pour laquelle Platon compare la forme intelligible au père, et la chose sensible à l'enfant né au sein de la mère qu'est le réceptacle[53].

La suite de Philocosmie n'est manifestement pas l'image, l'imitation ou la copie de celle de Philosophie, outre la dissymétrie de leur suite, qui ne trouble guère Adélard. Pour lui, l'intelligible et le sensible ne sont pas deux réalités cosmico-anthropologiques nécessairement complémentaires et organiquement solidaires. Le monde sensible qu'il esquisse se démarque de celui que Platon élabore en recherchant le fondement rationnel de ce qui est, à partir de la genèse présumée de celui-ci. Avec Philocosmie, Adélard se concentre sur les faits et gestes de séculiers qui, tournant le dos aux arts libéraux, agissent pour l'unique satisfaction de leurs besoins personnels les plus immédiats. En mettant au point cette imagerie, il rompt avec la philosophie du Prince des

[53] L. BRISSON, *Le Même et l'Autre dans la structure ontologique du* Timée *de Platon. Un commentaire systématique du* Timée *de Platon*, Sankt Augustin 1994², rev. et augm. (1ère éd.: 1974; je n'ai pu avoir accès à la 3e éd., 1998); ici: pp. 128-129. Brisson donne en grec les termes techniques utilisés par Platon en les mettant entre parenthèses, sauf à la quatrième occurrence ; je les ai tous remplacés par ceux de Chalcidius, non sans respecter scrupuleusement le reste de la citation. Centrant mon analyse sur la thématique d'Adélard, je m'en tiens au latin.

philosophes et, en même temps, infléchit celle de Boèce. À y regarder de près, les servantes de Philocosmie incarnent l'ensemble des particularités qu'une conception naïve des rapports sociaux attribue en bloc aux grands de ce monde, même si le commun des mortels n'échappe pas à certaines. Adélard dresse, en face des activités intellectuelles les plus nobles qu'il puisse concevoir, les facilités auxquelles, à l'entendre, se laissent aller à coup sûr les nantis qui se désintéressent les arts libéraux ou qui les ignorent. En transformant le sensible platonicien en symbole des excès où sombre le personnel politique, il introduit une franche dichotomie entre les pratiques du savoir et l'exercice du pouvoir. Savoir et pouvoir forment pour lui deux univers, qui sont exclusifs l'un de l'autre, comme le signifie le départ de Philocosmie à mi-traité. Sur ce point précis, Adélard a remplacé l'ontologie du *Timée* par une éthique sociale et plaide indirectement pour une vie mondaine faite de modestie et de tempérance, et entièrement dévolue à la sagesse. On peut soutenir qu'Adélard édulcore Platon en le moralisant. On peut également soutenir qu'à partir de la seule œuvre de Platon partiellement disponible durant le Moyen Âge latin, il en complète comme il peut, et plutôt maladroitement, la philosophie, dont la dimension ontologique est inséparable de la dimension politique[54].

L'analyse de ce texte serait cependant incomplète si elle n'intégrait pas l'une de celles que Jean Jolivet lui a consacrées, pour découvrir, au cœur de la dispute que les deux femmes soutiennent, l'expression d'un véritable « amour des choses »[55]. Au cours de leur affrontement, Philocosmie puis Philosophie se font poétesses. En distiques élégiaques, six pour celle-là, huit pour celle-ci, elles continuent à vanter les mérites de leur conception du monde et à couvrir d'opprobres celle de leur antagoniste, non sans alimenter leurs effusions lyrico-polémiques de réminiscences boéciennes[56]. En dépit de leur altercation et sans rien céder à l'adversaire, elles se rejoignent malgré tout sur l'« amour

[54] Cfr. J.-F. Pradeau, *Platon et la cité*, Paris 1997.

[55] Cfr. J. Jolivet, *Adélard de Bath et l'amour des choses*, in *Métaphysique, histoire de la philosophie. Recueil d'études offert à Fernand Brunner*, éd. par G. Boss, Neuchâtel 1981, pp. 77-84 (repris in Id., *Philosophie médiévale* cit. [à la note 24], pp. 247-254).

[56] Cfr. *ibid.*, pp. 79-80 (ou pp. 249-250).

du visible et de la lumière »[57]. Dans un même mouvement, et bien qu'elles se réclament d'options philosophiques opposées, elles préparent le terrain où les *Questions naturelles* vont prospérer: « Le réseau de concepts qu'Adélard y jette sur les choses les laisse à leur libre existence et n'efface pas leurs couleurs »[58]. Pour l'instant, Philocosmie reproche à la philosophie de nier la singularité des choses au nom d'une vaine quête de l'universel. Philosophie critique le sensualisme dont sa rivale est la porte-parole: il empêche celui qui s'en réclame de remonter jusqu'à la cause de la beauté du monde.

Est-ce que la controverse que ces deux femmes soutiennent n'illustre pas aussi le dilemme que la traduction instaure et que les traducteurs affrontent[59]? Soit nier la singularité foncière des langues en les soumettant à la traduction, sorte d'opération chirurgicale qui altère de toutes manières la langue de départ et laisse des cicatrices lexicales et syntaxiques dans la langue d'arrivée. Soit, pour éviter les dégradations prévisibles de part et d'autre, se plaire, voire se complaire, dans la singularité des langues au point de décréter la traduction impossible. En refusant le second terme de l'alternative et en accomplissant sa vocation, celui qui endosse l'habit de traducteur ne remporte jamais que des victoires à la Pyrrhus. Ils se jouent des deux écueils et se rabattent par nécessité sur une voie moyenne, dont la moralité n'est pas la qualité première: nécessairement traduire en trahissant et tra-

[57] *Ibid.*, p. 81 (ou p. 251).

[58] *Ibid.*; voir aussi J. JOLIVET, *Les* Quaestiones naturales *d'Adélard de Bath ou la nature sans le Livre*, in *Études de civilisation médiévale (IXe-XIIe siècles). Mélanges offerts à Edmond René Labande*, Poitiers 1974, pp. 437-445 (repris in ID., *Philosophie médiévale* cit., pp. 237-246).

[59] J'indique, en suivant leur date d'édition, les ouvrages qui m'ont le plus marqué, indépendamment de leur intérêt pour le Moyen Âge, et sans que j'adhère aux idées qu'ils développent: V. LARBAUD, *Sous l'invocation de saint Jérôme*, Paris 1946 (j'ai utilisé l'édition de 1973); G. STEINER, *Après Babel. Une poétique du dire et de la traduction*, trad. de l'anglais [*After Babel. Aspects of Language and Translation*, Oxford 1975] par L. LOTRINGER, Paris 1978; J.-C. MARGOT, *Traduire sans trahir. La théorie de la traduction et son application aux textes bibliques*, préface de G. Mounin, Lausanne 1979; A. BERMAN – G. GRANEL – A. JAULIN et al., *Les tours de Babel*, Mauvezin 1985; P. COUMAS, *Les citoyens du monde. Histoire du cosmopolitisme*, trad. de l'allemand [*Weltbürger: Geschichte einer Menschheitssehnsucht*, Hambourg 1990] par J. Étoré, Paris 1995; *Translators Through History*, éd. par J. DELISLE et J. WOODSWORTH, Amsterdam 1995; S. L. MONTGOMERY, *Science in Translation. Movements of Knowledge through Cultures and Time*, Chicago 2000.

hir en traduisant. À ceci près que la trahison dont ils se rendent coupables ne consiste pas seulement à bousculer les langues tout en essayant de les respecter. Elle est inhérente à sa démarche. En traduisant, et parce qu'ils traduisent, les traducteurs reconnaissent l'insuffisance de chacune des deux cultures, dont la langue est l'outil le plus pertinent: insuffisance d'audience pour la langue de départ, insuffisance de créativité pour la langue d'arrivée. Le geste de traduire est ainsi confronté à une double limite, qu'il tente de dépasser sans jamais parvenir à ses fins de manière totalement satisfaisante. En se plaçant à l'articulation de deux langues et donc de deux cultures, les traducteurs soulignent les insuffisances de chacune des deux parties, langue et culture confondues, et cherchent à les combler tout en se doutant que leur quête est illimitée: la rencontre de deux cultures abâtardit et exalte chacune d'elles et relance le débat interculturel. Quelles que soient les insuffisances qui lui sont consubstantielles, la traduction est une entreprise indispensable à l'accomplissement de la diversité d'une humanité qui ne se limite pas à une seule langue et à une seule culture. Elle navigue entre la diversité des langues dont elle fait son miel et une identité du langage qui n'existe qu'à l'horizon d'une entreprise, sans cesse à reprendre et à améliorer, et jamais achevée. Elle rejette, en même temps, l'identité unique et la diversité à tout-va, pour instaurer un entre-deux instable qui prend la forme mythique d'une identité diverse et d'une diversité unifiée, créatrice d'un dynamisme conquérant où se redéfinissent, chacune pour son compte, les cultures ainsi mises en présence, ainsi mises à l'épreuve.

Il faut imaginer les traducteurs en traîtres heureux. Il faut imaginer les lecteurs des traductions en complices satisfaits.

Paris, avril 2009

BIBLIOGRAPHIE

Index siglorum

AL = Aristoteles Latinus
BGPMA = Beiträge zur Geschichte der Philosophie des Mittelalters
BGPTMA = Beiträge zur Geschichte der Philosophie und Theologie des Mittelalters (post 1928)
CLPAM = *Cahiers du laboratoire de philosophie ancienne et médiévale de la faculté de philosophie de l'université de Laval*
CSEL = Corpus Scriptorum Ecclesiasticorum Latinorum
PIHAIS = *Publications of the Institute for the History of Arabic-Islamic Science*

Sources

AL-FĀRĀBĪ, *Kitāb al-qiyās*, éd. R. AL-ʿAJAM, *Almanṭiq ʿinda al-Fārābī*, II, Beyrouth 1986.

— *Kitāb al-ḥurūf*, ed. M. Mahdi, *Alfarabi's Book of Letters (*Kitāb al-ḥurūf*). Commentary on Aristotle's Metaphysics. Arabic Text edited with Introduction and Notes*, Beirut 1969.

— *Kitāb Iḥṣā' al-ʿulūm*, éd. O. Amine, *Al-Farabi, La statistique des sciences*, Le Caire 1931, 1949 (repr. F. Sezgin, Frankfurt am Main 1996 [PIHAIS, 10], pp. 1-148) et 1968; éd. I. Mansour, *Ihsha' el-'Ulum. Énumération des sciences ou classification des sciences*, Beyrouth 1991.

— *Maqālat fī maʿanī al-ʿaql*, éd. M. Bouyges, Beyrouth 1938 (voir *De intellectu et intellecto*).

De ortu scientiarum, hrsg. von C. Baeumker, *Alfarabi über den Ursprung der Wissenschaften* (De ortu scientiarum), Münster (Westf.) 1916 (BGPMA, 19, 3); repr. F. Sezgin, Frankfurt am Main 1999 (PIHAIS, 7), pp. 345-378.

De intellectu et intellecto, éd. É. Gilson, *Les sources gréco-arabes de l'augustinisme avicennisant, Appendice I*, in «Archives d'Histoire Doctrinale et Littéraire du Moyen Âge», 4 (1929-1930), pp. 5-141 (traduction anonyme du *Maqālat fī ma'anī al-'aql* de Fārābī).

GERARDUS CREMONENSIS (les intitulés sont ceux de la *Commemoratio librorum*), *Distinctio alfarabii super librum aristotelis de naturali auditu*, hrsg. von A. Birkenmajer, *Eine wiedergefundene Übersetzung Gerhards von Cremona*, in *Aus der Geisteswelt des Mittelalters. Studien und Texte Martin Grabmann [...] gewidmet*, 2 voll., Münster (Westf.) 1935 (BGPMA, 3, 1), I, pp. 475-481 (pp. 472-475, pour le texte).

— *Liber Alchindi de aspectibus tractatus I*, voir *Liber Jacob AlKindi* De causis diversitatum aspectus et dandis demonstrationibus geometricis super eas, ed. A. A. Björnbo (révisée par H. Hugonnard-Roche), avec une traduction française de J. Jolivet – H. Sinaceur – H. Hugonnard-Roche, révisée par R. Rashed, in *Œuvres philosophiques et scientifiques d'al-Kindī*, éd. J. Jolivet – R. Rashed, 2 voll., Leiden – New York 1997, I, pp. 437-534.

— *Liber Alchoarismi de iebra et almucabala tractatus I*, voir B. HUGHES, *Gérard of Cremonas' translation of Al-Khwārizmī's* Al-Jabr*: A Critical Edition*, in «Mediaeval Studies», 48 (1986), pp. 211-263.

— *Liber Almagesti tractatus XIII*, hrsg. von P. Kunitzsch, *Claudius Ptolemaüs, Der Sternkatalog des* Almagest. *Die arabisch-mittelalterliche Tradition*, II. *Die lateinische übersetzung Gerhards von Cremona*, Wiesbaden 1986-1991.

— *Liber Alfarabii de scientiis*, ed. À. G. Palencia, *Al-Fārābī.* Catálogo de las ciencias. *Edición y traducción castellana*, Madrid 1932 et 1953; hrsg. von F. Schupp, AL-FĀRĀBĪ, *Über die Wissenschaften.* De Scientiis, *Lateinisch-Deutsch*, Hamburg 2005.

— *Liber Alfragani continens capitula XX*, voir R. CAMPANI, Alfragano, *Il libro dell'aggregazione delle stelle*, pubblicato con introduzione e note, Firenze 1910.

— *Liber analeticorum posteriorum aristotelis tractatus II*, edd. L. Minio-Paluello – B. G. Dod, Bruges – Paris 1968 (AL, IV 1-4).

— *Liber Anaritii super Euclidem*, voir A. LO BELLO, *Medieval Philosophy, Mathematics, and Science. Gerard of Cremona's Translation of the Commentary of al-Nayrizi on Book I of Euclid's* Elements of Geometry, Leiden 2003.

— *Liber [Aristotelis] celi et mundi tractatus IV*, ed. I. Opelt, in *Alberti Magni Opera omnia*, V, I, ed. P. Hossfeld, Münster 1971.

— *Liber Aristotelis de expositione bonitatis pure* [*Liber de causis*], ed. A. Pattin, Leuven 1966.

— *Liber Aristotelis methaurorum tractatus III*, voir *Liber Aristotelis Philosophi sapientis in factura impressionum superiorum quae fiunt in alto et inferius*, ed. P. L. Schoonheim, *Aristotle's Meteorology in the Arabico-Latin Translation. A Critical Edition of both Texts, with Introduction, Index, and Registers*, Leiden 2000.

— *Liber commentarii Themistii super posteriores analeticos tractatus I*, voir *Themistius' Paraphrasis of the* Posterior Analytics *in Gerard of Cremona's Translation*, ed. J. R. O'Donnell, in «Mediaeval Studies», 20 (1958), pp. 239-315.

— *Liber Euclidis tractatus XV*, voir H. L. L. Busard, *The Latin Translation of the Arabic Version of Euclid's* Elements *Commonly Ascribed to Gerard of Cremona*, Leiden 1983.

— *Liber Iacob alkindi de sopno et visione*, ed. A. Nagy (BGPMA, 2, 5 [1897]), pp. 1-11.

— *Liber Ysac de descriptione rerum et diffinitionibus earum et de differentia inter diffinitionem et descriptionem tractatus I*, éd. J. T. Muckle, in «Archives d'Histoire Doctrinale et Littéraire du Moyen Âge», 11 (1937-1938), pp. 299-340.

Ṣā'īd al-Andalusī, *Ṭabaqāt al-Umam*, ed. L. Cheikho, Beyrouth 1912, puis Ḥayāt Bū 'Almān, Beyrouth 1985.

Al-Ġazālī, *Maqāṣid al-falāsifa*, éd. S. Dunya, Le Caire 1961.

Qusṭā ibn Lūqā, *Kitāb fī al-farq baina al-nafs wa al-rūḥ*, éd. in G. Gabrieli, *La* Risalah *di Qusṭā ibn Lūqā sulla differenza tra lo spirito e l'anima*, in «Atti della Accademia nazionale dei Lincei», ser. V, 19 (1910), pp. 622-655; puis ed. L. Cheikho, in «Al-Mašriq», 14 (1911), pp. 94-109 (repr. F. Sezgin, Frankfurt am Main 1996 [PIHAIS, 17], pp. 245-260); puis éd. in J. Wilcox, *The Transmission and Influence of* ***Qusṭā ibn Lūqā****'s* On the Difference between Spirit and the Soul, New York 1985.

Dominicus Gundissalinus, *De processione mundi*, edd. M. J. Soto Bruna – C. Alonso del Real, De processione mundi. *Estudio y edición crítica del tratado de Domenico Gundisalvo*, Pamplona 1999; *olim* hrsg. von G. Bülow, Münster 1925 (BGPMA, 24, 3).

— *De anima*, ed. J. T. Muckle, *The Treatise* De anima *of Dominicus Gundissalinus*, in «Mediaeval Studies», 2 (1940), pp. 23-103.

— *De immortalitate animae*, hrsg. von G. Bülow, *Des Dominicus Gundissalinus Schrift von dem Unterblichkheit der Seele*, Münster 1897 (BGPMA, 2, 3).

— *De unitate et uno*, hrsg. von P. Correns, *Die dem Boethius fälschlich zu-*

geschriebene Abhandlung des Dominici Gundisalvi De unitate, Münster 1891 (BGPMA 1, 1).

— *De divisione philosophiae*, hrsg. von L. Baur, Dominicus Gundissalinus, *De divisione Philosophiae*, Münster 1903 (BGPMA, 4, 2-3), pp. 1-142; tr. angl. in *A Source Book in Medieval Science*, ed. E. Grant, Cambridge (Mass.) 1974, pp. 59-76.

IBN ṬUMLŪS, *Mudḫal li-ṣināʿat al-manṭiq*, éd. M. Asin Palacios, *Introducción al arte de la Logica por Abentomlūs de Alcira*, I. *Categorias-Interpretación*, Madrid 1916.

Traductions

AL-FĀRĀBĪ, *De scientiis*, ed. W. Chalmers, *Alpharabii, vetustissimi Aristotelis interpretis. Opera omnia, quae, latina lingua conscripta, reperiri potuerunt, Ex antiquissimis manuscriptis eruta*, Parisiis 1638; repr. in *Liber Alfarabii de scientiis*, ed. Palencia cit., 1953, pp. 83-115; ed. F. Sezgin, Frankfurt am Main 1999 (PIHAIS, 7), pp. 1-73; ed. M. Alonso Alonso, *Domingo Gundisalvo.* De Scientiis. *Compilacion a base principalmente de la* Kitāb Ihsā' al-ʿulum *de al-Fārābī*, Madrid 1954.

AL-ĠAZALĪ, *Maqāṣid al-falāsifa* (*Summa theoricae philosophiae*), ed. J. T. Muckle, *Algazel's* Metaphysics. *A Mediaeval Translation*, Toronto 1933; puis P. C. H. LOHR, *Logica Algazelis*. Introduction and Critical Text, in «Traditio», 21 (1965), pp. 221-290.

ḤUNAYN IBN ISḤĀQ, *Liber caeli et mundi*, ed. O. Gutman, *Pseudo Avicenna, Liber celi et mundi*, Leiden 2003.

IBN GABIROL, *Fons vitae*, hrsg. von C. Baeumker, *Avencebrolis (Ibn Gabirol) Fons Vitae, ex Arabico in Latinum translatus ab Johanne Hispano et Domingo Gundissalino*, Münster (Westf.) 1895 (BGPMA, 1, 2-4).

MOḤAMMED IBN MŪSĀ AL-KHWĀRIZMĪ, *Le Calcul indien: édition critique, traduction et commentaire des plus anciennes versions latines remaniées du* XII*ᵉ siècle*, éd. A. Allard, Paris – Namur 1992.

QUSṬĀ IBN LŪQĀ, *De differentia spiritus et animae*, ed. C. S. Barach, *Excerpta e libro Alfredi Anglici* De motu cordis *item Costa-ben-Lucae* De differentia animae et spiritus, Innsbruck 1878.

IBN-SĪNĀ, *Al-Šifā', al-Qiyās*, éd. L. Baur, 1903 (voir *De divisione philosophiae*), pp. 124-133.

— *Al-Šifā', al-Nafs*, edd. S. Van Riet – G. Verbeke, *Avicenna Latinus. Liber* De anima *seu textus* De naturalibus, I (I-III), Louvain – Leiden 1972; II (V-VI), Louvain – Leiden 1968.

— *Al-Šifā', al-Ilāhiyyāt*, edd. S. Van Riet – G. Verbeke, *Avicenna Latinus. Liber* De philosophia prima *sive* Scientia divina, I-IV, Louvain – Leiden 1977; V-X, Louvain – Leiden 1980; Lexiques, Louvain – Leiden 1983.

— *Liber celi et mundi*, ed. O. Gutman, *Pseudo-Avicenna.* Liber Celi et Mundi. *A Critical Edition with Introduction*, Leiden 2003.

Addita quaedam pro declaratione algebrae, in *Robert of Chester's Latin Translation of the Algebra of Al-Khowarizmi*, with an Introduction, Critical Notes and an English Version by L. Ch. Karpinski, New York – London 1915; repr. F. Sezgin, Frankfurt am Main 1996 (PIHAIS, 2).

ADELARDUS BATHENSIS, *De eodem et diverso*, ed. H. Willner, Münster 1903 (BGPMA, 4, 1 [1903]).

— *Quaestiones naturales*, hrsg. von M. Müller, Münster 1944 (BGPTMA, 31, 2 [1944]).

ALBERICUS REMENSIS, *Philosophia*, éd. R.-A. Gauthier, *Notes sur Siger de Brabant.* II. *Siger en 1272-1275: Aubry de Reims et la scission des Normands*, in «Revue des Sciences Philosophiques et Théologiques», 68 (1984), pp. 3-49 (29-48 pour le texte).

ALBERTUS MAGNUS (COLONIENSIS), *Super Dionysium De caelesti hierarchia*, edd. P. Simon – W. Kübel, in *Sancti Doctoris Ecclesiae Alberti Magni Ordinis Fratrum Praedicatorum Opera Omnia*, t. XXXVI, I, Coloniae 1993.

— *Physica*, ed. P. Hossfeld, in *Sancti Doctoris Ecclesiae Alberti Magni Ordinis Fratrum Praedicatorum Opera Omnia*, t. VI, II, Coloniae 1993.

— *Super Porphyrium de V universalibus*, ed. M. Santos-Noya, in *Sancti Doctoris Ecclesiae Alberti Magni Ordinis Fratrum Praedicatorum Opera Omnia*, I, I^{a}, Coloniae 2004.

ALFREDUS ANGLICUS, *Commentary on the* Metheora *of Aristotle*, ed. J. K. Otte, Leiden 1988.

BARTHOLOMAEUS ANGLICUS, *De proprietatibus rerum (en français)*, ed. M. Huss, Lyon 1491; Frankfurt 1601 (repr. 1964).

— *Bartholomaeus Anglicus, On the Properties of Soul and Body:* De proprietatibus rerum libri III et IV, ed. R. J. Long, Toronto 1979.

— *De proprietatibus rerum*, I. *Prohemium, libri I-IV*, ed. B. Van den Abeele, Turnhout 2007.

— *De proprietatibus rerum*, VI. *Liber XVII*, ed. I. Ventura, Turnhout 2007.

BOETHIUS, ANICIUS MANLIUS SEVERINUS, *Commentarii in Ciceronis Topica*, in C. Orelli – G. Baiter, *M. Tullii Ciceronis Scholiastae*, Zürich 1833, pp. 269-388.

— *In Isagogen Porphyrii, editiones prima et secunda*, edd. S. Brandt – G. Schepss, Vindobonae – Lipsiae 1906 (CSEL, 48).

CASSIODORUS, FLAVIUS MAGNUS AURELIUS, *Institutiones*, ed. R. A. B. Mynors, Oxford 1937.

DANIEL DE MORLEY, *Philosophia*, hrsg. von G. Maurach, in «Mittellateinischen Jahrbuch», 14 (1979), pp. 204-255.

Die ältere lateinische Schrift über das indische Rechnen nach al-Ḫwārizmī, hrsg. von M. Folkerts – P. Kunitzsch, München 1997.

IOHANNES DE DACIA, *Divisio scientiae*, ed. A. Otto, *Johannis Daci opera*, I, København 1955, pp. 3-44 (Corpus Philosophorum Danicorum Medii Aevi, 1).

PETRUS HISPANUS, Tractatus *called afterwards «summulae logicales»*, ed. L. M. de Rijk, Assen 1972.

ROBERTUS CASTRENSIS, *Robert of Chester's Latin Translation of Al-Khwārizmī's* Al-Jabr, ed. B. Hughes, Stuttgart 1989.

ROBERTUS KILWARDBY, *De ortu scientiarum*, ed. A. G. Judy, London – Toronto 1976.

ROGERUS BACON, *Moralis Philosophia*, ed. E. Massa, *Rogeri Baconi Moralis Philosophia*, Padua 1953.

— *Opera hactenus inedita*, edd. R. Steele et Al., *Opera hactenus inedita Rogeri Baconi*, Oxonii 1905-1940 (16 fascicules).

— *Opus maius*, ed. J. H. Bridges, *The* Opus maius *of Roger Bacon, Edited with Introduction and Analytical Table*, 3 voll., Oxford 1897-1900 (repr. Frankfurt 1964).

— *Opus tertium, Opus minus, Compendium studii philosophiae, De secretis operibus artis et naturae et de nullitate magiae*, ed. J. S. Brewer, *Fr. Rogeri Bacon Opera quaedam hactenus inedita: Opus tertium, Opus minus, Compendium studii philosophiae, De secretis operibus artis et naturae et de nullitate magiae*, 3 voll., London 1859 (repr. 1965).

THOMAS CANTIPRATENSIS, *Liber de natura rerum*, ed. H. Boese, *Th. Cantimpratensis Liber de natura rerum*, I. Text, *Editio princeps secundum cod. manus.*, Berlin – New York 1973; ed. J. B. Friedman, Thomas of Cantimpré *De natura rerum* Prologue, Book III (*De monstruosis hominibus*) and Book XIX (*De quatuor elementis*), in *La science de la nature: théories et pratiques*, Montréal – Paris 1974 (Cahiers d'Études Médiévales, 2), pp. 107-154.

Tractatus quidam de philosophiae et partibus eius, éd. G. Dahan, in «Archives d'Histoire Doctrinale et Littéraire du Moyen Âge», 49 (1983), pp. 155-193.

VINCENTIUS BELLOVACENSIS, *Bibliotheca mundi seu speculi maioris Vincentii Burgundi Praesulis Bellovacensis*, II[us] (*Speculum doctrinale*), Duaci 1624; hrsg. von G. Göller, *Vinzenz von Beauvais O. P. (um 1194-1264) und sein Musiktraktat im* Speculum doctrinale, Regensburg 1959 (Kölner Beiträge zur Musikforschung, 15), pp. 86-118 (éd. partielle).

Vita (Gerardi), *Commemoratio librorum*, *Eulogium*, ed. Ch. Burnett, in *The Coherence of the Arabic-Latin Translation* cit. *infra*, pp. 273-288.

Littérature secondaire

ABRAMOV, D., *Die moralisierende Enzyklopädie* Liber de naturis rerum *von Pseudo-John Folsham*, in *Die Enzyklopädie im Wandel vom Hochmittelalter bis zur frühen Neuzeit*, Akten des Kolloquiums des Projekts D im SFB 231 (29 Nov. – 1 Dez. 1996), hrsg. von Ch. Meier, München 2002 (Münstersche Mittelalter-Schriften, 78), pp. 123-154.

Albertus Magnus and the Sciences. Commemorative Essays, ed. J. A. Weisheipl, Toronto 1980.

ALESSIO, G. C., *Sul* De ortu scientiarum *di Robert Kilwardby*, in *La divisione della filosofia e le sue ragioni. Lettura di testi medievali (VI-XIII secolo)*, Atti del Settimo Convegno della Società Italiana per lo Studio del Pensiero Medievale (Assisi, 14-15 novembre 1997), a c. di G. d'Onofrio, Cava de'Tirreni 2001, pp. 107-135.

ALLARD, A., *L'enseignement du calcul arithmétique*, in *Manuels, programmes de cours et techniques d'enseignement dans les universités médiévales*, Actes du Colloque international de Louvain-la-Neuve (9-11 septembre 1993), éd. J. Hamesse, Louvain-la-Neuve 1994, pp. 117-135.

ALONSO ALONSO, M., *Notas sobre los traductores toledanos Domingo Gundisalvo y Juan Hispano*, in «Al-Andalus», 8 (1943), pp. 155-185.

— *El autor de* De ortu scientiarum, in «Pensamiento», 2 (1946), pp. 139-260.

— *Traducciones del Arcediano Domingo Gundisalvo*, in «Al-Andalus», 12 (1947), pp. 295-338; repr. F. Sezgin, Frankfurt am Main 2000 (PIHAIS, 118), pp. 109-152.

— *Hugo de San Victor, refutado por Domingo Gundisalvo hacia el 1170*, in «Estudios Eclesiasticos», 21 (1947), pp. 209-216; repr. F. Sezgin, Frankfurt am Main 2000 (PIHAIS, 118), pp. 153-160.

— *Coincidencias verbales típicas en las obras y traducciones de Gundisalvo*, in «Al-Andalus», 20 (1955), pp. 129-152 et 345-379; repr. F. Sezgin, Frankfurt am Main 2000 (PIHAIS, 118), pp. 253-311.

— al-Qiwām *y* al-Anniyya *en las traducciones de Gundisalvo*, in «Al-Andalus», 22 (1957), pp. 377-405.

ANDREAU, J. et Al., *Prix et formation des prix dans les économies antiques*, Saint-Bertrand-de-Comminges 1997.

ANZULEWICZ, H., De forma resultante in Speculo. *Die theologische Re-*

levanz des Bildbegriffs und des Spiegelbildmodells in den Frühwerken des Albertus Magnus, 2 voll., Münster 1999.

AOUAD, M., *Les fondements de la* Rhétorique *d'Aristote reconsidérés par Fārābī, ou le concept de point de vue immédiat et commun*, in «Arabic Science and Philosophy», 2.1 (1992), pp. 133-180.

ARIAS, J. M. R., *Sobre la division de las sciencias especulativas en San Alberto Magno*, in «Estudios Filosóficos», 12 (1963), pp. 9-47.

BAADER, G., *Die Schule von Salerno*, in «Medizinhistorisches Journal», 3 (1978), pp. 124-145.

BAEUMKER, C., *Les écrits philosophiques de Dominicus Gundissalinus*, in «Revue Thomiste», 1897, pp. 723-745.

— *Dominicus Gundissalinus als philosophischen Schriftsteller*, in ID., *Studien und Charakteristiken zur Geschichte der Philosophie insbesondere des Mittelalters*, hrsg. von M. Grabmann, Münster 1927, pp. 255-275; repr. F. Sezgin, Frankfurt am Main 2000 (PIHAIS, 118), pp. 1-21.

BALTY-GUESDON, M.-G., *Al-andalus et l'héritage grec d'après les Ṭabaqāt al-Umam de Ṣā'id al-Andalusī*, in *Perspectives arabes et médiévales sur la tradition scientifique et philosophique grecque*, édd. A. Hasnawi – A. Elamrani-Jamal – M. Aouad, Leuven – Paris 1997, pp. 331-342.

BANNIARD, M., *Genèse culturelle de l'Europe – Ve-VIIIe siècle*, Paris 1989.

— Viva voce. *Communication écrite et communication orale du IVe au IXe siècle en Occident latin*, Paris 1992.

BEAUJOUAN, G., *L'enseignement de l'arithmétique élémentaire à l'Université de Paris aux XIIIe et XIVe siècles. De l'abaque à l'algorisme*, in *Hommaje a Millás-Villacrosa*, I, Barcelona 1954, pp. 93-124.

— *Fautes et obscurités dans les traductions médicales du Moyen Âge*, in *Actes du XIIe Congrès international d'histoire des sciences* (Paris, 24-31 août 1968), 12 voll., Paris 1970-1971, t. I/A. *Colloques: textes des rapports*, 1970, pp. 141-152.

— *L'enseignement du* quadrivium, in *La scuola nell'occidente latino dell'Alto Medioevo*, Atti della XIX settimana di studio del Centro italiano di studi sull'Alto Medioevo, 2 voll., Spoleto 1972 (Settimane di studio CISAM, 19), pp. 639-667.

— *The Transformation of the* quadrivium, in *Renaissance and Renewal in the Twelfth Century*, edd. R. L. Benson – G. Constable, Oxford 1982, pp. 463-487.

— *Le* quadrivium *et la Faculté des arts*, in *L'enseignement des disciplines à la Faculté des arts (Paris et Oxford, XIIIe-XVe siècles)*, dir. O. Weijers – L. Holtz, Turnhout 1997 (Studia Artistarum, 4), pp. 185-194.

BÉDORET, H., *Les premières traductions tolédanes de philosophie: Œuvres d'Alfarabi*, in «Revue Néoscolastique de Philosophie», 41 (1938), pp. 80-97; repr. F. Sezgin, Frankfurt am Main 1996 (PIHAIS, 9), pp. 278-295.

Berman, A., *De la translation à la traduction*, in «Traduction Terminologie Rédaction», 1.1 (1988), pp. 23-40.

Bertolacci, A., *La divisione della filosofia nel primo capitolo del* Commento *di Alberto Magno alla* Fisica, in *La divisione della filosofia e le sue ragioni* cit., pp. 137-155.

Beyer de Ryke, B., *Les encyclopédies médiévales, un état de la question*, in «Pecia, Ressources en médiévistique», 1 (2002), pp. 9-44.

Black, D., *Traditions and Transformations in the Medieval Approach of Rhetoric and Related Linguistic Arts*, in *L'enseignement de la philosophie au* XIII*e siècle* cit. *infra*, pp. 233-254.

Blais, M., *Sacré Moyen Âge!*, Montréal 1997.

Bouyges, M., *Notes sur les philosophes arabes connus des latins au Moyen Âge*, VII, *Sur le* De scientiis *d'Alfarabi récemment édité en arabe à Saida, et sur le* De divisione philosophiae *de Gundissalinus*, in «Mélanges de l'Université Saint Joseph (Beirut)», 9 (1923-1924), pp. 49-70; repr. F. Sezgin, Frankfurt am Main 1996 (PIHAIS, 9), pp. 1-22.

Bresc, H., *Chrétienté médiévale et Islam d'Occident*, in *Europe et Islam, Islams d'Europe*, Actes de l'université d'été (Paris, 28-30 août 2002), dir. D. Borne – B. Levallois – J.-L. Nembrini – J.-P. Rioux, Paris 2003 (Direction de l'Enseignement scolaire, *Les Actes de la Desco*), pp. 15-29.

Buridant, C., Translatio medievalis. *Théorie et pratique de la traduction médiévale*, in «Travaux de linguistique et de littérature», 21.1 (1983), pp. 81-136.

Burnett, Ch., *A Group of Arabic-Latin Translators Working in Northern Spain in the mid-twelfth Century*, in «Journal of the Royal Asiatic Society», 1977, pp. 62-108.

— *Some Comments on the Translating of Works from Arabic into Latin in the Mid-Twelfth Century*, in *Orientalische Kultur und europaïsches Mittelalter*, hrsg. von A. Zimmermann – I. Craemer-Ruegenberg, Berlin – New York 1985, pp. 161-171.

— *Innovations in the Classification of the Sciences in the Twelfth Century*, in *Knowledge and the Sciences in Medieval Philosophy*, Proceedings of the Eighth International Congress of Medieval Philosophy (24-29 august 1987), edd. S. Knuuttila et Al., 3 voll., Helsinki 1990, II, pp. 25-42.

— *A New Source for Dominicus Gundissalinus's Account of the Science of the Stars?*, in «Annals of Science», 47.4 (1990), pp. 361-374.

— Magister Iohannes Hispanus*: towards the Identity of a Toledan Transla-*

tor, in *Comprendre et maîtriser la nature au Moyen Âge. Mélanges d'histoire des sciences offerts à Guy Beaujouan*, Genève 1994, pp. 425-436.

— *The Institutional Context of Arabic-Latin Translations of the Middle Ages: A reassessment of the 'School of Toledo'*, in *Vocabulary of Teaching and Research between the Middle Ages and Renaissance*, ed. O. Weijers, Turnhout 1995 (CIVICIMA, Études sur le vocabulaire intellectuel au Moyen Âge, 8), pp. 214-235.

— *Magister Iohannes Hispalensis et Limiensis' and Qusta ibn Luqa's* De differentia spiritus et animae. *A Portuguese Contribution to the Arts Curriculum?*, in «Mediævalia. Textos e estudos», 7-8 (1995), pp. 221-267.

— *Vincent of Beauvais, Michael Scot and the "New Aristotle"*, in Lector et compilator cit. *infra*, pp. 189-213.

— *Dialectic and Mathematics According to Aḥmad ibn Yūsuf: A Model for Gerard of Cremone's Programme of Translation and Teaching?*, in *Langage, sciences, philosophie au XIIe siècle*, éd. J. BIARD, Paris 1999, pp. 83-92.

— *The Coherence of the Arabic-Latin Translation Programme in Toledo in the Twelfth Century*, in «Science in Context», 14 (2001), pp. 249-288.

— *The Strategy of Revision in the Arabic-Latin Translations from Toledo: The Case of Abū M'ashar's* On the Great Conjunctions, in *Les traducteurs au travail. Leurs manuscrits et leurs méthodes*, Actes du Colloque international organisé par le Ettore Majorana Centre for scientific culture (Erice, 30 septembre-6 octobre 1999), éd. J. Hamesse, Turnhout 2001 (Textes et études du Moyen âge, 18), pp. 51-113 et 529-540.

BUTTERWORTH, CH. E., *Opinion, point de vue, croyance et supposition*, in *Perspectives arabes et médiévales* cit., pp. 453-464.

CHEJNE, A. G., *Muslim Spain. Its History and Culture*, Minneapolis 1974.

CHENU, M.-D., *Maîtres et bacheliers de l'Université de Paris vers 1240*, in *Études d'histoire littéraire et doctrinale du XIIIe siècle*, Ottawa 1932, 1, pp. 11-39.

Chrétiens, musulmans et juifs dans l'Espagne médiévale, dir. R. BARKAÏ, Paris 1994.

D'ALVERNY, M.-TH., *Avicenna Latinus*, VI, in «Archives d'histoire doctrinale et littéraire du Moyen Âge», 33 (1967), pp. 305-327.

— *Translation and Translators*, in *Renaissance and Renewal in the Twelfth Century*, edd. R. L. Benson – G. Constable, Oxford 1982, pp. 421-462 (repr. in *La transmission des textes philosophiques et scientifiques au Moyen Age*, éd. Ch. Burnett, Norfolk 1994).

— *Les traductions à deux interprètes, d'arabe en langue vernaculaire et de langue vernaculaire en latin*, in *Traduction et traducteurs au Moyen Âge*, Colloques internationaux du C.N.R.S. (Paris, Institut de Recherche et d'Histoire des Textes, 26-28 mai 1986), éd. G. Contamine, Paris 1989, pp. 193-206 (repr. in *La transmission des textes philosophiques et scientifiques* cit.).

D'ALVERNY, M.-TH. – HUDRY, F., *Al-Kindi.* De radiis, in «Archives d'histoire doctrinale et littéraire du Moyen Âge», 41 (1975), pp. 139-260.

DAHAN, G., *Notes et textes sur la poétique au Moyen Âge*, in «Archives d'Histoire Doctrinale et Littéraire du Moyen Âge», 47 (1980), pp. 171-239.

— *Une introduction à la philosophie au XIIe siècle. Le* Tractatus quidam de philosophia et partibus eius, in «Archives d'Histoire Doctrinale et Littéraire du Moyen Âge», 49 (1983), pp. 155-193.

— *La classification des savoirs aux XIIe et XIIIe siècles*, in «L'enseignement philosophique», 40.4 (1990), pp. 5-27.

— *La classificazione delle scienze e l'insegnamento universitario nel XIII secolo*, in G. P. BRIZZI – J. VERGER, *Università dell'Europa*, V. *Le scuole e i monasteri. Il Medioevo*, Milano 1994, pp. 19-43.

— *Une introduction à l'étude de la philosophie:* ut ait Tullius, in *L'enseignement de la philosophie au XIIIe siècle* cit. *infra*, pp. 3-58.

DAHAN, G. – ROSIER, I. – VALENTE, R., *L'arabe, le grec, l'hébreu et les langues vernaculaires*, in *Geschichte der Sprachtheorie*, hrsg. von S. Ebbesen, Tübingen 1995 (Sprachtheorie in Spätantike und Mittelalter, 3), pp. 265-321.

DAIBER, H., *Lateinische Uebersetzungen arabischer Texte zur Philosophie*, in *Rencontres de cultures dans la Philosophie médiévale*, Louvain-la-Neuve – Cassino 1990, pp. 203-250.

DE LIBERA, A., *La querelle des universaux, de Platon à la fin du Moyen Âge*, Paris 1996.

— *Épicurisme, stoïcisme, péripatétisme. L'histoire de la philosophie vue par les latins (XIIe-XIIIe siècle)*, in *Perspectives arabes et médiévales* cit., pp. 343-364.

— *Raison et foi. Archéologie d'une crise d'Albert le Grand à Jean-Paul II*, Paris 2003.

DELISLE, L., *Inventaire des manuscrits latins conservés à la Bibliothèque Nationale sous les numéros 8823-18613*, Paris 1863-1871 (repr. Hildesheim – New York 1974).

DI MAIO, A., *La divisione bonaventuriana della filosofia: lettura di* Collationes in Hexaëmeron 3.2, in *La divisione della filosofia e le sue ragioni* cit., pp. 157-184.

DIAZ Y DIAZ, M. C., *Los textos antimahometanos más antiguos en codices españoles*, in «Archives d'Histoire Doctrinale et Littéraire du Moyen Âge», 37 (1970), pp. 149-168.

DRAELANTS, I., *Un encyclopédiste méconnu du* XIII*e siècle: Arnold de Saxe. Œuvres, sources, réception*, Louvain-la-Neuve 2000.

— *Introduction à l'étude d'Arnoldus Saxo et aux sources du* De floribus rerum naturalium, in *Die Enzyklopädie im Wandel* cit., pp. 85-121.

DRUART, M.-TH., *Astronomie et astrologie selon Fārābī*, in «Bulletin de Philosophie Médiévale», 20 (1976), pp. 43-47.

ELAMRANI-JAMAL, A., *Logique aristotélicienne et grammaire arabe*, Paris 1983.

— *Éléments nouveaux pour l'étude de l'*Introduction à l'art de la logique *d'Ibn Ṭumlūs (m. 620 H. / 1223)*, in *Perspectives arabes et médiévales* cit., pp. 465-483.

FAKHRY, M., *Al-Fārābī Founder of Islamic Neoplatonism. His Life, Works and Influence*, Oxford 2002.

FARMER, H. G., *The arabian influence on musical theory*, London 1925 (extrait du «Journal of the Royal Asiatic Society», 1 [1925]).

— *Al-Fārābī's Arabic-Latin Writings on Music in the* Iḥṣā' al'ulūm... *and* De ortu scientiarum, Glasgow 1934. Traduction de III, E (pp. 13-16)

— *The Influence of al-Farabi's* Iḥṣā' al'ulūm *[*De scientiis*] on the Writers on Music in Western Europe*, in «Journal of the Royal Asiatic Society», 3 (1943), pp. 561-592.

FIDORA, A., *Dominicus Gundissalinus*, in *Biographisch-Bibliographisches Kirchenlexikon*, XVII, Herzberg 2000, pp. 281-286.

— *La recepción di San Isidoro de Sevilla por Domingo Gundisalvo: Astronomía y medicina*, in «Estudios Eclesiásticos», 75 (2000), pp. 663-677.

— *Le débat sur la création: Guillaume de Conches maître de Dominique Gundisalvi?*, in *Guillaume de Conches: philosophie et science au* XII*e siècle*, Colloque international C.N.R.S. – E.P.H.E. –Université de Paris VII (Paris, 1-2 juin 2007), edd. B. Obrist – I. Caiazzo, Tavarnuzze, Impruneta 2011.

— *Der Wissenschaftenstheorie des Dominicus Gundissalinus: Voraussetzungen und Konsequenzen des zweiten Aufgangs der aristotelischen Philosophie im 12. Jahrhundert*, Berlin 2003.

FIDORA, A. – NIEDERBERGER, A., *Von Toledo nach Paris – Wege der Wissenschaft und der Wissentheorie im 12. Jahrhundert*, in «Forschung Frankfurt», 19.1 (2001), pp. 31-39.

FIDORA, A. – SOTO BRUNA, J., *«Gundisalvus ou Dominicus Gundisalvi?» – Algunas observaciones sobre un recente artículo de Adeline Rucquoi*, in «Estudios Eclesiásticos», 76 (2001), pp. 467-473.

FIDORA, A. – WERNER, D., *Dominicus Gundissalinus.* De divisione philosophiae. *Über die Einteilung der Philosophie. Lateinisch-Deutsch,*

Herausgegeben, übersetzt, eingeleitet und Anmerkungen versehen, Freiburg – Basel – Wien 2007.

FLORI, J., *Guerre sainte, jihad, croisade. Violence et religion dans le christianisme et l'Islam*, Paris 2002.

FOLKART, B., *Le conflit des énonciations. Traduction et discours rapporté*, Longueuil 1991.

FORCADA, M., *Ibn Bājja and the Classification of the Sciences in al-Andalus*, in «Arabic Science and Philosophy», 16 (2006), pp. 287-307.

FORGET, J., *L'influence de la philosophie arabe sur la philosophie scolastique*, in «Revue Néo-scolastique de philosophie», 1 (1894), pp. 385-410; repr. F. Sezgin, Frankfurt am Main 2000 (PIHAIS, 117), pp. 1-26.

FOZ, C., *La traduction-appropriation: le cas des traductions tolédanes des 12e et 13e siècles*, in «Traduction Terminologie Rédaction», 1.2 (1988), pp. 58-64.

— *Le Traducteur, l'Église et le Roi (Espagne, XIIe et XIIIe siècles)*, Arras – Ottawa 1998.

FRANK, R. M., *The Science of* ***Kalām***, in «Arabic Science and Philosophy», 2.1 (1992), pp. 7-37.

GALONNIER, A., *Sur quelques aspects annonciateurs de la littérature sophismatique dans le* De grammatico, in *Anselm. Aosta, Bec and Canterbury*, edd. D. E. Luscombe – G. R. Evans, Sheffield 1996, pp. 207-228.

— *L'équivalence* hermeneia-interpretatio *dans le prologue du second commentaire de Boèce au* Περὶ ἑρμενεΐᾶ *d'Aristote*, in «Χώρα», 2 (2004), pp. 21-36.

GALSTON, M. S., *Al-Fārābī et la logique aristotélicienne dans la philosophie islamique*, in *Aristote aujourd'hui*, éd. M. A. Sinaceur, Paris 1988, pp. 192-217.

GARCIA-FAYOS, L., *El colegio de traductores de Toledo y Domingo Gundisalvo*, in «Rivista de la Biblioteca archivo y museo del Ayuntamiento de Madrid», 8 (1932), pp. 109-123.

GARDET, L. – ANAWATI, M.-M., *Introduction à la théologie musulmane. Essai de théologie comparée*, Paris 1970[2].

GAVRIC, A., *Le* De modis rerum *de Rémi de Florence O.P. († 1319). Édition critique et études doctrinales*, Thèse de doctorat, Fribourg 2003.

GEORR, K., *Bibliographie critique de* ***Fārābī***, Thèse, Paris 1945.

GIL, J. S., *La esculea de traductores de Toledo y sus colaboradores judios*, Salamanca 1985.

— *The Translators of the Period of D. Raymundo: Their Personalities and Translations (1125-1187)*, in *Traductions et traducteurs de l'antiquité tardive au XIVe siècle*, edd. J. Hamesse – M. Fattori, Louvain – Cassino 1990, pp. 109-119.

GILSON, E., *Histoire de la philosophie médiévale*, Paris 1976.

GLORIEUX, P., *L'enseignement au Moyen Age. Techniques et méthodes en usage à la Faculté de Théologie de Paris au XIIIe siècle*, in «Archives d'Histoire Doctrinale et Littéraire du Moyen Âge», 35 (1968), pp. 123-134.

— *La Faculté des arts et ses maîtres au XIIIe siècle*, Paris 1971.

GONZÁLVEZ RUIZ, R., *Hombres y libros de Toledo (1086-1300)*, Madrid 1997.

GREGORY, T., *La nouvelle idée de la nature et du savoir au XIIe siècle*, in *The Cultural Context of Medieval Learning*, Proceedings of the first international colloquium on Philosophy, Science and Theology in the Middle Ages (September 1973), edd. J. E. Murdoch – E. D. Sylla, Dordrecht – Boston 1975, pp. 193-218.

GRIGNASCHI, M., *Les traductions latines des ouvrages de logique arabe et l'abrégé d'Alfarabi*, in «Archives d'Histoire Doctrinale et Littéraire du Moyen Âge», 39 (1972), pp. 41-107.

GUICHARD, P., *Al-Andalus, 711-1492*, Paris 2000.

— *Les musulmans de Valence et la Reconquête (XIe-XIIIe siècles)*, 2 voll., Damas, 1990-1991.

GUTAS, D., *Paul the Persian on the Classification of the parts of Aristotle's philosophy: a milestone between Alexandria and Bagdad*, in «Der Islam», 60 (1983), pp. 231-267.

HAAS, M., *Studien zur mittelalterlischen Musiklehre I: Eine übersicht über die Musiklehre im Kontext der Philosophie*, in «Forum Musicologicum», 3 (1982), pp. 323-456.

— *Arabische und lateinische Musiklehre – ein Vergleich von Strukturen*, in *Orientalische Kultur und europaïsches Mittelalter* cit., pp. 358-375.

— *Les sciences mathématiques (astronomie, géométrie, arithmétique, musique) comme parties de la philosophie*, in *L'enseignement de la philosophie au XIIIe siècle* cit. *infra*, pp. 89-107.

HACKETT, J., *Roger Bacon: His Life, Career and Works*, in *Roger Bacon and the Sciences. Commemorative Essays*, ed. J. Hackett, Leiden 1997 (Studien und Texte zur Geistesgeschichte des Mittelalters, 57), pp. 9-23.

— *Roger Bacon on the Classification of the Sciences*, in *Roger Bacon and the Sciences* cit., pp. 49-65.

HADOT, I., *Arts libéraux et philosophie dans la pensée antique*, Paris 1984.

— *La division néoplatonicienne des écrits d'Aristote*, in *Aristoteles Werk und Wirkung, Paul Moraux gewidmet*, hrsg. von J. Wiesner, 2 voll., Berlin – New York 1985-1987, II, pp. 249-285.

HAMESSE, J., *Les* Auctoritates Aristotelis. *Un florilège médiéval. Étude historique et édition critique*, Louvain – Paris 1974.

HÄRING, N. M., *The Creation and Creator of the World according to Thierry of Chartres and Clarenbaldus of Arras*, in «Archives d'Histoire Doctrinale et Littéraire du Moyen Âge», 22 (1955), pp. 137-216 (pp. 184-200 pour le texte du *De sex dierum operibus*).

— *Thierry of Chartres and Dominicus Gundissalinus*, in «Mediaeval Studies», 26 (1964), pp. 271-286.

HASNAOUI, A., *La théorie du langage dans la pensée arabo-musulmane*, in *Aristote aujourd'hui* cit., pp. 218-240.

HEINRICHS, W., *Die antike Verknünpfung von* phantasia *und Dichtung bei den Araben*, in «Zeitschrift der Deutschen Morgenländischen Gesellschaft», 128 (1978), pp. 252-298.

HERNANDEZ, F. J., *Los Cartularios de Toledo. Catálogo documental*, Madrid 1985.

Historia de la Iglesia en España, dir. R. Garcia-Villoslada, 5 voll., Madrid 1979-1982, II. *La Iglesia en la España de los siglos* VIII *al* XIV, dir. J. Fernández Conde, Madrid 1982.

HUGONNARD-ROCHE, H., *La classification des sciences de Gundissalinus et l'influence d'Avicenne*, in *Études sur Avicenne*, edd. J. Jolivet – R. Rashed, Paris 1984, pp. 41-75.

— *Les œuvres de logique traduites par Gérard de Crémone*, in *Gerardo da Cremona*, a c. di P. Pizzamiglio, Cremona 1992 (= «Annali della Biblioteca Statale e Libreria Civica», 41 [1990]), pp. 45-56.

— De caelo. *Tradition syriaque et arabe*, in *Dictionnaire des Philosophes antiques, Supplément*, dir. R. Goulet, Paris 2003, pp. 282-294.

Iberia and the Mediterranean World of the Middle Age. Studies in Honour of R. I. Burns, s. j., ed. L. J. Simon, 2 voll., Leiden 1995-1996, I.

JACQUART, D., *Les traductions médicales de Gérard de Crémone*, in *Gerardo da Cremona* cit., pp. 57-70.

— *Les manuscrits des traductions de Gérard de Crémone: quelques caractéristiques formelles*, in *Les traducteurs au travail. Leurs manuscrits et leurs méthodes*, Actes du Colloque international d'Erice (30 septembre – 6 octobre 1999), éd. J. Hamesse, Turnhout 2001, pp. 207-220.

JEAUNEAU, E., *Note sur l'École de Chartres*, in «Studi Medievali», 5 (1964), pp. 821-865.

JOLIVET, J., *L'intellect selon al-Fārābī*, in *Mélanges offerts à Henri Laoust*, 2 voll., Damas 1977-1978, I (= «Bulletin d'études orientales», 29 [1977]), pp. 251-259; repr. in ID., *Philosophie médiévale arabe et latine*, Paris 1995 (Études de philosophie médiévale, 75), pp. 211-220.

— *Intellect et Intelligence. Note sur la tradition arabo-latine des* XIIe *et* XIIIe *siècles*, in *Mélanges offerts à Henri Corbin*, éd. S. H. Nasr, Tehran

1977, pp. 681-702; repr. in ID., *Philosophie médiévale arabe et latine* cit., pp. 169-180.

— *The Arabic Inheritance*, in *A History of Twelfth-Century Western Philosophy*, ed. P. Dronke, Cambridge 1988, pp. 113-148; repr. sous le titre *Philosophie au XIIe siècle latin: l'héritage arabe*, in ID., *Philosophie médiévale arabe et latine* cit., pp. 47-77.

— *Classifications des sciences*, in *Histoire des sciences arabes*, dir. R. Rashed avec la collaboration de R. Morelon, 3 voll., Paris 1997, III, pp. 255-270.

— *Classifications des sciences, arabes et médiévales*, in *Les doctrines de la science de l'Antiquité à l'Âge classique*, edd. R. Rashed – J. Biard, Leuven – Paris 1999, pp. 211-235.

KISCHLAT, H., *Studien zur Verbreitung von Übersetzungen arabischer philosophischer Werke in Westeuropa 1150-1400*, Münster 2000.

KREN, C., *Gundissalinus Dominicus*, in *Dictionary of Scientific Biography*, ed. Ch. G. Gillipsie, V, New York 1972, pp. 591-593.

KRISTELLER, P. O., Catalogus Translationum et Commentariorum*: Mediaeval and Renaissance Latin Translations and Commentaries*, 3 voll., Washington 1960-1976.

KUNITZSCH, P., *Der Almagest. Die* Syntaxis Mathematica *des Claudius Ptolemäus in arabisch-lateinischen Überlieferung*, Wiesbaden 1974.

— *Gerard's Translations of Astronomical Texts, Especially the* Amagest, in *Gerardo da Cremona* cit., pp. 71-84.

L'enseignement de la philosophie au XIIIe siècle. Autour du 'Guide de l'étudiant' du ms. Ripoll 109, édd. C. Lafleur – J. Carrier, Turnhout 1997 (Studia Artistarum, 5).

LAFLEUR, C., *Quatre introductions à la philosophie au XIIIe s. Textes critiques et études historiques*, Montréal – Paris 1988 (Publications de l'Institut d'études médiévales, 23): *Accessus philosophorum*, *Philosophica disciplina*, *Divisio scientiarum* (Arnoul de Provence), *Compendium circa quadrivium*.

— *L'introduction à la philosophie* Ut testatur Aristotiles *(vers 1265-1270)*, in «Laval Théologique et Philosophique», 48.1 (1992), pp. 81-107.

— Scientia *et* ars *dans les introductions à la philosophie des maîtres ès arts de l'Université de Paris au XIIIe siècle*, in Scientia *und* ars *im Hoch-und Spätmittelalter*, hrsg. von I. Craemer-Ruegenberg – A. Speer, Berlin – New York 1994, pp. 45-65.

— *Les "Guides de l'étudiant" de la Faculté des arts de l'Université de Paris au XIIIe siècle*, in *Philosophy and Learning. Universities in the Middle Ages*, edd. M. J. F. M. Hoenen – J. H. J. Scheider – G. Wieland, Leiden – New York – Köln 1995, pp. 137-199.

— *Transformations et permanences dans le programme des études à la faculté des arts de l'université de Paris au* XIII *siècle. Le témoignage des* Introductions à la philosophie *et des* Guides de l'étudiants, in «Laval Théologique et Philosophique», 54.2 (1998), pp. 387-410.

LAFLEUR, C. – CARRIER, J., *Un instrument de révision destiné aux candidats à la licence de la Faculté des arts de Paris, le* De communibus artium liberalium *(vers 1250?)*, in «Documenti e studi sulla tradizione filosofica medievale», 5.3 (1994), pp. 129-203.

— *La* Philosophia *d'Hervé le Breton (alias Henri le Breton) et le recueil d'introductions à la philosophie du ms. Oxford, Corpus Christi College 283*, I, in «Archives d'Histoire Doctrinale et Littéraire du Moyen Âge», 61 (1994), pp. 149-226; II, in «Archives d'Histoire Doctrinale et Littéraire du Moyen Âge», 62 (1995), pp. 359-442 (*Dicit Aristotiles* (c. 1245-1250), *Sicut dicit Aristotiles* (Hervé le Breton), *Sicut recitat Avicenna, Felix nimium*).

— *Abstraction, séparation et tripartition de la philosophie théorétique: quelques éléments de l'arrière-fond farabien et artien de Thomas d'Aquin,* Super Boetium De trinitate*, quest. 5, art. 3*, in «Recherches de Théologie et de Philosophie médiévales», 67 (2000), pp. 248-271.

— *Une figure métissée du platonisme médiéval: Jean le Page et le Prologue de son commentaire (vers 1231-1240) sur l'*Isagoge *de Porphyre*, in *Une philosophie dans l'histoire. Hommage à Raymond Klibansky*, edd. B. Melkevik – J. M. Narbonne, Québec 2000, pp. 105-160.

— *L'enseignement philosophique à la Faculté des arts de l'Université de Paris en la première moitié du* XIII*e siècle dans le miroir des textes didascaliques*, in «Laval Théologique et Philosophique», 60.3 (2004), pp. 409-448.

LAGARDÈRE, V., *Les Almoravides: le djihad andalou, 1106-1143*, Paris – Montréal 1999.

LANDGRAF, A., *Écrits théologiques de l'école d'Abélard. Textes inédits*, Louvain 1934.

Le «Guide de l'étudiant» d'un maître anonyme de la Faculté des Arts de Paris au XIII*e siècle. Édition critique provisoire du ms. Barcelona, Arxiu de la Corona d'Aragó, Ripoll 109, f. 134ra-158va*, edd. C. Lafleur – J. Carrier, Quebec 1992 (CLPAM, 1); l'édition définitive est prévue pour le CCCM.

Lector et compilator. *Vincent de Beauvais, frère prêcheur. Un intellectuel et son milieu au* XIII*e siècle*, dir. S. Lusignan – M. Paulmier-Foucart, Grâne 1997.

LEJBOWICZ, M., *Le choc des traductions arabo-latines du* XII*e siècle et ses conséquences dans la spécialisation d'*astrologia *et d'*astronomia*: Dominicus Gundissalinus et la* Scientia Iudicandi, in *Transfert de vocabulaire dans les sciences*, éd. M. Groult, dir. P. Louis – J. Roger, Paris 1988, pp. 213-275.

— *L'historien, son siècle et sa recherche. Recherches sur l'acculturation des enseignants médiévaux (xe-xiiie siècles)*, Lille 2002, Thèse non publiée, consultable à l'U.E.R. de Philosophie de l'Université de Lille III-Charles-De-Gaulle, 147 pp.

— *Le premier témoin scolaire des* Éléments *arabo-latin d'Euclide: Thierry de Chartres et l'*Heptateuchon, in «Revue d'histoire des sciences», 56.2 (2003), pp. 347-368.

Lemay, R., *Fautes et contresens dans les traductions arabo-latines médiévales*, in *Actes du xiie Congrès international d'histoire des sciences* cit., pp. 101-123.

— *Gerard of Cremona*, in *Dictionary of Scientific Biography*, ed. Ch. L. Gillipsie, XV, Suppl. I, New York 1978, pp. 173-192.

— *Roger Bacon's Attitude toward the Latin Translations and Translators of the Twelfth and Thirteenth Centuries*, in *Roger Bacon and the Sciences* cit., pp. 25-47.

Lértora Mendoza, C. A., *El concepto y la clasificación de la ciencia en el Medioevo (ss. VI-XV)*, in *A Ciencia e a organizacao dos saberes na idade média*, ed. L. A. De Boni, Porto Alegre 2000 (Filosofia, 112), pp. 57-83.

Les traducteurs dans l'histoire, dir. J. Delisle – J. Woodsworth, Ottawa 1995.

Lévi-Provençal, É., *Les «mémoires» de 'Abd Allāh, dernier roi zīride de Grenade. Fragments publiés d'après le manuscrit de la bibliothèque d'al-Qarawīyīn à Fès, avec une introduction et une traduction française*, in «Al-Andalus», 3 (1935), pp. 233-344; 4 (1936), pp. 29-145; 6 (1941), pp. 1-63 et 231-293.

Liccaro, V., *Ugo di San Vittore di fronte alla novità delle traduzioni delle opere scientifiche greche e arabe*, in *Actas del V Congresso internacional de filosofia medieval*, 2 voll., Madrid 1979, II, pp. 919-926.

Linberg, D. C., *Alfarabi's Philosophy of Plato and Aristotle*, Revised Edition, New York 1969.

Lomba Fuentes, J., *Sentido y alcance del catalogo de las ciencias del Al-Fārābī*, in *Arts libéraux et philosophie au Moyen Âge*, Actes du IVe Congrès International de Philosophie Médiévale (Montréal, 27 août – 2 septembre 1967), Montréal – Paris 1969, pp. 509-516.

Luscombe, D. E., *The authorship of the* Ysagoge in theologiam, in «Archives d'Histoire Doctrinale et Littéraire du Moyen Âge», 35 (1968), pp. 7-16.

Mahdi, M., *Science, Philosophy and Religion in Alfarabi's Enumeration of the Sciences*, in *The cultural context of medieval learning* cit., pp. 113-147.

— *Remarks on Alfarabi's* Book of Religion, in *Perspectives arabes et médiévales* cit., pp. 583-608.

— *Prophecy and Revelation in Alfarabi's Political Philosophy*, in *Les doctrines de la science* cit., pp. 165-188.

MAIERÙ, A., *Influenze arabe e discussioni sulla natura della logica presso i Latini fra XIII e XIV secolo*, in *La diffusione delle scienze islamiche nel Medio Evo europeo*, Atti del Convegno Internazionale promosso dall'Accademia nazionale dei Lincei, Fondazione Leone Caetani, e dall'Università di Roma «La Sapienza» (Roma, 2-4 ottobre 1984), ed. B. Scarcia Amoretti, Roma 1987.

— *University Training in Medieval Europe*, Leiden 1994.

MALLET, D., *Le* Kitāb al-taḥlīl *d'Alfarabi*, in «Arabic Science and Philosophy», 4.2 (1994), pp. 317-336.

MARHABA, M. A., *Al-Fārābī:* Ihsā' al-'Ulūm – *Inventaire des Sciences*, Paris 1954 (thèse soutenue en Sorbonne).

MARIÉTAN, J., *Problème de la classification des sciences d'Aristote à saint Thomas*, Saint-Maurice – Paris 1901.

MAURER, A., *The Division and Methods in the Sciences. Thomas Aquinas*, Toronto 1963[3].

MCKEON, R., *The organization of sciences and the relations of cultures in the twelfth and thirteenth centuries*, in *The cultural context of medieval learning* cit., pp. 151-192.

MENENDEZ PIDAL, R., *Orígenes del español*, Madrid 1926 (1976[2]).

MERLAN, PH., *From Platonism to Neoplatonism*, The Hague 1953 (1960[2]).

MOLENAT, J.-P., *Notes sur les traducteurs de Tolède*, in «Cahiers d'Études Arabes», 2 (1988), pp. 109-144.

— *Les Mozarabes: un exemple d'intégration*, in *Tolède XIIe-XIIIe. Musulmans, chrétiens et juifs: le savoir et la tolérance*, éd. L. Cardaillac, Paris 1991, pp. 95-101.

— *Mudéjans, captifs et affranchis*, in *Tolède XIIe-XIIIe* cit., pp. 112-124.

— *Le problème de la participation des notaires mozarabes de Tolède à l'œuvre des traducteurs*, in «En la España Medieval», 18 (1995), pp. 39-60.

— *Campagnes et monts de Tolède du XIIe au XIVe siècle*, Madrid 1997.

MOLLAND, A. G., *Roger Bacon's* Geometria Speculativa, in Vestigia Mathematica. *Studies in medieval and early modern mathematics in honour of H. L. L. Busard*, edd. M. Folkerts – J. P. Hogendijk, Amsterdam 1993, pp. 265-303.

— *Roger Bacon's Appropriation of Part Mathematics*, in *Tradition, Transmission, Transformation*, Proceedings of the Conferences on Pre-modern Science held at the University of Oklahoma, edd. F. J. Ragep – S. P. Ragep – S. Livesey, Leiden 1996, pp. 347-365.

— *Roger Bacon's Knowledge of Mathematics*, in *Roger Bacon and the Sciences* cit., pp. 151-174.

MUNK, S., *Mélanges de philosophie juive et arabe*, Paris 1859.

MURDOCH, J. E., *Mathematics and Sophism in the Late Medieval Natural Philosophy and Science*, in *Les genres littéraires dans les sources théologiques et philosophiques médiévales*, Louvain-la-Neuve 1982, pp. 85-100.

NAGEL, S., *Scienze* de rebus *e discipline* de vocibus *nella tradizione delle classificazioni del sapere (secoli* VII-XIII*)*, in «Medioevo», 20 (1994), pp. 77-114.

NAJJAR, F. M., *The Enumeration of the Sciences*, in *Medieval Political Phylosophy. A Source-book*, edd. R. Lerner – M. Mahdi – E. L. Fortin, New York 1963, pp. 22-30.

— *On Political Sciences, Canonical Jurisprudence and Dialectical Theology*, in «Islamic Culture», 34 (1960), pp. 233-241 (repr. F. Sezgin, Frankfurt am Main 1996 [PIHAIS, 11], pp. 373-381).

NETTON, I. R., *Al-Farabi and his School*, London – New York 1992.

NICOLET, C., *Censeurs et publicains: économie et fiscalité dans la Rome antique*, Paris 2000.

OPELT, I., *Zur Übersetzungstechnik des Gerhard von Cremona*, in «Glotta», 38 (1959), pp. 135-170.

— *Sprache und Stil einiger philosophischer und mathematischer Übersetzungstexte des Gerhard von Cremona*, in «Mittellateinisches Jahrbuch», 21 (1986), pp. 172-185.

PANELLA, E., *Un'introduzione alla filosofia in uno* studium *dei frati Predicatori del* XIII *secolo.* Divisio scientie *di Remigio dei Girolami*, in «Memorie Domenicane», n. s., 12 (1981), pp. 27-126.

PASCA, M., *La scuola medica salernitana. Storia, immagini, manoscritti dall'*XI *al* XIII *secolo*, Napoli 1987.

PAULMIER-FOUCART, M. – DUCHENNE, M.-CH., *Vincent de Beauvais et le Grand Miroir du Monde*, Turnhout 2004.

PINBORG, J., *Die Entwicklung der Sprachtheorie im Mittelalter*, Münster 1967.

PIZZANI, U., *Il filone enciclopedico nella patristica da S. Agostino a S. Isidoro di Siviglia*, in «Augustinianum», 14 (1974), pp. 667-696.

PRATT LATTIN, H., rec. À. G. PALENCIA, *Al-Fārābī. Catálogo de las ciencias. Edición y traducción castellana*, Madrid 1932, in «Speculum», 9 (1934), pp. 339-340.

RASHED, R., *Mathématiques et philosophie chez Avicenne*, in *Études sur Avicenne* cit., pp. 29-39.

— *Entre arithmétique et algèbre. Recherches sur l'histoire des mathématiques arabes*, Paris 1984.

— *Mathématiques infinitésimales du* IXe *au* XIe *siècles*, 5 voll., II, London 1993.

REBSTOCK, V., *Der* Mu'amalat-Traktat *des ibn al-Haytham*, in «Zeitschrift für Geschichte der arabisch-islamischen Wissenschaften», 10 (1995-1996), pp. 61-121.

RESCHER, N., *Al-Fārābī. An Annotated Bibliography*, Pittsburg 1962, repr. 1977.

RIBÉMONT, B., De natura rerum. *Études sur les encyclopédies médiévales*, Orléans 1995.

— *D'Isidore de Séville aux Carolingiens. Les origines des encyclopédies médiévales*, Paris 2001.

— *La «Renaissance» du* XIIe *siècle et l'Encyclopédisme*, Paris 2002.

RIVERA, J. F., *La Iglesia de Toledo en el siglo* XII *(1086-1208)*, 2 voll., Toledo 1966-1976.

ROBERT-DEMONTROND, PH., *La scolastique en dispute: Sur l'intérêt pédagogique – à l'ère électronique – d'une innovation médiévale* www.cidegef.refer.org/prix/demontrond.doc, 21 pp.

ROSIER-CATACH, I., *Roger Bacon, Al-Farabi et Augustin. Rhétorique, logique et philosophie morale*, in *La rhétorique d'Aristote, traditions et commentaires, de l'Antiquité au* XVIIe *siècle*, édd. G. Dahan – I. Rosier-Catach, Paris 1998, pp. 87-110.

RUBIERA MATA, M. J., *Les premiers Mores convertis, ou les prémices de la tolérances*, in *Tolède* XIIe-XIIIe cit., pp. 102-111.

RUCQUOI, A., *Histoire médiévale de la Péninsule ibérique*, Paris 1993.

— *Gundisalvus ou Dominicus Gundisalvi?*, in «Bulletin de Philosophie Médiévale», 41 (1999), pp. 85-106.

SÁENZ-BADILLOS, Á., *Participación de judíos en las traducciones de Toledo*, in *La Escuela de Traductores de Toledo*, Madrid 1996, pp. 65-70.

SALIBA, G., *Astronomy and Astrology in Medieval Arabic Thought*, in *Les doctrines de la science* cit., pp. 131-164.

SALMON, D. H., *The Mediaeval Latin Translations of Fārābī's Works*, in «The New Scholasticism», 13 (1939), pp. 245-261; repr. F. Sezgin, Frankfurt am Main 1999 (PIHAIS, 9), pp. 321-337.

SCHNEIDER, J. H. J., *Al-Fārābī.* De scientiis secundum versionem Dominici Gundisalvi. *Lateinisch-deutsch, übersetzt und eingeleitet*, Freiburg – Basel – Wien 2006.

SCHRAMM, M., *Theoretische und praktische Disziplin bei Al-Fārābī*, in «Zeitschrift für Geschichte der arabisch-islamischen Wissenschaften», 3 (1986), pp. 1-55; repr. F. Sezgin, Frankfurt am Main 1996 (PIHAIS, 11), pp. 403-457.

Science in the Middle Ages, ed. D. C. Linberg, Chicago – London 1978.

SESIANO, J., *Le* Liber mahameleth, *un traité mathématique latin composé au* XII*e* *siècle en Espagne*, in *Histoire des Mathématiques arabes*, Actes du Premier Colloque International sur l'Histoire des mathématiques arabes (Alger, 1-3 décembre 1986), Alger 1988, pp. 69-98.

— *Der* Liber Mahameleth *des Johanes Hispalensis*, in *XVIII*th *International Congress of History of Science (Hamburg-Munich, 1-9 August 1989). Final report*, hrsg. von F. Krafft – Ch. J. Scriba, Stuttgart 1993 (Sudhoffs Archiv. Beihefte, 30).

SEYMOUR, M. C. et Al., *On the Properties of Things: John Trevisa's translation of Bartholomaeus Anglicus* De proprietatibus rerum: *A Critical Text*, 3 voll., Oxford 1975-1988.

— *Bartholomaeus Anglicus and his Encyclopedia*, London 1992.

SIVAN, E., *L'Islam et la Croisade. Idéologie et propagande dans les réactions musulmanes aux croisades*, Paris 1968.

STEINSCHNEIDER, M., *Al-Farabi (Alpharabius), des arabischen Philosophen Leben und Schriften*, Saint-Petersburg 1869, puis Amsterdam 1966; repr. F. Sezgin, Frankfurt am Main 1999 (PIHAIS, 6).

STROHMAIER, G., *La ricezione e la tradizione. La medicina nel mondo bizantino e arabo*, in *Storia del pensiero medico occidentale*, ed. M. D. Grmek, 3 voll., Roma – Bari 1993, I, pp. 167-215; tr. fr. *Réception et tradition: la médecine dans le monde byzantin et arabe*, in *Histoire de la pensée médicale en Occident*, éd. M. D. Grmek, 3 voll., Paris 1995, I, pp. 123-149.

STROUMSA, S., *Al-Fārābī and Maimonides on Medicine as a Science*, in «Arabic Sciences and Philosophie», 3.2 (1993), pp. 235-249.

STUMP, E., *Boethius'* In Ciceronis Topica, *Translated, with Notes and an Introduction*, Ithaca – London 1988.

AL-TALBĪ, A., *Al-Farabi (259-339 AH / 872-950 AD)*, in «Perspectives. Revue trimestrielle d'éducation comparée», 23.1-2 (1993), pp. 357-377.

The Introduction of Arabic Philosophy into Europe, edd. Ch. E. Butterworth – B. A. Kessel, Leiden 1993.

The Legacy of Muslim Spain Handbook of Oriental Studies. Sect. 1: *The Near and Middle East, 12*, ed. S. K. Jayyusi, Leiden 1994.

THÉRY, G., *Tolède, grande ville de la renaissance médiévale*, Oran 1944.

THORNDIKE, L., *A History of Magic and Experimental Science*, 8 voll., New York, 1923-1958, II, 1929.

TONEATTO, L., Codices artis mensoriae. *I manoscritti degli Antichi opusculi latini d'agrimensura (V-XIX sec.)*, 3 voll., Spoleto 1994-1995.

Transfert de vocabulaire dans les sciences, dir. M. Groult, Paris 1988.

TRITTON, A. S., *Materials on Muslim Education in the Middle-Ages*, London 1957.

TURKEL, R., *Gérard de Crémone, traducteur scientifique du XIIe siècle et principal initiateur de l'Occident à la culture scientifique gréco-arabe*, in «Babel», 8.1 (1962), pp. 53-56.

VEGAS, S., *La Escuela de Traductores de Toledo en la historia del pensamiento*, Toledo 1998.

VERGER, J., *Histoire des universités en France*, Toulouse 1986.

— *Les gens de savoir en europe à la fin du Moyen Age*, Paris 1997.

— *L'essor des universités au XIIIe siècle*, Paris 1997.

— *La renaissance du XIIe siècle*, Paris 1999.

— *Les universités au Moyen Âge*, Paris 1999.

— *Culture, enseignement et société en Occident au XIIe et XIIIe siècles*, Rennes 1999.

VERGER, J. – BOUTET, D., *Penser le pouvoir au Moyen Age*, Rue d'Ulm 2001.

VERGER, J. – CHARLES, CH., *Histoire des universités*, Paris 1994.

VERNET, J., *La cultura hispanoárabe en Oriente y Occidente*, Barcelona – Caracas 1978; tr. fr. *Ce que la culture doit aux Arabes d'Espagne*, Paris – Arles 1985 (2000[3]).

VESEL, Z., *Les encyclopédies persanes. Essai de typologie et de classification des sciences*, Paris 1986.

WALZER, R., *Greek into Arabic, essays on Islamic philosophy*, Oxford 1962.

WEBER, E., *La classification des sciences selon Avicenne à Paris vers 1250*, in *Études sur Avicenne* cit., pp. 77-101.

WEBER, M. C., *The Translating and Adapting of al-Fārābī's* Kitāb Iḥṣā' al-'ulūm *in Spain*, Ph. D Thesis, Boston 1996.

— *Gerard of Cremona. The danger of being half-acculturated*, in «Medieval encounters», 8.2-3 (2002), pp. 123-134.

WEIJERS, O., *L'appellation des disciplines dans les classifications des sciences au XIIIe siècle*, in «Archivium Latinitatis Medii Aevi», 46-47 (1986-1987), pp. 39-64.

— *Le maniement du savoir. Pratiques intellectuelles à l'époque des premières universités (XIIIe-XIVe siècles)*, Turnhout 1996 (Studia Artistarum, Subsidia).

WEISHEIPL, J. A., *Classification of the Sciences*, in «Mediaeval Studies», 27 (1965), pp. 54-90.

WENIN, C., *Les classifications bonaventuriennes des sciences philosophiques*, in *Scritti in onore di Carlo Giacon*, Padova 1972, pp. 189-216.

WERRIE, P., *L'École des traducteurs de Tolède*, in «Babel», 4 (1969), pp. 202-212.

WIEDEMANN, E., *Über al Fārābī's Aufzählung des Wissenschaften (*De scientiis*)*, in «Sitzungsberichte der physicalisch-medizinischen Sozietät in Erlangen», 39 (1907), pp. 74-101; repr. in *Aufsätze zur arabischen Wissenshafts-Geschichte*, 2 voll., I. *Mit einem Vorwort und Indices herausgegeben von Wolfdietrich Fisher*, Hildesheim – New York 1970. Traduction de III, A-B-C (ed. F. Sezgin, Frankfurt am Main 1999 [PIHAIS, 7], pp. 317-344).

ZONTA, M., *L'*Ihsā' al-'ulūm *in ambiente ebraico*. 1. *Il* Tabb al-nufūs *di Ibn 'Aquīn*, in «Henoch», 12 (1990), pp. 53-75.

— *La* Classificazione delle scienze *di Al-Færæbî nella tradizione ebraica*. Edizione critica e traduzione annotata della versione ebraica di Qalonymos ben Qalonymos ben Me'ir, Torino 1992.

— *Al-Fārābī's and Ibn Sīnā's Classification of Mathematical and Natural Sciences in the Hebrew Translation: a Reappraisal*, Conférence inédite, prononcée à Paris le 25 mars 1994 au siège de l'U.R.A. 1085 du C.N.R.S., 15 pp. + 2 tableaux.

— La *Divisio Scientiarum* presso Al-Farabi: dalla introduzione alla Filosofia tardoantica all'enciclopedismo medievale», in *La divisione della filosofia e le sue ragioni* cit., pp. 12-65.

INDEX DES NOMS

'Abd Allah (roi de Grenade) 56n
Abeele, B. van den 324n, 326n
Abélard, Pierre (Petrus Abaelardus) 80, 326n, 330
Abramov, D. 144n
Abumalham Mas, M. 44n
Abū Ma'shar (Albumazar) 81, 129; *Liber de motibus astrorum* 82n; *Ysagoga minor* 326
Abuteus Levita 67n
Accessus philosophorum VII artium liberalium 86, 95, 100
Adam, Ch. 20n
Adams, S. M. 323n
Adélard de Bath (Adelardus Bathoniensis), *De eodem et diverso* 324-335
Adénulfe d'Anagni (Adenulphus Anagninus), *Notule Topicorum* 99
Alain de Lille (Alanus de Insulis), *Anticlaudianus* 81
Al-'Ajam, R. 52n
Albert le Grand (Albertus Magnus ou Coloniensis), 107-108, 111-112, 123, 129, 134, 149; *Physica* 111n; *Summa de creaturis* 108-110; *Super Dionysium De Caelesti hierarchia* 107, 112; *Super Porphyrium* 109n
Alembert, J. Le Rond d' 21
Alesio, C. G. 98n
Alexandre d'Aphrodise (Alexander Aphrodisiensis) 149
Alexandre de Villedieu (Alexander de Villa Dei) 144; *Doctrinale puerorum* 144
Alexandre Neckham (Alexander Neckham ou Nequam) 81, *De naturis rerum* 81n
Allard, A. 38n, 48-49, 58n
Alonso Alonso, M. *passim*
Alonso del Real, C. 46n, 83n
Alphonse VI (Alphonsus VI rex) 45, 54n
Alphonse VII (Alphonsus VII rex) 56
Al-Shabībī, Muḥammad Riḍā 46n
Al-Talbī, 'Ammar 29
Alvare (Paulus Albarus) 55n
Alverny, M.-Th. d' 26n, 50n, 67n, 148-149
Al-Yāsīn, J. 30n
Amaury de Bène (Amalricus de Bene) 84
Amine, O. 25n, 60-62, 100n, 102n, 105n
Anawati, G. Ch. 48n
al-Andalusī, Ṣā'id, 64; *Tabaqāt al-Umam* 43
Andreau, J. 63n
Andronicos de Rhodes (Andronicus Rhodius) 17

Anselme de Cantorbéry (Anselmus Cantuariensis) 326n
al-Anṭākī, *Kitāb al-Manfā'a al-kabīr* 43
Aouad, M. 13-14, 37n, 39n, 43n
Apulée (Apuleius) 19, 49, 149
Aristote (Aristoteles, Aristotiles) 16-20, 34-39, 48, 52, 59, 79n, 83, 85, 90, 93-94, 97, 99, 108, 110-112, 128, 221n, 267n, 279, 287n, 295, 330; *Analytica posteriora* 35-36, 48, 94, 97n, 103, 179n, 201n, 217n; *De arte poetica* 103; *Analytica priora* 94, 103, 203n, 237n; *Categoriae* 94, 103, 201n; *De caelo* 53n; *De sophisticis elenchis* 94; *Ethica ad Nicomachum* 289n; *Libri naturales* 84; *Metaphysica* 17n, 36n, 84, 144, 183n; *Meteorologica* 60, 183n, 243n, 247n; *Organon* 132, 201n; *Parva naturalia* 279n; *Perihermeneias* 94, 103, 201n; *Physica* 36n, 61n, 263n, 271n; *Politica* 295n; *Rhetorica* 103; *Topica* 17n, 94
Arnold de Saxe (Arnoldus Saxo) 83; *De floribus rerum naturalium* 82
Arnoul de Provence (Arnulfus Provincialis) 100-102, 104-106, 125, 129
Asín Palacios, M. 44n
Assouline, P. 318n
Aubry de Reims (Albericus Remensis) 124; *Philosophia* 124, 126, 143
Augustin (Augustinus Hipponensis) 19-20, 49, 99, 128, 129, 143; *De civitate Dei* 19n, 143-144; *De doctrina christiana* 129; *De ordine* 19n
Averroès (Ibn Rushd) 86, 90, 108, 123, 129, 149; *Kitāb al-Ḥiss wa-al-maḥsūs* 108
Avicenne (Ibn Sīnā, Avicenna) 48-49, 58, 72n, 82n, 83, 86, 90, 94-95, 97, 108-109, 111, 129; *Kitāb al-Shifā'* 47, 72n, 205n; *Liber medicinalis* 82
Avicenne (Pseudo-) (Avicenna, pseudo-), *Liber celi et mundi* 48n

Baader, G. 68n
Bacon, Francis (Franciscus Bacon) 20-21; *De dignitate et augmentis scientiarum* 21n
Bacon, Roger (Rogerus Bacon) 129-131, 136-141, 145; *Communia mathematica* 136; *Moralis philosophia* (*Opus maius* VII) 130, 134n, 140n; *Opus maius* 131n (IV), 132n (VII); *Opus tertium* 133n, 139
Baduel, P. R.
Baeumker, C. 45-46, 48n, 82n, 98n, 100n, 107n
Ibn Bāǧǧa (Avempace) 44
Baiter, G. 94n
Balaresque, P. L. 323n
Baldwin, J. W. 332n
Balty-Guesdon, M.-G. 43n
Banniard, M. 55n
Barach, C. S. 48n
Barthélémy l'Anglais (Bartholomeus Anglicus) 83; *De proprietatibus rerum* 83
Baur, L. 46n, 60-62, 88n, 90n, 95-98, 100-104, 115n, 119n, 123-124, 142n, 235n, 243n
Beaujouan, G. 38n, 75n
Bède le Vénérable (Beda Venerabilis) 49
Bédoret, H. 67n
Benson, G. B. 329n
Benson, R. L. 26n, 38n
Bergmann, W. 324n
Berman, A. 335n
Beyer de Ryke, B. 80n
Biard, J. 39n, 51n
al-Biṭrīq, Yaḥyā ibn 247n, 277n
Blachère, R. 43n
Black, D. 36n, 97n, 98n
Blais, M. 85n
Boèce (Boethius) 19-20, 46, 49, 52, 70-71, 86, 90, 94-95, 103, 149,

163n, 330-331, 334; *Consolatio Philosophiae* 331; *De institutione arithmetica* 70-71; *In Ciceronis topica* 103; *In Isagogen Porphyrii*, prima editio 37n, 53n
Boèce de Dacie (Boethius Dacius) 149
Boese, H. 84
Bonaventure (Bonaventura de Balneoregio) 127-129; *Collationes in Hexaemeron* 127-128
Borgnet, A. 108n
Borne, D. 55n
Bosch, E. 323n
Boss, G. 334n
Boulnois, O. 14
Bouygues, M. 46n, 49n, 61n
Brandt, S. 37n, 53n
Bresc, H. 55-56
Briant, P. 63n
Bridges, J. H. 131-132, 139n
Brisson, L. 333n
Bū Almān, Ḥayāt 44n
Bülow, C. 46n
Burnett, Ch. 26n, 31n, 45-49, 51-53, 64n, 66-67, 69n, 71n, 77n, 89n, 245n, 259n, 277n, 324-327, 330n
Busard, H. L. L. 147, 327-328
Butterworth, Ch. E. 187n
Buttimer, C. H. 60n, 97n

Caiazzo, I. 45n
Calcidius (ou Chalcidius) 19; *Platonis Timaeus* 330n
Cappelli, A. 321n
Carozzi, C. 323n
Carrier, J. 36n, 89n, 92-94, 100n, 106n, 125n, 126n
Cassiodore (Cassiodorus Senator) 49; *Institutiones* 157n
Cazenave, A. 326n
Celeyrette, J. 317n
Chalmers, William (Guilielmus Camerarius) 27, 47n
Charbonnel, N. 324n
Châtelain, É. 84n
Cheikho, L. 43n, 48n
Cicéron (Marcus Tullius Cicero), *De divinatione* 247n; *Topica* 95n
Clagett, M. 327n
Clément IV (Clemens IV Papa) 130
Compendium de Barcelone (*Guide de l'étudiant* ou *Nos gravamen*) 92-95, 99
Comte, A. 21
Conrad, P. 320n
Constable, G. 26n, 38n, 329n
Constantin l'Africain (Constantinus Africanus) 68n
Contamine, G. 67n
Correns, P. 46n
Couloubaritsis, L. 16
Coumas, P. 335n
Courcelle, P. 331n
Craemer-Rugenberg, I. 40n, 53n

Dahan, G. 50n, 80n, 86n, 99n, 102n, 130n, 134n, 145n
Daniel de Morlaix (Daniel Morlanensis) 67; *Philosophia* 67
David de Dinant (Davidus de Dinanto) 84
Ibn Dāwūd, Abraham, v. Jean Avendauth
Delisle, L. 149n
Delisle, J. 335n
Delorme, F. 127n
Denifle, H. 84n
Denny, N. 318
Descartes, René (Cartesius) 20; *Principes* 20n
Descat, R. 63n
Deswarte, T. 320-322
Diaz y Diaz, M. C. 55n
Dickson, Ch. 332n
Dickson, M. 332n
Ibn Ḏī-l-Nūn, Yaḥyā al-Ma'mūn 64
Dombart, B. 19n, 143n
Donat (Aelius Donatus) 99, 144
d'Onofrio, G. 14, 35n
Draelants, I. 82-83, 326n
Dronke, P. 29n
Druart, M.-Th. 37n

Duchenne, M.-Ch. 112-113, 121n
Duhem, P. 324n
Dunya, S. 47n

Elamrani-Jamal, A. 13, 38-39, 44n
España, P. M. 324n
Evans, G. R. 207n
Évrard de Béthune (Eberhardus Bethuniensis) 144; *Graecismus* 144
Euclide (Euclides), *Éléments* 80, 136, 147-148, 237, 259, 326-327
Ibn Ezra, Moïse (Moyses Avenezra), *Kitāb al-muḥāḍara wal-muðākara* 44

Fadlallah, H. 14
Fakhry, M. 35n, 52n
Ibn Falaqera, Shemtov, *Reshit Hokmah* 44n
al-Fārābī (Alfarabius, Alpharabius, Alphorabius, Farabius ou Abunazar) *passim*; *Al-Da'āwa al-qalbiya* 30; *Al-Tanbīh 'alā sabīl al-sa'āda* 30n; *Falsafat Arisṭoṭālīs* 26n; *Fuṣūl Mabādi' ārā' ahl al-madīna al-fāḍila* 30n; *Kitāb al-burhān* 30n; *Kitāb al-ḥurūf* 37n; *Kitāb al-qiyās* 52; *Kitāb al-ši'r* 26n; *Kitāb Iḥṣā' al-'ulūm* 25-27, 29-31, 35, 37n, 40n, 43n, 46-47, 49-50, 58, 61, 63, 77-78, 83, 86, 90, 92-93, 97, 100, 103, 107, 110, 114, 119-120, 123, 126, 130-131, 138, 141, 143, 145, 147, 148; *Maqālāt fī ma'ānī l-'aql* 90, 303n; *Taḥṣīlal-sa'āda* 29n, 30n
Fārābī (Pseudo-) *De ortu scientiarum* 48n, 77, 82n, 87, 98-100, 105-108, 113, 126-127, 143
al-Fargani (Alfraganus ou Alfergani) 83, 129
Farmer, H. G. 48n, 50n, 144n, 255n
Fattori, M. 26n, 326n
Felix nimium 125-126
Fernández Conde, J. 54n
Fidora, A. 44-45, 47n, 59n, 61, 320n, 328n
Flori, J. 57n
Folkart, B. 57, 64
Folkerts, M. 235n, 327n
Folsham, John (Iohannes Folsham) (Pseudo-), *Liber de naturis rerum* 144
Fontaine, J. 321n
Forcada, M. 44n
Foz, C. 26n, 57n
Frank, L. M. 38n
Fredborg, K. M. 79n
Freudenthal, G. 13
Friedlein, P. 16n
Friedman, J. B. 84n

Ibn Gabirol, Salomon (Avencebrolis, Avicebron), *Mekor Hayyim* (*Fons vitae*) 46n, 48-49
Gabrielli, G. 48n
Galippus 67
Galonnier, A. 69n, 207n, 319-321, 324n
Galston, M. S. 35n
Gandillac, M. de 326n
García Arenal, M. 320n
Garcia-Villoslada, R. 54n
Gardet, L. 48n
al-Ġazālī (Algazel ou Algaçel) 58, 83, 100, 108-110, 126, 144; *Commentarium de anima* 82n; *Maqāṣid al-falāsifa* 47
Gauthier, R.-A. 125n
Gavricv, A. 143n
Geoffroy de Saint-Victor (Godefridus de Sancto Victore) 81; *Fons Philosophiae* 81
Gérard de Crémone (Gerardus Cremonensis) *passim*; *De scientiis* (ou *De divisione scientiarum*, ou *De sententiis*) 26-27, 38n, 52, 54, 66, 78, 81-84, 87-88, 91-92, 95-97, 99, 102, 108n, 110-111, 116-117, 119, 122n, 128n, 130-132, 134-142, 145, 149, 167n, 299n, 318-319; *Distinctio Alfarabii super librum Aristotelis de natu-*

rali auditu 52; *Liber Alfarabii de sillogismo* 52
Gerbet, M.-C. 321n
Gibson, M. 324n
Gil, J. S. 26n, 29n, 48n, 68n, 328n
Gilbert de Poitiers (Gilbertus Pictaviensis ou Poretta) (Pseudo-), v. *Liber sex principiorum*
Gilles de Rome (Aegidius Romanus), *Expositio supra libros elenchorum* 141-142
Gillipsie, Ch. G. 45n
Gilson, Ét. 46n, 85, 90n
Göller, G. 114-116
Gonzálvez Ruiz, R. 54n, 57n
Grabmann, M. 45n
Granfield, P. 331n
Gratiadeus Asculanus 142; *Quaestiones super sex principia* 142n
Green, W. M. 19n
Grégoire IX (Gregorius IX Papa) 84-85; *Parens scientiarum* 85
Grignaschi, M. 141-142
Grmek, M. D. 40n
Groult, M. 61n
Guillaume de Conches (Guillelmus de Conchis) 45n; *Philosophia* 326
Guillaumin, J.-Y. 70-71
Gundisalvus 44, 320n
Gundissalinus (ou Gundisalvi), Dominicus, *passim*; *De anima* 46; *De differentia spiritus et animae* 48; *De divisione philosophiae* 28, 39n, 46-47, 49, 57-58, 60-62, 78-82, 86-87, 90, 94, 96n, 97, 99-100, 102-105, 110-111, 115n, 119, 124-125, 142n, 148, 235n, 319; *De immortalitate animae* 46; *De processione mundi* 45, 83; *De scientiis* (ou *De divisione [omnium] scientiarum*, ou *De partibus et proprietatibus scientiarum*) 28, 50, 87, 88n, 102, 104n, 318-319, 328-329; *De unitate et uno* 46; *Liber celi et mundi* 48; *Liber Ysagogarum Alchorismi* 48; *Logica et philosophia Algazelis Arabi* 47; *Summa Avicennae* 97, 99
Gutas, D. 35n

Haas, M. 251n, 255n
Hackett, J. 129n, 134n
Hadot, I. 31-32, 35n
Hamesse, J. 26n, 38n, 53n, 69n, 326n
Häring, N. M. 79n
Haskins, Ch. 329
Hasnawi (ou Hasnaoui), A. 13, 39n, 183n, 277n
Hasse, D. N. 329n
al-Ḫawārizmī, Muḥammad ibn Mūsā (Algoritmi) 62n, 80, 233n, 235n, 259n, 326; *Kitāb al-ḥisāb al-Hindī* 48; *Zij al- Sindhind* 80, 326
Hayoun, M.-R. 13
Ibn al-Haytham (Alazen) 83; *Kitāb al-mu'āmalāt* 62n
Henriet, P. 323n
Hermann de Carinthie (ou le Dalmate, Sclavus Dalmata) 67, 80
Hernandez, F. J. 26n, 51n
Hertel-Geay, C. 120n
Hervé le Breton (Herveus Brito) 125
Ibn Ḥiyya, Abraham (Savasorda) 67n
Hogendijk, J. P. 328
Hossfeld, P. 111
Hudry, Fr. 149n
Hughes, B. 147n, 233n, 235n
Hugues de Saint-Victor (Hugo de Sancto Victore) 48-49, 60, 63, 80, 97-98, 105, 128, 231n
Hugo, V. 317
Hugonnard-Roche, H. 13-14, 46n, 48n, 53n, 90n, 93n, 97n, 179n

Imbach, R. 14
Innocent III (Innocentius III Papa) 84
Isaac Israeli 100, 126
Ibn Isḥāq, Ḥunayn (Iohannitius),

Ḥawāmiʿ kitāb al-samāʿ wa-al-ʿā lam 48
Isidore de Séville (Isidorus Hispalensis) 49, 63n, 101, 103, 128; *Etymologiae* 72n, 101n, 103n
Isocrate (Isocrates) 31
Iung, J.-É. 324n

Jacquart, D. 53n
Jean Avendauth (Abraham ibn Dā wūd) 46n, 47-48
Jean de Dacie (Iohannes de Dacia) 143
Jean de Séville et Limia (ou Luna, Iohannes Hispalensis et Limiensis) 46n, 50
Jean d'Espagne (Iohannes Hispalensis, ou Jean l'Espagnol, ou de Tolède) 46-48, 62n, 67
Jean de Trévise (Iohannes de Treviso) 83
Jean le Page (Iohannes Pagus) 89-91, 99
Jeauneau, É. 79n
Jensen, P. J. 330n
Jérôme de Moravie (Hieronymus Moravus), *De musica* 120
Jolivet, J. 13-14, 29n, 31n, 37n, 39-40, 46-47, 50n, 58-60, 99n, 145, 155n, 161n, 205n, 303n, 326n, 330-331, 334-335
Judy, A. G. 98n
Jungmann, J. A. 331n

Kalb, A. 19n, 143n
Karpinski, L. Ch. 66-67, 235n
Katouzian-Safadi, M. 14, 167n
al-Kindī (Alkindi) 17-19, 58, 86, 95, 149; *Risāla fī l-ʿaql* 303n
Kischlat, H. 29n
Knuuttila, S. 31n
Kren, C. 45n
Kübel, W. 107n
Kunitzsch, P. 51n, 53n, 147n, 235n, 324n

Ladner, G. B. 329n
Lafleur, Cl. 36n, 40n, 86n, 89-97, 99-100, 103-105, 125-126
Lagardère, V. 56n
Lalande, E. R. 335n
Landgraf, A. 80n
Laoust, H. 303n
Larbaud, V. 335n
Lawn, B. 325n
Lecourt, D. 16n
Le Gludic, J.-L. 14
Lejbowicz, M. 14, 51-52, 56-57, 59n, 61n, 64n, 79-80, 245n
Lemay, R. 75n, 134n, 145n
Levallois, B. 55n
Lévi-Provençal, E. 55n
Lévy, T. 13
Liber sex principiorum 144
Libera, A. de 86n, 90n, 94n
Liccaro, V. 49n, 60n
Lindsay, W. M. 63n, 103n
Lo Bello, A. 148
Lobrichon, G. 120n
Lohr, P. C. H. 47n
Lomba Fuentes, J. 30n
Lotringer, L. 335n
Louis, P. 61n
Ibn Lūqā, Qusṭā (Costabulus) 58; *Kitāb fī al-farq bayna al-nafs wa al-rūḥ* 48
Luscombe, D. E. 80n, 207n
Lusignan, S. 89n
Lutz-Bachman, M. 328n
Lindsay, W. M. 63n
Lyotard, J.-F. 326n

Macrobe (Macrobius) 19, 49
Mahdi, M. 30n, 32n, 37-40, 43n, 74n, 161n, 299n
Mahomet (Mahometus) 55n, 134, 299n, 307n
Maierù, A. 144n
Maio, A. di 127n
Mallet, D. 237n
Mansour, I. 25n
Margot, J.-C. 335n
Marhaba, M. A. 25n
Marietan, J. 31n
Martianus Capella 19, 49, 101; *De*

nuptiis Philologiae et Mercurii 71n, 101n
Massa, E. 130n, 134n, 140n
Mattei, J.-F. 16n
Maurach, G. 67n
Maurice d'Espagne (Mauritius Hispanus) 84
Meier, Ch. 144n
Melkevic, B. 89n
Menéndez Pidal, R. 47n
Merlan, Ph. 36n
Mews, C. 332n
Meyer, C. 120n, 255n
Michel Scot (Michael Scotus) 67n, 85n, 89; *Divisio philosophiae* 89n, 108n
Minio-Paluello, L. 144n
Molénat, J.-P. 56n, 67n
Moore, R. I. 329n
Moreaux, P. 17n
Morelon, R. 13, 31n, 251n
Moreschini, C. 332n
Mounin, G. 335n
Muckle, J. T. 46-47
Munk, S. 31n
Murdoch, J. E. 145n
Mynors, R. A. B. 157n

Narbonne, J.-M. 89n
al-Nayrīzī (Anaritius ou Nazirius) 58
Nembrini, J.-L. 55n
Netton, I. R. 25n
Nicolas de Paris (Nicolaus Parisiensis) 95, 99; *Philosophia «Unus est Creator»* 95n, 99
Nicolet, C. 63n
Nicomaque de Gerasa (Nicomachus Gerasa) 60

Obrist, B. 45n
O'Callaghan, J. F. 319n
Ocreatus, H. 328
Olivier le Breton (Oliverius Brito) 106, 143; *Philosophia* 106n
Orelli, C. 94n
Otte, J. K. 277n
Otto, A. 143n

Palencia, À. G. *passim*
Panella, E. 143-144
Pasca, M. 68n
Paul le Perse (Paulus Persa), *Introduction à la philosophie d'Aristote* 35n
Paulmier-Foucart, M. 89n, 112n
Pélage d'Albano (ou Pélage Galvani, Pelagius Albanensis) 332
Pellegrin, P. 112n
Philosophica disciplina 95-97
Pierre Abélard, v. Abélard
Pierre Alphonse (Petrus Alfonsi) 327-328
Pierre de Corbeil (Petrus de Corbolio) 84
Pierre d'Espagne (Petrus Hispanus, Iohannes XXI Papa) 144; *Summulae logicales* 144
Pierre d'Irlande (Petrus de Ybernia) 89n
Pierre de Saint-Amour (Petrus de Sancto Amore) 142; *Quaestio* 142n
Pierre le Vénérable (Petrus Venerabilis) 52n, 326n
Pinborg, J. 38-39
Pizzani, U. 49n
Platon (Plato) 15-16, 18, 31, 39, 79n, 165, 235n, 287n, 295, 330-331, 333-334; *Politicus* 37n; *Respublica* 31n, 235n, 295, 330-331, 333, 334; *Sophista* 15n; *Timaeus* 330, 332-334
Platon de Tivoli (Plato Tiburtinus) 67n
Porphyre (Porphyrius) 94; *Isagoge* 89
Pradeau, J.-F. 334n
Pratt Lattin, H. 47n
Priscien de Césarée (Priscianus Caesariensis) 99, 144
Proclus, *In primum Euclidis librum commentarii* 16n
Ptolémée, Claude (Claudius Ptolemaeus), *Almageste* 51, 147
Pyrrus 335
Pythagore (Pythagoras) 16, 18

ben Qalonymos, Qalonymos, *Mispar ha-Hokmot* 44n

Rashed, R. 13, 31n, 37n, 39-40, 46n, 62n, 91n, 99n
Raymond de Sauvetât (ou de Tolède, Raimundus Toledanus) 26n, 66
Rebstock, V. 62n
Reichling, D. 144n
Rémi de Florence (ou de Girolami, Remigius Florentinus) 143; *Divisio scientiae* 143
Rescher, N. 25n, 49n
Ribémont, B. 31n
Richard de Saint-Victor (Richardus de Sancto Victore) 81; *Liber exceptionum* 81n
Ricklin, T. 329n
Rijk, L. M. de 82n, 144n
Rioux, J.-P. 55n
Robb, G. 318
Robert de Chester (Robertus Castrensis) 67, 80; *Addita quaedam pro declaratione algebrae* 235n
Robert de Courçon (Robertus de Curceto) 84, 332
Robert Grosseteste (Robertus Grosseteste ou Lincolniensis) 134
Robert Gossesteste (Pseudo-) 123; *Summa philosophiae* 123n
Robert Kilwardby (Robertus Kilwardby) 98; *De ortu scientiarum* 98n 143
Roger, J. 61n
Rosier (-Catach), I. 130, 133-134, 138
Rubiera Mata, M. J. 56n
Rucquoi, A. 44-45, 47n, 51n, 54n, 67n, 319n, 328n

Sáenz Badillos, Á. 67n
Saliba, G. 37n
Salmon, D. H. 67n, 141n
Santos-Noya, M. 108-110
Schepss, G. 37n, 53n
Schloezer, B. de 317
Schneider, J. H. J. 27
Schoonheim, P. L. 183n, 247n
Schramm, M. 38n, 61n
Schupp, F. 27
Segonds, A. Ph. 94n
Sesiano, J. 62n
Seymour, M. C. 83
Sicut dixit Philosophus 91
Simon, P. 107n
Sinaceur, M. A. 35n, 183n
Sisnando Davidiz (Davides) 55
Sivan, E. 55n
Soto Bruna, J. 44n, 46n, 83n, 320n
Speer, A. 40n, 329n
Stange, E. 82-83
Steele, R. 136n
Steiner, G. 335n
Steinschneider, M. 25n, 31n
Strohmaier, G. 40n
Stroumsa, S. 40n
Stump, E. 94n
Summae Metenses 82
Suter, H. 326n
Sylla, E. D. 32n, 145n

Tannery, P. 20n
Taviani-Carozzi, H. 323n
Teillet, S. 322n
Théry, G. 54n
Thierry de Chartres (Theodoricus Carnotensis) 50, 79-81; *Commentarius in Ciceronis «De inventione»* 79; *Heptateuchon* 79
Thomas d'Aquin (Thomas Aquinas) 90, 143; *Super Boetium de Trinitate* 90n
Thomas de Cantimpré (Thomas Cantipratensis), *Liber de natura rerum* 84
Thorndike, L. 51n
Tihon, A. 326n
Tolan, J. 327n
Toneatto, L. 79n
Tractatus quidam de philosophia et partibus eius 81
Tricot, J. 221n
Ibn Tumlūs (Alphagiag bin Thal-

mus), *Madḫal li-ṣināʿat al-manṭiq* 44
Turkel, R. 77n

Urbain II (Urbanus II papa) 57n
Ut ait Tullius 99, 127
Ut testatur Aristotiles 126

Valente, L. 134n
Van Riet, S. 47n, 57n, 72n, 85n, 95, 205n
Verbeke, G. 47n, 57n, 58n, 205n
Ver Eecke, P. 16n
Vesel, Z. 26n
Vincent de Beauvais (Vincentius Bellovacensis) 89, 112, 115-117, 119-121, 129; *Speculum doctrinale* 113-117, 121n; *Speculum maius* (ou *mundi*) 112n

Walzer, R. 35n
Waszink, J. H. 330n
Weijers, O. 26n, 50n, 99n, 332n
Weneger, L. 329n
Wenin, C. 127n
Werrie, P. 26n
Weisheipl, J. A. 31n, 144n
Wiedemann, E. 37n
Wiesner, J. 35n
Wilcox, J. 48n
Willis, J. 71n
Woodsworth, J. 335n
Wright, Th. 81n
Wrobel, J. 144n

Yamamoto, K. 327n
Yano, M. 327n
Ysagoge in theologiam 80
Ibn Yūsuf, Aḥmad, *Risāla fī al-nasb wa al-tanāsub* 52

Zimmermann, A. 53n
Zonta, M. 25-26, 35-36, 44n

INDEX BIBLIQUE

INDEX DES MANUSCRITS

ADMONT

Stiftsbibliothek

578 — 27, 73, 148, 149, 150, 152, 239n

BARCELONA

Arxiu de la Corona d'Aragó

Ripoll 109 — 36n, 92n

BRUGES

Bibliothèque de la Ville

486 — 69, 70, 71, 148, 149, 150, 179n, 181n

Stedelijke Openbare Bibliotheek

539 — 106n

CHARTRES

Bibliothèque Municipale

497 + 498 — 79n

CITTÀ DEL VATICANO

Biblioteca Apostolica Vaticana

Vaticani latini

5988 — 89n

GRAZ

Universitätsbibliothek

482 — 74, 148, 149, 150, 152, 181n, 227n

ISTANBUL

Köprülü, Mehmed Pasha

1604 — 25n, 150, 163n

MADRID

Escorial, Derembourg

646 — 25n, 150, 163n, 173n, 175n, 211n, 225n, 239n, 261n, 269n, 287n, 295n, 297n, 305n, 311n

NAJAF

Collection privée de 'Abd al-'Azīz al-Najafi

7 — 46n, 153, 299n

PADOVA

Biblioteca Universitaria

1589 — 89n

PARIS

Bibliothèque Nationale

Latins

9335 — 27, 65, 69, 148, 149, 150, 152, 179n

16100 — 121n

16141 — 7

PRINCETON

Garrett Collection, Yahuda
308 25n, 150

TÉHÉRAN

Maktabat Michkāt, Université de Téhéran
140/10 30n

WIEN

Österreichische Nationalbibliothek
2350 142n

NUTRIX

STUDIES
IN LATE ANTIQUE
MEDIEVAL AND
RENAISSANCE
THOUGHT

STUDI
SUL PENSIERO
TARDOANTICO
MEDIEVALE
E UMANISTICO

Nutrix is a series directed by Giulio d'Onofrio which aims at deepening critical knowledge of the history of philosophical, theological and scientific thought in the Late Ancient, Medieval, and Humanistic ages. Its scope embraces studies, monographs, editions and translations of texts with commentary, collections of articles (anthologies of collective or personal works, acts of conferences, etc.) on themes and problems connected with speculation in Europe and the Mediterranean – Latin, Greek, Arabic and Hebrew – during the chronological sweep between the works of the Council of Nicea (325) and those of the Council of Trent (1545-1563).

La collana *Nutrix*, diretta da Giulio d'Onofrio, ha lo scopo di approfondire la conoscenza critica della storia del pensiero filosofico, teologico e scientifico nell'età tardoantica, medievale e umanistica. È concepita per abbracciare saggi, monografie, edizioni e traduzioni di testi con commento, raccolte di articoli (antologie di studi personali o collettivi, atti di convegni, etc.) su argomenti e problemi collegati alla speculazione in area europea e nel bacino del Mediterraneo, con riferimento alle culture latina, greca, araba ed ebraica, nell'arco temporale che va dal Concilio di Nicea (325) a quello di Trento (1545-1563).

TITLES IN SERIES

TITOLI DELLA COLLANA

1. Giulio d'Onofrio, *Vera philosophia. Studies in Late Antique, Early Medieval and Renaissance Christian Thought* (English text by John Gavin)

2. Luigi Catalani, *I Porretani. Una scuola di pensiero tra alto e basso Medioevo*

3. Armando Bisogno, *Il metodo carolingio. Identità culturale e dibattito teologico nel secolo nono*

4. *The Medieval Paradigm. Religious Thought and Philosophy* Papers of the International Congress (Rome, 29 october - 1 november 2005), ed. by Giulio d'Onofrio

5. Luciano Cova, *Il* Liber de virtutibus *di Guido Vernani da Rimini. Una rivisitazione trecentesca dell'etica tomista* (con l'edizione del testo)

6. Cinzia Arruzza, *Les mésaventures de la Théodicée. Plotin, Origène, Grégoire de Nysse*

7. *Religious Obedience and Political Resistance inn the Early Modern World* a cura di Luisa Simonutti

8. Lucia Pappalardo, *Gianfrancesco Pico della Mirandola: fede, immaginazione e scetticismo*

9. Alain Galonnier, *Le* De scientiis Alfarabii *de Gérard de Crémone*